21世纪高职高专金融类系列教材

商业银行综合业务技能

主　编　董瑞丽

副主编　方秀丽　王祝华

韩国红　朱启仁

中国金融出版社

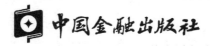

责任编辑：彭元勋　罗邦敏
责任校对：潘　洁
责任印制：陈晓川

图书在版编目（CIP）数据

商业银行综合业务技能（Shangye Yinhang Zonghe Yewu Jineng）/董瑞丽主编．—北京：中国金融出版社，2008.1
（21世纪高职高专金融类系列教材．商业银行子系列）
ISBN 978－7－5049－4550－1

Ⅰ．商…　Ⅱ．董…　Ⅲ．商业银行—银行业务—高等学校：技术学校—教材　Ⅳ．F830.33

中国版本图书馆CIP数据核字（2007）第169935号

出版
发行　中国金融出版社
社址　北京市丰台区益泽路2号
市场开发部　（010）63266347，63805472，63439533（传真）
网上书店　http：//www.chinafph.com
（010）63286832，63365686（传真）
读者服务部　（010）66070833，62568380
邮编　100071
经销　新华书店
印刷　北京华正印刷有限公司
尺寸　170毫米×228毫米
印张　20.75
插页　4
字数　392千
版次　2008年1月第1版
印次　2013年1月第4次印刷
印数　15001—18000
定价　30.50元
ISBN 978－7－5049－4550－1/F.4110
如出现印装错误本社负责调换　联系电话（010）63263947

21 世纪高职高专金融类教材委员会

主 编 简 介

董瑞丽，女，浙江金融职业学院金融系副主任、副教授，浙江省经济学会会员。研究领域：经济金融理论与金融会计实务。主要讲授课程："银行会计实务"、"基础会计"、"金融综合技能"。公开发表论文多篇，出版《农村信用社会计》（副主编，中国经济出版社，1999）、《金融会计实务》（副主编，高等教育出版社，2002）、《银行会计实务》（副主编，浙江大学出版社，2006）等教材4部。

编写说明

商业银行作为市场经济中金融体系的主体，在一国的经济运行中发挥着越来越重要的作用。随着我国经济的高速发展，特别是加入世界贸易组织后，深化金融体制改革和培养大批高素质的金融技术人才，已成为我国金融业健康发展的必要条件。

高等职业教育的特色在于实践性和应用性，作为一种新的教育类型，其人才培养的特色已越来越被社会所认可与接受。而作为教师施教和学生学习的基本依据，高等职业院校的教材也应具有鲜明的实践性与应用性。我们在近几年的高职教育实践中积累了一些符合高职教育规律的有益的教学经验，开展了一些课程教学改革创新，根据商业银行业务操作的实际情况，研究、开发了一些适合高职学生学习与练习的教学软件，并把这些教学改革成果应用于教材建设，在此基础上，我们编写了《商业银行综合业务技能》一书，系统介绍了商业银行业务处理基本的技能操作规范与标准、商业银行业务电子化处理过程中不同业务操作的基本要求与操作规范，为金融类高等职业院校学生提高职业操作技能水平提供指导，也可供商业银行工作人员培训与自学之用。

全书分上下两篇共十章。上篇为基础技能，主要介绍商业银行业务操作的基本技能规范与操作要领，包括第一章点钞技术、第二章货币反假知识、第三章珠算基础知识与加减乘除四则运算、第四章中文输入——五笔字型输入法和第五章电脑传票输入。下篇为综合业务技能，主要介绍商业银行业务电子化处理过程中不同业务操作的基本要求与操作规范，包括第六章活期/定期储蓄存款开户业务、第七章银行卡开卡业务、第八章银行汇票出票业务、第九章联行电子报单录入业务和第十章银行会计业务凭证批量录入业务。附录收录了《中华人民共和国人民币管理条例》、《中国人民银行假币收缴、鉴定管理办法》、《中国人民银行残缺污损人民币兑换办法》、珠算等级考核试卷样卷、二级简码速查表以及百家姓正文五笔字型编码速查表等内容。

本书由董瑞丽任主编，方秀丽、王祝华、韩国红、朱启仁任副主编。编写分工如下：第一章、第二章由方秀丽撰写；第三章由牟君清撰写；第四章由章叶英撰写；第五章由王祝华撰写；第六章、第七章由董瑞丽、韩国红撰写；第八章、第九章和第十章由董瑞丽撰写；附录内容由方秀丽、牟君清、章叶英提供；朱启仁、王祝华、卢竹林对书中操作软件提供技术支持。

《商业银行综合业务技能》一书紧密联系商业银行业务岗位对从业人员的技能操作要求，内容与体系突出高职教育的人才培养特色，体现基本理论与基本技能结合，注重实用性、操作性、技能性。从结构体系上看，先基本技能后专项业务技能，前后联系紧密，逻辑顺序合理，各章节之间构成一个完整的整体，便于读者学习掌握；从内容上看，将商业银行业务技能分为基础技能和综合业务技能上下两篇，既强调扎实基本技能的学习和练习，又反映银行业务操作处理的真实性，为学生就业上岗奠定坚实的基础；从形式上看，通过大量图文并茂的形式，有助于启发学生的学习兴趣，增强教学的互动性。

本书在编写过程中，曾得到浙江金融职业学院领导与相关部门的大力支持和帮助，中国金融出版社彭元勋主任为本书的编写提出了很好的意见和建议，在此深表感谢！

由于编者学术水平有限，金融业务创新不断，书中存在疏漏和不足在所难免，敬请广大专家、读者指正。

编者

2007 年 7 月

高职 高专 金融类 系列教材

商业银行子系列

目　录

21世纪高职高专金融类系列教材

上　篇

基础技能

第一章

点钞技术

本章提示： 本章主要介绍了点钞的基本要领、基本环节和手工点钞技术、机器点钞技术等。基本要领对于任何一种点钞方法都是适用的，也是首先要求掌握的；手工点钞方法中手持式单指单张拇指捻点法、食指拨点法（或中指拨点法）、手按式单指单张食指捻点法等单指单张点钞法和手持式四指依次捻点法、四指齐下捻点法、手按式单指推动点钞法、翻点法等多指多张点钞法为常用点钞方法。常用的手工点钞技术、点钞机点钞技术和机器捆扎钞券技术是商业银行柜面经办人员必须具备的基本功。学员可结合教材中的相关图示，按基本环节的步骤进行学习和演练。

商业银行柜面经办人员最经常、最大量的工作是从事现金的收入、付出和整点。因此，点钞技能是银行柜面经办人员必须掌握的一项基本功。点钞技术需要手、脑、眼高度配合，具有很强的技术性。点钞速度的快慢、点钞水平的高低、点钞质量的好坏直接关系到资金周转和货币流通速度以及商业银行的工作效率。学好点钞技术是搞好商业银行柜面工作的基础，也是要求柜面经办人员具有的基本业务素质之一。柜面经办人员只有刻苦训练，掌握一手过硬的点钞技术才能适应市场经济发展的需要，才能胜任柜面工作。

第一节　点钞的基本要领和基本环节

一、点钞的基本要领

出纳人员在办理现金的收付与整点时，要做到准、快、好。“准”，就是钞券清点不错不乱，准确无误。“快”，是指在准的前提下，加快点钞速度，提高工作效率。“好”，就是清点的钞券要符合“五好钱捆”（即点准、挑净、墩齐、扎紧、盖章清楚）的要求。“准”，是做好现金收付和整点工作的基础和前提，“快”和“好”，是商业银行加速货币流通、提高服务质量的必要条件。

学习点钞，首先要掌握基本要领，基本要领对于哪一种方法都适用。点钞的基本要领大致可概括为以下几点。

（一）肌肉要放松

点钞时，两手各部位的肌肉要放松。肌肉放松，能够使双手活动自如，动作协调，并减轻劳动强度。否则，会使手指僵硬，动作不准确，既影响点钞速度，又消耗体力。正确的姿势是，肌肉放松，双肘自然放在桌面上，持票的左手手腕接触桌面，右手手腕稍抬起。

（二）钞券要墩齐

需清点的钞券必须清理整齐、平直。这是点准钞券的前提，钞券不齐不易点准。对折角、弯折、揉搓过的钞券要将其弄直、抚平，明显破裂、质软的票子要先挑出来。清理好后，将钞券在桌面上墩齐，要求钞券四条边水平。

（三）开扇要均匀

钞券清点前，要将票面打开成微扇形或小扇形，使钞券有一个坡度，便于捻动。开扇均匀是指每张钞券的间隔距离必须一致，使之在捻钞过程中不易夹张。因此，扇面开得是否均匀，决定着点钞是否准确。

（四）手指触面要小

手工点钞时，捻钞的手指与票子的接触面要小，一般用指尖捻钞。如果手指接触面大，手指往返动作的幅度随之增大，从而使手指频率减慢，影响点钞速度。

（五）捻钞的幅度要小

手工点钞时，捻钞的手指离票面不宜过远，即捻钞的幅度要小，从而加快往返速度。

（六）动作要连贯

点钞时各个动作之间相互连贯是加快点钞速度的必要条件之一。动作要连贯包括两方面的要求：一是指点钞过程的各个环节必须紧张协调、环环扣紧。如点完 100 张，墩齐钞券后，左手持票，右手取腰条纸，同时左手的钞券跟上去，迅速扎好此把；在右手放票的同时，左手取另一把钞券准备清点，而右手顺手沾水清点，等等。这样就使扎把、持票及清点各环节紧密地衔接起来。二是指清点时的各个动作要连贯，即第一组动作和第二组动作之间，要尽量缩短和不留空隙时间，当第一组的最后一个动作即将完毕时，第二组动作的连续性，比如用手持式四指依次捻点法清点时，当第一组的食指捻下第四张钞券时，第二组动作的小指要迅速跟上，不留空隙。这就要求在清点时双手动作要协调，清点动作要均匀，切忌忽快忽慢、忽多忽少。另外，在清点中尽量减少不必要的小动作、假动作，以免影响动作的连贯性和点钞速度。

(七) 点和数要协调

点和数是点钞过程的两个重要方面，这两个方面要相互配合、协调一致。点的速度快，记数跟不上，或点的速度慢，记数过快，都会造成点钞不准确，甚至造成差错，给商业银行财产带来损失。所以点和数二者必须一致，这是点准的前提条件之一。为了使两者紧密结合，记数通常采用分组记数法。单指单张以十为一组记数，多指多张以每一次清点的张数为一组记数，使点和数的速度能基本吻合。同时记数通常要用脑子记，尽量避免用口数。

二、点钞的基本环节

点钞是一个从起把开始到扎把、盖章为止这样一个连续、完整的过程。它一般包括起把、清点、记数、剔旧、墩齐、扎把、盖章等环节。要加快点钞速度，提高点钞水平，必须把各个环节的工作都做好。

(一) 起把

成把清点时，首先需将腰条纸拆下。拆把时可将腰条纸脱去，保持其原状，也可将腰条纸用手指勾断。通常初点时采用脱去腰条纸的方法，以便复点时发现差错进行查找；复点时一般将腰条纸勾断。

手持式点钞法一般用左手持钞；手按式点钞法一般用左手压钞。持钞或压钞的姿势是否正确，也会影响点钞速度。要注意每一种点钞方法的持钞技术或压钞技术。

(二) 清点

清点是点钞的关键环节。清点的准确性、清点的速度直接关系到点钞的准确与速度。因此，要勤学苦练清点基本功，做到清点既快又准。

在清点过程中，还需将损伤券按规定标准剔出，以保持流通中票面的整洁。如该把钞券中夹杂着其他版别的钞券，应将其挑出。为不影响点钞速度，点钞时不要急于抽出损伤券或不同版别券，只要先将其折向外边，待点完 100 张后再抽出损伤券或不同版别券，补上完整券或同版别券。

在点钞过程中如发现差错，应将差错情况记录在原腰条纸上，并把原腰条纸放在钞券上面一起扎把，不得将其扔掉，以便事后查明原因，另做处理。

（三）记数

记数也是点钞的基本环节，与清点相辅相成。在清点准确的基础上，必须做到记数准确。记数与点钞方法相适应，一般地，单指单张点钞法可采用分组记数法或双数记数法，多指多张点钞法可采用分组记数法（具体记数方法将在第二节中详细介绍）。

（四）剔旧

在清点过程中，如发现残破券应按剔旧标准将其挑出。

（五）墩齐

钞券清点完毕扎把前，先要将钞券墩齐，以便扎把并保持钞券外观整齐美观。钞券墩齐要求四条边水平，不露头或不呈梯形错开，卷角应拉平。墩齐时，双手松拢，先将钞券竖起来，双手将钞券捏成瓦形，然后将钞券横立在桌面上墩齐。

（六）扎把

每把钞券清点完毕后，要扎好腰条纸。腰条纸要求光滑面在外，并扎在钞券的二分之一处，左右偏差不得超过 2 公分。同时要求扎紧，以提起第一张钞券不被抽出为准。扎把方法有很多，主要扎把方法的操作要领将在第二节中手持式单指单张拇指捻点法扎把环节中详细介绍。

（七）盖章

盖章是点钞过程的最后一环，在腰条纸上加盖点钞员名章，表示对此把钞券的质量、数量负责，所以每个银行柜面经办人员点钞后均要盖章，而且图章要盖得清晰，以看得清编号、姓名为准。

三、点钞的基本分类

根据是否使用机具，点钞分为手工点钞和机器点钞。手工点钞可分为手持式点钞法和手按式点钞法两大类别，每一类别又有单指单张点钞和多指多张点钞多种方法，其中：手持式单指单张点钞法包括拇指捻点法、食指拨点法和中指拨点法等；手持式多指多张点钞法包括四指依次捻点法、四指齐下捻点法、一指多张点钞法、五指拨动点钞法和扇面点钞法等。手按式单指单张点钞法包括食指捻点法和拇指捻点法等；手按式多指多张点钞法包括单指推动点钞法、翻点法、多指捻点法、多指拨点法、多指推点法等。机器点钞包括点钞机点钞和硬币清分机点钞。总体而言，手工单指单张清点时，捻钞的手指可接触每张钞券，票面可视面积大，容易发现假券和挑剔损伤券；手工多指多张清点时，每次捻好几张，速度较快，但票面可审视面积较小，不易发现假券和损伤券。因此，我们要根据不同的需要选择不同的点钞方法，如在实际工作中，初点时用单指单张点钞，复点时用多指多张点钞等。此外，对不同的学员，还要根据准和快两个原则来选择适合自己的方法，一种方法，只要相对自己来说是既准又快的，那就是适合自己的方法。

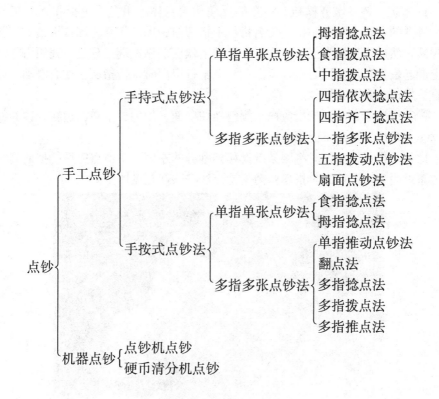

- 点钞
  - 手工点钞
    - 手持式点钞法
      - 单指单张点钞法
        - 拇指捻点法
        - 食指拨点法
        - 中指拨点法
      - 多指多张点钞法
        - 四指依次捻点法
        - 四指齐下捻点法
        - 一指多张点钞法
        - 五指拨动点钞法
        - 扇面点钞法
    - 手按式点钞法
      - 单指单张点钞法
        - 食指捻点法
        - 拇指捻点法
      - 多指多张点钞法
        - 单指推动点钞法
        - 翻点法
        - 多指捻点法
        - 多指拨点法
        - 多指推点法
  - 机器点钞
    - 点钞机点钞
    - 硬币清分机点钞

第二节　手工点钞技术

一、手持式点钞法

手持式点钞法是将钞券拿在手上进行清点的点钞方法。手持式点钞方法一般有手持式单指单张拇指捻点法、食指拨点法和中指拨点法；手持式四指依次捻点法、四指齐下捻点法、一指多张点钞法、五指拨动点钞法和扇面点钞法等多种方法。下面我们以整点成把钞券为例，对这些方法逐一介绍。

（一）手持式单指单张拇指捻点法

手持式单指单张拇指捻点法是一种适用面较广的点钞方法。可用于收款、付款和整点各种新旧大小钞券。这种点钞方法的优点是：持票人持票所占的票面较小，视线可及票面的四分之三，容易发现假券，挑剔残破券也较方便。手持式单指单张拇指捻点法的具体操作如下：

1. 起把。钞券墩齐横执，钞券的反面朝着身体。用左手中指和无名指指根夹住钞券的左端中间；小指、无名指、中指弯曲，虎口张开，用食指指尖把腰条纸勾断，然后抵住钞券上端，拇指在钞券下端底部靠左端三分之一处用力将钞券向上翻起呈直角形，同时打开扇面。注意：打扇面时，拇指从左往右滑动，慢慢伸直，扇面往右下方倾斜。

钞券持好后，左手拇指应向上倾斜挡住扇面，指尖放于扇面边缘，钞券保持直立呈直角形，注意不能用力捏钞。

此外，也可在起把时将腰条纸挪移到钞券的左侧，待清点完后扎把的同时将原腰条纸脱去。手持式单指单张拇指捻点法——起把见图 1-1。

图 1-1 手持式单指单张拇指捻点法——起把

2. 清点。起把后，左手持好的钞券应尽可能保持直立，正面对胸前；右手捻钞，捻钞从右上角开始。右手食指指尖托住钞券背侧面的少量部分，随着钞券的捻出向前移动，以及时托住扇面另一部分钞券；拇指指尖从右上角向下捻动钞券，动作幅度不宜太大，以免影响速度；无名指将拇指捻出的钞券往怀里方向弹，每捻下一张弹一次，要注意轻点快弹（无名指弹钞有两方面作用：一是保证准确率，二是加快落钞速度）；中指和小指不要触及钞券，中指可搭在食指上，小指可搭在无名指上或翘起，以免影响点钞的速度和准确率。同时，左手拇指也要配合动作，当右手将钞券下捻时，左手拇指要随即向后移动，并用指尖向外推动钞券，以利捻钞时下钞均匀。在这一环节中，要注意右手拇指捻钞时，主要负责将钞券捻开，下钞主要靠无名指弹拨。手持式单指单张拇指捻点法——清点见图 1 – 2。

图 1 – 2　手持式单指单张拇指捻点法——清点

3. 记数。在清点钞券的同时要记数。由于单指单张每次只捻一张钞券，记数也必须一张一张记，直到记至 100 张。从“1”到“100”的数中，绝大多数是两位数，记数速度往往跟不上捻钞速度，所以必须巧记。通常可采用分组记数法或双数记数法。

(1) 分组记数法。分组记数法有多种方法，如：

① 1、2、3、4、5、6、7、8、9、1；
1、2、3、4、5、6、7、8、9、2；
…　　　　…　　　　…
1、2、3、4、5、6、7、8、9、10。

这样正好 100 张。这种方法是将 100 个数编成 10 组，每组都由 10 个一位数组成，前面 9 个数都表示张数，最后一个数既表示这一组的第 10 张，又表示这个组的组序号码，即第几组。这样在点钞时记数的频率和捻钞的速度能基本吻合。

② 1、1、2、3、4、5、6、7、8、9；
2、1、2、3、4、5、6、7、8、9；

… … …

10、1、2、3、4、5、6、7、8、9。

这种记数方法原则与前种相同，不同的是把组的号码放在每组数的前面。这两种记数方法既简捷迅速又省力好记，有利于准确记数。

(2) 双数记数法。这种方法是将100个数缩成由两个数字组成的50个数，每捻下一张用一个数字替代，注意前9个数本来只有一个数字组成的个位数要记成0+x。即：

0、1、0、2、0、3、0、4、0、5、0、6、0、7、0、8、0、9、1、0；

1、1、1、2、1、3、1、4、1、5、1、6、1、7、1、8、1、9、2、0；

… … …

4、1、4、2、4、3、4、4、4、5、4、6、4、7、4、8、4、9、5、0。

这种方法有利于记忆，不容易出错，但与习惯不太适应。

记数时要注意不要用嘴念出声来，要用心记。做到心、眼、手三者密切配合。

4. 剔旧。在清点过程中，如发现残破券应按剔旧标准将其挑出。为了不影响点钞速度，点钞时不要急于抽出残破券，只要用右手中指、无名指夹住残破券将其折向外边，待点完100张后再抽出残破券补上完整券。

5. 墩齐。点完100张后，左手拇指与食指捏住钞券，其余三指伸向钞券的背面使钞券横执在桌面上，左右手松拢墩齐，再将钞券竖起墩齐，使钞券的边端都整齐，然后左手持票做扎把准备。

6. 扎把。扎把主要有以下几种方法：

(1) 半劲扎把法。准备姿势：左手横执已墩齐的钞券，正面朝向整点员，拇指在前，中指、无名指、小指在后，食指伸直在钞券的上侧，捏住钞券的左端约占票面的三分之一处。

第一步：右手拇指、食指、中指取腰条纸（腰条纸长度约等于票面宽的3倍），拿在腰条纸的三分之一处，搭在钞券的背面，用左手食指轻轻按住，右手拇指和中指捏住腰条纸长的一端往下向外绕半圈，用食指去勾住短的一头腰条纸，使腰条纸的两端在钞券的后面中间合拢捏紧。半劲扎把法第一步见图1-3。

第二步：左手稍用力握住钞券的正面，中指、无名指与小指在外侧，拇指在里侧，食指伸直扶在钞券上半部，捏成斜瓦形，左手手腕向外转动，右手捏住腰条纸向怀里转动。半劲扎把法第二步见图1-4。

第三步：在双腕还原的同时将右手中的腰条纸拧成半劲，用食指将腰条纸掖在斜瓦里，使腰条纸卡在下部。这样便完成了扎把。半劲扎把法第三步见

图 1－3　半劲扎把法第一步

图 1－4　半劲扎把法第二步

图 1－5。

这种半劲扎把法又快又紧，采用这种方法扎把腰条纸应选用拉力强，质软的为宜。

（2）顺时针方向缠绕折掖法。准备姿势：将墩齐的钞券横执，左手虎口张开，拇指在券前，其余四指在券后，握住钞券左上方，将钞券略呈拱形。

图 1-5 半劲扎把法第三步

第一步：右手持腰条纸一端，将光滑一面贴着钞券掖在左手食指下。

第二步：右手将腰条纸向下折一直角，食指与中指夹着腰条纸沿钞券绕一圈；拇指将腰条纸绕着那部分钞券的边压平，同时食指与中指将腰条纸拉紧，使钞券呈拱形，再绕第二圈，注意两圈要重叠（第二步也可改为：右手拇指和食指夹着腰条纸长的一端向下折一直角后往内沿钞券绕半圈，然后变换以食指与中指夹着腰条纸绕完第一圈，并将腰条纸拉紧，使钞券呈拱形，再绕第二圈；绕时注意两圈要重叠）。

第三步：绕完两圈后，右手拇指和食指捏着腰条纸，逆时针转 90 度，将腰条纸折成三角形，下边与钞券尽可能齐平，然后将腰条纸多余部分塞入钞券凹面里。

第四步：将钞券拱形压平。

(3) 逆时针方向缠绕折掖法。准备姿势：将墩齐的钞券横执，左手虎口张开，拇指在券前，其余四指在券后，握住钞券左上方，将钞券略呈拱形。

第一步：右手持腰条纸一端，将光滑一面贴着钞券掖在左手食指下。

第二步：用右手中指和无名指夹着腰条纸往上向内绕半圈，然后变换以食指与中指夹着腰条纸绕完第一圈，并将腰条纸拉紧，使钞券呈拱形，再绕第二圈，注意两圈要重叠。

第三步：绕完两圈后，右手食指和中指捏着腰条纸，顺时针转 90 度，将腰条纸折成三角形，三角形上边与钞券尽可能齐平，右手拇指顺势按住三角形处，并用食指将腰条纸多余部分塞入钞券凹面里。

第四步：将钞券拱形压平。

7. 盖章。每点完一把钞券都要盖上点钞员名章，图章应盖在钞券上侧的腰条纸上，印章要清晰。

(二) 手持式单指单张食指（或中指）拨点法

手持式单指单张食指（或中指）拨点法的操作方法除起把和清点外，其他均与手持式单指单张拇指捻点法相同。下面我们介绍其起把和清点。

1. 起把。左手中指在券前，食指、无名指、小指在券后将钞券夹紧，将钞券向左翻起，形成弧形；拇指轻轻按着钞券横侧面，食指抵住钞券外侧面。手持式单指单张食指（或中指）拨点法——起把见图 1-6。

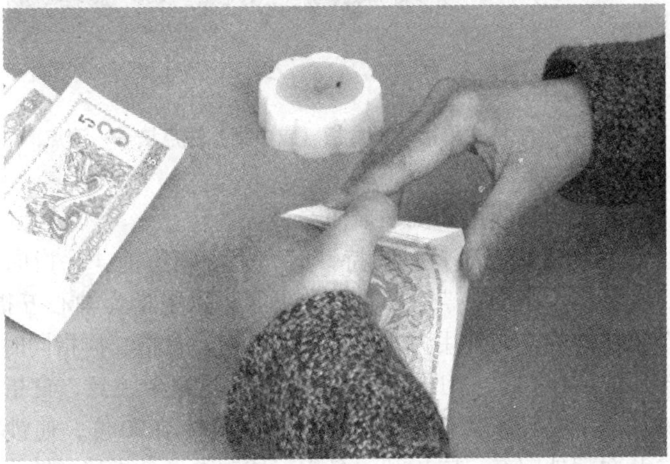

图 1-6 手持式单指单张食指（或中指）拨点法——起把

2. 清点。右手拇指托住钞券内侧少量部分，并且随着钞券不断下捻向前移动，以托住另一部分钞券；用右手食指（或中指）指尖在钞券左上角向下捻钞，一次捻 1 张；右手捻钞的同时，左手食指和拇指要配合。随着钞券不断往下捻，左手拇指要不断往后退，并将钞券向前推。手持式单指单张食指（或中指）拨点法——清点见图 1-7。

此方法也可拨点钞券左下角。

(三) 手持式四指依次捻点法

手持式四指依次捻点法也称手持式四指拨动点钞法、手持式四指扒点法。它适用于收款、付款和整点工作，是一种适用广泛，比较适合柜面收付款业务的点钞方法。它的优点是速度快、效率高。由于每指点一张，票面可视幅度较大，看

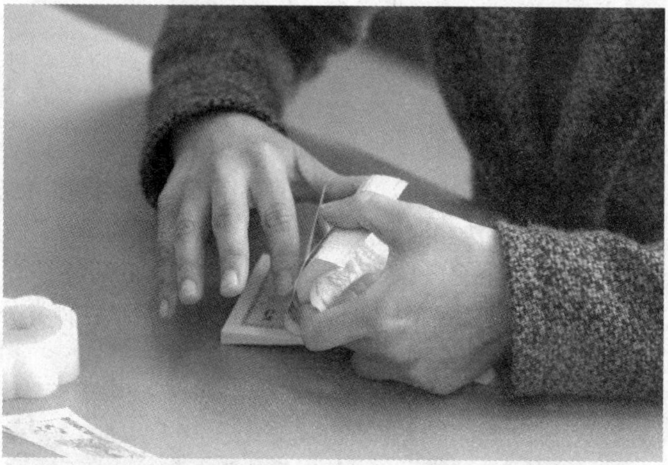

图 1-7 手持式单指单张食指（或中指）拨点法——清点

得较为清楚，有利于识别假币和挑剔损伤券。

1. 起把。钞券横立，左手持钞。持钞时，手心朝胸前，手指向下，中指在票前，食指、无名指、小指在票后，将钞券夹紧；以中指为轴心五指自然弯曲，中指第二关节顶住钞券，向外用力，小指、无名指、食指、拇指同时向手心方向用力，将钞券压成“U”形，“U”口朝左略偏里，这里要注意，食指和拇指要从右上侧将钞券往里下方轻压，打开微扇；手腕向里转动 90 度，使钞券的凹面向左但略朝里，凸面朝外向右；中指和无名指夹住钞券，食指移到钞券外侧面，用指尖管住钞券，以防下滑，大拇指轻轻按住钞券外上侧，既防钞券下滑又要配合右手清点。最后，左手将钞券移至离胸前约 20 公分的位置，右手五个指头同时沾水，做好清点准备。手持式四指依次捻点法——起把见图 1-8。

2. 清点。两只手摆放要自然。一般左手持钞略低，右手手腕抬起高于左手。清点时，右手拇指轻轻托住内上角里侧的少量钞券，其余四指自然并拢，弯曲成弓形；食指在上，中指、无名指、小指依次略低，四个指尖呈一条斜线。然后从小指开始，四个指尖依次顺序各捻下一张，四指共捻四张。接着以同样的方法清点，循环往复，点完 25 次即点完 100 张。手持式四指依次捻点法——清点见图 1-9。

用这种方法清点要注意这样几个方面：一是捻钞券时动作要连续，下张时一次一次连续不断，当食指捻下本次最后一张时，小指要紧紧跟上，每次之间不要间歇；二是捻钞的幅度要小，手指离票面不要过远，四个指头要一起动作，加快

图 1-8 手持式四指依次捻点法——起把

图 1-9 手持式四指依次捻点法——清点

往返速度；三是四个指头与票面接触面要小，应用指尖接触票面进行捻动；四是右手拇指随着钞券的不断下捻向前移动，托住另一部分钞券，但不能离开钞券；五是在右手捻钞的同时左手要配合动作，每当右手捻下一次钞券，左手拇指就要推动一次，二指同时松开，使捻出的钞券自然下落，再按住未点的钞券，往复动作，使下钞顺畅自如。

3. 记数。采用分组记数法。以四个指头顺序捻下 4 张为一次，每次为一组，25 次即 25 组即为 100 张。

4. 扎把与盖章。扎把与盖章的方法与手持式单指单张相同。采用手持式四指依次捻点法点钞，清点前不必先拆腰条纸，只要将捆扎钞券的腰条纸挪移到钞券四分之一处就可以开始清点，发现问题可保持原状，便于追查。清点完毕后，初点不用勾断腰条纸，复点完时顺便将腰条纸勾断，重新扎把盖章。

（四）手持式四指齐下捻点法

手持式四指齐下捻点法的操作方法除清点外，其他均与手持式四指依次捻点法相同。下面我们简单介绍其起把和清点。

1. 起把。左手中指在前，食指、无名指、小指在券后，将钞券夹紧，将钞券向左翻起，形成弧形；拇指轻轻按着钞券横侧面，食指抵住钞券外侧面。手持式四指齐下捻点法——起把见图 1-10。

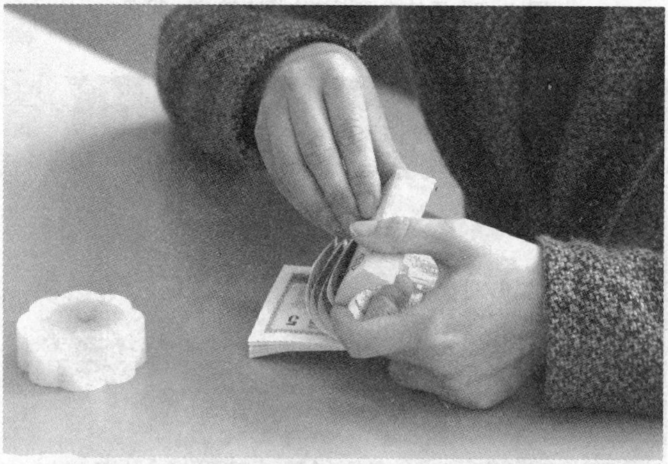

图 1-10 手持式四指齐下捻点法——起把

2. 清点。右手拇指指腹托住钞券内侧面的少量部分，食指、中指、无名指、小指指尖并齐。

清点时，右手按小指、无名指、中指、食指顺序，在钞券三分之一处依次一指捻 1 张，当食指捻下最后一张时，小指要紧紧跟上，每组动作之间不要间歇；注意在捻钞过程中，四指指尖始终并齐，不能分开。同时拇指随着钞券不断下捻向前移动，以托住另一部分钞券。

右手捻钞的同时，左手拇指要配合移动。随着钞券不断往下捻，左手拇指要不断往后退，并将钞券向前推。手持式四指齐下捻点法——清点见图 1 - 11。

图 1 - 11 手持式四指齐下捻点法——清点

（五）手持式一指多张点钞法

手持式一指多张点钞法是在手持式单指单张拇指捻点法的基础上发展起来的。它适用于收款、付款和整点工作，各种钞券的清点都能使用这种点钞方法。其优点是点钞效率高，记数简单省力。但是由于一指一次捻下好几张钞券，除第一张外，后面几张能看到的票面较少，不易发现残破券和假币。

这种点钞法的操作方法除了清点和记数外，其他均与手持式单指单张拇指捻点法相同。下面我们介绍其清点和记数。

1. 清点。清点时右手拇指肚放在钞券的右上角，拇指尖略超过票面。如点双张，先用拇指肚捻下第 1 张，再用拇指尖捻下第 2 张；如点 3 张及 3 张以上时，同样先用拇指肚捻下第 1 张，然后依次捻下后面一张，用拇指尖捻下最后一张，要注意拇指均衡用力，捻的幅度也不要太大，食指、中指在钞券后面配合拇指捻动，无名指向怀里方向弹。为增大审视面，并保证左手切数准确，点数时眼睛要从左侧向右看，这样容易看清张数和残破券、假币。手持式一指多张点钞法——清点见图 1 - 12。

2. 记数。由于一次捻下多张，应采用分组记数法，以每次点的张数为组记数。如点 3 张，即以 3 张为组记数，每捻 3 张记一个数，33 组余 1 张就是 100 张；又如点 5 张，即以 5 张为组记数，每捻 5 张记一个数，20 组就是 100 张。以次类推。

图 1-12 手持式一指多张点钞法——清点

（六）手持式五指拨动点钞法

手持式五指拨动点钞法适用于收款、付款和整点工作。

它的优点是效率高、记数省力，可减轻劳动强度。这种方法要求五个手指依次动作，动作难度较大。

1. 起把。钞券横立，用左手持钞。持钞时，左手小指、拇指放在票前，其余三个手指放在票后，拇指用力把钞券压成瓦形，用右手退下腰条纸。左手将钞券右边向右手拍打一下，并用右手顺势将钞券推起。左手变换各手指位置，即用无名指、小指夹住钞券左下端，中指和食指按在钞券外侧，食指在上，中指在下，拇指轻压在钞券上外侧使钞券成瓦形。

2. 清点。右手五个指头沾水，从右角将钞券逐张向怀里方向拨动，从拇指开始，依次食指、中指、无名指，直至小指收尾为止。每指拨一张，一次为5张。

3. 记数。采用分组记数法，每5张为一组记一个数，记满20组即为100张。

以上介绍的五指拨动法是单向拨动，即右手始终是从拇指开始依次向怀里方向拨动，直至小指收尾止。五指拨动法也可里外双向拨动，即先从拇指开始，食指、中指依次向怀里方向拨动，到无名指收尾为止，再从小指开始，依次无名指、中指向外方向拨动，直至食指收尾为止。这样来回拨动一次8张，点12个来回余4张即为100张。这种点钞方法虽然难度较大，但速度快、效率高。

（七）扇面点钞法

扇面点钞法最适用于整点新券及复点工作，是一种效率较高的点钞方法。但这种点钞方法清点时往往只看票边，票面可视面极小，不便挑剔残破券和鉴别假币，不适用整点新旧币混合的钞券。

扇面点钞法一般有拆把、开扇、清点、记数、合扇、墩齐和扎把等基本环节。由于清点方法不同，可分为一按多张点钞法及四指多张点钞法两种。一次按得越多，点数的难度就越大，初学者应注意选择适当的张数。下面分别介绍这两种操作方法。

1. 扇面式一按多张点钞法。

(1) 持票拆把。钞券竖拿，左手拇指在票前，食指和中指在票后一并捏住钞券左下角约三分之一处，左手无名指和小指自然弯曲。右手拇指在票前，其余四指横在票后约二分之一处，用虎口卡住钞券，并把钞券压成瓦形，再用拇指勾断钞券上的腰条纸做开扇准备。

(2) 开扇。开扇也叫打扇面，是扇面点钞最关键的环节。扇面开的匀不匀，直接影响到点钞的准确性。因此扇面一定要开得均匀，即每张钞券的间隔要均匀。

开扇有一次性开扇和多次开扇两种方法。

一次性开扇的方法是：以左手为轴，以左手拇指和食指持票的位置为轴心，右手拇指用力将钞券往外推，右手食指和中指将钞券往怀里方向压，再用手腕把钞券压弯，从右侧向左侧稍用力往怀里方向转过来然后向外甩动，同时左手拇指和食指从右向左捻动。左手捻右手甩要同时进行。一次性开扇效率高，但难度较大。开扇时要注意左右手协调配合，右手甩扇面要用劲，右手甩时左手拇指要放松，这样才能一次性甩开扇面，并使扇面开得均匀。

多次开扇的方法是：以左手为轴，右手食指和中指将钞券向怀里左下方压，用右手手腕把钞券压弯，稍用力往怀里方向从右侧向左侧转动，转到左侧时右手将压弯的钞券向左上方推起，拇指和食指向左捻动，左手拇指和食指在右手捻动时略放松，并从右向左捻动。这样反复操作，右手拇指逐次由钞券中部向下移动，移至右下角时即可将钞券推成扇形面。然后双手持票，将不均匀的地方抖开，钞券的左半部向左方抖开，右半部的钞券向右方抖开。这种开扇方法较前一种费时，但比较容易掌握。用这种方法开扇时要注意开扇动作的连贯性，动作不连贯，会影响整体点钞速度。扇面式一按多张点钞法——开扇见图 1－13。

(3) 清点。清点时，左手持扇面，扇面平持但钞券上端略上翘使钞券略略倾斜，右手中指、无名指、小指托住钞面背面，右手拇指一次按 5 张或 10 张钞券，按下的钞券由食指压住，接着拇指按第二次，以次类推。同时，左手应随着右手点数的速度以腕部为轴稍向怀里方向转动扇面。右手向前移动时，眼睛也应随着右手向左移动，做到手眼配合。用这种方法清点时，要注意拇指下按时用力不宜过大，下按时拇指一般按在钞券的右上角。从下按的张数来看，如临柜人员经验较丰富的，也可一次下按 6 张、8 张、12 张、14 张、16 张，等等。扇面式一按多张点钞法——清点见图 1-14。

图 1-13 扇面式一按多张点钞法——开扇

图 1-14 扇面式一按多张点钞法——清点

(4) 记数。采用分组记数法。一按 5 张即每 5 张为一组，记满 20 组为 100

张。一按 10 张即每 10 张为一组，记满 10 组即为 100 张，其余类推。

（5）合扇。清点完毕即可合扇。合扇时，左手用虎口松拢钞券向右边压；右手拇指在前，其余四指在后托住钞券右侧并从右向左合拢，左右手一起往中间稍用力，使钞券竖立在桌面上，两手松拢轻墩。钞券墩齐后即可扎把。

2. 扇面式四指多张点钞法。扇面式四指多张点钞，一指可下按 5 张、6 张、7 张、8 张等，最多可达 15 张，因此这种点钞方法的速度相当快，这种点钞方法的持票拆把、开扇、记数、合扇等方法与扇面式一按多张点钞法相同，仅清点方法有所区别。故这里只介绍它的清点操作过程，并以四指 5 张为例。

清点时，左手持扇面，右手清点。先用右手拇指下按第一个 5 张，然后右手食指沿钞券上端向前移动下按第二个 5 张，中指和无名指依次下按第三个、第四个 5 张，这样即完成一组动作。当无名指下按第四个 5 张后，拇指应迅速接着下按第五个 5 张，即开始第二轮的操作。四个手指依次轮流反复操作。由于右手手指移动速度快，在清点过程中要注意右臂要随各个手指的点数轻轻向左移动，还应注意每指清点的张数应相同。下按 6 张、7 张等钞券的方法与下按 5 张相同。

用五个手指、三个手指、两个手指均可清点。其清点方法与四指多张相同。

二、手按式点钞法

手按式点钞法是将钞券安放在桌面上进行清点的点钞方法。手按式点钞法一般可分为手按式单指单张食指捻点法、拇指捻点法和多指多张单指推动点钞法、翻点法、多指捻点法、多指拨点法、多指推点法等多种方法。

（一）手按式单指单张食指捻点法

手按式单指单张食指捻点法是一种传统的点钞方法，在我国流传甚广。它适用于收、付款和整点各种新、旧大小钞券。由于这种点钞方法逐张清点、看到的票面较大，便于挑剔损伤券，特别适宜于清点散把钞券和辅币及残破券较多的钞券。

1. 起把。将钞券横放在桌面上，一般在点钞员正胸前。左手小指、无名指微弯曲按住钞券左上角，约占票面三分之一处，食指伸向腰条纸并将其勾断，拇指、食指和中指微屈做好点钞准备。手按式单指单张食指捻点法——起把见图 1－15。

2. 清点。右手拇指托起右下角的部分钞券，用右手食指捻动钞券，其余手指自然弯曲。右手食指每捻起一张，左手拇指便将钞券向上推送到左手食指与中指间夹住，这样就完成了一次点钞动作。以后依次连续操作。手按式单指单张食指捻点法——清点见图 1－16。

图 1-15 手按式单指单张食指捻点法——起把

图 1-16 手按式单指单张食指捻点法——清点

用这种方法清点时，应注意右手拇指托起的钞券不要太多，否则会使食指捻动困难，也不宜太少，太少会增加拇指活动次数，从而影响清点速度。一般一次以 20 张左右为宜。

3. 记数。记数可采用双数记数法，数到 50 时即为 100 张；也可采用分组记数法，以 10 张为一组记数。记数方法与手持式单指单张基本相同。

上述操作方法，左手的拇指、中指、食指在清点过程中，每捻起一张都需要动作，不仅影响速度，而且钞券容易滑动以致松散，不易清点，手指也很累。因此，手按式单指单张食指捻点法还有另一种操作形式。

左手按票方式与前一种方法相同。右手自然摆放在桌面上，手腕微抬起。右手的小指、无名指按在右上角，小指压紧钞券，无名指稍松，中指微弯曲。清点时，右手拇指托起部分钞券，食指每捻起一张即由左手拇指切数并用拇指和食指夹住；捻数张后，左手拇指即将钞券推送到食指和中指之间夹住。一般捻起 5 张或 10 张后左手拇指便推动一次。记数可用分组记数法。每 5 张或 10 张为一组，记满 20 组或 10 组即为 100 张。

用这种形式进行操作，减少了左手中指和食指动作的次数，手指关节不易累和酸；右手小指和无名指按住钞券后，钞券也不易滑动；记数简单，如感到记数有误时，只要左手拇指放下没有记准的这一组重新清点外，不需重新清点其余各组钞券，有利于提高工作效率。

（二）手按式单指单张拇指捻点法

手按式单指单张拇指捻点法的操作方法除了起把和清点外，其他均与手按式单指单张食指捻点法相同。下面我们介绍其起把和清点。

1. 起把。起把时可将腰条纸挪移到钞券左侧；左手小指、无名指、中指微弯曲按住钞券的左半部分；右手将钞券向左上方推成瓦形后，左手拇指按住上侧面；左手食指抵住钞券内侧面。手按式单指单张拇指捻点法——起把见图1－17。

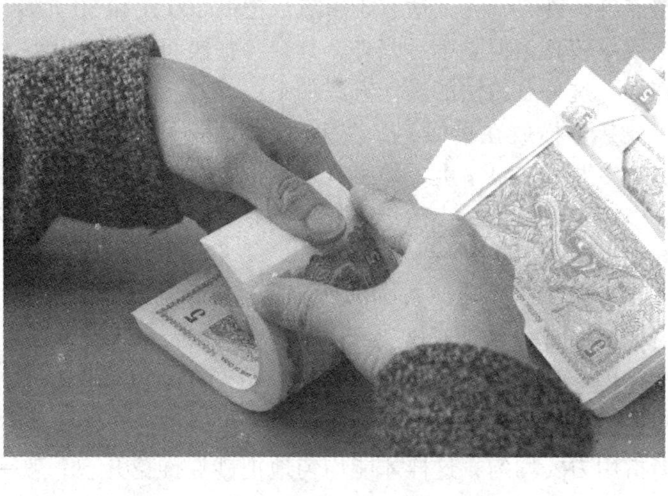

图 1－17　手按式单指单张拇指捻点法——起把

2. 清点。右手食指和中指抵住钞券外侧面，用拇指指尖捻钞；同时，左手拇指和右手食指、中指要配合。随着钞券不断往下捻，左手拇指要不断往后退，右手食指、中指要不断向前进。手按式单指单张拇指捻点法——清点见图1－18。

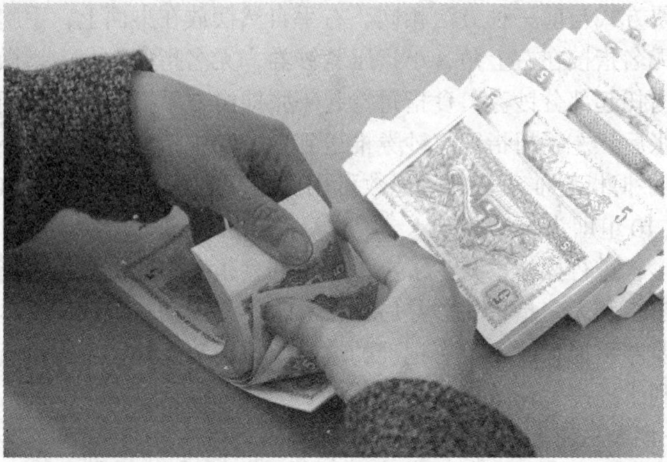

图 1－18 手按式单指单张拇指捻点法——清点

（三）手按式多指多张单指推动点钞法

手按式多指多张单指推动点钞法也是使用较广的一种点钞方法。它适宜于收款、付款和整点各种钞券，尤其适宜于整点成把的 100 元和 50 元及以下的主币。这种点钞方法效率较高，但除第一张外，其余各张票面可视面很小，不易发现假币和剔除损伤券。这种点钞法的操作方法如下：

1. 起把。把钞券横放在桌面上，左手无名指和小指微屈按住钞券左上角约三分之一处。右手肘靠在桌子上，右手五个手指自然弯曲，用中指第一关节托起部分钞券后，中指、无名指、小指垫入部分钞券下面。手按式多指多张单指推动点钞法——起把见图 1－19。

2. 清点。拇指从右下角推起数张钞券；食指按在钞券右上角配合拇指推动，同时也防止拇指推动时钞券向上移动。左手拇指根据右手推起的钞券数并将钞券推送到中指与食指之间夹住。这样便完成了一组动作，以后按此方法连续操作。用这种方法清点，要注意右手拇指推动时，要先用拇指尖开始推动，直到拇指肚收尾为止。拇指用力要均匀，这样才能均匀地把钞券推捻开。一般一次推捻 3～10 张，中指托起的钞券也不宜太多。切数时，眼睛要从钞券里侧往外看。手按式多指多张单指推动点钞法——清点见图 1－20。

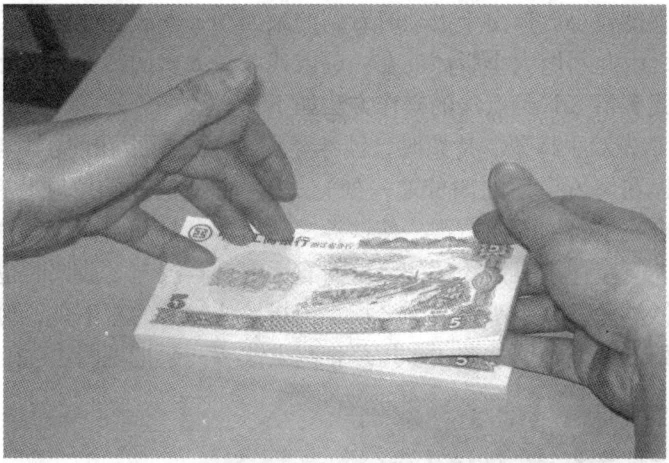

图 1－19　手按式多指多张单指推动点钞法——起把

图 1－20　手按式多指多张单指推动点钞法——清点

3. 记数。记数可采用分组记数法。如一次推捻 4 张，那么以 4 张为一组记数，数 25 组即为 100 张，以次类推。

（四）手按式多指多张翻点法

手按式多指多张翻点法也叫手扳式点钞法。这种点钞方法适用于整点各种主币和复点工作，尤其宜于清点成把主币。它的优点是速度快、效率高，清点比较省力，劳动强度较小。但由于扳动时看到的票面小，残破券、假钞及夹版不易被发现和剔除，因此新旧大小版面混在一起或残破券太多的钞券，不宜用这种方法清点，手按式多指多张翻点法的操作方法如下：

1. 起把。先双手持票。持票时，钞券竖立，两手拇指在前，其余四指在后，捏住钞券（捏在约占票面的四分之一处）。然后右手把钞券按顺时针方向转动，左手拇指配合右手将钞券向右推，使钞券成微扇形。打开扇面后，将钞券稍斜竖放在桌面上，下端伸出桌面约两公分以便右手将钞券扳起。放票时也可不打开扇面。安放好钞券后，左手小指、无名指、中指按住钞券的左下角，拇指和食指自然弯曲，做好点钞准备。手按式多指多张翻点法——起把见图 1－21。

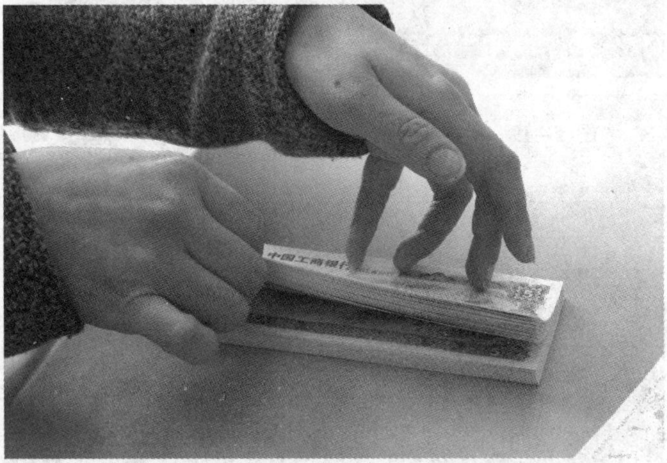

图 1－21　手按式多指多张翻点法——起把

2. 清点。右手除拇指外，其余四指自然弯曲。用右手中指抬起部分钞券的右下角，拇指捏住钞券右下角，食指放在拇指与中指之间，无名指和小指协助中指动作；然后用右手手腕带动各指往怀里方向转动即逆时针方向转，使钞券打开成小扇面。用左手拇指对右手扳起的钞券进行切数，左手拇指每切一次便将钞券送到食指和中指间夹住，同时右手拇指和食指放开已被切数的钞券，并配合中指进行下一次循环。要注意的是，右手中指抬起的钞券不宜过多或太少，一般在 35 张左右；打开扇面时，拇指捏得不要过紧，食指在其他手指转动时要擦过中指抬起的钞券的侧面，向拇指靠拢，以利打开扇面。

左手切数时眼睛应该从右向左看，每次切数要一致。手按式多指多张翻点法——清点见图 1－22。

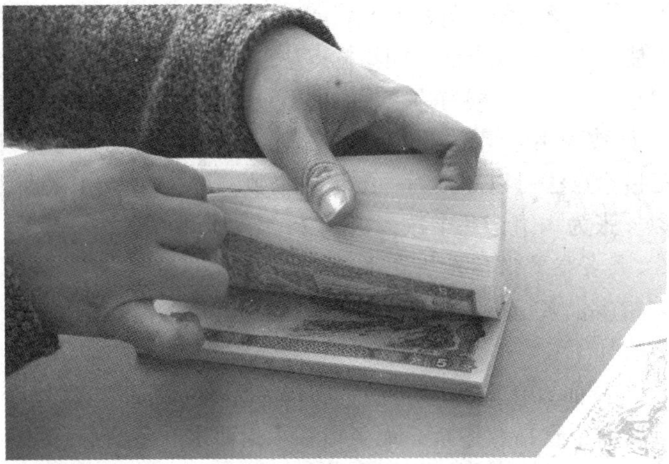

图 1－22　手按式多指多张翻点法——清点

3. 记数。采用分组记数法。如一次扳 5 张的以 5 张为一组，记满 20 组即为 100 张；如一次扳 6 张的以 6 张为一组，记满 16 组余 4 张即为 100 张。以次类推。

（五）手按式多指多张多指捻点法

手按式多指多张多指捻点法可采用双指捻点、三指捻点、四指捻点的方式，是在手按式单指单张食指捻点法的基础上发展起来的点钞方法，因此它们点钞的基本方法与手按式单指单张食指捻点法基本相同，只是清点和记数略有不同。下面我们着重介绍它们的不同之处。

1. 清点。双指捻点时，左手的小指、无名指压在钞券的左上方约占票面的四分之一处，右手拇指、食指、中指沾水后，用拇指托起部分钞券，用中指向上捻起第一张，随即用食指捻起第二张，捻起的这两张钞券由左手拇指送到左手食指和中指之间夹住。点双张时，应注意右手臂要稍抬起，右手臂高于右手腕，手指朝右边，这样便于捻动。

三指捻点法、四指捻点法适用于收、付款和整点各种新、旧主币和辅币。它的速度明显地快于单指单张和双指双张。但由于除了第一张外，其余各张所能看到的票面较小，不宜整点残破券多的钞券。三指捻点法、四指捻点法的基本方法与双指捻点法同，只是清点、记数方法略有不同。

三指捻点时，先用无名指捻动第一张，随后用中指、食指顺序捻起第二张和第三张；四指捻点法时，先用小指捻起第一张，随后用无名指、中指和食指分别捻起第二张、第三张、第四张，捻起的三张或四张钞券用左手拇指向上推送到左手食指和中指间夹住。用三指捻点法、四指捻点法点钞时，与双指捻点法点钞一样，要注意手臂稍抬起，右手手指朝右边，手心向下，点数时手指也不宜抬得过高。

2. 记数。记数采用分组记数法，双指捻点法可以 2 张为一组，记满 50 组即为 100 张。三指捻点法可以 3 张为一组记一个数，数 33 组余 1 张即为 100 张；四指捻点法可以 4 张为一组记一个数，数到 25 组就为 100 张。

（六）手按式多指多张多指拨点法

手按式多指多张多指拨点法适用于各种面额钞券的清点，更宜于整点成把主币。其操作方法如下：

1. 起把。钞券横放在桌面上。左手小指、无名指、中指自然弯曲压在钞券的左上角，同时右手食指、中指、无名指和小指沾水准备清点。

2. 清点。手按式多指多张多指拨点法可以采用双指拨点方式、三指拨点方式或四指拨点方式。双指拨点时，用食指从钞券右上角向胸前拨动第一张，紧接着中指拨起一张，拨起的钞券用左手拇指推送到左手的食指和中指之间夹住；三指拨点时，用食指从钞券右上角向胸前拨动第一张，紧接着中指、无名指顺序各拨起一张，拨起的钞券用左手拇指推送到左手的食指和中指之间夹住；四指拨点时，用食指从钞券右上角向胸前拨动第一张，然后中指、无名指、小指顺序各拨动一张，每拨起四张就用左手拇指送到左手的中指和食指之间夹住。用这种方法清点时，要注意右手用力的方向，右手各手指拨起钞券时要往怀里方向用力，但也要略向左，一味向左边或向怀里方向用力，都很难拨动钞券，影响点钞速度。

3. 记数。记数可采用分组记数法，与手按式多指多张多指捻点法相同。

（七）手按式多指多张多指推点法

手按式多指多张多指推点法适用于各种面额钞券的清点，更宜于整点成把主币。其操作方法如下：

1. 起把。将钞券斜放在桌面上，右下角对正胸前，左手无名指、小指自然弯曲压在钞券左端约占票面的四分之一处。同时用右手的食指、中指、无名指、小指沾水做点钞准备。

2. 清点。清点前，用右手在钞券右下角侧面将钞券向左上方推动一下，使钞券松散。推点时可以采用双指推点方式、三指推点方式或四指推点方式。用四指推动时，先用小指从右下角向上推捻起第一张，然后用无名指、中指、食指顺序分别各推起一张钞券；用三指推动时，先用无名指向上推捻起第一张，然后用中指、食指各推起一张。用双指推动时，先用中指向上推捻起第一张，然后用食指推起一张。推起的钞券由左手拇指推送到左手食指和中指之间夹住。这样便完成一组动作，以后按此连续操作。

3. 记数。记数可采用分组记数法，与手按式多指多张多指捻点法相同。

三、手工整点硬币

硬币的整点基本方法有两种：一是纯粹手工整点，二是工具整点。手工整点硬币一般用于收款时收点硬币尾零款；大批硬币整点需用工具来整点。下面分别介绍这两种方法的操作过程。

（一）手工整点硬币

手工整点硬币一般分为拆卷、清点、记数、包装、盖章五个环节。

1. 拆卷。将清点后需使用的新包装纸平放在桌子上。右手持硬币卷的三分之一处放在新的包装纸中间；左手撕开硬币包装纸的一头，然后用右手从左端到右端压开包装纸；包装纸压开后用左手食指平压硬币，右手抽出已压开的包装纸。这样即可准备清点。

2. 清点。从右向左分组清点。清点时，用右手拇指和食指将硬币分组清点。每次清点的枚数因个人技术熟练程度而定，可一次清点 5 枚或 10 枚，也可一次清点 12 枚、14 枚、16 枚等。为保证清点准确无误，可从中间分开查看。如一次点 10 枚，即从中间分开，一边为 5 枚。以次类推。

3. 记数。采用分组记数法，一组为一次。如一次清点 10 枚，那么点 10 次即为 100 枚。

4. 包装。清点完毕即可包装。硬币每百枚包一卷。包装时，用双手的无名指分别顶住硬币的两头，用拇指、食指、中指捏住硬币的两端，再用双手拇指把里半边的包装纸向外掀起并用食指掖在硬币底部，然后用右手掌心用力向外推卷，随后用双手的拇指、食指和中指分别把两头包装纸向中间方向折压紧贴硬币，再用拇指将后面的包装纸往前压，食指将前面的包装纸往后压，使包装纸与硬币贴紧，最后再用拇指、食指向前推币，这样包装完毕。包装的硬币要求紧，不能松，两端不能露出硬币。

5. 盖章。硬币包装完毕后，整齐的平放在桌面上（硬币卷竖放），卷缝的方向一致，右手拿名章，盖在右面第一卷硬币上，左手平放在各硬币卷上并向右转动，名章随硬币卷的转动依次盖在各卷上，使印章盖得又快又清晰。成卷的硬币也可横放在桌面上。右手名章贴在最前面一卷的右端，用左手掌心推动硬币向前滚动，右手将名章逐一盖在硬币卷的右端。

（二）工具整点硬币

工具整点硬币主要借助于硬币整点器（亦称硬币记数器）。这种硬币整点器内有根据壹元、伍角、壹角三种硬币的直径设计的三种相应的弧形槽式分币板，又根据流通中硬币的平均厚度，固定了百枚硬币总长度，每次可清点100枚硬币。它由两部分组成，一部分是定槽，另一部分是动槽，动槽可以前后移动，动槽和定槽相间均等排列，每一个槽相当于5枚硬币的厚度。当清点员按动动槽时，硬币便以5枚一组被分开，便于点数。这种工具使用简便，携带亦方便，功效又高，是商业银行清点硬币不可缺少的工具。

硬币整点器的操作步骤与手工整点硬币基本相同。下面介绍硬币整点器的操作程序和方法。

1. 拆卷。拆卷通常有两种方法：一是阵裂法，二是刀划法。

阵裂法拆卷是以双手的拇指与食指、中指捏住硬币的两端向下阵动，同时左手稍向里扭动，右手稍向外扭动，使包装纸裂开。再用两手的无名指顶住硬币两头，用中指、食指和拇指捏住硬币的两端（其中拇指在卷里，中指和食指在卷外边），把硬币卷移到硬币整点器上，两手手腕同时向里转，使硬币落入整点器槽内，然后取出裂开的包装纸准备清点。用阵裂法拆卷要注意用力要适度，不要把硬币阵散以致硬币掉落。

刀划拆卷法是在硬币整点器的右端安装一个刀刃向上的小刀片，拆卷时双手的拇指、食指、中指捏住硬币的两端，从左端向右端从刀刃上划过，这样包装纸被划开一道口子，然后双手手腕同时向里转，硬币进入整点器槽内。随后将划开的包装纸取出准备清点。

2. 清点。硬币落入整点器内后，两手的食指和中指放在整点器两端，将整点器夹住，再用右手食指将硬币顶向左端。然后两手拇指放在整点器两边的推钮上用力推动推钮。通过动槽的移动，硬币等量交错。眼睛从左端看到右端，检查每槽是否5枚，重点检查右边最后一个槽。准确无误后，两手松开，硬币自动回到原位。如有氧化变形或伪币应及时剔出并如数补充后准备包装。

3. 包装。两手的中指顶住硬币两端，拇指在卷里边，食指在卷外边将硬币的两端捏住。两手向中间稍用力，从整点器内将硬币提出放在准备好的包装纸中间。其余包装方法与手工整点硬币包装方法相同。

盖章方法也与前相同。

四、钞券的捆扎

捆钞是点钞的一个有机组成部分。钞券整点完毕全部扎把盖章后，还需捆扎。捆扎时把钞券按一定的方向排列，按双十字每十把捆扎成一捆。捆钞有手工捆钞和机器捆钞两种。其操作过程分述如下：

（一）手工捆钞的操作程序

手工捆钞时，用双手各取5把钞券，并在一起墩齐。然后将10把钞券叠放，票面向下，面上垫纸，并将票面的四分之一伸出桌面。左手按住钞券，右手取绳子，右手拇指与食指持绳置于伸出桌面处，然后用左手食指按住绳子一端，右手将绳子另一端从右往下再往左上绕一圈与绳子的另一端合并，将钞券自左向右转两圈，形成一个麻花扣。这时钞券横放在桌上，已束好的一头在右边，再将横放的钞券的四分之一伸出桌面，左手按住绳子的一头，右手将绳子从右向钞券底下绕一圈，绕至钞券上面左端约占钞券长度的四分之一处拧一个麻花扣，然后将钞券翻个面再拧一个麻花扣，最后左手食指按住麻花扣以防松散，右手捏住绳子的另一头，从横线穿过结上活结。捆好后在垫纸上贴上封签，加盖日期戳和点钞员、捆钞员名章。

（二）机器捆钞的操作程序

1. 做好捆钞前的准备工作。使用捆钞机前，首先要仔细检查捆钞机各部位是否正常。手动捆钞机要检查手柄、齿轮上下运动是否自如；电动和液压捆钞机在捆钞前要打开开关各转一次，检查马达和液压装置是否正常，液压管道有无漏油现象。

检查完毕，调整机器螺丝，使之适合所捆券别的松紧程度，然后固定螺丝。

2. 放绳。将线绳拧成麻花扣，双十字放置在捆钞机底面平台的凹槽内。绳的两头留的长度要相等。

3. 放钞。用两手各取5把钞券并在一起墩齐。然后将10把钞券叠起，票面向上，放在捆钞机的平台上，再放好垫纸。

4. 压钞。合上活动夹扳，右手扳下压力扶手，反复操作，使钞券压至已调整好的松紧度。如为电动捆钞机则按下“紧”开关。

5. 系绳。两手分别捏住绳子的两头，从上端绳套穿过，然后双手各自拉紧，从两侧把绳子绕到钞券的正面，使绳子的两头合拢拧麻花扣。然后用左手按住交叉点，右手捏住绳子的一头，从钞券上面竖线穿过结上活扣，贴上封签，加盖点钞员、捆钞员名章和日期戳。

（三）捆扎钞券的有关规定

1. 捆钞时要坚持操作程序，必须每只手各取5把，以防成捆钞券多把或少把，发生差错。

2. 整捆钞券在捆扎时要垫衬纸，用于粘贴封签。衬纸垫在钞券上与其一并捆扎，封签贴在捆扎绳外。要注意衬纸与封签都须切去一角，以便看清票面。

3. 不论是手工捆扎钞券还是机器捆扎钞券，都要以“捆紧”为标准。要通过拉紧捆钞绳，进行交叉固定，使钞券不易松开。

4. 捆扎绳必须完好，不能有结，以防被人解开。最后的活扣结只能打在衬纸表面，并用封签纸粘住。

5. 钞券捆扎完毕，要在封签上加盖日期戳以及点钞员、捆钞员名章，以明确职责，便于查找差错。

第三节 机器点钞技术

机器点钞就是使用点钞机整点钞券以代替手工整点。由于机器点钞代替手工点钞，对提高工作效率、减轻出纳人员劳动强度、改善临柜服务态度、加速资金周转都有积极的作用。随着金融事业的不断发展，银行柜面的收付业务量也日益增加，机器点钞已成为商业银行柜面经办人员点钞的主要方法。

一、点钞机的类型及特点

点钞机按照钞券运动轨迹的不同分为卧式、立式和气吸式等类型。气吸式点钞机是通过气泵吸嘴转动将钞券一张张吸附、放开，同时用光电器件完成计数的一种点钞机。这种点钞机点钞速度快，每百张钞券可在2~4秒内完成。由于它清点钞券时只须利用钞券的一端，故清点时不必拆下捆扎的腰条纸，可减少整理、捆扎等环节，杜绝了串把差错。气吸式点钞机对钞券的质量要求较高，清点破旧钞券较为困难，点钞时不能看到票面，因而无法识别假券及不同券别。气吸式点钞机适用于大量复点的钞券、有价证券等。商业银行柜面经办人员柜面常用卧式点钞机。

卧式点钞机采用面出钞连续分张，以每秒15张以上的速度对钞券进行清点、辨伪，通常还具有自动开停机、预置数、防双张、防粘张和防夹心等辅助功能。辨伪手段通常有荧光识别、磁性分析、红外穿透三种方式。点钞机由捻钞、出钞、接钞、传动、机架和电子电路等六部分组成。

捻钞部分主要由滑钞板、送钞舌、阻力橡皮、落钞板、调节螺丝、捻钞胶圈等组成。将要清点的钞券逐张捻出是保证计数准确的前提。卧式点钞机采用面出钞连续分级：捻钞胶圈捻走处于表面的一张钞票，下面的钞券被阻力橡皮粘住，使表面的钞券与下面的钞券分开，实现分张。这个过程不断重复进行，直到捻完最后一张钞券。

出钞部分主要由出钞胶轮、出钞对转轮组成。其作用是出钞胶圈以捻钞胶圈两倍的速度把连续送过来先到的钞券与后面的钞券有效地分开，送往计数器与检测传感器进行计数和辨伪。

接钞部分主要由接钞爪轮、脱钞板、挡钞板等组成。点验后的钞券一张张分别卡入接钞爪轮的不同爪，由脱钞板将钞券取下并堆放整齐。

传动部分一般采用单电机或双电机驱动，由电动机通过传动带、传动轮，将动力输送给各传动轴。采用双电机驱动易于实现预置数功能。

机架组件采用冲压力边板效果较好。采用这种设计的好处是机架的左、右边板中相对应精度较高的部分可以采用同一模具一次加工完成，提高了机架的装配精度，降低了成本，也为运动中的钞券得到有效识别提供了所需的定位精度。

电子电路部分由主控部分、传感器部件、驱灯组件、电源板等组成一个单片机控制的系统，通过多个接口把紫光、磁性、红外穿透、计数信号引入主控器。对正常钞券在正常清点中各传感器接收到的信号进行统计取样、识别，并寄存起来，作为检测的依据。当清点纸币时，把在各通道接口接收到的信号参数与原寄存起来的信号参数进行比较、判断，若有明显差异时，应立即送出报警信号并截停电机，同时送出对应的信号提示。

二、点钞前的准备工作

（一）放置好点钞机

点钞机一般放在桌上，点钞员的正前方，离胸前 30 公分左右。临柜收、付款时也可将点钞机放在点钞桌肚内，桌子台面上用玻璃板，以便看清数字和机器运转情况。点钞机放置见图 1－23。

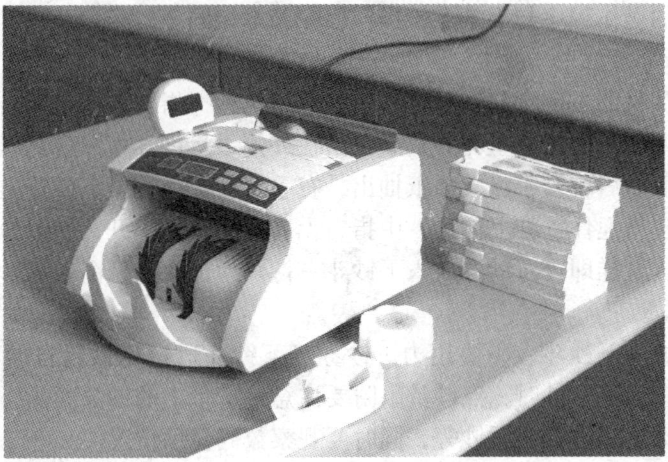

图 1－23　点钞机放置

（二）放置好钞券和工具

机器点钞是连续作业，且速度相当快，因此清点的钞券和操作的用具摆放位置必须固定，这样才能做到忙而不乱。一般未点的钞券放在机器右侧，按大小票面顺序排列，或从大到小，或从小到大，切不可大小夹杂排列；经复点的钞券放在机器左侧；腰条纸横放在点钞机前面即靠点钞员胸前的那一侧，其他各种用具放置要适当、顺手。

（三）试机

首先检查机件是否完好，再打开电源，检查捻钞轮、传送带、接钞台运行是否正常；灯泡、数码管显示是否正常，如荧光数码显示不是“00”或“0”，那么按“0”键钮，使其复位“00”或“0”。然后开始调试下钞斗，松紧螺母，通常以壹元券为准，调到不松、不紧、不夹、不阻塞为宜。调试时，右手持一张壹元券放入下钞斗，捻钞轮将钞券一捻住，马上用手抽出，以捻得动抽得出为宜。

调整好点钞机后，还应拿一把钞券试试，看看机器转速是否均匀，下钞是否流畅、均匀，点钞是否准确，落钞是否整齐。若传送带上钞券排列不均匀，说明下钞速度不均，要检查原因或调节下钞斗底部螺丝；若出现不整齐、票面歪斜现象，说明下钞斗与两边的捻钞轮相距不均匀，往往造成距离近的一边下钞慢，钞券一端向送钞台倾斜，传送带上钞券呈一斜面排列，反之下钞斗与捻钞轮距离远的一边下钞快。这样应将下钞斗两边的螺母进行微调，直到调好为止。

三、点钞机操作程序

点钞机的操作程序与手工点钞操作程序基本相同。

（一）持票拆把

用右手从机器右侧拿起钞券，右手钞券横执，拇指与中指、无名指、小指分别捏住钞券两侧，拇指在里侧，其余三指在外侧，将钞券横捏成瓦形，食指在中间自然弯曲。然后用左手将腰条纸抽出，右手将钞券速移至下钞斗上面，同时用右手拇指和食指捏住钞券上侧边，中指、无名指、小指松开，使钞券弹回并自然形成微扇面。这样即可将钞券放入下钞斗。持票拆把放钞见图 1－24。

（二）点数

将钞券放入下钞斗，不要用力。钞券经下钞斗通过捻钞轮自然下滑至传送带，落至接钞台。下钞时，点钞员眼睛要注意传送带上的钞券面额，看钞券是否夹有其他票券、残破券、假钞等，同时要观察数码显示情况。

拆下的腰条纸先放在桌子一边不要丢掉，以便查错用。点钞机点数见图 1－25。

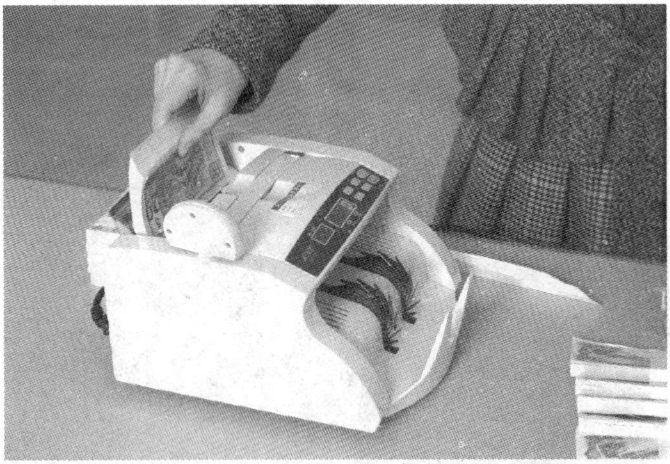

图 1－24　持票拆把放钞

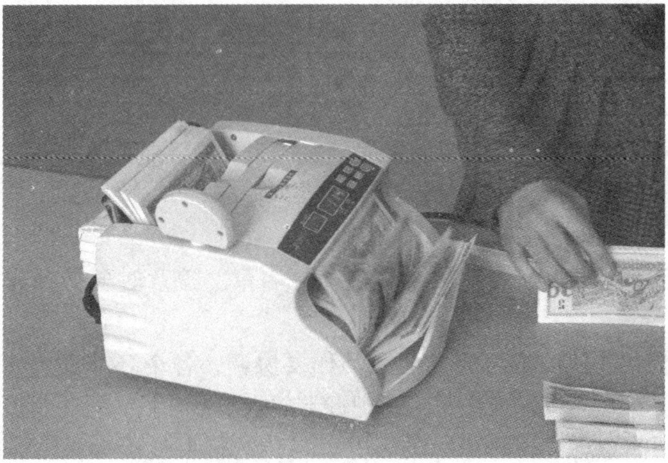

图 1－25　点钞机点数

（三）记数

当下钞斗和传送带上的钞券下张完毕时，要查看数码显示是否为“00”或“100”。如反映的数字不为“00”或“100”，必须重新复点。在复点前应先将数码显示置“00”或“0”状态并保管好原把腰条纸。如经复点仍是原数，又无其他不正常因素时，说明该把钞券张数有误，即应将钞券连同原腰条纸一起用新的腰条纸扎好，并在新的腰条纸上写上差错张数，另作处理。点钞机记数见图1-26。

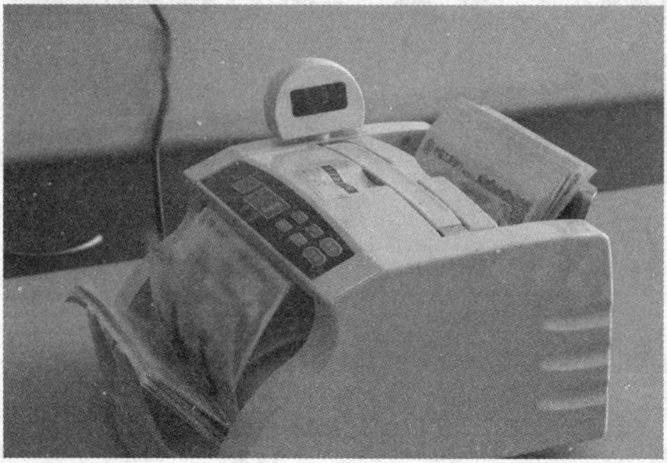

图1-26 点钞机记数

（四）扎把

一把点完，记数为百张，即可扎把。扎把时，左手拇指在钞券上面，手掌向上，将钞券从接钞台里拿出，把钞券墩齐进行扎把。

（五）盖章

复点完全部钞券后，点钞员要逐把盖好名章。盖章时要做到先轻后重，整齐、清晰。

由于机器点钞速度快，要求两手动作要协调，各个环节要紧凑，下钞、拿钞、扎把等动作要连贯，当右手将一把钞券放入下钞斗后，马上拆开第二把，准备下钞，眼睛注意观察传送带上的钞券。当传送带上最后一张钞券落到接钞台后，左手迅速将钞券拿出，同时右手将第二把钞券放入下钞斗，然后对第一把钞券进行扎把。扎把时眼睛仍应注意观察传送带上的钞券。当左手将第一把钞券放在机器左侧的同时，右手从机器右侧拿起的第三把钞券做好下钞准备，左手顺势抹掉第一把的腰条纸后，左手迅速从接钞台上取出第二把钞券进行扎把。这样顺序操作，连续作业，才能提高工作质量和工作效率。可记住口诀：一把投入拆二把，眼睛跟着跑道走；看准计数防差错，左手取票忌留张；券别把数要分清，右拿左放不混淆；各个环节衔接好，连续作业效率高。在连续操作过程中，须注意以下问题：

第一，原把腰条纸要顺序更换，不得将前把与后把的腰条纸混淆，以分清责任。

第二，钞券进入接钞台后，左手取钞必须取净，然后右手再放入另一把钞券，以防止串把现象。

第三，如发现钞券把内有其他券种或损伤券及假币时，应及时挑出并补上完整券后才能扎把。

机器点钞连续操作，归纳起来要做到“五个二”即：

二看：看清跑道票面，看准记数。

二清：券别、把数分清，接钞台取清。

二防：防留张，防机器吃钞。

二复：发现钞券有裂缝和夹带纸片要复，记数不准时要复。

二经常：经常检查机器底部，经常保养、维修点钞机。

四、机器点钞容易发生的差错和防止方法

（一）接钞台留张

左手到接钞台取钞时，有时会漏拿一张，造成上下把不符。

防止方法，取净接钞台内的钞券，或采取不同的票面交叉清点的办法。

（二）机器“吃钞”

引起机器吃钞的主要原因是：钞券较旧，很容易卷到输钞轴上或带进机器肚内；出钞歪斜，容易引起输钞紊乱，挤轧或飞张，也有可能被下钞轮带进机器肚内。

防止方法：调整好面板和调节螺丝，使下钞流畅、整齐。输钞紊乱、挤轧时要重新清点一遍。要检查机器底部和前后输钞轴是否有钞券夹住。

（三）多计数

造成多计数的原因主要有：机器在清点辅币、旧币时容易发生飞张造成多计数；钞券开档破裂，或一把钞券内残留腰条纸、杂物等，也会造成多计数。

防止的方法是：可将钞券调头后再清点一遍，或将机器内杂物、腰条纸取出后再点一遍。

（四）计数不准

计数不准除了电路毛病和钞券本身的问题外，光电管、小灯泡积灰，或电源、电压大幅度升降都会造成多计数或少计数。

防止的方法是：经常打扫光电管和小灯泡灰尘，荧光数码管突然计数不准，要立即停机，检查机器的线路或测试电压等。

五、出纳专用机具的保养

出纳专用机具包括出纳点钞机、捆钞机、出纳收付款机、出纳微机系统、假钞鉴别仪器、保险柜、库房设备及运钞设备等。

出纳的各类机具是出纳人员完成工作任务的重要工具，出纳员对自己使用的机具要做到熟悉性能、了解运转情况。要爱护自己的机具，精心保养，保证机件完好。

各类出纳机具均应由指定的专人掌管，建立使用登记、保管记录。

1. 机具的使用要实行“三定”，即：定人、定机、定责任。定人就是确定谁管理机具，谁负责保养、修理；定机就是各类各号机具都要固定人使用，建立机器管理档案；定责任就是加强工作责任性，明确规定责任范围。

2. 建立检查制度。各类机具摆放要定位，严禁无关人员乱动机器。使用前要检查运转情况，使用后要清除灰尘，要经常加油，定期维修。下班后必须关好开关，切断电源，确保安全。

3. 建立一机一卡。每台机具都要建立保养维修卡，发现问题，及时修理，进行登记。同时对发至个人使用的机具等都要登记保管。

4. 由于工作严重不负责任，造成机具人为损坏，应追究有关人员责任。

5. 对机具的零配件等要指定专人管理，建立领用制度，保证账实一致。

随着先进机具的普及和推广，商业银行出纳部门配置的精密、智能和高自动化的机具越来越多，这就需要有一批懂得计算机，具有一定知识和技术，会操作、懂维修、能管理的专业人才充实到出纳部门来，只有这样才能使出纳人员跟上商业银行现代化发展的步伐。

本章小结

本章介绍了十多种点钞方法，学员在学习时要根据不同的需要进行选择，如手工点钞中的手持式点钞方法一般适合点新钞，在测试和比赛中常常使用，手按式点钞法一般适合点旧钞，在实际工作中使用较广泛；大额钞票一般要求用单指单张法清点，小额钞票可用多指多张法清点。此外，学员应根据准和快两条原则来选择适合自己的方法，一种方法只要相对自己来说是既准又快的，那就是适合自己的方法。

复习思考题

1. 点钞的基本要领有哪些？
2. 点钞的基本环节主要有哪些？
3. 手持式点钞主要包括哪些方法？
4. 手按式点钞主要包括哪些方法？
5. 单指单张点钞法一般可采用什么记数法？并举例说明。
6. 多指多张点钞法一般可采用什么记数法？并举例说明。
7. 手工整点硬币、工具整点硬币分别主要包括哪几个环节？
8. 机器捆钞的操作程序主要有哪些？
9. 捆扎钞券的规定主要有哪些？
10. 点钞机点钞主要有哪些操作程序？
11. 机器点钞容易发生哪些类型的差错？如何防止？
12. 如何对银行柜面专用机具进行保养？

参考文献

[1] 方秀丽：《商业银行柜面操作技能》，杭州，浙江大学出版社，2004。
[2] 曹慧：《珠算与点钞》，北京，中国社会科学出版社，2004。

高职高专金融类系列教材

商业银行子系列

第二章

货币反假知识

本章提示：纵观各国货币发行的历史，与假币的斗争一直没有停止过，犯罪分子的制假水平越来越高，手法越来越隐蔽，从涂改、拓印、拼凑到手工油印、彩色复印、套色胶印，手段层出不穷，反假货币斗争已成为关系到社会稳定和经济安全的一件大事。《中华人民共和国人民币管理条例》和《中国人民银行假币收缴、鉴定管理办法》颁布实施以后，假币收缴工作步入了规范化、法制化的轨道，金融机构在反假货币斗争中的作用日益显现。随着金融机构反假货币工作量和工作难度的增加，对相关业务人员的素质要求也越来越高，他们不仅要掌握各种货币的真伪辨别方法，还要熟悉假币收缴的程序，才能把好假币收缴关，真正起到拦截假币的作用。

货币几乎和每个人都有关系，大家都要接触它、使用它。为了保证货币的正常流通，除做好货币发行工作外，还必须严厉打击伪造、贩卖和使用假人民币、假外币的违法犯罪活动。做好反假人民币工作有利于维护人民币的良好信誉，保护人民币的合法地位，稳定货币流通的正常秩序，保护国家、集体和广大群众的切身利益，维护安定团结的政治局面，保证改革开放和经济建设顺利进行。因此，做好出纳反假工作具有十分重要的意义。

第一节 人民币反假知识

一、人民币反假的一般知识

（一）人民币的一般防伪措施

1. 纸质。纸张是印制钞票的主要材料，印制人民币的纸张，使用的是以纤维较长的棉、麻为主的印钞专用纸张。其特点是：用料讲究，工艺特殊，预置水印。印钞纸光洁挺括、坚韧耐磨。

2. 水印。水印是生产印钞纸时采用的特殊防伪手段。它是利用纸纤维的不均匀堆积，形成明暗层次不同的图案或图形。人民币的水印，有固定部位水印、白水印和满版水印等。

固定部位水印是指在钞票上某一固定位置的水印，迎光透视，立体感很强；白水印是一种迎光透视，透光性很强的图案；满版水印指整张钞票上都散布有水印。固定部位水印的人民币，如第四套人民币 50 元券、100 元券分别在正面左侧有工人半侧面头像、毛泽东浮雕半侧面头像水印，第五套人民币 10 元券、20 元券分别在正面左侧有月季花、荷花水印、50 元券、100 元券在正面左侧有与主景人像相同、立体感很强的毛泽东头像水印等。

白水印的人民币，如第五套人民币 10 元券，位于双色横号码下方的“10”水印等。

满版水印的人民币，如第三套人民币纸币 1 元券、2 元券、5 元券为国旗五星满版水印，第四套人民币纸币 1 元券、2 元券、5 元券为古钱币图案满版水印等。

3. 制版。人民币的制版，除使用我国传统的手工制版外，还采用了多色套版印制钞票图纹的胶印或凹印接线技术，以及正背面图案高精度对印技术。这是人民币制版中广泛采取的，比较可靠的防伪技术手段。第五套人民币采用了胶印缩微文字，如 100 元券、50 元券正面上方图案，20 元券正面右侧和下方及背面图案，10 元券正面上方胶印图案等多处印有胶印缩微文字。

4. 油墨。印制人民币所用油墨，均为特殊配方油墨，使用这种油墨多次套版印制的人民币，色泽鲜艳，色调协调、层次清晰。人民币印制时，在大面额票面上，还采用了无色荧光油墨、磁性油墨、光变油墨面额数字、隐形面额数字等主动防伪手段。

荧光油墨：应用荧光油墨的钞票，在普通光下无任何反应，而在紫光灯下，不同颜色的荧光油墨会有不同颜色的反光。

磁性油墨：钞票上应用磁性油墨，使应用部分具有磁性，便于机器识别。

光变油墨：钞票具有这种油墨的部分，改变视角，颜色会发生变化。

隐形面额数字：将钞票置于与眼睛接近平行的位置，面对光源旋转到一定角度，可以看到隐形面额数字。

5. 印刷。第四套人民币中 1 元券以上的主币及第五套人民币，正面人像、行名、国徽、面额、花边、盲文等，背面拼音行名、主景、面额、少数民族文字、行长章等，均采用了凹版印刷技术。凹版印刷的钞票，油墨厚，用手触摸，有凹凸感，因此，防伪性能强，是一种较先进的特种印制工艺。第五套人民币 5 元券、10 元券、20 元券均采用双色横号码（左侧部分为红色，右侧部分为黑色）；1999 年版 50 元券、100 元券采用横竖双号码（两者横号码均为黑色，竖号码分别为红色、蓝色），2005 年版 50 元券、100 元券采用双色异形横号码（正面印有双色异形横号码，左侧部分为红色，右侧部分为黑色。字形由中间向左右两边逐渐变小）。

6. 安全线。人民币已使用金属安全线、缩微文字安全线、开窗式安全线等，开窗式安全线指安全线一段一段地表露在钞票的表面，看起来不连贯，但用荧光一照是连在一起的，组成一条完全的安全线。第四套人民币 1990 年版 50 元券、100 元券，在其正面右侧 1/4 处，采用了特殊的金属安全线工艺。第五套人民币 1999 年版 10 元券使用全息磁性开窗安全线，20 元券使用明暗相间的安全线，50 元券、100 元券使用磁性缩微文字安全线，增加了人民币的主动防伪功能。

（二）假人民币的类型和特点

假人民币是真人民币的对称，是国（境）内外少数犯罪分子根据不同目的、采用不同手段模仿真人民币的特征非法制作，并通过各种方式投放市场，充当一般等价物的特殊假商品。从国内各地发现的假人民币看，大致可分为伪造币和变造币两种类型。

1. 伪造币的类型及其特征。伪造币是指仿照真币原样非法采用各种手段重新仿制的各类假人民币，其类型可分为以下几种：

（1）机制假币。机制假币的主要特征是：纸张韧性较差，无弹性，纸张内无水印图案，水印用浅色油墨加盖在纸面且模糊不清；底纹浅，呈网状结构；连线出现断裂或重叠，主景图案层次不丰富；在紫外光下呈荧光反应，安全线用黄色油墨加印在纸面。

（2）拓印假币。拓印假币的主要特征是：纸质较差，无挺度，纸张由三层组成，正背两面各为一薄纸，且纸面上涂有一层油质，中间为一白纸，墨色暗淡，无光泽；水印系描绘在中间白纸上，失真度较大；在紫外光源下，呈强烈荧光；纸幅一般比真票略小等。

（3）复印假币。复印假币又分为黑白复印、彩色复印和激光复印等。主要特征为：纸质为复印机专用纸，弹性差，手感光滑；线条呈点状结构；正反面出现色差，正面人像偏红或偏黄；水印是用白色油墨加盖在背面；在紫外光下有强烈荧光反应；冠字号码加印而成等。

（4）石、木板印制假币。石、木板印制假币的主要特征是：通过石刻、木刻制版后进行套印，手法粗糙、人像、图案失真较大，水印多为手工描绘等。

（5）蜡版油印假币。蜡版油印假币又分为手工刻印和誊印两种。主要采用蜡纸进行刻印或通过电子扫描技术制成蜡板，然后油印而成。其主要特征是：纸质无弹性，正反两面粘合而成；水印手工描绘，失真度大；油墨无光泽，色彩暗淡；在紫外光下呈荧光反应等。

（6）照相假币。照相假币的主要特征是：纸面较光滑，纸质无弹性；人像、图案无立体感；无底纹线，墨色出现色差；水印系描绘而成，失真度较大；纸幅比真币略小等。

（7）描绘假币。描绘假币主要采用手工描绘进行伪造而成，近年来此类假币有所减少，其特征是：底边凹印图案呈不规则状；人像、图案等失真度较大；在紫外光下有荧光反应等。

（8）剪制假币。此类假币主要是通过书报杂志上印有人民币图案剪制下来而成的假币，一般利用黄昏或夜晚进行使用，稍加注意，极易发现。

2. 变造人民币的类型及特征。变造人民币是将真币用各种手段变形、变态使其升值的假人民币。它是一种破坏人民币的非法行为。目前，变造人民币的主要类型有以下几种：

（1）涂改变造币。涂改变造币是使用消字、消色等方法，将小面额人民币的金额消去，描绘或刻印成大面额人民币的金额，以此来混充大面额钞券。其特征是：钞票金额数字部位有涂改和用刀刮过的痕迹。花纹、颜色图案及尺寸均与真钞不相符合。

（2）拼凑、挖补变造币。用剪贴的方法，使用多张真钞通过挖补，拼出数张假钞以达到混兑、混用，从中非法渔利的目的。其特征是：拼凑出的钞票纸幅比真钞短缺一截，或花纹不衔接，钞票背面有腰条纸或叠压粘贴痕迹。

（3）揭张变造币。揭张变造币是经过处理，将真钞揭开为正、背面两张，再贴上其他纸张，折叠混用，以达到非法获利目的。其特征是：揭张后的钞票比原有钞票纸质薄，挺度差，一面用其他纸张裱糊，只要将票面打开，正反面一看即可发现。

（三）真假人民币纸币的鉴别方法

真假人民币纸币的鉴别方法分为人工鉴别法和机具鉴别法两种。

1. 人工鉴别法。人工鉴别伪造、变造人民币是初步的，也是最基本的鉴别方法。它要求银行出纳人员在办理现金收、付、兑换、整点的过程中通过眼看、手摸等手段将可疑币剔出，并与真币对比，从而判别真伪。鉴别假币的基本方法，归纳起来是：看、摸、听、拓。

(1) 眼看法。看钞票的水印是否清晰，有无层次和有无浮雕的效果，看有无安全线；看多色接线图纹的颜色相接处是否过渡平稳，有无搭接的痕迹；看凹印部位图案是否均由点线构成。真币的花纹、线条粗细均匀，图案清晰，色彩鲜艳，颜色协调，层次分明。而假币则线条凌乱，粗细不一，图案色彩层次暗淡不清，水印呆板、失真、模糊、无立体感。

(2) 手摸法。主要是触摸票面上凹印部位的线条是否有凹凸的感觉，纸质厚薄及挺括程度。真币纸张坚挺，厚薄适中，在特定部位有凹凸感而假币一般纸质薄、挺括程度差，表面光滑无凹凸感。

(3) 耳听法。钞票纸张是特殊的纸张，挺括耐折，用手抖动会发出清脆的声音，而假币由于制造设备落后，印刷的光洁度，挺括度都不如真币好，因此声音比较沉闷。

(4) 笔拓法。把薄纸敷在钞票水印位置上用铅笔拓，由于真币水印部位层次丰富，立体感强，具有浮雕的立体效果，因此纸上会出现清晰的水印轮廓而假币则没有这种现象。

2. 机具鉴别法。机具鉴别法是运用仪器来鉴别假人民币的方法。目前鉴别假币的仪器可分为普及型和专用型两种。专用型鉴别仪器价格昂贵，操作复杂，是专门机构用来分析假人民币的制伪手段的专用设备，一般单位和基层行不宜配置。这里主要是介绍几种普及型鉴别仪。

(1) 紫外线灯管。利用紫外光照射，激发荧光物质发光，真币无荧光反应，假币有荧光反应。

(2) 磁性触头。主要用于检测钞票特定部位有无磁感应。在磁性触头上擦拭，真币有磁性油墨，有反应，假币无磁性油墨，无反应。

(3) 高倍放大镜。在放大镜下仔细观察，真币底纹线清晰、连续；假币底纹线模糊、间断。一般放大 5~20 倍就可鉴别出来。

(4) 防伪点钞机或点钞机附加防伪装置。目前较通行的是紫外光自动停机、报警的反假装置。在机器点钞的运行过程中，如出现假币则机器会自动停机或报警。

(四) 真假硬币鉴别方法

1. 对比法。真币的外形都很规整，硬币的边部光滑平整，币面图案、花纹、文字清晰、细腻、挺括、层次丰富、立体感强，正、背面图案的中心线基本对正重合，有着柔和的金属光泽。而假币往往外形不怎么规整，特别是假币的边部，很容易有毛刺或者起线不圆滑，厚度不均匀，图纹、文字模糊，正、背面图案的中心线错位较大，其金属色泽发白、发闷。

2. 测量称重法。假币的直径、厚度、清边宽度、单枚重量等重要的技术参数都难以达到与真币完全一致。因此，通过测量称重法也可以鉴别出金属硬币的真伪。

3. 图纹重合比照法。对于有些采用高科技仿制的质量较高的金属假币，采用对接重影比较仪进行图纹重合检查，将真币和待测币放在对接重影比较仪下，仔细地对两枚硬币的图案、花纹、文字进行重合比较，仔细观察两枚硬币的图案、花纹、文字是否完全重合。

4. 合金成分分析法。这种检测分析方法比较专业，如遇到数量较大且难以辨别的金属假币，可以送国家造币厂检测，通过对硬币金属材料的分析，辨别其真伪。

二、第五套人民币（1999年版）纸币简介

第五套人民币纸币，与前四套人民币相比具有鲜明的特点，它在设计上通过代表性的图案，更加体现了我们伟大祖国悠久的历史和壮丽的山河。第五套人民币将国际先进的计算机辅助钞票设计与我国传统手工绘制工艺有机结合，它借鉴了国外钞票的先进技术，在设计上，充分考虑民族性和艺术性，既保留了中国传统的设计特点，又具有鲜明的时代特征。其特点是：(1) 采用大肖像、大水印、大数字，充分显示手工雕刻人像防伪和货币使用功能；(2) 打破了前四套人民币明显边框的设计形式，整个票面呈开放式设计结构，给防伪措施的应用留出了更多的空间；(3) 第五套人民币纸币背面图纹花边设计既保持了货币的传统风格和特点，又具有很高的防伪功能；(4) 票面简洁，线条清晰，色彩亮丽；(5) 增加了人民币的机读能力，便于现代化机具清分处理。

(一) 100元券简介

1. 发行时间。根据中华人民共和国第268号国务院令，中国人民银行于1999年10月1日起，在全国发行第五套人民币100元券（1999年版）。

2. 票面特征。主色调为红色，票幅长155毫米、宽77毫米。票面正面主景为毛泽东头像，左侧为“中国人民银行”行名、阿拉伯数字“100”、面额“壹佰

圆”和椭圆形花卉图案，左上角为中华人民共和国“国徽”图案，右下角为盲文面额标记，票面正面印有横竖双号码。背面主景为“人民大会堂”图案，右上方为“中国人民银行”汉语拼音字母和蒙、藏、维、壮四种民族文字的“中国人民银行”字样及面额。

3. 防伪特征

(1) 固定人像水印：位于正面左侧空白处，迎光透视，可以看到与主景人像相同、立体感很强的毛泽东头像水印。

(2) 红、蓝彩色纤维：在票面上，可以看到纸张中有不规则分布的红色和蓝色纤维。

(3) 磁性缩微文字安全线：钞票纸中的安全线，迎光透视，可以看到缩微文字“RMB 100”字样，仪器检测有磁性。

(4) 手工雕刻头像：正面主景毛泽东头像，采用手工雕刻凹版印刷工艺，形象逼真、传神，凹凸感强，易于识别。

(5) 隐形面额数字：正面右上方有一装饰图案，将钞票置于与眼睛接近平行的位置，面对光源作平面旋转45度或90度角，即可看到面额数字“100”字样。

(6) 胶印缩微文字：正面上方图案中，多处印有胶印缩微文字“RMB 100”、“RMB”字样。

(7) 光变油墨面额数字：正面左下方面额数字“100”字样，与票面垂直角度观察为绿色，倾斜一定角度则变为蓝色。

(8) 阴阳互补对印图案：正面左下角和背面右下角均有一圆形局部图案，迎光透视，可以看到正背面图案合并组成一个完整的古钱币图案。

(9) 雕刻凹版印刷：正面主景毛泽东头像、“中国人民银行”行名、面额数字、盲文面额标记及背面主景“人民大会堂”图案等均采用雕刻凹版印刷，用手指触摸有明显凹凸感。

(10) 横竖双号码：正面采用横竖双号码印刷，横号码为黑色、竖号码为蓝色。

第五套人民币（1999年版）100元券防伪特征见插页图1。

(二) 50元券简介

1. 发行时间。根据中华人民共和国第268号国务院令，中国人民银行于2001年9月1日起，在全国发行第五套人民币50元券（1999年版）。

2. 票面特征。主色调为绿色，票幅长150毫米、宽70毫米。正面主景为毛泽东头像，左侧为“中国人民银行”行名、阿拉伯数字“50”、面额“伍拾圆”和椭圆形花卉图案，左上角为中华人民共和国“国徽”图案，右下角为盲文面额标记，票面正面印有横竖双号码。背面主景为“布达拉宫”图案，右上方为“中国人民银行”汉语拼音字母和蒙、藏、维、壮四种民族文字的“中国人民银行”字样及面额。

3. 防伪特征

(1) 固定人像水印：位于正面左侧空白处，迎光透视，可以看到与主景人像相同、立体感很强的毛泽东头像水印。

(2) 红、蓝彩色纤维：在票面上，可以看到纸张中有不规则分布的红色和蓝色纤维。

(3) 磁性缩微文字安全线：钞票纸中的安全线，迎光透视，可以看到缩微文字“RMB 50”字样，仪器检测有磁性。

(4) 手工雕刻头像：正面主景毛泽东头像，采用手工雕刻凹版印刷工艺，形象逼真、传神，凹凸感强，易于识别。

(5) 隐形面额数字：正面右上方有一装饰图案，将钞票置于与眼睛接近平行的位置，面对光源作平面旋转45度或90度角，即可看到面额数字“50”字样。

(6) 胶印缩微文字：正面上方图案中，多处印有胶印缩微文字“50”、“RMB50”字样。

(7) 光变油墨面额数字：正面左下方面额数字“50”字样，与票面垂直角度观察为金色，倾斜一定角度则变为绿色。

(8) 阴阳互补对印图案：正面左下角和背面右下角均有一圆形局部图案，迎光透视，可以看到正背面图案合并组成一个完整的古钱币图案。

(9) 雕刻凹版印刷：正面主景毛泽东头像、“中国人民银行”行名、面额数字、盲文面额标记及背面主景“布达拉宫”图案等均采用雕刻凹版印刷，用手指触摸有明显凹凸感。

(10) 横竖双号码：正面采用横竖双号码印刷，横号码为黑色、竖号码为红色。

第五套人民币（1999年版）50元券防伪特征见插页图2。

(三) 20元券简介

1. 发行时间。根据中华人民共和国第268号国务院令，中国人民银行于2000年10月16日起，在全国发行第五套人民币20元券（1999年版）。

2. 票面特征。主色调为棕色，票幅长145毫米、宽70毫米。正面主景为毛泽东头像，左侧为“中国人民银行”行名、阿拉伯数字“20”、面额“贰拾圆”和椭圆形花卉图案，票面左上方为中华人民共和国“国徽”图案，左下方印有双色横号码，右下方为盲文面额标记。背面主景为“桂林山水”图案，票面右上方为“中国人民银行”汉语拼音字母和蒙、藏、维、壮四种民族文字的“中国人民银行”字样及面额。

3. 防伪特征

（1）固定花卉水印：位于正面左侧空白处，迎光透视，可见立体感很强的荷花水印。

（2）红、蓝彩色纤维：在票面上，可以看到纸张中有不规则分布的红色和蓝色纤维。

（3）安全线：迎光透视，钞票纸中有一条明暗相间的安全线。

（4）手工雕刻头像：正面主景毛泽东头像，采用手工雕刻凹版印刷工艺，形象逼真、传神，凹凸感强，易于识别。

（5）隐形面额数字：正面右上方有一装饰图案，将票面置于与眼睛接近平行的位置，面对光源作平面旋转45度或90度角，可看到面额数字“20”字样。

（6）胶印缩微文字：正面右侧和下方及背面图案中，多处印有胶印缩微文字“RMB20”字样。

（7）雕刻凹版印刷：中国人民银行行名、面额数字、盲文面额标记等均采用雕刻凹版印刷，用手指触摸有明显凹凸感。

（8）双色横号码：正面采用双色横号码印刷。号码左半部分为红色，右半部分为黑色。

第五套人民币（1999年版）20元券防伪特征见插页图3。

（四）10元券简介

1. 发行时间。根据中华人民共和国第268号国务院令，中国人民银行于2001年9月1日起，在全国发行第五套人民币10元券（1999年版）。

2. 票面特征。主色调为蓝黑色，票幅长140毫米、宽70毫米。正面主景为毛泽东头像，左侧为“中国人民银行”行名、阿拉伯数字“10”、面额“拾圆”和椭圆形花卉图案，左上角为中华人民共和国“国徽”图案，左下角印有双色横号码，右下方为盲文面额标记。背面主景为“长江三峡”图案，右上方为“中国人民银行”汉语拼音字母和蒙、藏、维、壮四种民族文字的“中国人民银行”字样及面额。

3. 防伪特征

（1）固定花卉水印：位于正面左侧空白处，迎光透视，可以看到立体感很强的月季花水印。

（2）白水印：位于双色横号码下方，迎光透视，可以看到透光性很强的图案“10”水印。

（3）红、蓝彩色纤维：在票面上，可以看到纸张中有不规则分布的红色和蓝色纤维。

(4) 全息磁性开窗安全线：正面中间偏左，有一条开窗安全线（开窗安全线，指局部埋入纸张中，局部裸露在纸面上的一种安全线），开窗部分可以看到由缩微字符“￥10”组成的全息图案，仪器检测有磁性。

(5) 手工雕刻头像：正面主景毛泽东头像，采用手工雕刻凹版印刷工艺，形象逼真、传神，凹凸感强，易于识别。

(6) 隐形面额数字：正面右上方有一装饰图案，将钞票置于与眼睛接近平行的位置，面对光源作平面旋转45度或90度角，可以看到面额数字“10”字样。

(7) 胶印缩微文字：正面上方胶印图案中，多处印有胶印缩微文字“RMB10”字样。

(8) 阴阳互补对印图案：正面左下角和背面右下角均有一圆形局部图案，迎光透视，可以看到正背面图案合并组成一个完整的古钱币图案。

(9) 雕刻凹版印刷：正面主景毛泽东头像、“中国人民银行”行名、面额数字、盲文面额标记及背面主景“长江三峡”图案等均采用雕刻凹版印刷，用手指触摸有明显凹凸感。

(10) 双色横号码：正面印有双色横号码，左侧部分为红色、右侧部分为黑色。

第五套人民币（1999年版）10元券防伪特征见插页图4。

(五) 5元券简介

1. 发行时间。根据中华人民共和国第268号国务院令，中国人民银行于2002年11月18日起，在全国发行第五套人民币5元券（1999年版）。

2. 票面特征。主色调为紫色，票幅长135毫米、宽63毫米。正面主景为毛泽东头像，左侧为“中国人民银行”行名、阿拉伯数字“5”、面额“伍圆”和椭圆形花卉图案，左上角为中华人民共和国“国徽”图案，左下角印有双色横号码，右下角为盲文面额标记。背面主景为“泰山”图案，右上方为“中国人民银行”汉语拼音字母和蒙、藏、维、壮四种民族文字的“中国人民银行”字样及面额。

3. 防伪特征

(1) 固定花卉水印：位于正面左侧空白处，迎光透视，可以看到立体感很强的水仙花水印。

(2) 白水印：位于双色横号码下方，迎光透视，可以看到透光性很强的水印图案“5”。

(3) 红、蓝彩色纤维：在票面上，可以看到纸张中有不规则分布的红色和蓝色纤维。

（4）全息磁性开窗安全线：正面中间偏左，有一条开窗安全线，开窗部分可以看到由缩微字符“￥5”组成的全息图案，仪器检测有磁性。

（5）手工雕刻头像：正面主景毛泽东头像，采用手工雕刻凹版印刷工艺，形象逼真、传神，凹凸感强，易于识别。

（6）隐形面额数字：正面右上方有一装饰图案，将票面置于与眼睛接近平行的位置，面对光源作平面旋转45度或90度角，可看到面额数字“5”字样。

（7）胶印缩微文字：正面胶印图案中，多处印有胶印缩微文字“RMB5”和“5”字样。

（8）雕刻凹版印刷：正面主景毛泽东头像、“中国人民银行”行名、面额数字、盲文面额标记和背面主景“泰山”图案等均采用雕刻凹版印刷，用手指触摸有明显凹凸感。

（9）双色横号码：正面印有双色横号码，左侧部分为红色、右侧部分为黑色。

第五套人民币（1999年版）5元券防伪特征见插页图5。

（六）1元券简介

1. 发行时间。根据1999年6月30日中华人民共和国第268号国务院令，中国人民银行于2004年7月30日起，在全国发行第五套人民币1元纸币（1999年版）。新版人民币发行后与现行人民币等值流通，具有相同货币职能。

2. 票面特征。主色调为橄榄绿色，票幅长130毫米、宽63毫米。正面主景为毛泽东头像，左侧为“中国人民银行”行名、阿拉伯数字“1”、面额“壹圆”和花卉图案，左上角为中华人民共和国“国徽”图案，左下角印有双色横号码，右下角为盲文面额标记。背面主景为西湖图案，左下方印有面额“1YUAN”，右上方为“中国人民银行”汉语拼音字母和蒙、藏、维、壮四种民族文字的“中国人民银行”字样及面额。

3. 防伪特征

（1）固定花卉水印：位于正面左侧空白处，迎光透视，可以看到立体感很强的兰花水印。

（2）手工雕刻头像：正面主景毛泽东头像，采用手工雕刻凹版印刷工艺，形象逼真、传神，凹凸感强，易于识别。

（3）隐形面额数字：正面右上方有一装饰图案，将票面置于与眼睛接近平行的位置，面对光源作上下倾斜晃动，可看到面额数字“1”字样。

（4）胶印缩微文字：背面下方胶印图案中，印有缩微文字“人民币”和

“RMB1”字样。

(5) 雕刻凹版印刷：正面主景毛泽东头像、“中国人民银行”行名、面额数字、盲文面额标记等均采用雕刻凹版印刷，用手指触摸有明显凹凸感。

(6) 双色横号码：正面印有双色横号码，左侧部分为红色、右侧部分为黑色。

第五套人民币（1999年版）1元券防伪特征见插页图6。

三、第五套人民币（2005年版）纸币简介

（一）100元券简介

1. 发行时间。为了提高第五套人民币的印刷工艺和防伪技术，经国务院批准，中国人民银行对第五套人民币（1999年版）的生产工艺、技术进行了改进和提高。改进、提高后的2005年版第五套人民币100元券，于2005年8月31日发行流通。

2. 票面特征。主色调为红色，票幅长155毫米、宽77毫米。正面主景为毛泽东头像，左侧为“中国人民银行”行名、阿拉伯数字“100”、面额“壹佰圆”和花卉图案，左上角为中华人民共和国“国徽”图案，左下角为双色异形横号码，右下角为盲文面额标记。背面主景为“人民大会堂”图案，左侧为“人民大会堂内圆柱”图案，左下方印有面额“100YUAN”，右上方为“中国人民银行”汉语拼音字母和蒙、藏、维、壮四种民族文字的“中国人民银行”字样及面额。

3. 防伪特征

(1) 固定人像水印：位于正面左侧空白处，迎光透视，可以看到与主景人像相同、立体感很强的毛泽东头像水印。

(2) 白水印：位于正面双色异形横号码下方，迎光透视，可以看到透光性很强的水印“100”字样。

(3) 全息磁性开窗安全线：背面中间偏右，有一条开窗安全线，开窗部分可以看到由缩微字符“￥100”组成的全息图案，仪器检测有磁性。

(4) 手工雕刻头像：正面主景毛泽东头像，采用手工雕刻凹版印刷工艺，形象逼真、传神，凹凸感强，易于识别。

(5) 隐形面额数字：正面右上方有一装饰图案，将票面置于与眼睛接近平行的位置，面对光源作上下倾斜晃动，可以看到面额数字“100”字样。

(6) 胶印缩微文字：正面上方胶印图案中，多处印有缩微文字“RMB”、“RMB100”字样。

(7) 光变油墨面额数字：正面左下方面额数字“100”字样，与票面垂直角

度观察为绿色，倾斜一定角度则变为蓝色。

(8) 胶印对印图案：正面左侧和背面右侧胶印底纹处均有一圆形局部图案，迎光透视，可以看到正背面的图案合并组成为一个完整的古钱币图案。

(9) 雕刻凹版印刷：正面主景毛泽东头像、“中国人民银行”行名、面额数字、盲文面额标记及背面主景“人民大会堂”图案等均采用雕刻凹版印刷，用手指触摸有明显凹凸感。背面主景图案下方的面额数字后面，增加人民币单位元的汉语拼音“YUAN”；年号为“2005 年”。

(10) 双色异形横号码：正面印有双色异形横号码，左侧部分为红色，右侧部分为黑色。字形由中间向左右两边逐渐变小。

(11) 凹印手感线：正面主景图案右侧，有一组自上而下规则排列的线纹，采用雕刻凹版印刷工艺印制，用手指触摸，有极强的凹凸感。

第五套人民币（2005 年版）100 元券防伪特征见插页图 7。

(二) 50 元券简介

1. 发行时间。为了提高第五套人民币的印刷工艺和防伪技术，经国务院批准，中国人民银行对第五套人民币（1999 年版）的生产工艺、技术进行了改进和提高。改进、提高后的 2005 年版第五套人民币 50 元券于 2005 年 8 月 31 日发行流通。

2. 票面特征。主色调为绿色，票幅长 150 毫米、宽 70 毫米。正面主景为毛泽东头像，左侧为“中国人民银行”行名、阿拉伯数字“50”、面额“伍拾圆”和花卉图案，左上角为中华人民共和国“国徽”图案，左下角印有双色异形横号码，右下角为盲文面额标记。背面主景为“布达拉宫”图案，左下方印有面额“50YUAN”，右上方为“中国人民银行”汉语拼音字母和蒙、藏、维、壮四种民族文字的“中国人民银行”字样及面额。

3. 防伪特征

(1) 固定人像水印：位于正面左侧空白处，迎光透视，可以看到与主景人像相同、立体感很强的毛泽东头像水印。

(2) 白水印：位于正面双色异形横号码下方，迎光透视，可以看到透光性很强的水印“50”字样。

(3) 全息磁性开窗安全线：背面中间偏右，有一条开窗安全线，开窗部分可以看到由缩微字符“￥50”组成的全息图案，仪器检测有磁性。

(4) 手工雕刻头像：正面主景毛泽东头像，采用手工雕刻凹版印刷工艺，形象逼真、传神，凹凸感强，易于识别。

(5) 隐形面额数字：正面右上方有一装饰图案，将票面置于与眼睛接近平行的位置，面对光源作上下倾斜晃动，可以看到面额数字“50”字样。

（6）胶印缩微文字：正面胶印图案中，多处印有缩微文字“50”和“RMB50”字样。

（7）光变油墨面额数字：正面左下方面额数字“50”字样，与票面垂直角度观察为金色，倾斜一定角度则变为绿色。

（8）胶印对印图案：正面左侧和背面右侧胶印底纹处均有一圆形局部图案，迎光透视，可以看到正背面的图案合并组成为一个完整的古钱币图案。

（9）雕刻凹版印刷：正面主景毛泽东头像、“中国人民银行”行名、面额数字、盲文面额标记及背面主景“布达拉宫”图案等均采用雕刻凹版印刷，用手指触摸有明显凹凸感。背面主景图案下方的面额数字后面，增加人民币单位元的汉语拼音“YUAN”；年号为“2005年”。

（10）双色异形横号码：正面印有双色异形横号码，左侧部分为红色，右侧部分为黑色。字形由中间向左右两边逐渐变小。

（11）凹印手感线：正面主景图案右侧，有一组自上而下规则排列的线纹，采用雕刻凹版印刷工艺印制，用手指触摸，有极强的凹凸感。

第五套人民币（2005年版）50元券防伪特征见插页图8。

（三）20元券简介

1. 发行时间。为了提高第五套人民币的印刷工艺和防伪技术，经国务院批准，中国人民银行对第五套人民币（1999年版）的生产工艺、技术进行了改进和提高。改进、提高后的2005年版第五套人民币20元券于2005年8月31日发行流通。

2. 票面特征。主色调为棕色，票幅长145毫米、宽70毫米。正面主景为毛泽东头像，左侧为“中国人民银行”行名、阿拉伯数字“20”、面额“贰拾圆”和花卉图案，左上角为中华人民共和国“国徽”图案，左下角印有双色横号码，右下角为盲文面额标记。背面主景为“桂林山水”图案，左下方印有面额“20YUAN”，右上方为“中国人民银行”汉语拼音字母和蒙、藏、维、壮四种民族文字的“中国人民银行”字样及面额。

3. 防伪特征

（1）固定花卉水印：位于正面左侧空白处，迎光透视，可以看到立体感很强的荷花水印。

（2）白水印：位于正面双色横号码下方，迎光透视，可以看到透光性很强的水印“20”字样。

（3）全息磁性开窗安全线：正面中间偏左，有一条开窗安全线，开窗部分可以看到由缩微字符“¥20”组成的全息图案，仪器检测有磁性。

(4) 手工雕刻头像：正面主景毛泽东头像，采用手工雕刻凹版印刷工艺，形象逼真、传神，凹凸感强，易于识别。

(5) 隐形面额数字：正面右上方有一装饰图案，将票面置于与眼睛接近平行的位置，面对光源作上下倾斜晃动，可以看到面额数字“20”字样。

(6) 胶印缩微文字：正面右侧和下方胶印图案中，多处印有缩微文字“RMB20”字样。

(7) 胶印对印图案：正面左下角和背面右下角均有一圆形局部图案，迎光透视，可以看到正背面的局部图案合并组成为一个完整的古钱币图案。

(8) 雕刻凹版印刷：正面主景毛泽东头像、“中国人民银行”行名、面额数字、盲文面额标记及背面主景“桂林山水”图案等均采用雕刻凹版印刷，用手指触摸有明显凹凸感。背面主景图案下方的面额数字后面，增加人民币单位元的汉语拼音“YUAN”；年号为“2005年”。

(9) 双色横号码：正面印有双色横号码，左侧部分为红色，右侧部分为黑色。

(10) 凹印手感线：正面主景图案右侧，有一组自上而下规则排列的线纹，采用雕刻凹版印刷工艺印制，用手指触摸，有极强的凹凸感。

第五套人民币（2005年版）20元券防伪特征见插页图9。

（四）10元券简介

1. 发行时间。为了提高第五套人民币的印刷工艺和防伪技术，经国务院批准，中国人民银行对第五套人民币（1999年版）的生产工艺、技术进行了改进和提高。改进、提高后的2005年版第五套人民币10元券于2005年8月31日发行流通。

2. 票面特征。主色调为蓝黑色，票幅长140毫米、宽70毫米。正面主景为毛泽东头像，左侧为“中国人民银行”行名、阿拉伯数字“10”、面额“拾圆”和花卉图案，左上角为中华人民共和国“国徽”图案，左下角印有双色横号码，右下角为盲文面额标记。背面主景为“长江三峡”图案，左下方印有面额“10YUAN”，右上方为“中国人民银行”汉语拼音字母和蒙、藏、维、壮四种民族文字的“中国人民银行”字样及面额。

3. 防伪特征

(1) 固定花卉水印：位于正面左侧空白处，迎光透视，可以看到立体感很强的月季花水印。

(2) 白水印：位于正面双色横号码下方，迎光透视，可以看到透光性很强的水印“10”字样。

（3）全息磁性开窗安全线：正面中间偏左，有一条开窗安全线，开窗部分可以看到由缩微字符“￥10”组成的全息图案，仪器检测有磁性。

（4）手工雕刻头像：正面主景毛泽东头像，采用手工雕刻凹版印刷工艺，形象逼真、传神，凹凸感强，易于识别。

（5）隐形面额数字：正面右上方有一装饰图案，将票面置于与眼睛接近平行的位置，面对光源作上下倾斜晃动，可以看到面额数字“10”字样。

（6）胶印缩微文字：正面上方胶印图案中，多处印有缩微文字“RMB10”字样。

（7）胶印对印图案：正面左下角和背面右下角均有一圆形局部图案，迎光透视，可以看到正背面的局部图案合并组成为一个完整的古钱币图案。

（8）雕刻凹版印刷：正面主景毛泽东头像、“中国人民银行”行名、面额数字、盲文面额标记及背面主景“长江三峡”图案等均采用雕刻凹版印刷，用手指触摸有明显凹凸感。背面主景图案下方的面额数字后面，增加人民币单位元的汉语拼音“YUAN”；年号为“2005年”。

（9）双色横号码：正面印有双色横号码，左侧部分为红色，右侧部分为黑色。

（10）凹印手感线：正面主景图案右侧，有一组自上而下规则排列的线纹，采用雕刻凹版印刷工艺印制，用手指触摸，有极强的凹凸感。

第五套人民币（2005年版）10元券防伪特征见插页图10。

（五）5元券简介

1. 发行时间。为了提高第五套人民币的印刷工艺和防伪技术，经国务院批准，中国人民银行对第五套人民币（1999年版）的生产工艺、技术进行了改进和提高。改进、提高后的2005年版第五套人民币5元券于2005年8月31日发行流通。

2. 票面特征。主色调为紫色，票幅长135毫米、宽63毫米。正面主景为毛泽东头像，左侧为“中国人民银行”行名、阿拉伯数字“5”、面额“伍圆”和花卉图案，左上角为中华人民共和国“国徽”图案，左下角印有双色横号码，右下角为盲文面额标记。背面主景为“泰山”图案，左下方印有面额“5YUAN”，右上方为“中国人民银行”汉语拼音字母和蒙、藏、维、壮四种民族文字的“中国人民银行”字样及面额。

3. 防伪特征

（1）固定花卉水印：位于正面左侧空白处，迎光透视，可以看到立体感很强的水仙花水印。

(2) 白水印：位于正面双色横号码下方，迎光透视，可以看到透光性很强的水印“5”字样。

(3) 全息磁性开窗安全线：正面中间偏左，有一条开窗安全线，开窗部分可以看到由缩微字符“￥5”组成的全息图案，仪器检测有磁性。

(4) 手工雕刻头像：正面主景毛泽东头像，采用手工雕刻凹版印刷工艺，形象逼真、传神，凹凸感强，易于识别。

(5) 隐形面额数字：正面右上方有一装饰图案，将票面置于与眼睛接近平行的位置，面对光源作上下倾斜晃动，可以看到面额数字“5”字样。

(6) 胶印缩微文字：正面胶印图案中，多处印有缩微文字“RMB5”和“5”字样。

(7) 雕刻凹版印刷：正面主景毛泽东头像、“中国人民银行”行名、面额数字、盲文面额标记及背面主景“泰山”图案等均采用雕刻凹版印刷，用手指触摸有明显凹凸感。背面主景图案下方的面额数字后面，增加人民币单位元的汉语拼音“YUAN”；年号为“2005年”。

(8) 双色横号码：正面印有双色横号码，左侧部分为红色，右侧部分为黑色。

(9) 凹印手感线：正面主景图案右侧，有一组自上而下规则排列的线纹，采用雕刻凹版印刷工艺印制，用手指触摸，有极强的凹凸感。

第五套人民币（2005年版）5元券防伪特征见插页图11。

四、第五套人民币硬币简介

第五套人民币硬币，与前几套人民币硬币相比，采用了大面额数字，方便流通。1元硬币增加了边部滚字技术，增加了硬币的防伪功能。5角硬币的材质首次采用钢芯镀铜合金，具有色泽光亮，不易锈蚀等特性。

(一) 1999年版1元硬币简介

1. 发行时间。根据中华人民共和国第268号国务院令，中国人民银行于2000年10月16日起，在全国发行第五套人民币1元硬币。

2. 币面特征。1元硬币采用钢芯镀镍合金造币材料，色泽为镍白色，直径25毫米。正面为“中国人民银行”、“1元”和汉语拼音字母“YIYUAN”及年号。背面为“菊花”图案及“中国人民银行”的汉语拼音字母“ZHONGGUO RENMIN YINHANG”。币外缘印有“RMB”斜体字符组，边部厚度均匀，边部形制为边缘滚字。1999年版1元硬币正面、背面与侧面见图2-1。

第五套人民币　　第五套人民币　　第五套人民币
1 元硬币正面　　1 元硬币背面　　1 元硬币侧面

图 2－1　1999 年版 1 元硬币正面、背面与侧面

（二）1999 年版 5 角硬币简介

1. 发行时间。根据中华人民共和国第 268 号国务院令，中国人民银行于 2002 年 11 月 18 日起，在全国发行第五套人民币 5 角硬币。

2. 币面特征。5 角硬币首次采用钢芯镀铜合金造币材料，色泽为金黄色，直径 20.5 毫米。正面为“中国人民银行”、“5 角”和汉语拼音字母“WUJIAO”及年号。背面为“荷花”图案及“中国人民银行”的汉语拼音字母“ZHONGGUO RENMIN YINHANG”。币外缘为间断丝齿，共有六个丝齿段，每个丝齿段有八个齿距相等的丝齿，增强了防伪功能。1999 年版 5 角硬币正面、背面与侧面见图 2－2。

第五套人民币　　第五套人民币　　第五套人民币
5 角硬币正面　　5 角硬币背面　　5 角硬币侧面

图 2－2　1999 年版 5 角硬币正面、背面与侧面

（三）1999 年版 1 角硬币简介

1. 发行时间。根据中华人民共和国第 268 号国务院令，中国人民银行于 2000 年 10 月 16 日起，在全国发行第五套人民币 1 角硬币。

2. 币面特征。1 角硬币采用铝、镁、锰合金造币材料，色泽为铝白色，直径 19 毫米。正面为“中国人民银行”、“1 角”和汉语拼音字母“YIJIAO”及年号。背面为“兰花”图案及“中国人民银行”的汉语拼音字母“ZHONGGUO RENMIN YINHANG”。币外缘平滑且厚度均匀，边部形制为圆柱平面。1999 年版 1 角硬币正面、背面与侧面见图 2－3。

第五套人民币 1 角硬币正面　　第五套人民币 1 角硬币背面　　第五套人民币 1 角硬币侧面

图 2－3　1999 年版 1 角硬币正面、背面与侧面

（四）2005 年版 1 角硬币简介

1. 发行时间。为了提高第五套人民币的印刷工艺和防伪技术，经国务院批准，中国人民银行对第五套人民币（1999 年版）的生产工艺、技术进行了改进和提高。改进、提高后的 2005 年版第五套人民币 1 角硬币于 2005 年 8 月 31 日发行流通。

2. 币面特征。第五套人民币 1 角硬币材质由铝合金改为不锈钢，色泽为钢白色，其正背面图案、规格、外形与 1999 年版 1 角硬币相同，即正面为“中国人民银行”、“1 角”和汉语拼音字母“YIJIAO”及年号。背面为“兰花”图案及“中国人民银行”的汉语拼音字母“ZHONGGUO RENMIN YINHANG”。直径为 19 毫米。2005 年版 1 角硬币正面、背面见图 2－4。

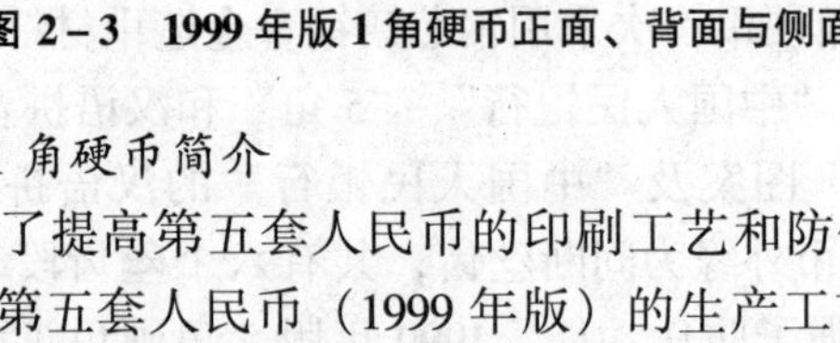

图 2－4　2005 年版 1 角硬币正面、背面

五、第四套人民币纸币简介

第四套人民币纸币的设计特点主要有：（1）政治性和艺术性有机地结合起来；（2）突出钞票的防伪功能；（3）钞票经久耐用；（4）体现中华民族的悠久历史和灿烂文化。

（一）100元券简介

1. 发行时间。根据1987年4月15日《中华人民共和国国务院关于发行新版人民币的命令》，中国人民银行于1988年5月10日在全国发行人民币100元券。新版人民币发行后与现行人民币等值流通，具有相同的货币职能。

2. 票面特征。主色调为蓝黑色，票幅长165毫米、宽77毫米。正面中央主景是多色图案衬托的毛泽东、周恩来、刘少奇、朱德浮雕侧面头像，左上方印有“中国人民银行”字样，左下角和右上角分别印有“100”字样，右下角是面值“壹佰圆”字样、盲文面值符号以及冠字号码。背面中央主景是“井冈山主峰”，中央上方是“中国人民银行”的汉语拼音字母，下方印有“1980”字样（1990年版为“1990”），左侧上方以古典图案托出中华人民共和国“国徽”，“国徽”下面是用汉语拼音书写的面值，左下角和右上角分别印有“100”字样，右下角印有蒙、藏、维、壮四种民族文字的“中国人民银行”字样和面额。第四套人民币100元券正面见图2-5，背面见图2-6。

图2-5　第四套人民币100元券正面

图 2-6 第四套人民币 100 元券背面

3. 防伪特征

(1) 水印：将钞票迎光透视，可看到层次丰富、立体感强，具有浮雕立体效果的固定水印。

(2) 雕刻凹版印刷：图像层次丰富、色泽浓郁、立体感强，用手触摸有凹凸感。

(3) 多色接线图纹：图案上的线条由多种颜色组成，线条相接处无漏白、无错位现象。

(4) 磁性印记：用专用磁性检测器在该部位会显示出磁性信号。

(5) 无色荧光图纹：在一定波长的紫外灯照射下可显示出黄绿色字样。

(6) 安全线：将钞票迎光透视，可看到一条规则的有一定宽度的金属线。

(7) 年版号不同：1980 年版 100 元券和 50 元券背面下部正中印有“1980”字样。1990 年版 100 元券和 50 元券背面下部正中印有“1990”字样。

(二) 50 元券简介

1. 发行时间。根据 1987 年 4 月 15 日《中华人民共和国国务院关于发行新版人民币的命令》，中国人民银行于 1987 年 4 月 27 日在全国发行人民币 50 元券。新版人民币发行后与现行人民币等值流通，具有相同的货币职能。

2. 票面特征。主色调为黑茶色，票幅长 160 毫米、宽 77 毫米。正面主景为工人、农民、知识分子头像，左上方印有“中国人民银行”，左下角和右上角分别印有“50”字样，右下角印有“伍拾圆”字样、盲文面额符号和冠字号码。背面主景是“黄河壶口”，左侧上方印有中华人民共和国“国徽”，“国徽”下面印有“伍拾圆”汉语拼音字母，左下角和右上角分别印有“50”字样，中央上方印有“中国人民银行”的汉语拼音字母，下方印有“1980”字样（1990 年版为“1990”），右下角印有用蒙、藏、维、壮四种民族文字写的“中国人民银行”字样和面额。第四套人民币 50 元券正面见图 2－7，背面见图 2－8。

图 2－7　第四套人民币 50 元券正面

图 2－8　第四套人民币 50 元券背面

3. 防伪特征

（1）水印：将钞票迎光透视，可看到层次丰富、立体感强、具有浮雕立体效果的固定水印。

（2）雕刻凹版印刷：图像层次丰富、色泽浓郁、立体感强，用手触摸有凹凸感。

（3）多色接线图纹：图案上的线条由多种颜色组成，线条相接处无漏白、无错位现象。

(4) 磁性印记：用专用磁性检测器在该部位会显示出磁性信号。

(5) 无色荧光图纹：在一定波长的紫外灯照射下可显示出黄绿色字样。

(6) 安全线：将钞票迎光透视，可看到一条规则的有一定宽度的金属线。

(7) 年版号不同：1980 年版 100 元券和 50 元券背面下部正中印有“1980”字样。1990 年版 100 元券和 50 元券背面下部正中印有“1990”字样。

第二节 外币反假知识

一、外币反假的一般知识

通常所说的外币鉴别包括两个内容：一是熟悉各种币种的票面内容和流通情况，以避免收错货币或把已经不流通的货币收进来；二是辨别真假币，以避免把伪造的假币收进来。

(一) 货币票面的组成

各国（地区）货币虽然风格、文字、面值等各有不同，但也有共同之处，归纳起来有以下几项内容：

1. 发行机构。一般来讲，目前世界上发行货币的机构有三种情况：第一种是由政府出面发行。例如中国香港特别行政区，它的硬币全是由特区政府出面发行的。第二种情况是由中央银行发行。例如：英国的货币是由英国的中央银行——英格兰银行发行的。这种情况目前在世界各国较为普遍。第三种情况是由政府指定的银行发行，这种情况较少，比如中国香港特别行政区的纸币，就由特区政府委托香港渣打银行、香港上海汇丰银行和中国银行三家银行发行。发行机构名称通常是在货币正面显著位置。

2. 货币单位名称。各个国家（地区）的货币因货币的发展史及习惯的不同，所采用的货币单位名称也不相同。如美国、加拿大、日本等国的货币叫做“元”，英国叫做“镑”，法国、瑞士、比利时等国叫“法郎”。

3. 年版。不少国家的钞票均印有年版，有些加有月、日，表示该钞票发行的年份和日期，但它也并不完全是绝对的发行日期，因为有些钞票是在很早就已设计印制的，而推迟发行。也有些钞票的某种版式长久不变，票面的年版日期是指印刷日期。此外，也有钞票没有印刷年份和日期。

4. 号码。号码表示某一式样钞票的发行数量。钞票的号码均采用固定的位数（如 6 位、8 位或 10 位），为了循环使用，有的在号码前加印代表版数的数字或文字，版数的数字或文字也有通过其他形式来表示的。为了防止将两张钞票拼凑成一张，通常连号都采用两组，分别列在钞票的正、背面适当的位置。

5. 签字或盖章。钞票上的签字或盖章，一般为该国政府或发行机构对所发行的钞票在法律地位上的认可，签字一般多为两个，也有一个或三个的。

6. 发行说明。发行说明表示钞票的法律效应。这说明该钞票在流通中可以顺利流通，不可拒绝接受，使用的数目也不受限制。

7. 图案。各国钞票上的图案，一般都体现了本国的民族文化。如有代表性的建筑物、知名人物、动植物图案等。有的国家还在钞票上印有图案版权说明，表明票面图案是受法律保护的，任何人或组织不得使用。

上面七个方面的内容特点，对于熟悉、掌握、准确识别各国钞票，具有很重要的意义。

(二) 外币的一般防伪措施

钞票的印制是一门综合技术，它主要包括造纸工艺、雕刻制版、油墨、印刷等多种工艺，随着科学技术的发展，许多国家都把最新的技术运用到钞票的印制上，使其不仅越来越完美漂亮，更具本国本民族特色，而且还进一步适应防假的需要。

1. 纸张。钞票用纸不同于一般的纸，而是专门制造的，具有光洁坚韧、耐磨力强、挺度好、经长时间流通使用后不起毛，不断裂等特点。因此，通常以纤维较长的棉、麻为主，有些国家还加上了本地的物产，如日本印钞纸的纸浆中有三椏皮的成分；原法国法郎的造纸用水必须是阿列河的河水等。为了使钞票纸张明显区别于普通纸张，目前世界上大多数国家将水印、安全线、纤维丝和彩点技术运用在钞票纸张中。

水印是在造纸过程中通过丝网的变化使纸浆的薄厚密度不同，而形成各种图案。水印在钞票的位置不尽相同，可分为固定水印、非固定水印和连续水印。非固定水印是指位置不固定，大块的或整张钞票上都散布有水印；连续水印是指在钞票上的某一部位的水印。其中固定人像水印的技术难度较高，迎光透视清晰可见，图像形象、生动、逼真，立体感强。

安全线是在造纸过程中加入的。它包括金属线、塑料线、聚酯线、缩微印刷线、荧光线等。安全线有封闭式安全线和开窗式安全线两种，现在国际上大都采用开窗式安全线。纤维丝，彩点是在纸浆中加入的，分为可见和不可见两种。可见纤维在纸张表面即可看到并可挑出，不可见纤维丝及彩点需借助紫光灯等仪器方可见到。

另外，为了延长钞票的使用寿命，部分国家已研制并开始用塑料代替纸张印制钞票，如澳大利亚等。

2. 油墨。选择油墨是钞票印制过程中一个重要步骤。油墨也同纸张一样，是专门研制的，它的配比属高度机密。印钞所用的油墨一般色泽鲜明，浸合性好，经久耐用，印制的钞票不易掉墨。

红外油墨：由于红外油墨吸收红外线光，因此，在钞票图案的某一部位应用红外油墨，在普通光下无任何反应，而在红外线检测仪下，应用部位不反光，使得钞票图案不完整。

同色异谱油墨：钞票图案上应用这种油墨，表面上同色的油墨，在不同光谱的光源下会发生不同颜色的变化。

温度油墨：这种油墨根据温度的变化，颜色也相应发生变化。

防复印油墨：这种油墨对彩色复印机上的灯光有反应，如在彩色复印机上复印采用这种油墨的钞票，复印出来的图案色调与原来的完全不同。

3. 制版。分为手工雕刻制版和机器雕刻制版两种。手工雕刻制版一般多用于钞票主要图案的设计，具有图案线条精细，深浅粗细富于变化但不紊乱，形象逼真等特点，由于每个人雕刻的作品都有各自独特的笔法和艺术风格，一般较难模仿。机器雕刻一般用于钞票底纹图案设计，目前已发展到电子雕刻，它的特点是图案新颖、花纹线条复杂而多变，不易仿造。

4. 印刷。钞票的印刷在整个钞票的印制过程中是一个非常重要的环节，许多防伪技术的应用都表现在这里。目前各国印刷钞票的方法主要有以下几种：

(1) 凹版印刷。用雕刻的某种金属凹版来印刷钞票的主要部位，如人像和主景。用此方法印出的图案是三维图像，立体感强，层次分明，手摸有凹凸感。

(2) 凸版印刷。刻出的版纹和通常使用的图章一样，印刷时版面和纸张接触，使纸张受压，反面有凸起的痕迹。一般多用于印刷钞票的连号。

(3) 平版印刷（胶印）。这是彩色印刷中最普通的方法，因此多用于钞票大面积的底纹印刷。

在以上三种印刷方法的基础上，各国还根据本国的经济状况及技术水平，选用了不同的印刷技巧，以达到防伪目的。

(1) 多色迭印。这是一种先进的印刷技术，即用几种颜色的油墨在一次套印的基础上，再用几种颜色迭印。印刷出来的图案五彩缤纷、鲜艳夺目。一般多用在小块的装饰图案上。

(2) 双面对印。就是将钞票正、背两面的图案完全重合或是将正、背两面的部分图案组成一个完整的图案。

(3) 花纹对接。这是底纹印刷的新工艺。一种是花纹满版印刷：钞票根据规定尺寸裁切后，底纹上原有的花纹在钞票边缘已不完整，此时如将钞票两边对接，即可形成完整的花纹图案，如香港汇丰银行发行的港币 1000 元券。另一种是在钞票四边印有切边标记，将这些标记正面对折，线纹完全吻合，如荷兰盾钞票。

(4) 缩微印刷。这是最近几年才普遍使用的一项新技术。就是用微形文字印刷成线条或底纹图案，不借助放大镜几乎无法看出文字。

(三) 鉴别外币的一般方法

鉴别外币的真伪，没有捷径可走，只有在熟悉和掌握真币的基础上，才能作出正确的判断。所以我们一定要把重点放在如何认识熟悉真币特点上，从而掌握鉴别外币真伪的四种基本技能：

1. 看。即用眼睛或借助仪器观察钞票。由于各国货币制版、印刷技术的进步，真外币一般色彩鲜艳、图案生动、线条流畅、层次分明。而假外币则一般色彩较单调、图案较呆板、线条粗细不匀、层次模糊。认真观察就可以发现真假外币的差别。此外，还可以观察水印是否自然生动，纤维丝是否含在纸中，等等。有经验的柜面经办人员，通过肉眼观察即可识别大部分伪造外币。

2. 摸。即用手触摸钞票。真外币钞票在特定部位多采用凹版印刷技术，因此该部位油墨凸起，用手触摸有较明显的凹凸感。而假外币一般为平版胶印，不可能产生这种凹凸感。另外，真外币钞票一般都采用具有一定抗磨损、抗水浸、抗污染的特殊纸张印制，用手触摸，手感挺括，纸纤维不易外露，而假外币不可能取得同类纸张，故比较绵软，纸质粗糙。

3. 听。由于外币真钞纸张坚挺，用手拉动或弹动时，声音清脆，而伪钞则声音发闷、低沉。这也是鉴别真伪外币的方法之一。

4. 照。即通过用不同光线照射观察。外币在印制时，较为普遍地采用了特殊油墨。如：荧光油墨、同色异谱油墨、无色荧光油墨及磁性冲击油墨等。除磁性油墨需采用磁性验测仪器检验外，其他油墨均可用不同光线照射，根据其不同反应来进行鉴别。

以上四种方法，应综合运用，单凭一种方法，不可能全面鉴别外币真伪。银行柜面经办人员在从事外币收付业务工作中，应不断通过实践，逐步增强触觉和视觉的敏感性，提高综合分析能力，只有这样才能更加准确地识别外币的真伪。

二、我国收兑的几种常见外币的防伪知识

(一) 美元

货币发行机构：美国联邦储备银行

货币名称：美元

流通版面额：纸币有 1 元、2 元、5 元、10 元、20 元、50 元、100 元；

铸币有 1 分、5 分、10 分、25 分、50 分、1 元。

1. 美元纸币的票面特征

（1）纸张。美元不论面值多少，尺寸大小都是一样的，长为 156 毫米，宽为 66.3 毫米。纸张使用磁性油墨，结实坚韧，挺括，经久流通不起毛，对水、油及一些化学物有一定的抵抗能力。拉动时声音清脆，不易断裂，纸张没有添加增白剂，呈本白色，在紫光灯下不反应，自 1880 年起，美元纸张内夹有红、蓝纤维丝，用针尖可挑出来。1928 年前，红、蓝纤维丝分布在钞票的正中，由上至下狭长的一条。1928 年以后各版，纤维丝遍布全版。1990 年起，纸张中（人像左侧）加入了一条聚酯类高分子物质制成的安全线，安全线上有美元符号及面额数字，迎光透视清晰可见。

（2）图案。美钞自 1928 年以后，各版的钞票把面额和图像做了固定安排，不分券种和年版，同一面额正、背面的人像及图景均相同。正面的人像是美国历史上的知名人物。人名印在人像的下边，人像印刷精细，表情自然有神。人像背景是以纵横细小的方格组成，方格大小一致，线条粗细均匀，光线深浅分明，背景图案上面的云层、虚线、实线布置合理，形象自然清晰，其名称版面图案说明如表 2－1 所示。

表 2－1　　　　美元版面图案说明

面额	正面人像	背面图案
1 元	首任总统华盛顿	正中大写“ONE”，左边联邦印，右边美国国徽
2 元	第三任总统杰弗逊	独立宣言图
5 元	第十六任总统林肯	林肯纪念堂
10 元	首任财政部部长汉密尔顿	财政部大楼
20 元	第七任总统杰克逊	白宫
50 元	第十八任总统格兰特	美国国会大厦
100 元	科学家富兰克林	费城独立纪念堂
500 元	第二十五任总统麦金莱	小写“500”（已停止流通，可办托收）
1000 元	第二十二任和第二十四任总统克利夫兰	大写“One Thousand Dollars”（已停止流通，可办托收）

（3）油墨。美元颜色十分简单。美元的背面全部采用绿色油墨，正面除了联

号和库印外，全部采用黑色油墨，稍深，略带灰色。1934 年以后各版，油墨中添加了磁物质，具有磁性。2004 年版美元在不同面值纸币中加入了不同的背景颜色。

（4）印刷。美元的主要图案为雕刻凹版印刷，线条精细，层次分明，立体感强，库印及连号等为凸印。1990 年以后版，正面肖像窗周围加有缩微文字。

（5）券类。美元有 6 种券类，在票面上方边缘均有文字注明，分别是：

① 联邦准备券：该券由 12 个联邦准备银行发行，其流通量占流通总额的 99%，库印及连号码均为绿色，钞票正面右边为美国的库印，库印的背景印刷是与面额一致的阿拉伯数字或英文大写数字，库印上方是首都华盛顿的地名，库印为圆形，外围有 40 个齿，排列均匀，圆的中心是一个质牌，质牌被一条曲尺形图案分为上下两部分，上半部是一个天平秤，周围分布 22 个圆点，中间有 13 颗五角星，下半部是一把钥匙，左端下边空白孔内有一个英语字母“T”字。

② 政府券：库印和号码均为红色。

③ 银行券：库印和号码均为蓝色（有少数库印为黄色）。

④ 国库券：库印和号码均为棕色。

⑤ 金币券：库印和号码均为黄色。

⑥ 夏威夷券：库印和号码均为棕色，加印黑色“HAWII”字样。

2. 1996年版及 2004 年版美元纸币票面特征

（1）5 元券。从 1999 年版起设计的 5 美元钞票，具有一些和高面额钞票一样的防伪功能，但也有几处明显区别。钞票正面是亚伯拉罕·林肯（Abraham Lincoln，1809—1865）的头像，头像尺寸要比之前版别的大一些，背面是林肯纪念堂。美元 5 元券正面、背面见图 2－9。

图 2－9　美元 5 元券正面、背面

水印：林肯的水印像位于右侧的空白处，对着光从两面都能看到。

防伪丝线：聚合物丝线嵌在头像左侧，纵向从统一的联邦储备印章中穿过。丝线上有“USA FIVE”的字样和一面国旗，在紫外线灯下呈现蓝色。

防复制细纹线：在林肯头像、林肯纪念堂后面。

微缩字样：在钞票正面两边可以看到“FIVE DOLLARS”（5 美元）的字样。而“The United States of America”（美利坚合众国）的字样则出现在头像椭圆形框架下端修饰物外边。

变色油墨：5 美元面额的钞票没有采用变色油墨。

适应低视觉的特点：在背面的右下角，可以看到一个反差比较大的“5”，视力差的人或在光线差的地方也比较容易辨认出钞票的面额。

（2）10 元券。1999 年版起设计的 10 美元，正面是美国第一任财政部部长亚历山大·汉密尔顿肖像，背面是美国财政部大楼。美元 10 元券正面、背面见图 2－10。

图 2－10　美元 10 元券正面、背面

水印：汉密尔顿的水印像位于头像右侧的空白处，对着光从两边都可以看到。

防伪丝线：聚合物丝线嵌在头像右侧，在紫外线灯下呈现橘红色。对着强光从钞票的两边可以看到“USA TEN”的字样和一面国旗。“10”这个数字出现在国旗的星区内。

防复制细纹线：在汉密尔顿头像、财政部大厦后面。

微缩字样：在钞票正面，“TEN”这个数字在左下角出现了两次。“The United States of America”（美利坚合众国）的字样则出现在头像框架边上汉密尔顿名字的上方。

变色油墨：钞票正面右下角的绿色数字，从另一角度看是黑色的。

适应低视觉的特点：10 美元钞票在背面的右下角，可以看到一个反差比较大的“10”，视力差的人或在光线差的地方也比较容易辨认出钞票的面额。

（3）20 元券。1996 年版起设计的 20 美元券，正面是著名将领和美国第七任总统安德鲁·杰克逊（Andrew Jackson，1767—1845）肖像。在这种钞票的背面，白宫的北侧图案替代了原先的南草坪图案。美元 20 元券正面、背面见图 2－11。

图 2-11　美元 20 元券正面、背面

水印：杰克逊的水印像位于头像右侧的空白处，对着光从两边都可以看到。

防伪丝线：聚合物丝线嵌在头像左侧，在紫外线灯下呈现绿色。对着强光从钞票的两边可以看到"USA TWENTY"的字样和一面国旗。

防复制细纹线：在杰克逊头像、白宫的图案后面。

微缩字样：在钞票正面左下角，"USA 20"这个数字出现了两次。另外在头像框外的下端修饰物边上有"The United States of America"（美利坚合众国）的字样。

变色油墨：钞票正面右下角的绿色数字，从另一角度看是黑色的。

适应低视觉的特点：20 美元钞票在背面的右下角，可以看到一个反差比较大的"20"，视力差的人或在光线差的地方也比较容易辨认出钞票的面额。

（4）50 元券。1996 年版起设计的 50 元券，正面是著名将领和美国第十八任总统尤利斯·格兰特（Ulysses Simpson Grant，1822—1885）肖像，背面是美国国会大厦。美元 50 元券正面、背面见图 2-12。

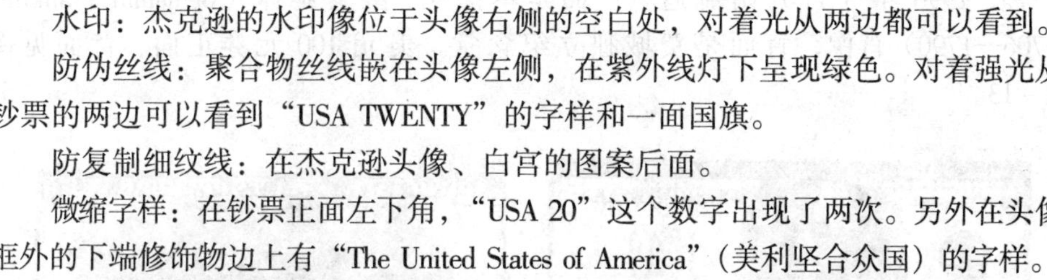

图 2-12　美元 50 元券正面、背面

水印：格兰特的水印像位于头像右侧的空白处，对着光从两边都可以看到。

防伪丝线：丝线嵌在头像右侧，在紫外线灯下呈现黄色。对着强光从钞票的两边可以看到"USA 50"的字样和一面国旗。

防复制细纹线：在格兰特头像后面。

微缩字样：在钞票正面，“FIFTY”这个数字在两边的空白处纵向出现了两次。另外在格兰特胡子下的衣领左侧可以发现“The United States of America”（美利坚合众国）的字样。

变色油墨：钞票正面右下角的绿色数字，从另一角度看是黑色的。

适应低视觉的特点：50 美元钞票在背面的右下角，可以看到一个反差比较大的“50”，视力差的人或在光线差的地方也比较容易辨认出钞票的面额。

（5）100 元券。从 1996 年版起新设计的 100 美元是进入流通新系列钞票的第一种，1996 年 3 月开始流通。正面是本杰明·富兰克林（Benjamin Franklin，1706—1790）肖像，背面是费城独立纪念堂。美元 100 元券正面、背面见图 2－13。

图 2－13　美元 100 元券正面、背面

水印：富兰克林的水印像位于头像右侧的空白处，对着光从两边都可以看到。

防伪丝线：丝线嵌在头像左侧，在紫外线灯下呈现红色。对着强光从钞票的两边可以看到“USA 100”的字样。

防复制细纹线：在富兰克林头像后面。

微缩字样：在这种钞票正面，“USA 100”这个数字在左下角的 100 数字中出现了两次。另外在富兰克林上衣的左侧翻领中有一行“The United States of America”（美利坚合众国）的字样。

变色油墨：钞票正面右下角的绿色数字，从另一角度看是黑色的。

适应低视觉的特点：在最初新版 100 美元钞票并没有反差比较大的数字，不过，今后 100 美元钞票背面右下角将采用这种数字。

（6）2004 年版 10 元券。新版 10 美元于 2006 年 3 月开始发行，正面人物是美国首任财政部部长汉密尔顿，背面是美国财政部大楼；同时，自由女神手中的火炬也被加入到了正、背两面的图像中。美元新版彩钞 10 元券正面、背面见图 2-14。

图 2-14　美元新版彩钞 10 元券正面、背面

(7) 2004 年版 20 元券。2004 年版 20 元券，从 2003 年 10 月 9 日起正式进入流通领域。美元新版彩钞 20 元券正面、背面见图 2-15。

图 2-15　美元新版彩钞 20 元券正面、背面

其主要票面特征有：

主景图案：继承了其传统特色，正面是著名将领和美国第七任总统安德鲁·杰克逊肖像。原来围绕杰克逊肖像的椭圆形细线、边线以及微缩字母，钞票背面围绕白宫图案的边线和天空细线在新钞票中都已去除。增加了“自由象征”图案——两个美洲鹰：在杰克逊肖像左边的背景图案，有一个蓝色鹰；肖像右下方有一个绿色鹰记。鹰记采用与肖像数字相同的凹版技术印刷，有明显的凹凸感。

色调：钞票正、背面显现桃红色、绿色和蓝色的背景色彩。在钞票正面右方背景图案中有“USA TWENTY”字样用淡蓝色印刷，钞票背面的背景图案中则印刷了数十个细小的黄颜色的“20”字样。

签名：钞票正面左侧签字人是联邦财务总长罗莎丽奥·马林（Rosario Marin），右侧签字人是美国财政部部长，约翰·W. 斯诺（John W. Snow）。

水印：正面杰克森头像右侧暗藏与肖像相似的水印标记，对着光从两边都可以看见。

安全线：内嵌于杰克逊肖像左侧纸张中的垂直安全线，透光观察可看到印刷的“USA TWENTY”字样及一面小旗帜图样。在紫外光下安全线呈现绿色荧光。

变色油墨：在钞票正面右下角为铜绿色的“20”字样。当倾斜钞票观看“20”时，其颜色会由铜绿色变为绿色。

缩微字样：一处在绿色鹰记的左翅上端，即杰克逊肖像右下方“USA TWENTY”的前三个字母下端，有蓝色缩微印制的“USA 20”字样隐现；另一处在财务总长签名右下方，有黑色缩微印制的“THE UNITED STATES OF AMERICA 20 USA 20 USA”字样隐现。

（8）2004年版50元券。2004年版50元券，于2004年4月26日公布，并于2004年9月底发行。美元新版彩钞50元券正面、背面见图2－16。

图2－16　美元新版彩钞50元券正面、背面

其主要票面特征有：

主景图案：50美元钞票的正面设计增添了新的自由象征，即美国国旗的图形。分别用蓝色和红色印刷美国国旗上传统的五角星和色带，作为格兰特总统肖像的背景。肖像左边是一片蓝色的五角星，肖像右边是三条红色的色带。肖像右下方有一个很小的灰蓝金属色五角星。去掉了旧版钞票正面格兰特总统肖像周围的椭圆形外框、细线以及背面美国国会大楼的插图。肖像位置上移，而且肖像的肩部超出外框。背景插图上还增加了其他雕版细节。

色调：与旧版钞票相比，新版50美元钞票最显著的差别在于在钞票两面都增加了很淡的蓝色及红色作为背景颜色。另外，钞票背面的背景中印有很小的黄色的“50”字样。

水印：对着光亮处，可以看到很像钞票上的大肖像的水印（暗淡的影像）。

安全线：对着光亮处，可以看到纸张内镶嵌的、垂直位于肖像右边的安全线（塑料条），安全线上有“USA 50”字样和一面小国旗，在紫外光下安全线呈现黄色荧光。

变色油墨：目视钞票正面右下角的数字“50”，将钞票上下倾斜时，变色油墨会由铜绿色变为绿色。

缩微字样：全新设计的50美元钞票正面有三处采用了显微印刷术：一处在肖像左边两颗蓝色五角星内，有英文单词“FIFTY”、“USA 50”；一处在钞票两侧边框内，有重复出现的英文单词“FIFTY”；还有一处在格兰特总统肖像的衣领上，位于下巴胡须的下方，有英文“THE UNITED STATES OF AMERICA”。

3. 美元的真伪鉴别

(1) 看

① 看票面的颜色。真钞正面主色调为深黑色，背面为墨绿色（1963年以后至2004年以前年版），冠字号码和库印为翠绿色，并都带有柔润光泽。假钞颜色相对不够纯正，色泽也较暗淡。

② 看票面图案、线条的印刷效果。真钞票面图案均是由点、线组成，线条清晰、光洁（有些线条有轻微的磁墨现象，属正常），图案层次及人物表情丰富，人物目光有神。假钞线条发虚、发花，有丢点、线的情况，图案缺乏层次，人物表情呆滞，眼睛无神。

③ 看光变面额数字。变换观察角度，可看到颜色由绿变黑。假钞要么没有变色效果，要么变色效果不明显，颜色较真钞也有差异。

④ 透光看纸张、水印和安全线。美元纸张有正方形的网纹，纹路清晰，纸中有不规则分布的彩色纤维；从1996年版起美元纸张中加入了与票面人物头像图案相同的水印，水印层次分明，有较强的立体感；从1990年版起5美元以上面额纸币上加入了文字安全线，线上文字线条光洁、清晰。假钞纸张上要么没有网纹，要么网纹比较凌乱；水印图案缺乏层次和立体感，安全线上文字线条粗细不均，字体变形。

(2) 摸

① 摸钞纸。真钞纸张挺括，光滑度适宜，有较好的韧性。而假钞纸张相对绵软，挺度较差，有的偏薄，有的偏厚，光滑度要么较高要么较低。

② 摸凹印手感。真钞正背主景图案及边框等均采用凹版印刷，手摸有明显的凹凸感。假钞要么采用平版胶印，根本无凹印手感，要么即使采用凹版印刷，其版纹比真钞要浅，凹印手感与真钞相比仍有一定的差距。

(3) 听。用手抖动或用手指弹动纸张，真钞会发出清脆的声响，假钞的声响则较为沉闷。

(4) 测

① 用放大镜观察凹印缩微文字。从1990年版起，5美元以上面额纸币加印

了凹印缩微文字，在放大镜下观察，文字清晰可辨。假钞的缩微文字则较为模糊。

② 用磁性检测仪检测磁性。真钞的黑色凹印油墨含有磁性材料，用磁性检测仪可检测出磁性。假钞要么没有磁性，要么磁性与真钞有别。

③ 用紫外光照射票面。真钞纸张无荧光反应，假钞有的有明显的荧光反应，假钞安全线有的无荧光反应，有的即使有荧光反应，但亮度较暗，颜色也不正。

（二）欧元

欧元（EURO）是2002年1月1日开始发行的，在欧元区12个成员国为唯一的法定货币。欧元区12个成员国是：比利时、德国、希腊、西班牙、法国、爱尔兰、意大利、芬兰、葡萄牙、奥地利、荷兰、卢森堡。欧元纸币共有7种：500欧元、200欧元、100欧元、50欧元、20欧元、10欧元和5欧元，运用了赤、橙、黄、绿、青、蓝、紫7个不同的颜色；欧元硬币共有8种：2欧元、1欧元、50欧分、20欧分、10欧分、5欧分、2欧分和1欧分。欧元是由欧元系统（Eurosystem），即欧洲中央银行（ECB）和各欧元成员国中央银行负责制造和发行的。

1. 欧元纸币的票面特征。欧元纸币是由奥地利中央银行的 Robert Kalina 设计的，主题是“欧洲的时代和风格”，描述了丰富文化历史时期中7个时期的建筑风格，其中，还包括了一系列的防伪特征和各成员国的代表特色。

欧元纸币的正面，窗户和拱门象征着的欧洲的开放和合作。代表欧盟12个成员国的12颗五角星则象征着当代欧洲的活力和融洽。

在纸币的背面，描述了7个不同时期的欧洲桥梁和欧洲地图，寓意欧盟各国及欧盟与全世界的紧密合作和交流。

7种不同票券的纸币采用了不同颜色的主色调，规格也随面额的增大而增大。除此以外，欧元纸币票面还有以下特征：（1）用拉丁文和希腊文标明的货币名称；（2）用5种不同语言文字的缩写形式注明的“欧洲中央银行”的名称；（3）版别保护标识符号（C外加0）；（4）欧洲中央银行行长签名；（5）欧盟旗帜。

欧元纸币的面额、颜色、尺寸和风格分别是：

5欧元纸币：灰色，120毫米×62毫米，古典风格，5欧元纸币正面、背面见图2-17。

10欧元纸币：红色，127毫米×67毫米，罗马风格，10欧元纸币正面、背面见图2-18。

20欧元纸币：蓝色，133毫米×72毫米，哥特风格，20欧元纸币正面、背面见图2-19。

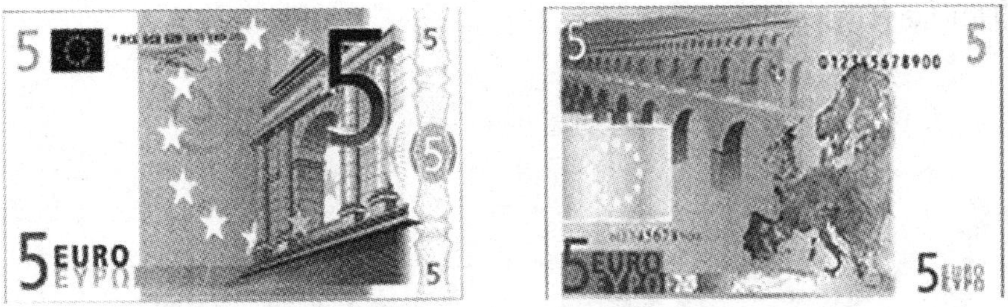

图 2－17　5 欧元纸币正面、背面

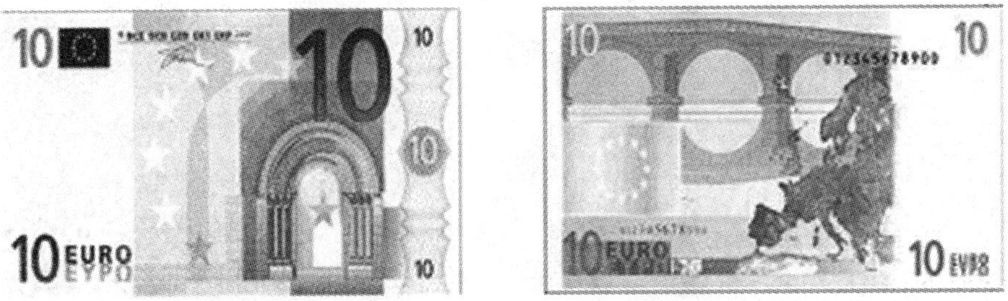

图 2－18　10 欧元纸币正面、背面

图 2－19　20 欧元纸币正面、背面

50 欧元纸币：橙色，140 毫米×77 毫米，文艺复兴风格，50 欧元纸币正面、背面见图 2－20。

100 欧元纸币：绿色，147 毫米×82 毫米，巴罗克和洛可可风格，100 欧元纸币正面、背面见图 2－21。

图 2－20　50 欧元纸币正面、背面

图 2－21　100 欧元纸币正面、背面

200 欧元纸币：棕黄色，153 毫米 × 82 毫米，钢铁玻璃风格，200 欧元纸币正面、背面见图 2－22。

图 2－22　200 欧元纸币正面、背面

500 欧元纸币：紫色，160 毫米 × 82 毫米，20 世纪的建筑风格，500 欧元纸币正面、背面见图 2－23。

图 2-23 500 欧元纸币正面、背面

2. 欧元纸币防伪特征。欧元的设计采用了多项先进的防伪技术，包括普通公众识别的安全特征、借助常用仪器观察的专业防伪特征、不公开的专家和机器识别特征。主要有以下几个方面：

(1) 纸张。欧元纸币用纯棉纸印制，纸张较薄，韧性强，摸起来不滑、不脆，从手感上明显与其他种类的纸张不同。在水印图案部分可以感觉到纸张厚薄的变化。

(2) 水印。欧元纸币均采用了双水印，即与每一票面主景图案相同的门窗水印及面额数字的白水印。水印图案的立体感强。纸币中间部分还有竖道的水印条码，是机器识别的标志。

(3) 安全线。欧元纸币采用了全埋黑色安全线，仔细观察可以看到安全线上浅色的欧元名称（EURO）和面额数字。

(4) 对印图案。欧元纸币左上角正、背面的不规则图形正好互补成面额数字，对接准确，无错位。

(5) 凹版印刷。欧元纸币正面的面额数字、门窗图案、欧洲中央银行的 5 种语言缩写及 200 欧元、500 欧元的盲文标记均是采用雕刻凹版印刷的，摸起来有明显的凹凸感。

(6) 珠光油墨印刷图案。5 欧元、10 欧元、20 欧元背面中间用珠光油墨印刷了一个条带，不同角度下可出现不同的颜色，而且可看到欧元符号和面额数字。

(7) 全息标识。5 欧元、10 欧元、20 欧元正面右边贴有全息薄膜条，在变换观察角度时，可以在水平线中央看到金色的荧光线条，其中有面额数字和欧元的代表符号；50 欧元、100 欧元、200 欧元、500 欧元正面右下角贴有全息薄膜块，变化角度可看到明亮的主景图案和面额数字。

(8) 光变面额数字。50 欧元、100 欧元、200 欧元、500 欧元背面右下角面额数字是用光变油墨印刷的，如果倾斜着观察，能从不同的角度看到面额数字变换着从紫红、橄榄绿直到褐色的各种颜色。

(9) 无色荧光纤维。在紫外光下，可以看到欧元纸张中有明亮红、蓝、绿三色无色荧光纤维。

(10) 有色荧光印刷图案。在紫外光下，欧盟旗帜和欧洲中央银行行长签名的蓝色油墨变为绿色；12颗星由黄色变为橙色；背面的地图和桥梁则全变为黄色。

(11) 凹印缩微文字。欧元纸币上有许多缩微印刷文字。其中0.5毫米高的微型文字可以用裸眼看到；而0.2毫米高的缩微文字看起来就像一条线，在放大镜下观察，真币上的缩微文字线条饱满，这些最小的字也清晰可见，边缘丝毫都不模糊。

欧元纸币具有有效的安全特征，可以避免伪造。有了这些安全特征，要复制欧元纸币很难。伪钞将很容易被各类使用者辨别出来，如出纳、普通公众和纸币收款机。在欧元纸币和硬币发行前，欧洲中央银行就将防伪特征进行了一次情况介绍和教育活动。欧洲警察局（European Police Office，缩写为Europol）担负着和伪造货币活动斗争的重任，而且欧元系统和各国警察将协同参与同伪造货币的活动作斗争。

3. 欧元纸币的真伪鉴别。采用“一看、二摸、三听、四测”的方法。

(1) 看

① 仰光透视：主要观察水印、安全线和对印图。

② 晃动观察：主要观察全息标认识，5欧元、10欧元、20欧元背面珠光油墨印刷条状标记和50欧元、100欧元、200欧元、500欧元背面右下角的光变油墨面额数字。

(2) 摸

① 摸纸张：欧元纸币纸张薄，挺度好，摸起来不滑，密实，在水印部位可以感到有厚薄变化。

② 摸凹印图案：欧元纸币正面的面额数字、门窗图案、欧洲中央银行缩写及200欧元、500欧元的盲文标记均是采用雕刻凹版印刷的，摸起来有明显的凹凸感。

(3) 听。用手抖动纸张，真钞会发出清脆的声响。

(4) 测。用紫外灯和放大镜等仪器检测专业防伪特征。在紫外光下，欧元纸币无荧光发应，同时可以看到纸张中有明亮的红、蓝、绿三色无色荧光纤维；欧盟旗帜和欧洲中央银行行长签名的蓝色油墨变为绿色；12颗星由黄色变为橙色；背面的地图和桥梁则全变为黄色。

欧元纸币正、背面均有缩微文字，在放大镜下观察，真钞上的缩微文字线条饱满且清晰。

（三）日元

货币发行机构：日本银行（1882年起货币发行权统一集中于该行）

货币名称：日元

流通版面额：纸币为500元、1000元、2000元、5000元、10000元；

铸币为1元、5元、10元、50元、100元、500元

日本货币通常不公布停止流通日期，只是新版钞票发行后逐步替代旧版钞票，目前来说，均为1984年以后发行的。

1. 日元纸币的票面特征。日元由日本的中央银行即日本银行发行。现行流通的日元是1993年版1000日元、5000日元、10000日元和2000年版2000日元的纸币。此外还有一小部分1984年版纸币。这里主要介绍1993年版和2000年版日元。

日元纸币各种票面的正面左侧是隶书“日本银行券”、面值和“日本银行”字样，文字全部使用隶书汉字；右侧是人物肖像或建筑；上边两角是面值数字，下边是“大藏省印刷局制造”或“国立印刷局制造”等。水印图案和人物肖像或建筑相同。背面是拉丁文拼音的行名“NIPPON GINKO”、面值数字以及货币单位名称“YEN”（元）。各种钞券均无发行日期。正面盖有篆体红色“总印”，背面盖有篆体红色“发券局长”图章一个。背面右下角是盲人标记。

1000日元主色调为棕色，票面正面主景是日本作家夏目漱石（Natsume Souseki，1867—1916）肖像，背面主景是一雌一雄两只仙鹤。1000日元正面、背面见图2－24。

图2－24　1000日元正面、背面

2000日元主色调为蓝黑色，票面正面主景是古代楼牌，背面主景是古代书法绘画。2000日元正面、背面见图2－25。

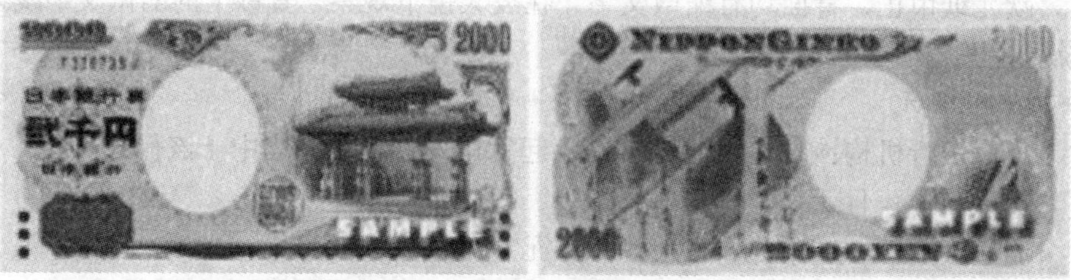

图 2-25　2000 日元正面、背面

5000 日元主色调为深紫色，票面正面主景是日本教育家新渡户稻造（Nitobe Inazo，1862—1933）肖像，面值两边各有一朵 20 瓣的菊花，下方是以太平洋为中心的地球图案，背面主景是富士山。5000 日元正面、背面见图 2-26。

图 2-26　5000 日元正面、背面

10000 日元主色调为棕色，票面正面主景是日本教育家福泽谕吉（Fukuzawa Yukichi，1835—1901）肖像，背面主景是一雌一雄两只雉。10000日元正面、背面见图 2-27。

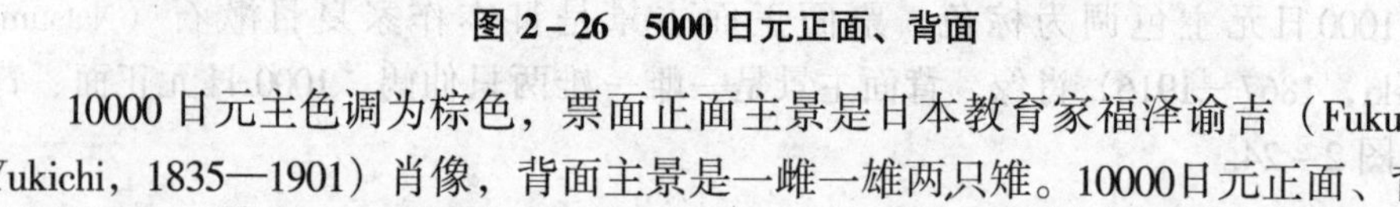

图 2-27　10000 日元正面、背面

为了对付纸币造假现象，日本政府和中央银行从 2004 年开始发行面额为 1000日元、5000 日元和10000日元的 3 种新版纸币。据悉，这是近 20 年来日本首

次较大幅度地改版纸币，并对面额1000日元、5000 日元和 10000 日元的纸币采用了最新的防伪技术。

新钞票面人物图案设计做了重大变动。日本作家夏目漱石的形象从新版的1000日元纸币上消失，取而代之的是日本著名微生物学家野口英世。明治维新时代的女作家樋口一叶被印在新版 5000 日元的纸币上，这也是首位印在纸币上的日本女性。同样是明治维新时代的教育家福泽谕吉一如过去地出现在 10000 日元的纸币上。新版 1000 日元正面、背面见图 2－28，新版 5000 日元正面、背面见图 2－29，新版 10000 日元正面、背面见图 2－30。

图 2－28　新版 1000 日元正面、背面

图 2－29　新版 5000 日元正面、背面

图 2－30　新版 10000 日元正面、背面

2. 日元纸币的防伪特征。日本大藏省印刷局不仅拥有自己的造纸厂，制造出日本特有的以三椏皮为原料的纸张，而且还发明了世界上独一无二的干胶凹版一体印刷机，可以同时印刷平面和凸起的图案。先进的机械带来的技术优势使日元防伪功能进一步得到加强。日元纸币主要有以下防伪特征：

（1）专用纸张。日元纸张含有特有的三椏皮纤维，制成的钞纸呈一种特殊的淡黄色，只要看上一眼就会留下深刻的印象。钞纸手感滑润，柔软而不失坚挺。

（2）水印。日元的水印图案与正面主景图案相同，由于采用了特殊工艺，故水印清晰度非常高。1948 年日本政府规定，政府以外的用品严禁制造黑水印。

（3）雕刻凹版印刷。日元从草图设计、镌刻直至制版均以传统的手工方式完成。个性鲜明，风格独具。日元正背面主景、行名、面额数字等均采用雕刻凹版印刷，正面凹印的人像套印在浅色底纹线上，人像清楚自然。以细线刻制的人像，眉毛、眼珠处每毫米有 11 条细线。图案线条精细、层次丰富，用手触摸有明显的凹凸感。

（4）凹印缩微文字。日元正背面多处印有“NIPPON GINKO”字样的缩微文字。部分图案线条由连续的缩微文字“NIPPON GINKO”组成；1000 日元肖像右下角花纹曲线外缘有 5 组，背面行名“NIPPON GINKO”三个 N 字母右底衬阴影内各有 1 组；5000 日元右上角面额数字下有一行 4 组，背面同前；10000 日元上角两个面额数字下各有一行 4 组，背面下边框外波浪形排列一行有 26 组（两边各 13 组）。

（5）盲文标记。日元的盲文标记由圆圈组成，用手触摸有明显的凸起，透光观察也清晰可见。盲人标记以凹进的圆圈为主体，中间为凸起的点，右边为凸起的弧。这样的标记在 1000 日元上有一个，在 5000 日元上竖排两个，在 10000 日元上横排两个。不仅手感分明，迎光透视也清晰如水印。

（6）磁性油墨。日元正背面凹印部位的油墨带有磁性，可用磁性检测仪检测出信号。

（7）防复印油墨。日元采用了防复印油墨印刷图案，当用彩色复印机复印时，复印出的颜色与原券颜色明显不同。

（8）光变面额数字。2000 日元正面右上角的面额数字是用光变油墨印刷的，与票面垂直角度观察是呈蓝色，倾斜一定角度则变为紫色。

（9）隐形面额数字。2000 日元正面左下角有一装饰图案，将票面置于与眼睛接近平行的位置，面对光源，作 45 度或 90 度旋转，可看到面额数字“2000”字样。

（10）珠光油墨。2000 日元正面左右两侧分别用珠光油墨各印刷了一个条带，转换钞票角度可出现不同的颜色。

（11）隐形字母。2000日元背面右上角的绿色底纹处印有隐形字母，垂直角度下无法看到，将票面倾斜一定角度即可看到“NIPPON”字样，且前3个字母呈蓝绿色，后3个字母呈黄色。

除此以外，日元在紫外光下，“总裁之印”四个字呈荧光反应。10000日元花饰还采用了凹印接线技术。

1984年版1000日元、5000日元、10000日元与1993年版相比，无凹印缩微文字，冠字号码为黑色，而1993年版的为深棕色。其他防伪特征基本一致。

3. 日元假钞的特征。在我国发现的日元假钞为10000日元（1984年发行），该假钞主要有以下特征：

（1）纸张：假钞纸张由两张薄纸粘合而成，手感稍厚，颜色比真钞略黄。

（2）水印：用白色浆料涂在纸张夹层内，仰光透视较模糊，不如真钞水印清晰。

（3）无盲文标记。

（4）冠字号码呈蓝色，而真钞是黑色。

（5）印刷方式：电子分色制版，平板胶印套印，正、背面图案线纹均呈网点状。

4. 日元的真伪鉴别。采用“一看、二摸、三听、四测”的方法。

（1）看

① 看钞票颜色、图案、花纹及印刷效果。日元真钞正、背面主景线条精细、层次分明、立体感强，明暗处与阴暗处自然过渡。

② 看日元纸张颜色。日元纸张工艺独特，呈淡黄色。

③ 看水印和盲文标记。仰光透视，日元水印非常清晰，图案层次分明、立体感强，同时，也可以清晰看到盲文标记。

④ 看光变面额数字和隐形图案。变换2000日元票面，观察正面右上角的面额数字是否由蓝色变为紫色，正面左下角的装饰图案中是否有隐形面额数字“2000”字样及背面右上角绿色底纹处是否有隐形字母“NIPPON”字样。

（2）摸

① 摸纸张。日元纸张韧、挺，摸起来不滑、密实。

② 摸凹印图案和盲文标记。日元纸币摸起来有明显的凹凸感。

（3）听。用手抖动纸张，真钞会发出清脆的声响。

（4）测。用紫外灯和放大镜等仪器检测日元纸币的专业防伪特征。

在紫外光下，日元纸币无荧光反应，同时可以看到2000日元正、背面的印章有明亮的荧光反应。

日元纸币正、背面均有缩微文字，用放大镜观察，真钞上的缩微文字线条饱满且清晰。

用磁性检测仪检测日元正、背面凹印图案是否有磁性反应。

(四) 港元

货币发行机构：①香港上海汇丰银行

②香港渣打银行

③中国银行（1994年开始发行）

④香港特别行政区政府（发行各种硬币和新版10元纸币）

货币名称：香港元

流通版面额：纸币为10元、20元、50元、100元、500元、1000元；

硬币为1元、2元、5元、1毫、2毫、5毫、5仙（已停止流通）

1. 现行港元纸币的票面特征和防伪特征

(1) 香港上海汇丰银行券的票面特征和防伪特征。现行流通的汇丰银行钞票是1993年起发行的，面额有20元、50元、100元、500元、1000元。正面左侧为铜狮头图案，中间为行名、中英文面额数字；背面主景是汇丰银行大厦及一对狮子雕像，右侧图案由20元到1000元分别为：旧火车钟楼、龙舟竞赛、沙田万佛寺、香港总督府和立法局大楼。2000年12月，发行了新版1000元，新版钞保留了1993年版的格调，并增加了新的防伪措施。2003年12月，推出了新版100元、500元钞票；2004年10月推出了20元、50元、1000元面额的新版港元。2003年版港元每种面额均采用统一的主色调，20元新版采用蓝色，50元采用绿色，100元采用红色，500元采用棕色，1000元采用金色。2003年版港元与旧版港元在图案上有所变化。2003年版港元钞票采用了统一的防伪设计，各行发行的钞票防伪技术相同，防伪特征的位置相同，以方便公众识别和机器自动化处理。2003年版香港上海汇丰银行系列港元正面、背面见图2-31。

香港上海汇丰银行系列港元主要有以下防伪特征：

① 水印。票面正面右侧有狮头或汇丰银行大厦（2003年版）水印图案。2000年版1000元和2003年版各面额增加了白水印。

② 安全线。票面采用了全埋深色安全线，其中，2000年版1000元和2003年版各面额还分别在票面正面右侧和票面背面增加了一条全息开窗文字安全线。

③ 雕刻凹版印刷。票面正面或背面主景、行名、面额数字均采用了凹版印刷，用手触摸有明显的凹凸感。

图 2-31 2003年版香港上海汇丰银行系列港元正面、背面

④ 凹印缩微文字。票面正背面或背面多处印有凹印缩微文字“THE HONGKONG AND SHANGHAI BANKING CORPORATION LIMITED”字样。

⑤ 对印图案。票面正面右侧及背面左侧花边均有一圆形局部图案，透光仰视，可见正背面组成了一个完整的图案。

⑥ 隐形的面额数字。在票面正面右下角的长方形图案中印有隐形的面额数字，将票面置于与眼睛平行，面对光源，旋转钞票可见该面额钞票的面额数字。

⑦ 异形号码。正面左下角和右侧印有横竖数字逐渐增大的异形号码。

⑧ 无色荧光图案。在紫外光下可看到票面正面有明显的荧光图案。

⑨ 无色荧光纤维。2000 年版 1000 元和 2003 年版各面额在纸张中增加了红、蓝、绿三色荧光纤维，在紫外光下清晰可见。

⑩ 变色反光油墨印刷银码。2003 年版 100 元、500 元增加了变色反应油墨印刷银码，汇丰银行券显现在纸币两面的右上角，从不同角度斜看钞票时，钞票银码呈金绿两色相互交替。

⑪ 荧光条码、反光图案。2003 年版 100 元、500 元增加了荧光条码，在紫外光下，可以看到在纸币上方行名旁呈现的机读条码。同时，增加了反光图案，在强光下斜看钞票时，会看到显现在出版日期下端的反光洋紫荆图案。

⑫ 红外特征。2003 年版所有面额的钞票正背面都有红外防假特征。

(2) 香港渣打银行券的票面特征和防伪特征。目前流通的香港渣打银行券，是该行自 1993 年 1 月起发行的纸币，面额有 10 元、20 元、50 元、100 元、500 元和 1000 元。纸币的正面均采用了神话中的瑞兽作为设计主题：10 元是麒麟、20 元是神龟、50 元是北狮、100 元是麒麟、500 元是凤凰、1000 元是中华龙；背面中间是香港的区花——紫荆花，左侧是渣打银行大厦。2001 年 1 月，发行了新版 1000 元钞票，新版钞票保留了 1993 年版的基本设计，并增加了新的防伪措施。2003 年 12 月，推出了新版 100 元、500 元钞票；2004 年 10 月推出了 20 元、50 元、1000 元面额的新版港元。2003 年版港元与旧版港元在图案上有所变化。2003 年版香港渣打银行系列港元正面、背面见图 2 – 32。

香港渣打银行系列港元主要有以下防伪特征：

① 水印。2000 年以前年版票面正面右侧有古罗马军人头像水印及字母“SCB”白水印。2001 年版 1000 元的白水印由“SCB”改为“1000”。2003 年版有与票面正面一致的瑞兽图案水印和面额数字白水印。

② 安全线。票面采用了全埋深色安全线，其中，2000 年版 1000 元和 2003 年版各面额还分别在票面正面右侧票面背面增加了一条全息开窗文字安全线。

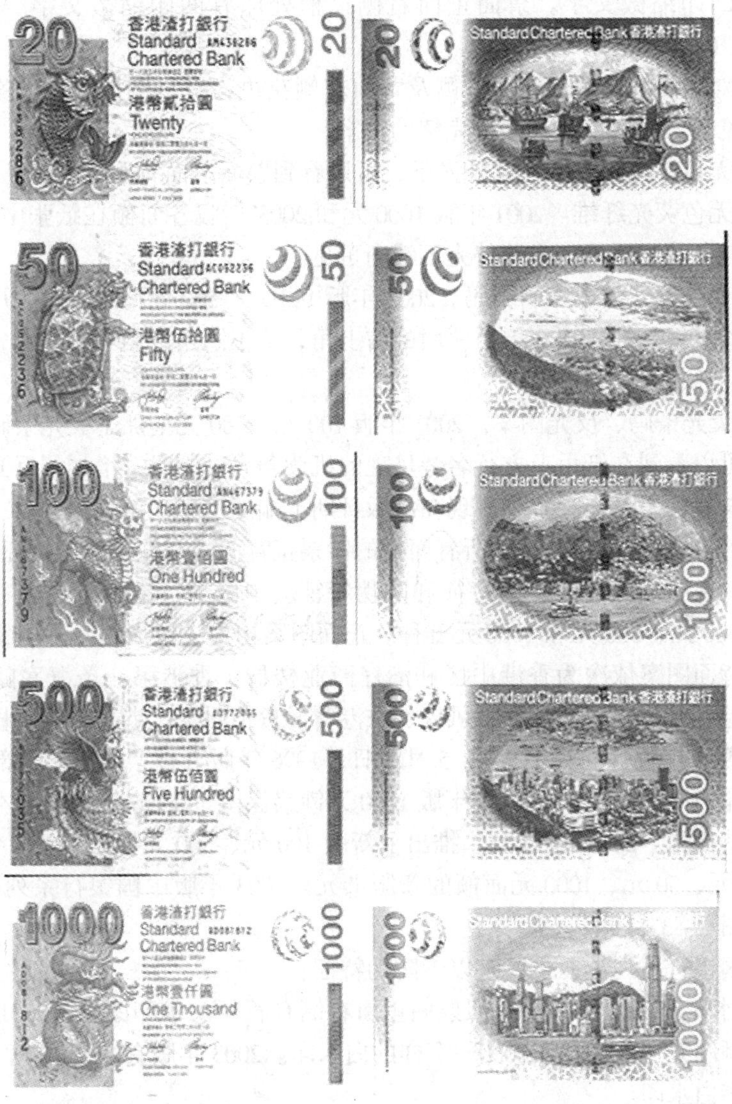

图 2-32　2003 年版香港渣打银行系列港元正面、背面

③ 雕刻凹版印刷。票面正面或背面主景、行名、面额数字均采用了凹版印刷，用手触摸有明显的凹凸感。

④ 凹印缩微文字。票面正面右侧边框处印有凹印缩微文字“STANDARD CHARTERED BANK”字样。

⑤ 对印图案。票面正面右侧及背面左侧花边均有一圆形局部图案，透光仰视，可见正、背面组成了一个完整的图案。

⑥ 无色荧光图案。在紫外光下，可以看到票面正面有明显的荧光图案。

⑦ 无色荧光纤维。2001 年版 1000 元和 2003 年版各面额在纸张中增加了红、蓝、绿三色荧光纤维，在紫外光下清晰可见。

⑧ 变色反光油墨印刷银码。2003 年版 100 元、500 元增加了变色反光墨印刷银码，渣打银行券显现在纸币两面的右上角，从不同角度斜看钞票时，钞票银码呈金绿两色相互交替。

⑨ 荧光条码、反光图案。2003 年版 100 元、500 元增加了荧光条码，在紫外光下，可以看到在纸币上方行名旁呈现的机读条码。同时，增加了反光图案，在强光下斜看钞票时，会看到显现在出版日期下端的反光洋紫荆图案。

⑩ 红外特征。2003 年版所有面额的钞票正背面都有红外防假特征。

（3）中国银行券的票面特征和防伪特征。中国银行港元纸币面额有 20 元、50 元、100 元、500 元和 1000 元五种。正面图案均为中银大厦、中国银行行标及花卉，背面图案依次为香港中区和湾仔商业楼群、香港第一条海底隧道繁忙景象、香港九龙半岛南段尖沙嘴风貌、香港葵涌货柜码头、港岛中区高楼林立繁华景象。1994 年版日期为 1994 年 5 月 1 日。1996 年版五种票面正面下部含有隐形文字的花边图案有改动。2001 年版 1000 元钞票保留了 1996 年版的基本设计，增加了防伪措施。2003 年 12 月，推出了新版 100 元、500 元钞票；2004 年 10 月推出了 20 元、50 元、1000 元面额的新版港元。2003 年版中国银行系列港元正面、背面见图 2 – 33。

中国银行系列港元主要有以下防伪特征：

① 水印。2000 年以前年版票面正面右侧有石狮头水印图案。2001 年版 1000 元在石狮图案上方增加“1000”字样的白水印。2003 年版有洋紫荆花图案水印和面额数字白水印。

② 安全线。票面采用了全埋深色安全线，其中，2001 年版 1000 元和 2003 年版各面额还分别在票面正面右侧和票面背面增加了一条全息开窗文字安全线。

③ 雕刻凹版印刷。票面正面或背面主景、行名、面额数字均采用了凹版印刷，用手触摸有明显的凹凸感。

图 2-33　2003 年版中国银行系列港元正面、背面

④ 凹印缩微文字。票面正背面或背面多处印有凹印缩微文字“BANK OF CHINA”字样。

⑤ 对印图案。票面正面右侧及背面左侧花边均有“中”字图案，透光仰视，可见正背面重叠成了一个“中”字。

⑥ 隐形的面额数字。在票面正面右下角的边框中印有隐形的面额数字，将票面置于与眼睛平行，面对光源，旋转钞票可见该面额钞票的面额数字。

⑦ 无色荧光图案。在紫外光下，可以看到票面正面有明显的荧光图案。

⑧ 无色荧光纤维。2001 年版 1000 元和 2003 年版各面额在纸张中增加了红、蓝、绿三色荧光纤维，在紫外光下清晰可见。

⑨ 变色反光油墨印刷银码。2003 年版 100 元、500 元增加了变色反光油墨印刷银码，中国银行券显现在纸币两面的右下角，从不同角度斜看钞票时，钞票银码呈金绿两色相互交替。

⑩ 荧光条码、反光图案。2003 年版 100 元、500 元增加了荧光条码，在紫外光下，可以看到在纸币上方行名旁呈现的机读条码。同时，增加了反光图案，在强光下斜看钞票时，会看到显现在出版日期下端的反光洋紫荆图案。

⑪ 红外特征。2003 年版所有面额的钞票正背面都有红外防假特征。

2. 港元的真伪鉴别。采用“一看、二摸、三听、四测”的方法。

(1) 看

① 看钞票的整体颜色、图案、花纹及印刷效果。看钞票底纹的线条变化和线纹颜色是否与真钞一致、完整，层次是否分明。

② 看钞票有无水印及新版港元增加的白水印。看水印是在纸中还是纸表面，水印透视是否清晰，有无层次感。

③ 看安全线。所有港元票面都采用了全埋深色安全线，其中 2000 年及以后年版港元都增加了一条全息开窗文字安全线。

④ 看对印标志正背面图案是否完全吻合。所有港元票面正面右侧及背面左侧花边均有一圆形局部图案或“中”字图案，透光仰视，可见正背面组成了一个完整的图案。

⑤ 看“隐像”标志。将票面置于与眼睛平行，面对光源，旋转钞票即可看到该面额钞票的阿拉伯面额数字。汇丰券在票面正面右下角的长方形图案中，中行券在票面正面右下角的边框中。

(2) 摸

① 摸纸张。港元纸张结实、坚挺。

② 摸凹印图案。所有港元票面正面或背面主景、行名、面额数字均采用了

凹版印刷，用手触摸有明显的凹凸感。

(3) 听。用手抖动纸张，真钞会发出清脆的声响。

(4) 测。用紫外灯和放大镜等仪器检测港元纸币的专业防伪特征。

所有港元票面正背面多处印有凹印缩微文字。汇丰券为“THE HONGKONG AND SHANGHAI BANKING CORPORATION LIMITED”字样，渣打券为“STANDARD CHARTERED BANK”字样，中行券为“BANK OF CHINA”字样。在放大镜下观察，真钞上的缩微文字线条饱满且清晰。

无色荧光图案：在紫外光下，所有港元可以看到票面正面有明显的荧光图案。

无色荧光纤维：所有2000年及以后年版港元在纸张中增加了红、蓝、绿三色纤维，在紫外光下清晰可见。

本章小结

本章主要介绍了在我国境内现行流通中占绝大量的人民币和在我国境内各商业银行挂牌收兑的常见外币，包括第四套人民币纸币100元、50元和第五套（包括1999年版和2005年版）人民币纸币100元、50元、20元、10元、5元、1元的设计特点、票面特征、防伪特征，2005年版1元、5角、1角硬币的票面特征，美元、欧元、日元和港元等常见纸外币的票面特征、防伪特征及真伪鉴别方法。学员在学习本章知识时，最好结合货币实物和教材中的相关图示进行。

复习思考题

1. 假币是指什么？
2. 真假人民币纸币的鉴别方法有哪几种？
3. 第五套人民币100元纸币的2005年版与1999年版有哪些相同点和不同点？
4. 第五套人民币50元纸币的2005年版与1999年版有哪些相同点和不同点？
5. 第五套人民币20元纸币的2005年版与1999年版有哪些相同点和不同点？
6. 第五套人民币10元纸币的2005年版与1999年版有哪些相同点和不同点？
7. 第五套人民币5元纸币的2005年版与1999年版有哪些相同点和不同点？
8. 如何对美元的真伪进行鉴别？
9. 如何对欧元的真伪进行鉴别？

10. 如何对日元的真伪进行鉴别？
11. 如何对港元的真伪进行鉴别？
12. 单位和个人发现假币如何处理？
13. 金融机构在办理货币存取款和外币兑换业务时发现假币应如何处理？
14. 假币持有人如果对收缴假币的真伪有异议如何处理？
15. 对申请鉴定后的“假币”应如何处理？
16. 我们将如何使用和保管人民币呢？
17. 什么是残缺、污损的人民币？哪些部门应无偿为公众兑换残币？

参考文献

[1] 方秀丽：《商业银行柜面操作技能》，杭州，浙江大学出版社，2004。
[2] 惠广城、邓强：《人民币真伪鉴别培训手册》，北京，中国物价出版社，2003。

高职高专金融类系列教材
商业银行子系列

第三章

珠算基础知识与加减乘除四则运算

本章提示：本章主要介绍了珠算基础知识与加减乘除四则运算的基本内容，珠算技术是一门操作性极强的技能项目，强调的是实践操作能力，操作水平的提高有循序渐进的特点，学生在掌握方法和技巧后，应保证充分的时间进行练习，以提高计算的准确率和速度。

第一节　珠算基础知识

一、算盘的构造和种类

（一）算盘的构造

算盘一般是由以下几个部件（见图 3-1）构成的。

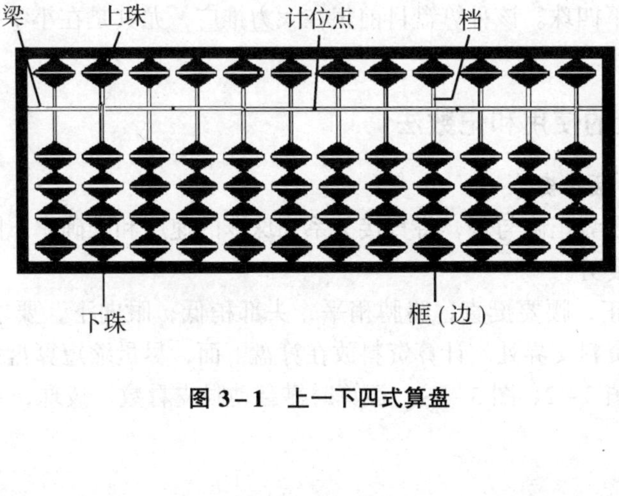

图 3-1　上一下四式算盘

1. 框（边）：算盘四周的边，用以固定算盘的梁、档、珠各部分，有上、下、左、右之分。

2. 梁：介于上、下边之间的横木，将盘面分成上下两部分，梁上每三档刻一个计位点。

3. 档：垂直于梁，贯穿于算珠的竿子表示位数，空档表示“0”。

4. 珠：又称“算珠”或“算盘子”，用以表示数。梁上部分叫上珠，每颗作5；梁下部分叫下珠，每颗作1。

5. 清盘器：是连接在横梁下面用以使算珠离梁的装置，安在算盘左上角，只要轻、快按一下清盘器，就能达到迅速清盘的目的。

6. 计位点：是在梁上作出的计位标记，每隔三档一点，每点在两档之间，主要作用是为计数与看数方便。

7. 垫脚：算盘左边底部两个和右边底部一个，支撑算盘底面离开桌面，计算的资料可放在算盘下面上下移动。

（二）算盘的种类

算盘的种类繁多，约有上百种。由于它们的形状和大小不同，因此档位和算珠的多少也不同。目前使用的算盘大致分为三种。

1. 圆珠大算盘：这是中国的传统算盘，算珠上二下五，又分为九至十五档等几种。这种算盘手指拨动算珠的幅度大，使用时声音响，处于被淘汰的趋势。

2. 中型清盘器算盘：这种算盘是在圆形七珠大算盘的基础上改进而来的。算珠菱形，上一下四，比圆形七珠大算盘缩短了档距，减少了算珠，增加了档位，并装有清盘装置及垫脚。它克服了七珠大算盘的缺点，是我国目前使用最广泛的一种算盘。

3. 菱珠小算盘：算珠呈菱形，档数多，噪声小，占用地方少，上下珠距离近，一般上一下四珠。该种算盘目前正在大力推广，尤其是在小学、幼儿园珠算教学中广泛使用。

二、算盘的使用和记数法

（一）打算盘的姿势

打算盘的姿势正确与否，将直接关系到珠算的速度和准确率。因此，初学打算盘者要讲究姿势。

1. 人要坐正，腰要挺直，胳膊稍平，头部稍低，眼向下，要求视线落在算盘下边与练习资料交界处，计算资料放在算盘下面，尽量缩短算盘和计算资料之间的距离（见图3－2、图3－3）。运算时靠翻动眼皮看数、拨珠，不要摇头，只要转动眼睛，眼睛往上转看算盘，眼睛往下转看计算资料，这样，看数和拨珠间隔的时间短，效果好。

图 3-2 侧面姿势

图 3-3 正面姿势

2. 身体与算盘的相对位置需保持三个“一”：眼睛与算盘相距一市尺，前胸与桌缘相距一拳头，指尖与盘面相距一厘米。

3. 打算盘时两脚要分开，用右手拨珠，左手指数。

4. 打算盘时，右下臂与桌面的夹角以 20～30 度为宜，上臂与桌面的夹角在 45 度左右，上下臂内侧夹角以 110～120 度为宜。手腕内翻，右手的大拇指、食指、中指伸开，其余两指曲向掌心。拨珠时，肘关节要抬起，不能压住桌子，小臂同桌子接近平行，手指同算盘接近垂直，这样，手才能左右迅速移动拨珠。拨珠时，指关节和肌肉应放松，在轻快的节奏中，手指拨珠有如行云流水。

（二）清盘

在运算前，首先要使盘珠全部离梁，靠上、下边成空盘，叫做“清盘”。方法：用左手在算盘清盘器上迅速有力地按一下，就可以达到清盘效果。

（三）握笔方法

为了提高工作效率，应培养成握笔拨珠的习惯，以便记数时及时把笔顺直书写，以节省找笔放笔的时间。

方法：把笔夹在无名指和小指之间，依靠小指的力量把笔扣住（见图 3-4）；或将笔放在大拇指和另四指下面，依靠无名指和小指的力量把笔扣牢（见图 3-5）。

图 3-4 半握笔

图 3-5 全握笔

（四）记数、看数、写数

1. 记数。珠算以算珠表示数码，靠梁的算珠表示数字，离梁的算珠表示“0”。以档表示位，位数顺序与笔算相同，即高位在左，低位在右，每隔一档相差 10 倍。记数就是要把表示位的算珠按数位靠梁。凡算珠靠框的档叫“空档”，表示“0”。由于上、下珠表示的数不同，每颗下珠当 1，上珠当 5，如梁上记的数满 5 时，就要拨去下珠而用一颗上珠来代替，就叫“五升”；本档上记的数满 10 时，就要拨去本档的上下珠而向左一档“进一”，就叫“十进”。这就是“五升十进制”的记数方法。

算盘上的档位很多，便于记忆则选用计位点。计位点是采用“三档一点制”（每三档一点，即两点之间隔三位）的排列规则。利用这个规律，有利于迅速拨珠。

算盘中全部算珠离梁靠边称“空盘”；将数码拨入空盘叫做“置数”，或称“布数”。

2. 看数。一般开始时按分节号（从左到右三位一节）看数打，熟练之后，可以边看边打，进行运算。看数一定要反应快，记数一定要牢而准。

3. 写数。计算完毕，抄写数字的速度和准确率也直接影响着整个计算效率，要练就抄数快准、数字清晰的本领，要学会左手清盘、右手同时抄数的盯盘写数的方法。

三、珠算指法

珠算是拨动算珠进行运算的。所以，拨珠的正确与否，拨珠动作的快慢，直接影响到珠算的运算速度。珠算指法是基本功，只有正确、熟练地运用拨珠指法，才能提高珠算的计算速度和准确率。

（一）拨珠要领

1. 轻：用力要适中，而偏于轻，免于重，否则会反弹、动盘或振动旁珠。

2. 巧：充分利用手指功能的特点，使之分工合理，动作灵敏，拨珠巧捷。

3. 连：保持协调和连贯性，加强联拨动作，使其上下、前后紧凑、衔接，动作流畅。

4. 快：运指要轻、快、准，不停顿，不间歇，但又不可求快而产生急躁或手指假动作等不好的习惯。

（二）手指分工

1. 大拇指：专拨下珠靠梁（见图 3－6）。

2. 食指：专拨下珠离梁（见图 3－7）。

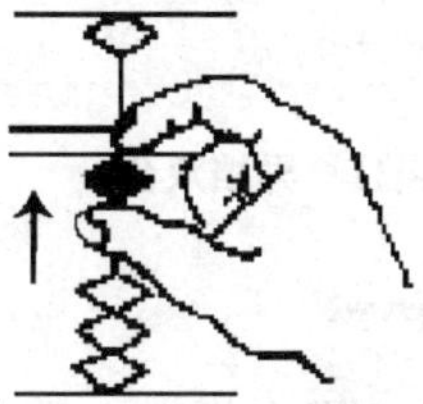

图 3－6　大拇指拨珠

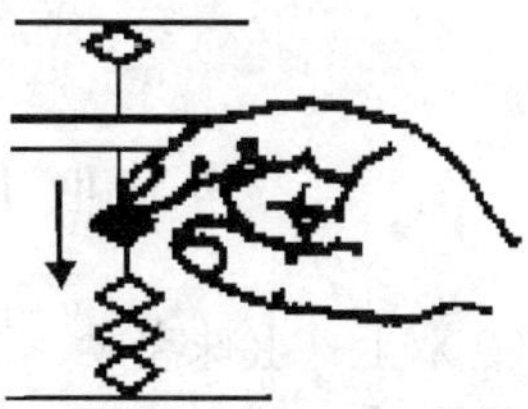

图 3－7　食指拨珠

3. 中指：专拨上珠靠梁和上珠离梁（见图 3－8、图 3－9）。

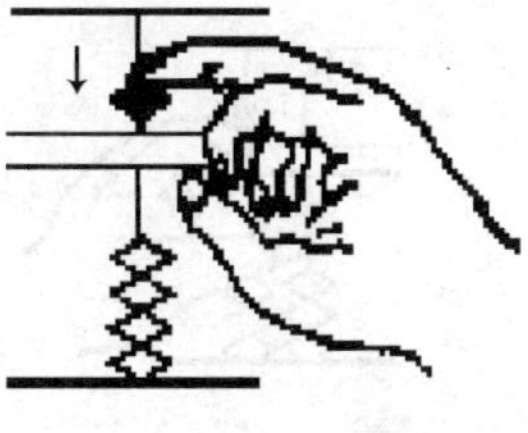

图 3－8　食指拨上珠靠梁

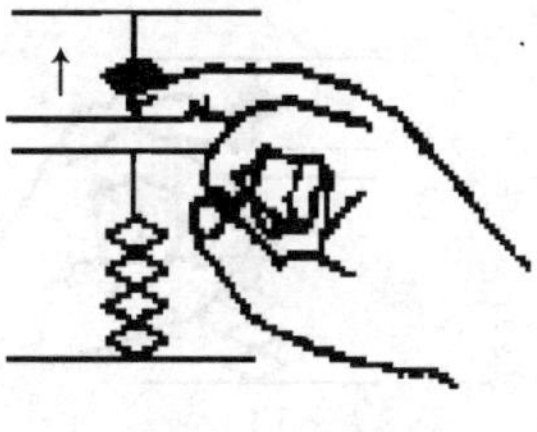

图 3－9　食指拨上珠离梁

（三）指法

1. 单指独拨：见手指分工。

2. 两指联拨

(1) 大拇指和中指联拨

① 双合：上、下珠同时靠梁。

同档双合：同一档上、下珠同时靠梁。用拇指拨下珠靠梁的同时，用中指拨同档上珠靠梁。如：0+6、0+7、0+8、0+9等（见图3－10）。

异档双合：左档下珠靠梁，右档上珠同时靠梁。用拇指拨左档下珠靠梁的同时，用中指拨右档上珠靠梁。如：0+15、0+25、0+35、0+45等（见图3－11）。

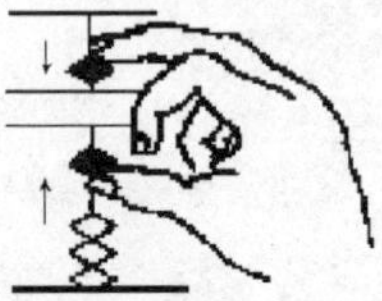

图3－10　同档双合

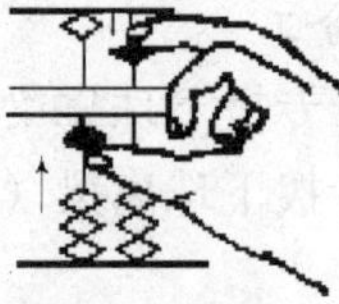

图3－11　异档双合

② 双上：上珠离梁，下珠同时靠梁。

同档双上：同一档次上珠离梁，下珠同时靠梁。用中指拨上珠离梁的同时，用拇指拨同档下珠靠梁。如：5－3、5－1、7－4、6－2等（见图3－12）。

异档双上：左一档下珠靠梁，右一档上珠同时离梁。用拇指拨左一档下珠靠梁的同时，用中指拨右一档上珠离梁。如：5+5、5+15、5+25、5+35等（见图3－13）。

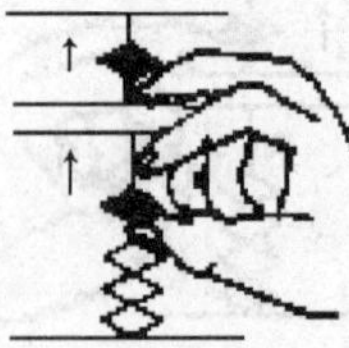

图3－12　同档双上

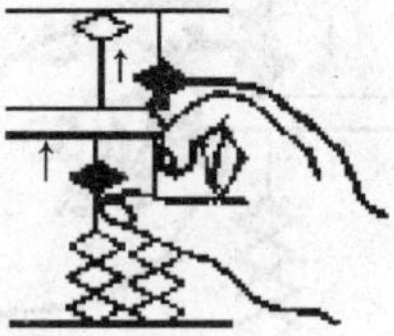

图3－13　异档双上

(2) 中指和食指联拨

① 双分：上珠、全部下珠同时离梁。

同档双分：同一档上珠离梁，全部下珠同时离梁。用中指拨上珠离梁的同时，用食指拨同档全部下珠离梁。如：6－6、7－7、8－8、9－9等（见图3－14）。

异档双分：左一档全部下珠离梁，右一档上珠同时离梁。用中指拨右一档上珠离梁的同时，用食指拨左一档全部下珠离梁。如：15－15、25－25、35－35、45－45等（见图3－15）。

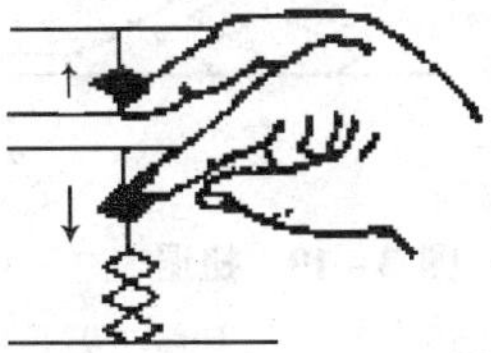

图3－14　同档双分

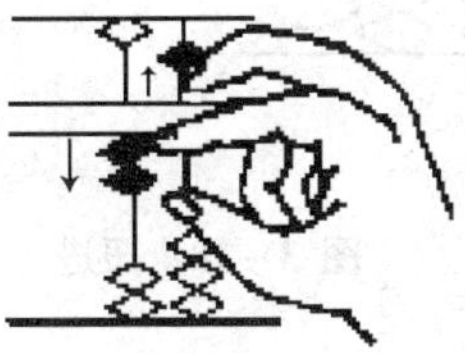

图3－15　异档双分

② 双下：上珠靠梁，全部下珠同时离梁。

同档双下：同一档上珠靠梁，全部下珠同时离梁。用中指拨上珠靠梁的同时，用食指拨同档全部下珠离梁。如：2＋3、3＋2、4＋1、1＋4等（见图3－16）。

异档双下：左一档全部下珠离梁，右一档上珠同时靠梁。用中指拨右一档上珠靠梁的同时，用食指拨左一档全部下珠离梁。如：10－5、20－15、30－25、40－35等（见图3－17）。

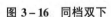

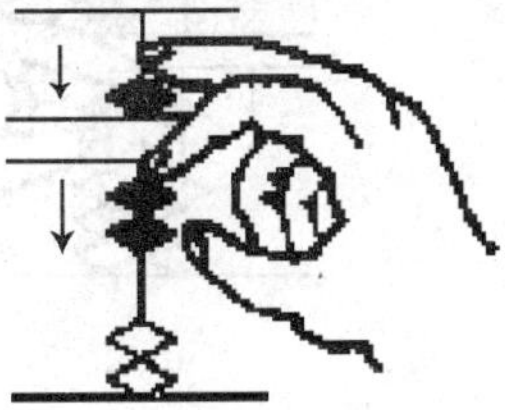

图3－16　同档双下

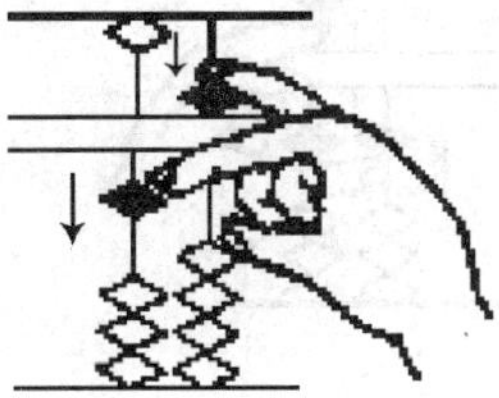

图3－17　异档双下

（3）大拇指和食指联拨

① 扭进：右一档下珠离梁，左一档下珠同时靠梁。用食指拨右一档下珠离梁的同时，用拇指拨左一档下珠靠梁。如：1＋9、2＋8、3＋7、4＋6等（见图3－18）。

② 扭退：左一档下珠离梁，右一档下珠同时靠梁。用食指拨左一档下珠离

梁的同时，用拇指拨右一档下珠靠梁。如：10－9、10－8、10－7、10－6 等（见图3－19）。

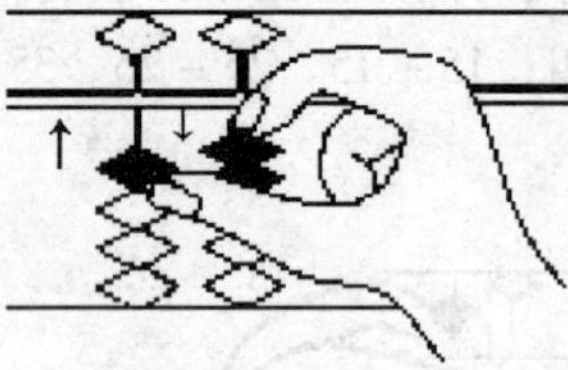

图 3－18　扭进

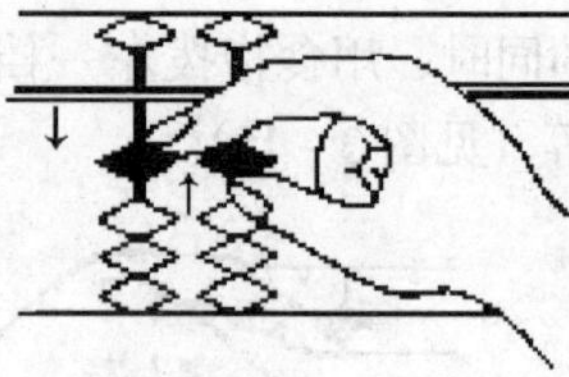

图 3－19　扭退

3. 三指联拨：三指联拨难度最大，协调性最强，要求用拇指、中指、食指同时拨珠，共同完成比较复杂的拨珠动作。

(1) 进位的三指联拨：右一档上、下珠需同时离梁，左一档下珠靠梁。用食指和中指拨右一档上、下珠离梁，同时用拇指拨左一档下珠靠梁。如：9＋1、8＋2、7＋3、6＋4 等（见图 3－20）。

(2) 退位的三指联拨：左一档下珠离梁，右一档上、下珠同时靠梁。用食指拨左一档下珠离梁，用拇指和中指同时拨右一档上、下珠靠梁。如：10－1、10－2、10－3、10－4 等（见图 3－21）。

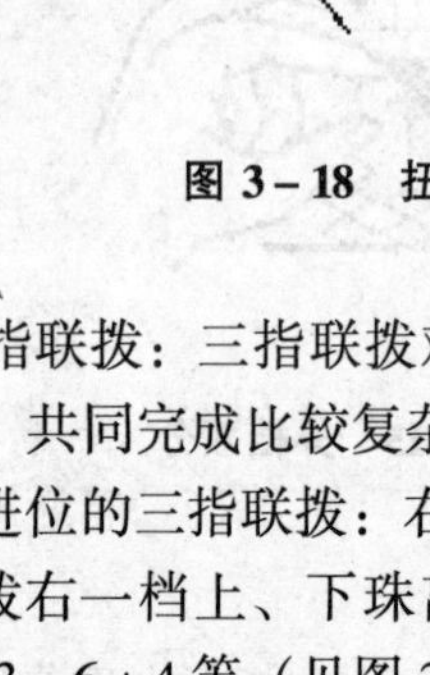

图 3－20　进位的三指联拨

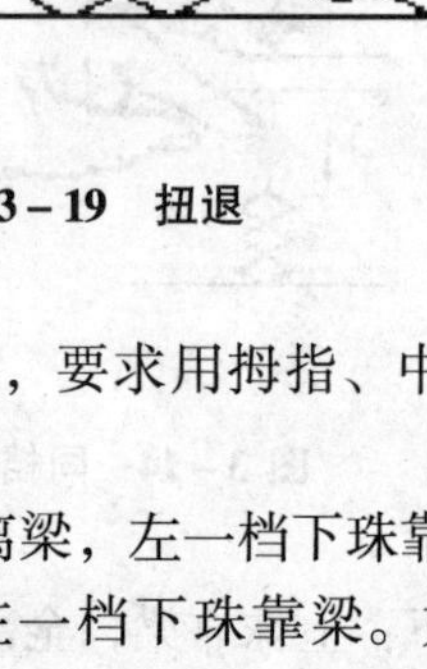

图 3－21　退位的三指联拨

四、初学珠算必须注意的问题

1. 决定的因素是人，而不是算盘。“工欲善其事，必先利其器”。一把好算盘是珠算准而快的重要因素。但算盘既然是由人使用，那么决定的因素就是人而不是算盘。同样一把算盘，由于使用人的技术水平不同，准快程度就截然不同。如果打几遍都没准，就怪算盘的毛病，有的甚至摔打算盘，这是不对的。应当从自己本身分析差错的原因，改正缺点，才能提高技术水平。

2. 必须养成良好的习惯。打算盘既快又准，应以准为主，准中求快。准快程度，指法是关键。初学珠算时，必须既要注意坐的姿势，又要注意养成正确的操作方法。力求养成良好的习惯，这对珠算技术水平的提高是至关重要的。

3. 专心致志，熟能生巧。有人练习珠算时间并不长，但成绩较为显著，进步很快；也有少数人确实费了不少时间，但效果却不理想。珠算技术不练不行，更重要的是必须专心致志；不仅动手，还要注意巧练，才能熟能生巧。

4. 防止急躁心理。情绪对珠算准快程度影响很大，练习珠算要特别防止急躁情绪。珠算技术的考核是要计时间（速度）的，不少初学者常常急于求成，却往往欲速则不达。因此，开始不要急于求速度，先要求准。如果一道题算几遍不准，干脆稍作休息一下再算。

5. 切忌过分紧张。人的注意力过度集中，常会过分紧张。一个运动员往往在比赛时因过分紧张而未能赛出应有水平。珠算考核、比赛时也是如此，常常有人紧张得手指颤抖、不听使唤，成绩很差，人们把这种现象叫做“临场昏”，这是一种心理现象。因此，在练习珠算时，切忌过分紧张，应视同平时练习一样，就会轻松自如了。在平时还可多做模拟练习，假设一切可能引起紧张惊慌的条件，如在恶劣噪声环境、现场表演环境和不适应的气氛中进行练习，想方设法减少临场的紧张情绪，尽量保持良好的竞技状态，才能发挥应有水平。

第二节　珠算加减乘除四则运算

一、珠算加减法

在实际工作中，加减法所占的比重很大，约占计算总量的80%以上。加减法用珠算进行运算比笔算、电子计算器更准确、更迅速，最能显示珠算的优点。同时，珠算加减法是学习乘除法的基础，它集中了珠算的特点和基础知识，一切简捷算法就是以加减法为基础的。因此，学好珠算加减法是十分重要的。

（一）基本加减法

1. 口诀加法。我国传统的珠算口诀加法，是从拨珠运算的实践中，按照运算的规律，把加法编成一套口诀，即运算的法则。只要掌握和熟记口诀，就能迅速而准确地计算出得数。加法口诀共26句，分为四类（见表3－1）。

表 3-1 珠算加法口诀

口诀 / 加数	不进位的加法		进位的加法	
	直接的加	补五的加	进十的加	破五进十的加
1	一上一	一下五去四	一去九进一	
2	二上二	二下五去三	二去八进一	
3	三上三	三下五去二	三去七进一	
4	四上四	四下五去一	四去六进一	
5	五上五		五去五进一	
6	六上六		六去四进一	六上一去五进一
7	七上七		七去三进一	七上二去五进一
8	八上八		八去二进一	八上三去五进一
9	九上九		九去一进一	九上四去五进一

注：每句口诀中的第一个字表示要加的数，后面的字表示拨珠的运算过程。口诀中的“上几”表示拨珠靠梁，“下几”表示拨上珠靠梁，“去几”表示拨珠离梁，“进一”表示本档相加满十，必须向前一档拨动一珠靠梁。

2. 口诀加法种类。根据珠算五升十进制的运算特点，加法分为四类。

（1）直接的加法：两数相加，本档上下珠够用，不用进位（进十），只要把加数直接拨在本档上即可，用“几上几”的口诀。

［例 1］521 + 413 = 934

① 定出个位档，将被加数 521 拨入算盘（见图 3-22）。

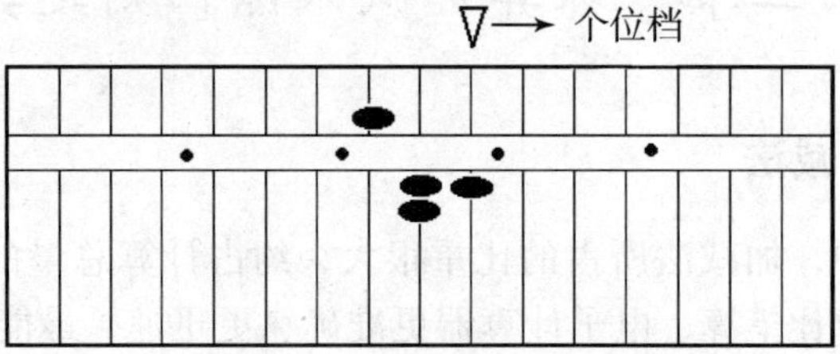

图 3-22 被加数 521 拨入算盘

② 加上加数 413，从高位到低位，对准被加数的数位，逐位与加数同位数相加。口诀：四上四，一上一，三上三。得数：934（见图 3-23）。

（2）补五的加法：两数相加的和满 5 或超过 5，本档的下珠不够用，需要拨一颗上珠靠梁，同时把多加的数在下珠中拨去，用“几下五去几”的口诀。

［例 2］432 + 324 = 756

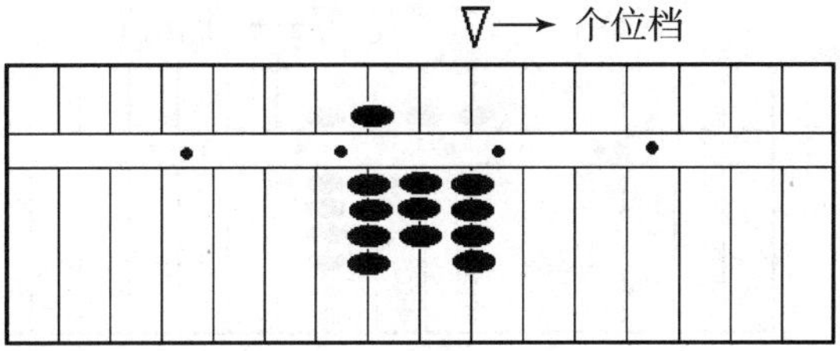

图 3－23　加上加数 413

① 定出个位档，将被加数 432 拨入算盘（见图 3－24）。

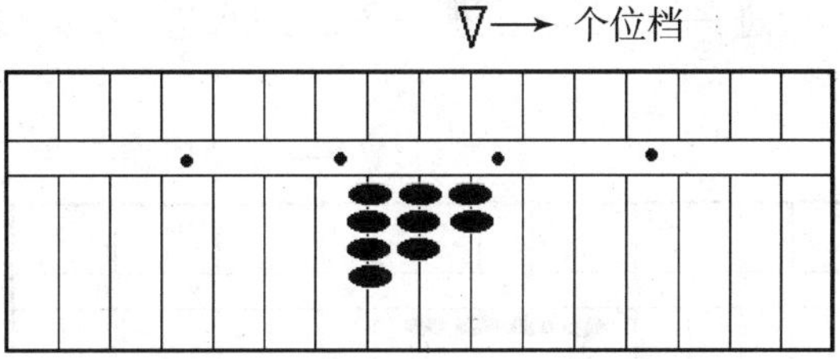

图 3－24　被加数 432 拨入算盘

② 加上加数 324，从高位到低位，对准被加数的数位，逐位与加数同位数相加。口诀：三下五去二，二下五去三，四下五去一。得数：756（见图 3－25）。

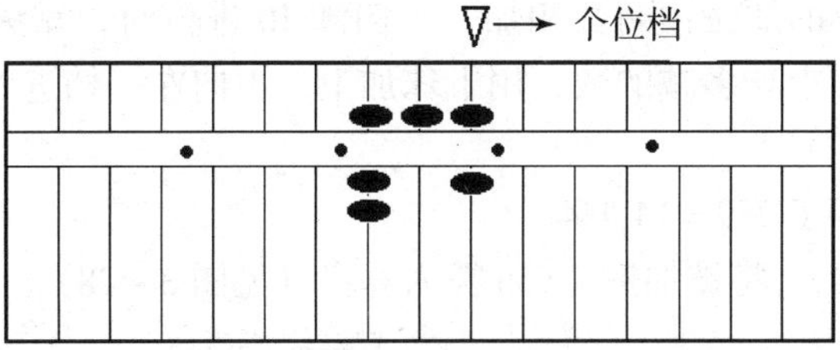

图 3－25　加上加数 324

(3) 进位的加法：两数相加，本档满 10 或超过 10，从本档直接拨去与加数合成 10 的数，同时向左一档进一，用“几去几进一”的口诀。

［例 3］6 789 + 4 321 = 11 110

① 定出个位档，将被加数 6 789 拨入算盘（见图 3－26）。

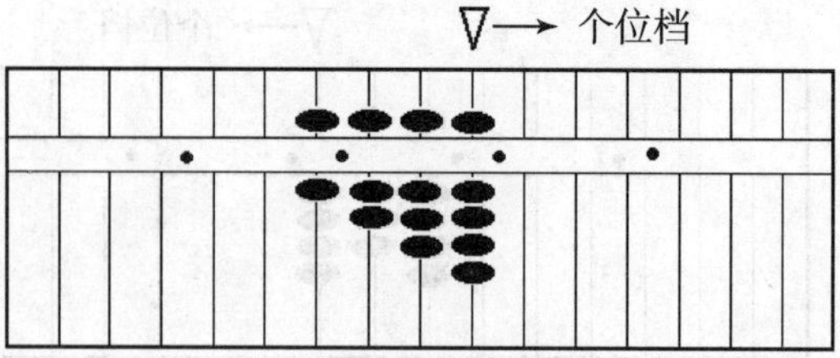

图 3－26　被加数 6 789 拨入算盘

② 加上加数 4 321，从高位到低位，对准被加数的数位，逐位与加数同位数相加。口诀：四去六进一，三去七进一，二去八进一，一去九进一。得数：11 110（见图 3－27）。

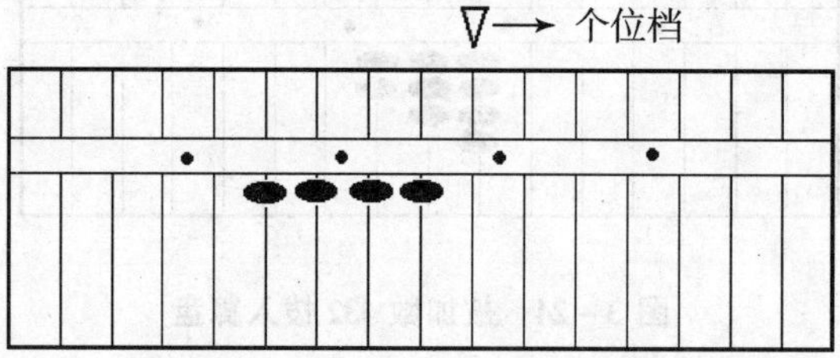

图 3－27　加上加数 4 321

(4) 破五进位的加法：两数相加，本档满 10 进位时，靠梁下珠不够用，必须拨动上珠离梁，上珠多减的数，用下珠加上，再向左一档进一，用“几上几去五进一”的口诀。

[例 4] 7 655 + 6 789 = 14 444

① 定出个位档，将被加数 7 655 拨入算盘（见图 3－28）。

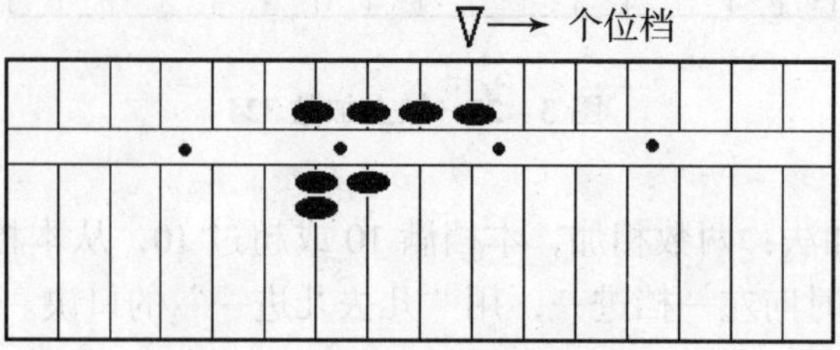

图 3－28　被加数 7 655 拨入算盘

② 加上加数 6 789，从高位到低位，对准被加数的数位，逐位与加数同位数相加。口诀：六上一去五进一，七上二去五进一，八上三去五进一，九上四去五进一。得数：14 444（见图 3－29）。

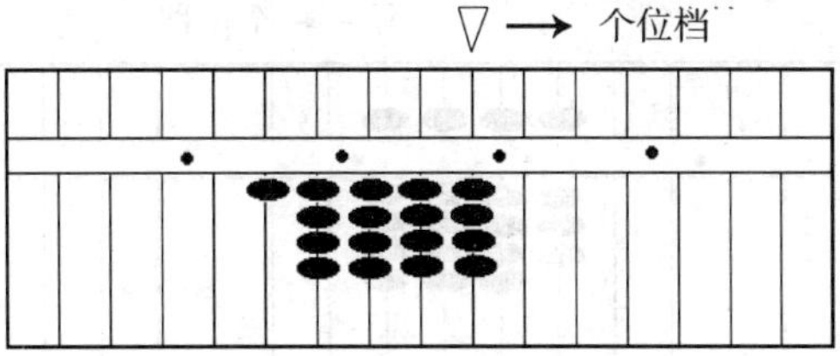

图 3－29　加上加数 6 789

3. 无诀加法。所谓无诀加法，就是不用口诀指导拨珠运算的加法。口诀加法熟练之后，在拨珠运算时就完全可以脱离口诀，只要依据 5 和 10 的组成的运算原理，利用脑算指导拨珠运算，其速度超过口诀加法。无诀加法是口诀加法的发展和提高。

无诀加法比较简单，省略了口诀，化复杂为简单。

5 的组成是用两个凑数：1 与 4、2 与 3、3 与 2、4 与 1。两个数之和是 5，这两个数就互为凑数。

10 的组成是用两个补数：1 与 9、2 与 8、3 与 7、4 与 6、5 与 5、6 与 4、7 与 3、8 与 2、9 与 1。两个数之和是 10^n，这两个数就互为补数。

无诀加法分为三类：直加、满（破）五加和进位（十）加。其运算的要点是："加看外珠，够加直加；下珠不够，加五减凑；本档满十，减补进一"。现分别介绍如下：

（1）直加法："加看外珠，够加直加"。两数相加，看外珠大于或等于加数，就直接拨入加数。

［例 5］2 716 + 6 283 = 8 999

① 定出个位档，将被加数 2 716 拨入算盘（见图 3－30）。

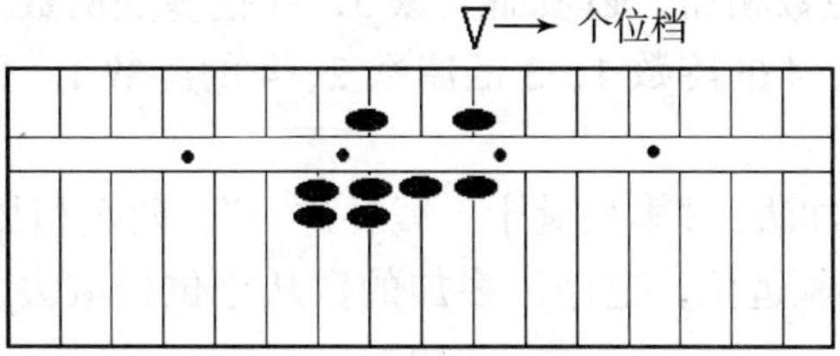

图 3－30　被加数 2 716 拨入算盘

② 加上加数 6 283，从高位到低位，对准被加数的数位，因为外珠 7 283 > 6 283,所以“够加直加”，直接逐位与加数同位数相加。得数：8 999（见图 3 – 31）。

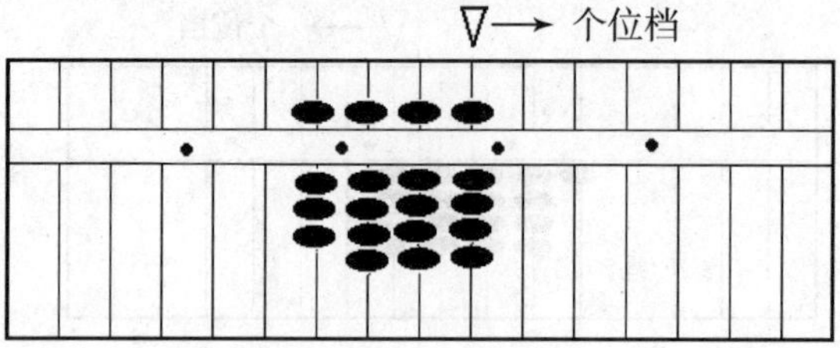

图 3 – 31　加上加数 6 283

（2）满（破）五加法：“下珠不够，加五减凑”。两数相加，其和大于或等于 5，而小于 10，本档下珠不够用，必须要加上珠 5，把多加的数从靠梁下珠中减去，即减去加数的凑数。

［例 6］4 132 + 2 434 = 6 566

① 定出个位档，将被加数 4 132 拨入算盘（见图 3 – 32）。

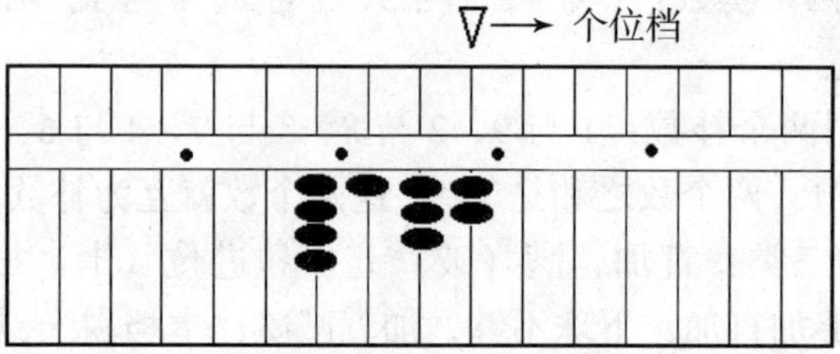

图 3 – 32　被加数 4 132 拨入算盘

② 加上加数 2 434，从高位到低位，对准被加数的数位，因为 5 < 4 + 2 < 10，1 + 4 = 5 < 10，5 < 3 + 3 < 10，5 < 2 + 4 < 10，即本档下珠不够用，所以“加五减凑”，逐位与加数同位数相加，必须加上珠 5，并把多加的数从下珠中减去，即依次减去 2 的凑数 3、4 的凑数 1、3 的凑数 2、4 的凑数 1。得数：6 566（见图 3 – 33）。

（3）进位（十）加法：“本档满十，减补进一”。两数相加，其和等于 10 或大于 10，本档满十必须进位，把进位多加的数从个位档减去，即减去加数的补数。

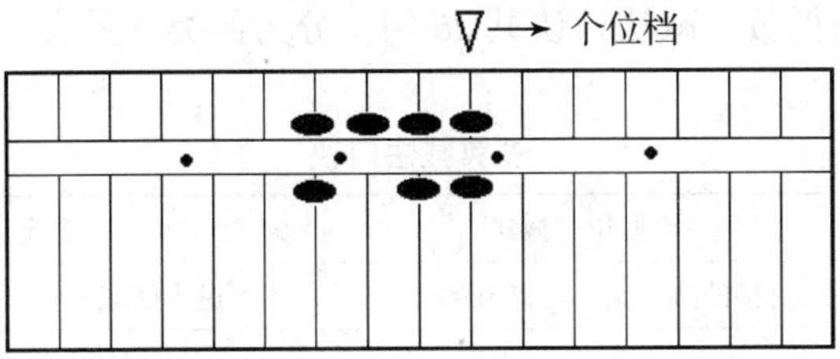

图 3-33 加上加数 2 434

［例 7］ 7 655 + 6 897 = 14 552

① 定出个位档，将被加数 7 655 拨入算盘（见图 3-34）。

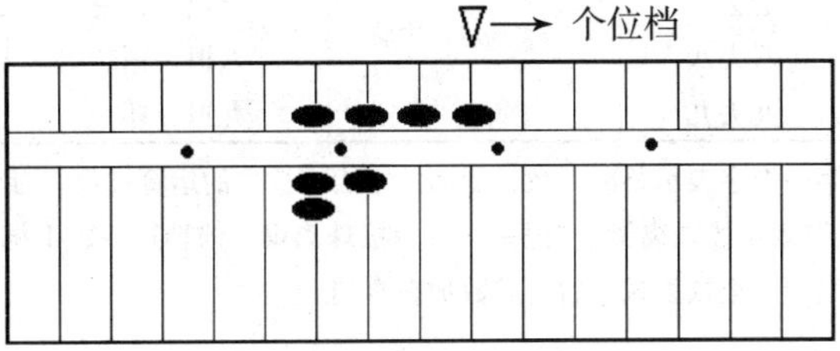

图 3-34 被加数 7 655 拨入算盘

② 加上加数 6 897，对准被加数的数位，因为 7 + 6 > 10，6 + 8 > 10，5 + 9 > 10，5 + 7 > 10，本档满十必须进位，所以“减补进一”。逐位与加数同位数相加，把进位多加的数从个位档减去，即减去 6 的补数 4、8 的补数 2、9 的补数 1 和 7 的补数 3，并往左边一档进。得数：14 552（见图 3-35）。

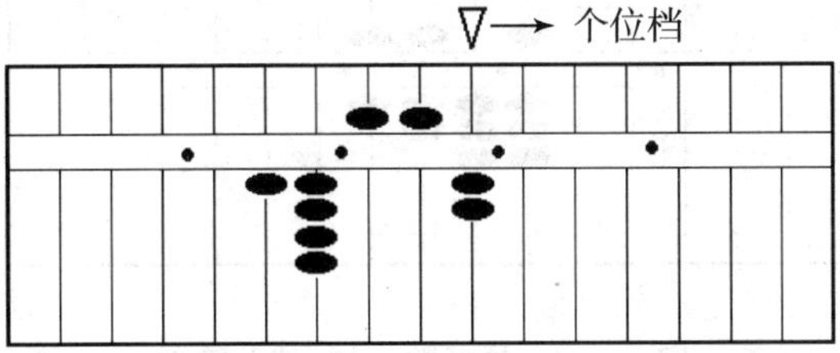

图 3-35 加上加数 6 897

4. 口诀减法。我国传统的珠算口诀减法，是从拨珠运算的实践中，按照运算的规律，把减法编成一套口诀，即运算的法则。只要掌握和熟记口诀，就能迅速而准确地计算出得数。减法口诀共26句，分为四类（见表3－2）。

表3－2 珠算减法口诀

减数＼口诀	不退位的减法		退位的减法	
	直接的减	破五的减	退十的减	退十补五的减
1	一去一	一上四去五	一退一还九	
2	二去二	二上三去五	二退一还八	
3	三去三	三上二去五	三退一还七	
4	四去四	四上一去五	四退一还六	
5	五去五		五退一还五	
6	六去六		六退一还四	六退一还五去一
7	七去七		七退一还三	七退一还五去二
8	八去八		八退一还二	八退一还五去三
9	九去九		九退一还一	九退一还五去四

注：每句口诀中的第一个字表示要减的数，后面的字表示拨珠的运算过程。口诀中的“上几”表示拨珠靠梁，“去几”表示拨珠离梁，“退一”表示拨珠离梁，前档退一，下档还十，“还几”是表示在前一档退一当十，把减去减数后的差数加在本档上。

5. 口诀减法种类。根据珠算的运算特点，减法分为四类。

(1) 直接的减法：两数相减，本档上下珠够用，不用退位（借位），只要把减数直接在本档上拨去，用“几去几”的口诀。

［例8］8 376－6 251＝2 125

① 定出个位档，将被减数8 376拨入算盘（见图3－36）。

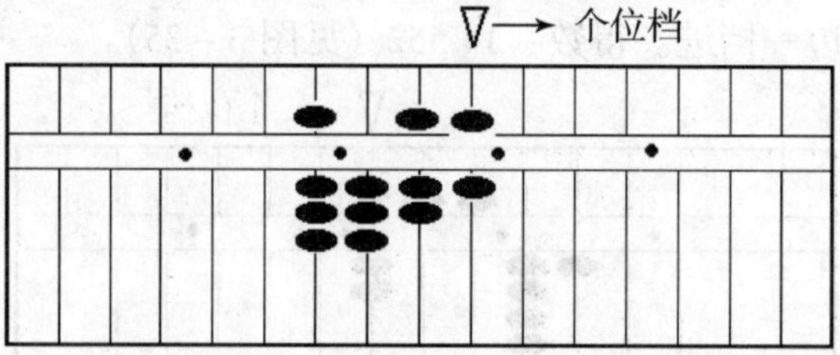

图3－36 被减数8 376拨入算盘

② 减去减数6 251，从高位到低位，对准被减数的数位，逐位与减数同位数相减。口诀：六去六，二去二，五去五，一去一。得数：2 125（见图3－37）。

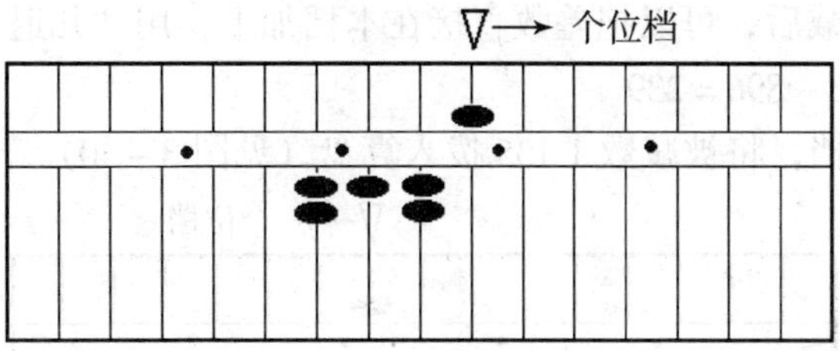

图 3－37　减去减数 6 251

（2）破五的减法：两数相减，本档下珠不够用，必须拨动一颗上珠离梁，上珠多减的数，用下珠加上，即多减几就拨动几颗下珠靠梁，用“几上几去五”口诀。

［例 9］8 575－4 231＝4 344

① 定出个位档，将被减数 8 575 拨入算盘（见图 3－38）。

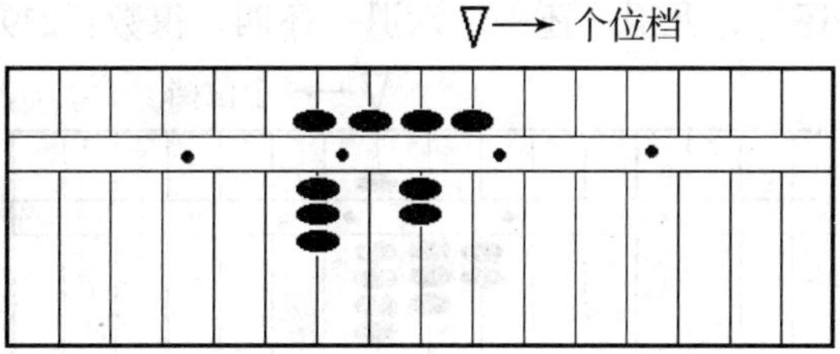

图 3－38　被减数 8 575 拨入算盘

② 减去减数 4 231，从高位到低位，对准被减数的数位，逐位与减数同位数相减。口诀：四上一去五，二上三去五，三上二去五，一上四去五。得数：4 344（见图 3－39）。

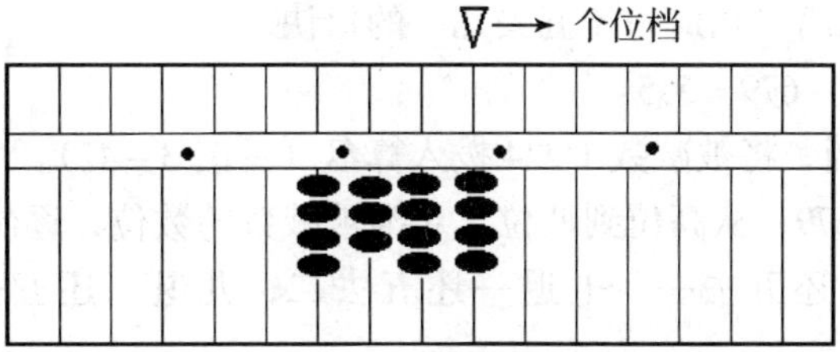

图 3－39　减去减数 4 231

（3）退十的减法：两数相减，本档上下珠不够用，必须退位（借位），向左一档借 1 当 10 相减后，可以把差数直接在本档加上，用“几退一还几”口诀。

［例 10］1 135 - 896 = 239

① 定出个位档，将被减数 1 135 拨入算盘（见图 3 - 40）。

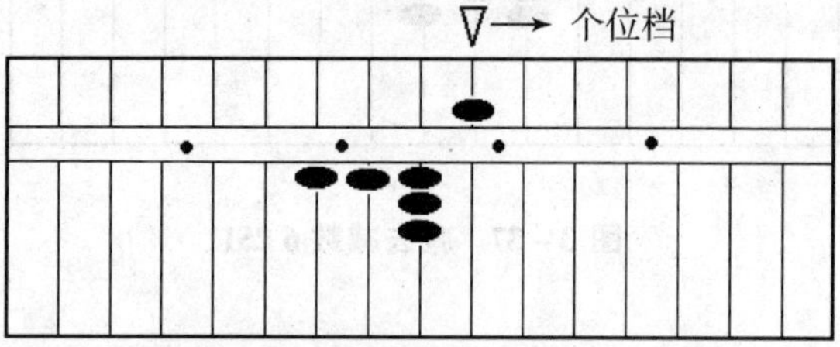

图 3 - 40　被减数 1 135 拨入算盘

② 减去减数 896，从高位到低位，对准被减数的数位，逐位与减数同位数相减。口诀：八退一还二，九退一还一，六退一还四。得数：239（见图 3 - 41）。

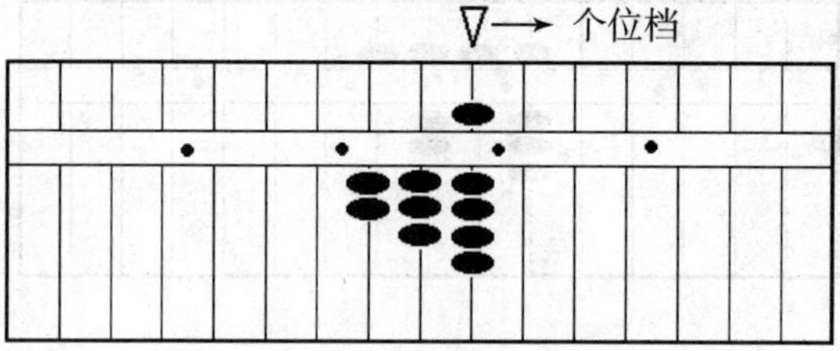

图 3 - 41　减去减数 896

(4) 退十补五的减法：两数相减，本档上下珠不够用，退位相减后，把差数加在本档，差数和本档下珠相加满 5 或超过 5，就在拨下一颗上珠的同时，拨去一颗或几颗下珠，用“几退一还五去几”的口诀。

［例 11］1 234 - 679 = 555

① 定出个位档，将被减数 1 234 拨入算盘（见图 3 - 42）。

② 减去减数 679，从高位到低位，对准被减数的数位，逐位与减数同位数相减。口诀：六退一还五去一，七退一还五去二，九退一还五去四。得数：555（见图 3 - 43）。

6. 无诀减法。所谓无诀减法，就是不用口诀指导拨珠运算的减法叫做无诀减法。只要依据 5 和 10 的分解的运算原理，利用脑算指导拨珠运算，其速度超过口诀减法。无诀减法是口诀减法的发展和提高。

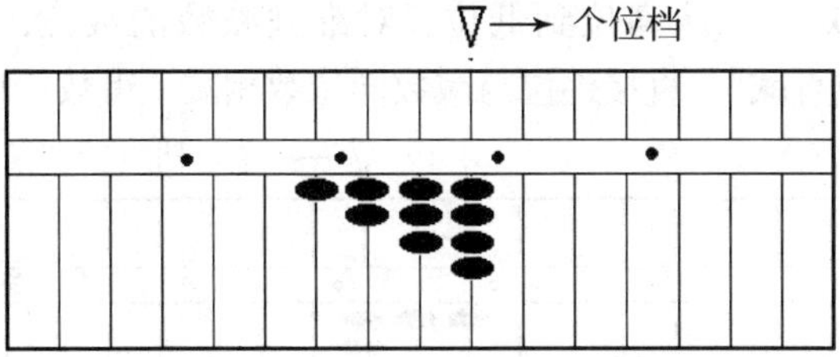

图 3－42　被减数 1 234 拨入算盘

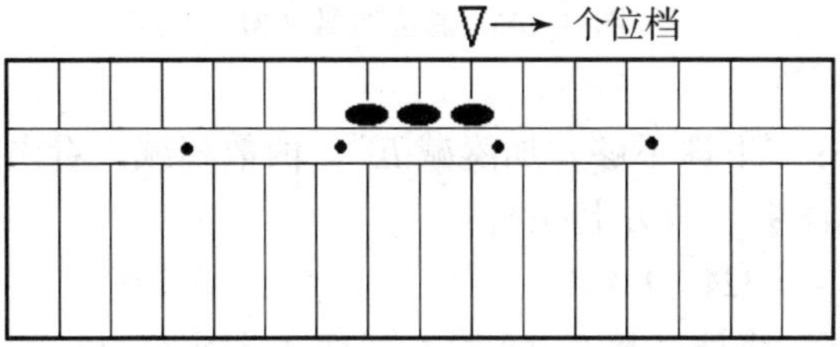

图 3－43　减去减数 679

无诀减法比较简单，省略了口诀，化复杂为简单。

5 可以分解为两个凑数：1 与 4、2 与 3、3 与 2、4 与 1。

10 可以分解为两个补数：1 与 9、2 与 8、3 与 7、4 与 6、5 与 5、6 与 4、7 与 3、8 与 2、9 与 1。

无诀减法分为三类：直减、破五减和退位减。其运算要点是："减看内珠，够减直减；下珠不够，加凑减五；本档不够，退一加补。"现分别介绍如下：

（1）直减法："减看内珠，够减直减"。两数相减，如果内珠大于或等于减数，就直接拨珠减数。

［例 12］9 428－9 316＝112

① 定出个位档，将被减数 9 428 拨入算盘（见图 3－44）。

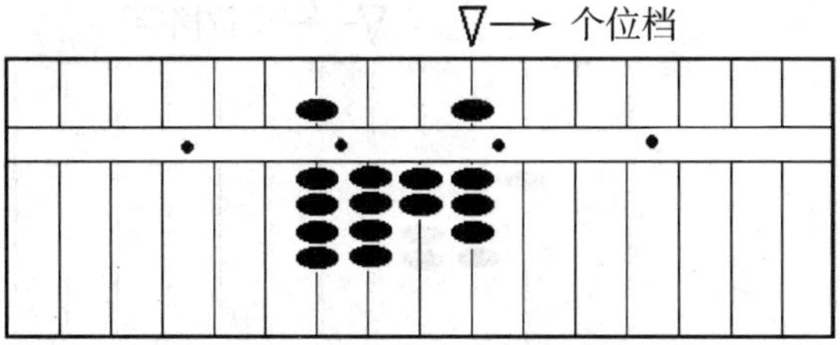

图 3－44　被减数 9 428 拨入算盘

② 减去减数 9 316，从高位到低位，对准被减数的数位，因为内珠 9 428 > 9 316，所以“够减直减”，直接逐位与减数同位数相减。得数：112（见图 3 – 45）。

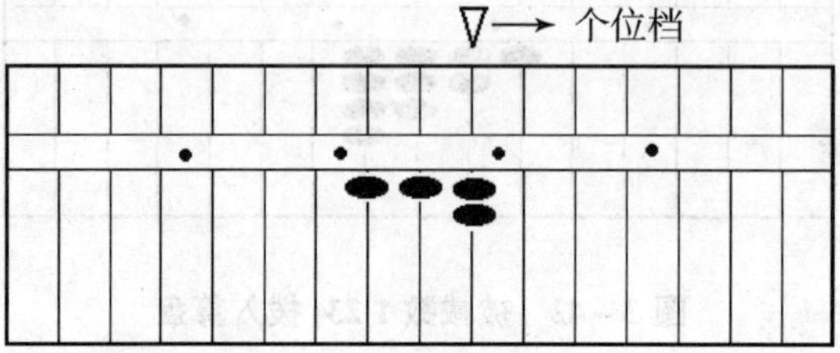

图 3 – 45　减去减数 9 316

（2）破五减法：“下珠不够，加凑减五”。两数相减，看内珠下珠小于减数，就必须加上减数的凑数，减去上珠 5。

［例 13］5 768 – 4 324 = 1 444

① 定出个位档，将被减数 5 768 拨入算盘（见图 3 – 46）。

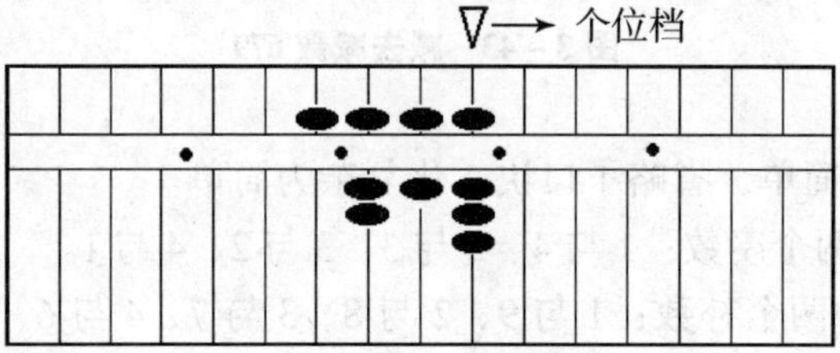

图 3 – 46　被减数 5 768 拨入算盘

② 减去减数 4 324，从高位到低位，对准被减数的数位，因为内珠下珠 213 小于减数 4 324，所以“加凑减五”，逐位与减数同位数相减，必须依次加上减数的凑数，即加上 4 的凑数 1、3 的凑数 2、2 的凑数 3、4 的凑数 1，减去上珠 5。得数：1 444（见图 3 – 47）。

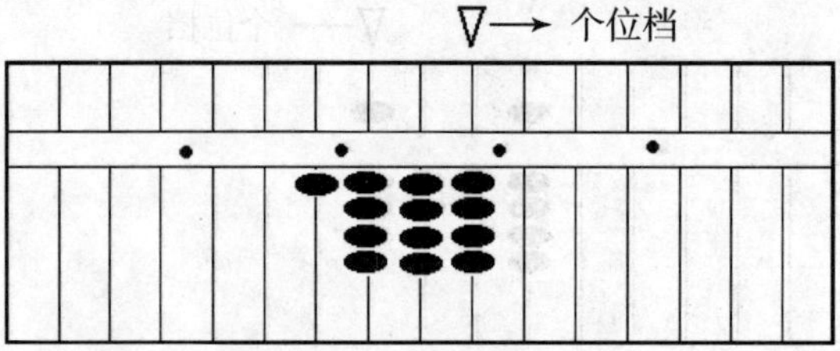

图 3 – 47　减去减数 4 324

（3）退位减法："本档不够，退一加补"。两数相减，看本档内珠小于减数，就必须从前一档退一当 10，用 10 减去减数，把减数的补数加在本档。

［例 14］816 − 78 = 738

① 定出个位档，将被减数 816 拨入算盘（见图 3 − 48）。

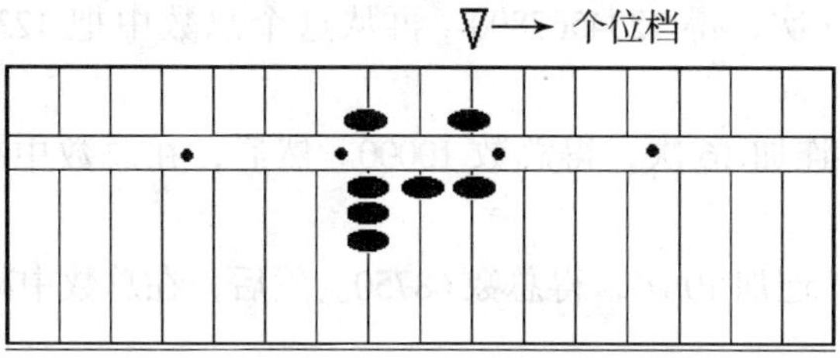

图 3 − 48　被减数 816 拨入算盘

② 减去减数 78，从高位到低位，对准被减数的数位，因为内珠 16 小于减数 78，所以"退一加补"，逐位与减数同位数相减，必须从前一档退一当 10，用 10 减去减数，把减数的补数加在本档，即依次加上 7 的补数 3、8 的补数 2。得数：738（见图 3 − 49）。

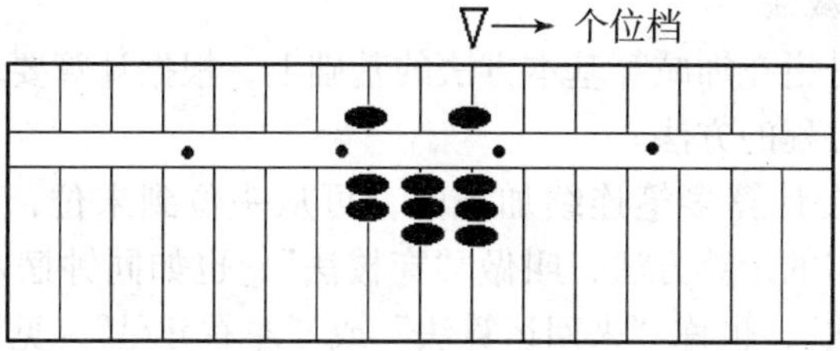

图 3 − 49　减去减数 78

7. 加减法的传统练习方法。学习珠算首先必须熟练掌握加减法的运算技术。练习时，要正确掌握指法，集中注意力，克服急躁情绪，力求养成一次打准的习惯，并坚持反复多练，才能得心应手，达到既准又快的目的。

下面介绍几种常用的传统练习方法，适合初学阶段随时自行练习，可帮助熟练指法和掌握运算规律。

（1）三盘成（或三盘清）：先在算盘上拨 123456789，再从左到右各档按照原数加上，即用"见珠打珠"的方法，连拨三盘，最后加 9，就得 987654321。也就是：123456789 + 123456789 + 246913578 + 493827156 + 9 = 987654321。

(2) 七盘成（或七盘清）：先在算盘上拨 123456789，再从左到右逐次加 123456789，连加 7 次。也就是把 123456789 连续拨 8 次，最后加 9，得 987654321。再从这个总数中先减去 9，然后把 123456789 连续减 8 次，恰好减完。

(3) 十盘成（或十盘清）：先在算盘上拨 123456789，再从左到右逐次加 123456789，连加 9 次，得 1234567890。再从这个总数中把 123456789 连续减 10 次，恰好减完。

(4) 加 625：连加 16 次，得总数 10000。然后，在总数中减去 625，直到减完为止。

(5) 加 6875：连加 10 次，得总数 68750。然后，在总数中减去 6875，直到减完为止。

(6) 加 16835：连加 3 次，得总数 50505；连加 6 次，得总数 101010；连加 9 次，得总数 151515；连加 12 次，得总数 202020。然后，再在总数中减去 16835，直到减完为止。

(7) 打百子：从 1 起依次加 2、加 3……一直加到 100。加到 36 时是 666；加到 77 时是 3003；加到 100 时，总数是 5050。然后，再从 5050 当中，依次减去 1、2、3……一起减到 100，正好减完。

(二) 其他加减法

其他加减法是指在加减算基本方法的基础上，根据计算要求及数字特点规律而变通简化运算过程的方法。

1. 穿梭法。在计算多笔连续加减时，可从头位到末位，再从末位到头位，来回如同穿梭织布的运算方法，叫做“穿梭法”，也如同钟摆左右摆动一般，故又称“钟摆式算法”，也称“来回运算法”或“左右开弓”（见图 3 - 50）。

穿梭法实际上是传统运算同倒运算两者相结合的运算方法，可减少“跑空车”的无效劳动。运算起来，左右开弓，来回穿梭，顺序置珠，档位井然，大大提高了运算速度。穿梭法适用于笔数较多，组成每一个数的数字又较多的连续加减算，也适用于传票算。我国现在规定传票算是 20 页打一个合计，如果不采用来回打法经常会出现多打或少打页码，而来回打法刚好 10 个来回，即如果第一行数字从左到右，那么最后一行数字一定是从右到左，否则就是少打或多打。

穿梭法的计算方法是：第一笔从高位打起到低位，第二笔从低位打起到高位，第三位又从高位打起到低位……这种来回的穿梭法需要经过一个练习的过程，才能适应看数拨珠的习惯。

2. 一目三行直接加减法。珠算是通过拨珠来求出计算结果的。拨珠是一种机械运动，其速度、频率有一定的限制，而心算速度是极快的，但心算的储存量

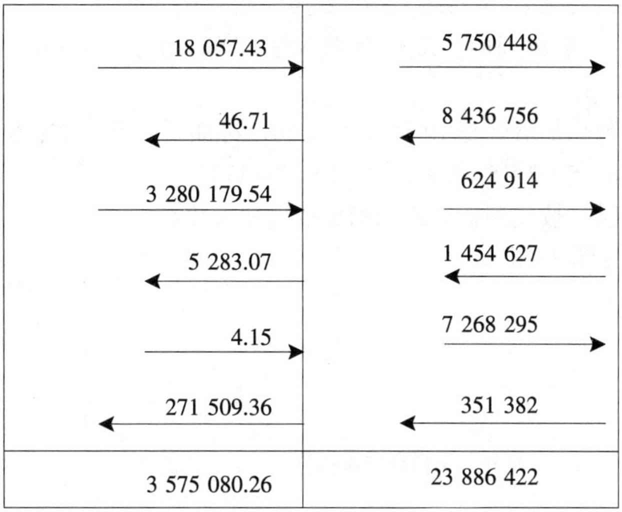

图 3－50　穿梭法

较小，同时记住三笔多位数就较困难。相对来说，珠算的储存量就大得多，珠算结合心算，正好取长补短，从而能大大提高计算效率。一目三行加减法就是简捷运算方法的一种。

在计算多笔连续加减时，若采用心算把三行数的和加计后一次拨入算盘，就能减少拨珠动作，加快计算速度。由于计算时需要结合心算，这是一种心珠结合算法，首先要求练好珠算基本加减法，具有良好的珠算基础后，才能结合心算达到速算的目的。一目三行加减法一般用于表册上的连加、连减和加减混合计算，开始计算时，将三个数字先用心算合并或抵消，然后，再拨珠进行计算。一目三行加减法的优点是：拨珠次数明显减少，计算速度大大加快。

（1）一目三行连加合并法。运算顺序和常规算法一样，仍从高位算起，逐位加计同位数的和，如果心算逐位把三行数字合并后，若本位之和不满 10，则在本档上直接拨入三数之和；若本位之和满 10，应采用提前进位，先在上位相加中多加 1，再在本档上加上三数之和的个位数；若本位之和满 20，应采用提前进位，先在上位相加中多加 2，再在本档上加上三数之和的个位数。

求三数之和的技巧如下：

① 三数相同时：取任一数 $\times 3$ 即可。如：$7+7+7=7\times 3=21$。

② 三数类似相同时：取相同数中的其中一数 $\times 3$ 后加减差数即可。如：$6+6$

+ 5 = 6 × 3 − 1 = 17，6 + 6 + 7 = 6 × 3 + 1 = 19。

③ 三数是等差数列时：取中间数 × 3 即可。如：3 + 4 + 5 = 3 × 4 = 12，1 + 5 + 9 = 5 × 3 = 15。

④ 其中两数相加恰好是 10 时：先求 10，再加另一数。如：8 + 6 + 4 = 6 + 4 + 8 = 10 + 8 = 18，5 + 7 + 5 = 5 + 5 + 7 = 10 + 7 = 17。

⑤ 无规律时，按次序相加或先加小数后加大数。

[例 15]（见图 3 − 51）

```
 38 064.52
  7 241.38
 46 152.97
──────────
7……………………3+4=7,本档直接拨入 7
21……………………8+7+6=21,前一档拨入 2,本档拨入 1
  3……………………0+2+1=3,本档直接拨入 3
  15……………………6+4+5=15,前一档拨入 1,本档拨入 5
    7……………………4+1+2=7,本档直接拨入 7
    17……………………5+3+9=17,前一档拨入 1,本档拨入 7
      17……………………2+8+7=17,前一档拨入 1,本档拨入 7
──────────
 91 458.87
```

图 3 − 51　一目三行连加合并法

(2) 一目三行加减混合抵消法。将减数与加数抵消后，按“正大于负加差数，负大于正减差数”原则进行拨珠。若本位不够减，就应提前退位，即在减十位数时多减 1，在本档上加上减数的补数；若本位够减，就直接在本档上减去减数。

计算三数加减混合的技巧如下：

① 其中两数相同，又互为相反数，这两数刚好抵消，剩下的一个数为正则加，为负则减。如：6 + 7 − 7 = 6，3 − 4 − 3 = −4。

② 三数绝对值成等差数列，其中中间数与另两个数不同符号，答数为中间

数的相反数。如：2－5＋8＝5，－3＋6－9＝－6。

③ 无规律时，若两数为负一数为正，先求两负数之和，再与正数抵消，结果为正则加，为负则减；若两数为正一数为负，先求两正数之和，再与负数抵消，结果为正则加，为负则减。

［例 16］（见图 3－52）

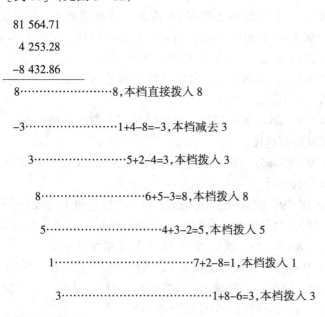

```
81 564.71
 4 253.28
-8 432.86
————————————
8······················8,本档直接拨入 8
-3······················1+4-8=-3,本档减去 3
  3······················5+2-4=3,本档拨入 3
    8························6+5-3=8,本档拨入 8
     5··························4+3-2=5,本档拨入 5
       1····························7+2-8=1,本档拨入 1
         3·····························1+8-6=3,本档拨入 3
————————————
77 385.13
```

图 3－52　一目三行加减混合抵消法

3. 一目三行连加弃九法

（1）一目三行连加弃九法的运算方法：

① 一目三行连加弃九法是根据数学的补数原理，在传统的乘算“九九归元”法的基础上改进而成的。

② 计算方法为：“首位加 1，中间弃 9，末位减 10”。

这三句话的意思是：

首位加 1：就是在第一位数字相加后再加 1。这个“首位”最好定在三行都有数字的前一位，因为三行都有数字的前面最多只有一、二位，心算简单。如果以最左一位作“首位加 1”，那么“中间弃 9”马上就要开始，这样，有时反而会增加拨珠动作。

中间弃9：就是中间位三个数相加之和等于9，就弃掉；相加小于9，则减去三数之和与9的差数；如果大于9，则加上三数之和与9的差数。如：三数之和是9，弃9就不需拨珠；三数之和是6，弃9就是减3；三数之和是11，弃9就是加2。

末位减10：就是末位三个数相加之和满10就表示已向前进1，不需拨珠；如果和大于10，在末位加上和与10的差数；如果小于10，则在末位减去和与10的差数；如果等于20，则向前进1；如果大于20，则向前进1，末位再加上一个差数。如：末位三数之和是8，就减去2；末位三数之和是10，减10不需拨珠；末位三数之和是17，弃10只需加上7。

(2) 为了便于心算弃9，运用运算技巧，根据同位三个数的组成情况，灵活运用不同的方法，可提高计算速度。

① 三个数中含有"9"的部分，如：9、1和8、4和5、6和3、7和2等，都可直接剔除掉，只按其余数加计。

② 三个数中没有含有"9"的部分，其和超过10，可把它的十位数与个位数加在一起，即把"10"作为"1"来加，实际上就是等于弃9。如：5+7+3=15，就把1与4相加成5；7+8+8=23，就把20作为11与3相加成14。

③ 三个数之和小于9的，可采取"上位退1，本档加差"的方法，实际上也是弃9。如：4+1+2=7，就在左一档减1，本档加8。这样运算和上述"减去9与和的差数"算法，其结果完全相同，但比较顺手一些。

[例17]（见图3-53）

4. 借减法。在实际工作中，往往有许多数字需要连续加减，有时还会出现被减数小于减数不够减的情况。为了简化运算过程，遇到这种情况不必另行拨珠，可把较小的被减数留在算盘上，利用在上位"虚借1"的方法，加大被减数后，减去较大的减数，以后继续加减。当进1档拨入算珠时，就还去前借的1，算盘上的结果就是得数。计算完毕，不够还前借的1，算盘上算出结果的补数才是所求的得数，而且是负数。这种方法就叫"借减法"，或称"倒减法"，也叫"暗差法"。借减法是减法的一种特殊形式，它的特点是从小数中直接减去大数（不改变原来的相减关系）。

借减法的运算方法是：在加减运算过程中，当算盘上数较小，而要减去一个较大数而发生不够减的情况时，可在被减数上虚加一个减数的齐数（减数与它的补数之和），用悬珠来表示。也就是假设在被减数前面有一个比减数多一位的1，这个1就是减数的齐数，再与减数相减。运算结束，应在算盘上的数中减去虚借

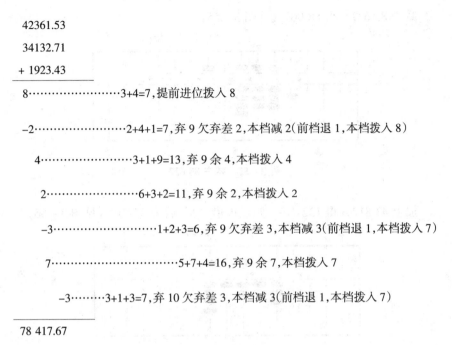

42361.53
34132.71
+ 1923.43

8……………………3+4=7，提前进位拨入8

–2……………………2+4+1=7，弃9欠弃差2，本档减2（前档退1，本档拨入8）

4……………………3+1+9=13，弃9余4，本档拨入4

2……………………6+3+2=11，弃9余2，本档拨入2

–3……………………1+2+3=6，弃9欠弃差3，本档减3（前档退1，本档拨入7）

7……………………5+7+4=16，弃9余7，本档拨入7

–3………3+1+3=7，弃10欠弃差3，本档减3（前档退1，本档拨入7）

78 417.67

图3－53　一目三行连加弃九法

的减数的齐数1，余下来的数就是答数，为正；若算盘数不够减去虚借的减数的齐数1，即悬珠还没有销去，算盘上的数不是算题的答案，盘上数的补数前面冠以“－”号才是答数。

［例18］运算结果为正值时（虚借——先借后还）

74 534－85 627＋43 812－5 693＝27 026

① 74 534减去85 627，不够减，需在十万位虚借“1”，变成174 534（见图3－54）。

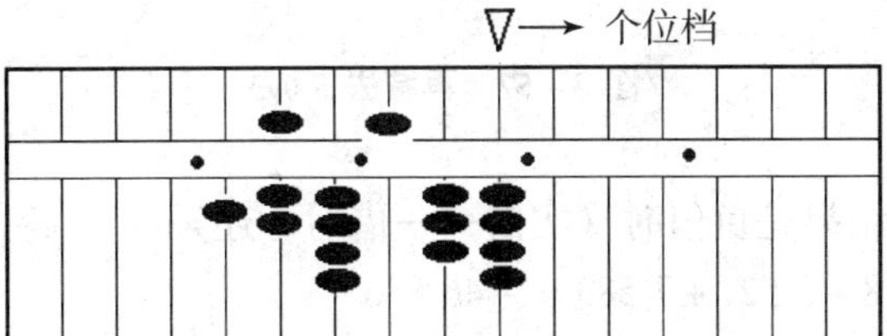

图3－54　在十万位虚借“1”

② 减去 85 627，得 88 907（见图 3－55）。

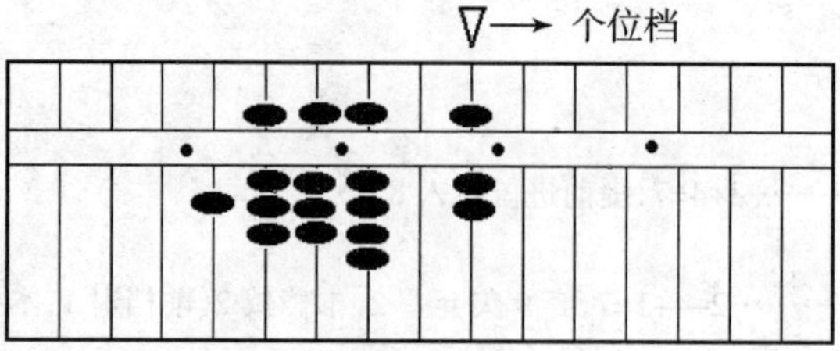

图 3－55 减去 85 627

③ 加上 43 812，得 132 719，归还虚借“1”后为 32 719（见图 3－56）。

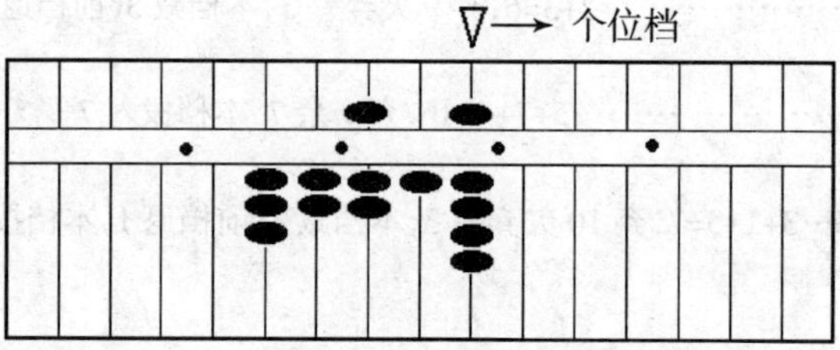

图 3－56 归还虚借“1”

④ 再减去 5 693，得 27 026（见图 3－57）。

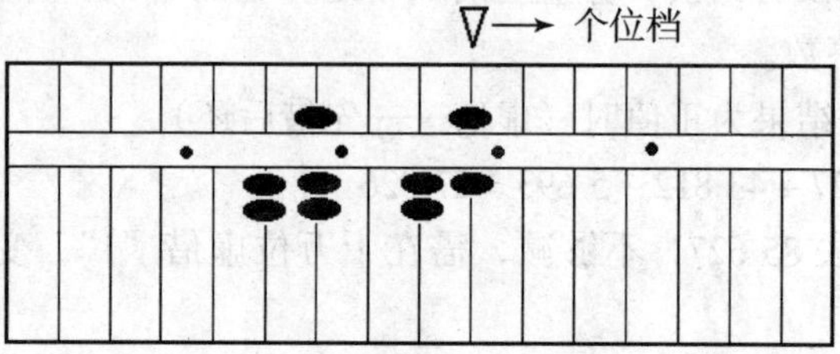

图 3－57 再减去 5 693

［例 19］运算结果是负值时（实借——借后不还）

32 576－83 518－3 527＋7 583＝－46 886

① 32 576 减去 83 518，不够减，需在十万位虚借“1”，变成 132 576（见图 3－58）。

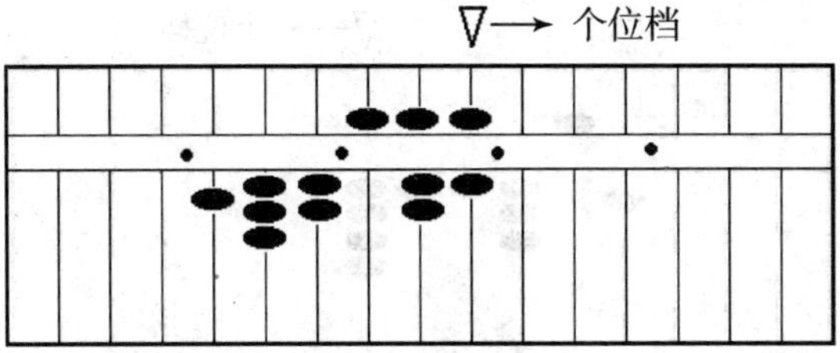

图 3-58　在十万位虚借“1”

② 减去 83 518，得 49 058（见图 3-59）。

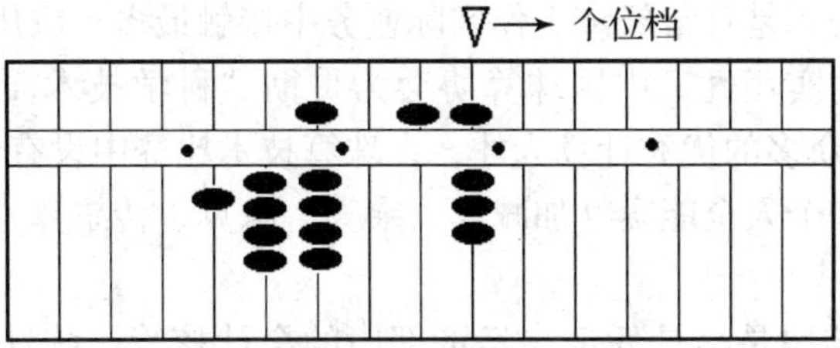

图 3-59　减去 83 518

③ 减去 3 527，得 45 531（见图 3-60）。

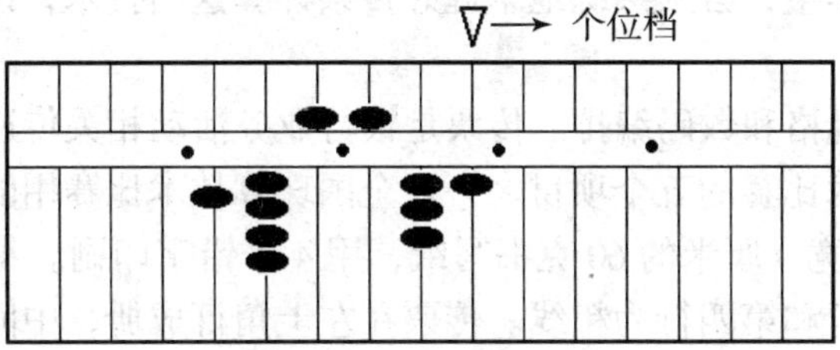

图 3-60　减去 3 527

④ 加上 7 583，得 53 114（见图 3-61）。

⑤ 运算结果不能归还虚借的“1”，53 114 则不是此例的正确答案，而是对虚借 1 来说，53 114 的补数 46 886 取负值，才是本例的答案，即 -46 886。

连续加减题中，计算过程中可能出现多次不够减，遇到此类算题也不必紧张，借了两次就还两个 1，但要记住分别在哪一档借的，以便在哪一档归还。

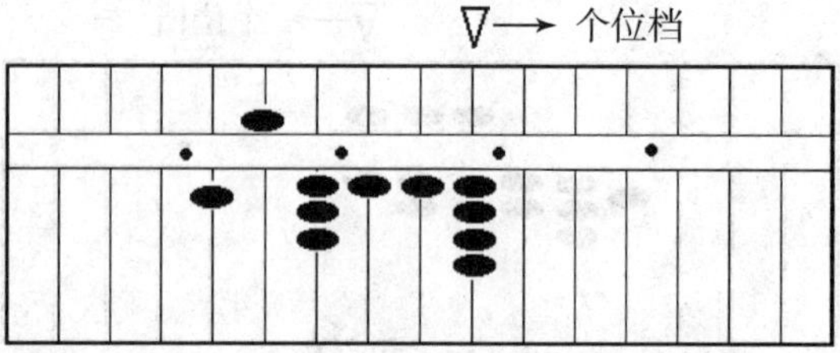

图 3-61 加上 7 583

（三）传票算与账表算

传票算和账表算是日常经济工作实际业务中接触最多、应用最为广泛的计算业务，具有很高的实用性。中国珠算协会为贯彻“科学技术面向经济建设的方针”，为国家培养众多的优秀计算人才，在珠算技术比赛中设有传票算和账表算，并规定为团体赛和个人全能赛（加减算、乘算、除算、传票算、账表算）的必赛项目。

1. 传票算。传票是会计凭证，经济部门的会计核算、统计报表、财务分析等业务活动，其数字来源皆出自基础凭证的计算。而这些原始凭证的计算，其实就是传票计算。传票计算速度的快慢、计算结果的准确性，直接影响到各项业务活动的可靠性与及时性，因此，传票计算是财会工作的基本功。所以，财经工作者及财经院校的学生，必须熟练地掌握好传票计算这门技术，以便更好地为国家经济建设服务。

(1) 传票的规格和数码编排。传票是银行业务活动相关传递过程的一种记账凭证，是珠算技术比赛的五个项目之一。全国珠算技术比赛用的传票，一般采用规格长 19 厘米、宽 9 厘米的 60 克书写纸，用 4 号铅字印刷。每页各行数字下加横线，其中第二行和第四行为粗线。传票在左上角订成册，中间夹 1～2 根色带，每本 100 页。每页 5 行，各行数字从 1 到 100 页共为 550 个数码，每笔最多为 7 位数码，最少为 4 位数码，全为金额单位。每连续 20 页为一题，计 110 个数码，0～9 字码均衡出现。每页的右上角有阿拉伯数字，表示传票的页数。其规格式样见图 3-62。

这是第 1 页的五行数字。传票命题是每连续 20 页的某行数字为一题。要求每连续 20 页内各行数字的数码和都是 110 个。要符合这一要求，传票的前 20 页（1～20 页），必须把 4 位数码至 7 位数码这四种数字排列好，使 1 页至 20 页内每行各种数字（4～7 位数码）都出现 5 次。排好了前 20 页，后面的 80 页，就只要按照前面 20 页循环就可以了。例如：第一页的（一）行是五位数，那么第 21、

	1
（一）	81.20
（二）	98312.06
（三）	1453.87
（四）	640.95
（五）	87.10

图 3－62　传票规格式样

第 41、第 61、第 81 页的（一）行也都排成五位数，这样，只要 1 页至 20 页是 110 个数码，则 2 页至 21 页就也是 110 个数码。所以只要这样排下去，不管从哪页起，每行连续 20 页的数码和都是 110 个了。

（2）传票算的题型。全国珠算技术比赛的传票算，是采用限时不限量的比赛办法。赛题的数量，一般估计选手（绝大多数）在规定时间内不能计算完（少数的尖子选手则采用加题的办法）。按照中国珠算协会的比赛题型规定，每连续计算 20 页的某一行为一题。所以命题时应注意起止页数（见表 3－3）。

表 3－3　　传票算试卷

序号	行数	起止页数	答数	序号	行数	起止页数	答数
一	（一）	3～22		二十一	（四）	14～33	
二	（三）	42～61		二十二	（二）	44～63	
三	（五）	51～70		二十三	（三）	81～100	
四	（二）	8～27		二十四	（一）	29～48	
…	…	…		…	…	…	

上表是传票算的试题答卷，如第一题是计算 3 页至 22 页的第一行数字，每题的结果写在答数栏内。最后一题若时间已到而没有计算完指定的页数，但已计算五页以上（包括五页）就可以将起止页和答数都写上，以便最后裁判参考。

（3）传票的检查与整理。传票在计算前一定要进行仔细的检查，检查时应逐页逐页地翻，以防漏页和重页，同时还要检查印刷是否清晰。发现问题要及时处理，发现重页，只要将重页撕下即可。若有漏页，则应调换。印刷不清的要问明描清。

传票运算时，左手要一页一页地翻传票。为了加快翻传票的速度和避免翻重页的现象出现，所以，检查完传票将传票进行整理，运算前须将传票捻成扇面形状，使每张传票松动。其方法是：左手拇指放在传票的左上方，其余四指放在传票背面左下方；右手拇指放在传票的右下方，其余四指放在传票背面右下方；为捻成扇形做好准备。然后用右手捏住传票，并将传票右上角以右手大拇指为轴向怀内翻卷，翻卷后左手随即捏紧，右手放开。重复上述动作，直到把传票捻成幅宽适当、票页均匀的扇形。也可用别的方法把传票捻成扇面形，但必须使封面向下突出，封底向上突出，以便于翻页。扇面不宜过大，然后用夹子将传票的左上角夹住，使扇形固定。

(4) 传票的找页。计算传票时，将传票放在算盘的左下方，把答卷纸放在算盘的右下方。总之，使传票的放置要贴近算盘，以便看数、翻页和拨珠。

运算中，能否迅速找到算题的起始页码，将直接影响到运算的速度。传票算的命题，是任意选起止页码的，它不是按照传票页码的自然顺序，而是相互交叉组织着进行，这就必须要找页。例如前面所列试卷：第一题是从 3 页到 22 页；第二题是从 42 页到 61 页；第三题是从 51 页到 70 页；第四题是从 8 页到 27 页……从这些题来看，每计算完一题，有时向前翻若干页，有时则向后翻若干页。为了能使找页迅速，必须先练习好手感，即用手摸传票 10 页、20 页、30 页……有多厚。这样，当第一题计算完右手正在抄写答数时，眼睛稍瞥一下试卷下题的起止页码，左手凭手的感觉即可迅速翻到起始页（调整的页数不超过五页），当右手答数抄完，紧接着便可计算下一题。所以，传票计算的速度，与找页动作的快慢、准确与否关系很大。因此，必须刻苦练习传票计算的基本功之一——找页。

(5) 传票的翻页和打法。传票的翻页可分为一次一页翻和一次双页翻（也有一次三页翻的），计算的方法又分为传统打法和来回打法。

① 一次一页翻页的传统打法。一次一页传票翻页的传统打法是：传票捏成扇形后，左手的小指、无名指自然弯曲压在传票的左下方，其余三指自然伸开做好翻页准备。先翻找起始页，大拇指将起始页码前的所有票页一次或分次翻过，用左手手腕随即压住翻过的票页，大拇指用指腹部分掀起传票的边刃并托住，当右手将传票起始页的有关数据拨入算盘还剩下两个数码时，左手大拇指将传票掀起交给食指与中指夹住，大拇指继续翻起下页传票，这样，左手拇指将传票一页一页地翻，右手将每页传票的有关数据拨入算盘，同时脑子一页一页地暗中记住页码。为了保证运算流畅、连续，避免打打停停，一般采取数页的方法。数页的方法是：边运算便默记已经打过的页数，如：27 ~ 46 页，打 27 页时默记 1，打 28 页时默记 2……打 45 页时默记 19，当数到 19 时，左手拇指就不再往下翻页（这时右手正在将第 20 页的有关数据拨入算盘），做好找下一题的准备。当右手

拨完最后一笔数时，迅速将答案填写在试卷答数栏内。熟练者在书写答数的同时，用眼睛的余光看清下一题，立即用左手翻找下一页起始页码，边写数边找页。初学者不易掌握，应加强练习，最终达到在快速写数的同时找到下一题的起始页码。在翻动传票时，为避免翻重页，左手拇指除了管翻页，还要和食指配合找页，食指除管找页外，还要和中指迅速将翻过的页夹住，以便大拇指继续往下翻页。

② 一次一页翻页的来回打法。一次一页翻页的来回打法是将一页数字从左到右拨入算盘，翻到第二页时，则将数字从右到左拨入算盘，这样，依次往返来回的计算方法就叫一次一页的来回打法。

这种打法的优点是：运算时不空手回，从右到左拨加时，不必考虑末位定位问题，运算速度相对来说较快，但初学时，看数字从右到左不习惯，容易出现错档、错数现象。但只要多做看数练习，困难是可以克服的。传票算采用来回打法，20 个数据相加，刚好 10 个来回，既好记又不易错，应当首选。

③ 一次双页翻的打法。在传票运算时，一次翻起传票的两页，并且把两页传票的同行数码用心算计算好后一次拨入算盘的方法叫一次双页翻传票打法。

一次双页翻的打法是：将左手的小指、无名指自然弯曲压在传票的左下方，其余三指自然伸开做好翻页准备。先翻找起始页，大拇指将起始页码前的所有票页一次或分次翻过，用左手手腕随即压住翻过的票页，先用拇指迅速翻起页，然后用中指和食指夹住，拇指再迅速翻起下页，翻的高度以能看清次页传票数字为准（不能同时看清时可稍动一下掀起的上页），然后，用心算算出两页相关行次数字之和并将其一次拨入算盘，当和数的最后两个数码即将拨入算盘时，便将此两页撳起夹在中指和食指之间。拇指迅速翻起下两页继续计算，这样重复翻页，计算直至本题完毕。为了不使翻页多翻或少翻，每撳动一次页（将计算完毕的两页撳过去），脑中默记 1，撳动次 2 页时默记 2……数到 9 时，正在计算的下两页即为此题的终页，就不再往下翻了，而是做好计算下题的找页准备。

一次双页翻的打法必须具有扎实的基本功。首先要有心算的基础，两行数相加一看即准，同时要做到翻页、看数、拨珠和抄写答案等动作协调连贯，前后找页、翻页动作要衔接紧凑，中间不能停顿。拨珠时动作要规范，不错档、错位，要形成条件反射。

一次双页翻的打法也可以采用来回打法。来回打法与前面一样，这里就不多讲了。

（6）传票翻打的动作衔接。不管采用哪种形式进行传票算，都需要翻页和一边看数一边拨珠运算，只有做到眼、脑、手紧密配合，整个运算过程做到翻页、看数、拨珠穿插进行，不停顿地连续下去，才能提高运算的效率。

2. 账表算。账表算的题型类似会计报表中的“资金平衡试算表”和多栏式的明细账，只不过把会计报表中的一些具体东西，如“商品流通费”，明细账中的产品、商品等项目去掉了，只剩下细数和总额。因此账表算具有广泛的使用价值。账表算也称“表册算”，广泛应用于会计、统计工作中，由于要纵、横栏数轧平相等，因此难度很大，但在工作中很实用，而且是珠算比赛的五项项目之一。为了掌握过硬的账表计算技术，这里以全国珠算比赛的方式和要求为例阐述账表的运算方法，练习账表算可以为计算会计报表、统计报表打下基础。

(1) 账表算的题型和格式。账表算全卷两张表，每张表由横 20 行、纵 5 栏数组成，即纵向 5 个算题，横向 20 个算题，要求纵横轧平，结出总计数。

账表中各个数字最少 4 位数码，最多 8 位数码。纵向每题 120 个数码，4 位至 8 位各有 4 个数；横向每题 30 个数码，由 4 位至 8 位各一个数组成，均为整数，不带角分。数码要求 0～9 均衡出现。

每张账表中有 4 个减号，纵向第 4、5 题中各有 2 个，并分别排在横向 4 个题中，每题各有一个减号。每个带有减号的题都为正值，不设得负数的题。账表算的题型见表 3－4。

表 3－4　　账表算的题型和格式

	(一)	(二)	(三)	(四)	(五)	合计
一	74 560 321	9 758	94 731	2 640 358	762 910	
二	5 289	23 165	5 423 680	768 092	62 549 781	
三	36 517	1 290 438	169 078	49 650 721	3 045	
四	2 419 380	618 079	21 350 794	－6 543	56 201	
五	698 071	60 954 213	2 541	52 316	9 483 120	
六	36 024 187	2 574	53 162	9 028 431	－795 386	
七	3 495	34 197	2 349 801	687 059	58 317 649	
八	46 731	2 580 634	976 580	41 960 758	2 807	
九	8 450 923	968 705	30 289 674	2 837	40 391	
十	509 867	32 680 417	7 815	－37 194	2 634 758	
十一	48 231 506	2 178	16 759	3 045 912	709 586	
十二	9 173	71 965	9 084 132	589 607	45 687 391	
十三	64 725	8 349 102	596 708	49 718 036	3 720	
十四	8 041 239	697 058	65 708 923	5 327	－80 472	

续表

	(一)	(二)	(三)	(四)	(五)	合计
十五	3 577	56 183 402	3 741	78 264	6 124 735	
十六	91 731 502	9 375	28 476	2 305 741	498 106	
十七	6 187	42 756	4 270 513	491 068	84 139 562	
十八	93 754	2 486 301	309 648	89 204 315	5 024	
十九	2 816 403	964 280	28 016 354	2 563	10 968	
二十	689 052	59 240 371	2 915	68 197	2 154 397	
合计						

(2) 账表算的计算和轧平。账表算每表计 200 分（纵向 5 题，每题 14 分，计 70 分；横向 20 题，每题 4 分，计 80 分；纵横轧平且总数正确，再加 50 分），同时还规定，前表不计算完，后表不计分。

什么叫轧平？轧平就是纵向 5 题答数相加的总和与横向 20 题答数相加的总和相等，并把它填写在表右下角最后一个空格内，这张表就算轧平了。如果纵横轧平且总数正确，则除纵向、横向每题所得分的总和 150 分外，另加 50 分，所以全表为 200 分。从这点看，账表算的准确性是关键。只有准才能得高分，因为不管纵向还是横向，只要一题错了，就轧不平。不但不能得 200 分，连 150 分也得不到，因为必须从 150 分中减去错题分。

账表算，一般都从纵向 5 题做起。做完纵向 5 题，才做横向 20 题，最后把纵向 5 题的答数相加作为轧平数填写在表右下角最后一个空格里。这张表就算完毕。这里为了节省时间，20 个横向答数一般都不再加。接着再做第二张表。但做完的这张表是否真的轧平了呢？那就要看计算者每一题是否都对。其中不管纵向、横向，只要有一题不对，这张表就算没有轧平。所以必须练就扎实的基本功，使计算能盘盘准。

要检查计算好的表是否轧平，就得将 20 个横向题的答数再加总，看是否与纵向 5 题加总的和相同。若不同，就是没有轧平。初练时，对没有轧平的表应该查找错的原因，以便吸取教训。

(3) 账表的查错。账表算和加减差错的原因一般有下面几种：

① 拨珠出现错误：如 4 + 3，齐下时，拨去两颗下珠而误拨去了 3 颗；拨 4 + 2，齐下时，拨去 3 颗下珠而误拨去两颗，造成差 1。还由于拨珠不稳，出现漂珠，造成差错。

② 看数出现差错：如漏看、重看、颠倒看、看错符号、看串行、看串档等。

③ 抄写答数出现差错：如将盘上数字5抄成1，或将1抄成5，或少抄、重抄、串抄、串档和数位颠倒等。

查找差错的方法是：将纵向、横向的合计数重算一遍，找出两个得数出现错误的原因。如只差尾数或末尾二三位数，可将尾数或末尾二三位数重算一次。如果还查不到，则从5个纵向题中找。如果差数能用9整除，说明差错可能是错位或错档造成的，也可能是相邻两位数颠倒位置造成，查找这种差错的原因时就应从这些方面去找。若用9不能整除，就用2除，若用2能除尽，说明可能将应减的数当成加了，或应加的数当成减了。若将减当成了加，不是纵行错，肯定是横行有减号的错了，所以可先查横行，再查纵行。

查错除了更正轧平数据外，更重要的是总结教训，以免再犯。所以，初练时，没有轧平的就要找原因，以便提高账表的准确性。

二、珠算乘法

（一）乘法定位

珠算乘法是珠算加法的简捷算法，在实际工作中应用很广泛。因此，学好珠算乘法是至关重要的。

1. 珠算乘法口诀和种类。乘法是若干个相同数连加的简捷算法。乘法用公式表示为：被乘数×乘数=积数，即 $a\times b=c$。

就乘法的运算性质来说，它与除法互为逆运算。即 $a\times b=c$，$c\div b=a$。

乘法还有交换律、结合律和分配律。交换律如：$a\times b=b\times a$，即几个因数相乘，任意交换它们的位置，其积数不变。结合律如：$a\times b\times c=d$，$a\times(b\times c)=d$，即几个因数相乘，任意将几个因数结合成一组，再与其余的因数相乘，其积数不变。分配律如：$(a+b)\times c=a\times c+b\times c$，即两数之和乘以第三个数的积数与将各数分别同第三个数相乘，再将乘积相加的和数相同。

掌握以上三个定律及乘法运算性质，在运算中根据数字的具体情况灵活选用，便可以提高运算速度。

(1) 乘法口诀。我国传统的珠算乘法是用大九九口诀运算，只要掌握和熟记大九九口诀，就能迅速而准确地计算出得数。大九九口诀（又叫顺九九）有45句，逆九九口诀有36句，共计81句（见表3-5）。

(2) 乘法的种类。珠算乘法的计算方法很多，按乘法的运算顺序划分，可分为“前乘法”和“后乘法”；按乘积放置档位的不同，可分为“挨位乘法”和“隔位乘法”；按被乘数与乘数是否拨入算盘划分，可分为“空盘前乘法”和“置数乘法”等。

表 3-5　　乘法大九九口诀

	一	二	三	四	五	六	七	八	九
一	一一 01	一二 02	一三 03	一四 04	一五 05	一六 06	一七 07	一八 08	一九 09
二	二一 02	二二 04	二三 06	二四 08	二五 10	二六 12	二七 14	二八 16	二九 18
三	三一 03	三二 06	三三 09	三四 12	三五 15	三六 18	三七 21	三八 24	三九 27
四	四一 04	四二 08	四三 12	四四 16	四五 20	四六 24	四七 28	四八 32	四九 36
五	五一 05	五二 10	五三 15	五四 20	五五 25	五六 30	五七 35	五八 40	五九 45
六	六一 06	六二 12	六三 18	六四 24	六五 30	六六 36	六七 42	六八 48	六九 54
七	七一 07	七二 14	七三 21	七四 28	七五 35	七六 42	七七 49	七八 56	七九 63
八	八一 08	八二 16	八三 24	八四 32	八五 40	八六 48	八七 56	八八 64	八九 72
九	九一 09	九二 18	九三 27	九四 36	九五 45	九六 54	九七 63	九八 72	九九 81

注：口诀每句都由四个字组成，前两个字是大写数字，第一个字代表乘数，第二个字代表被乘数，后两个阿拉伯数字代表乘积，称做“九九积”。为了防止在加积时发生错位，乘积都要看成两位数。当乘积十位数上没有数时，要用“0”来表示。在运算时，“0”要占位不拨珠。

2. 乘法定位。珠算乘法计算完毕后，在算盘上留下的数字就是运算结果，但没有经过定位。由于在算盘上是以空档表示“0”，对于数字前后的空档很难分清是“0”还是未使用的空档。如在算盘上 2 350、235、0.235 是没有区别的，而且小数点在哪一位上也无法辨清，如 2.35 和 23.5 在算盘上就很难一眼断定小数点的位置所在，所以要想正确地读出乘积的数字，就应对运算的数字进行定位。

珠算乘法运算要求得出准确的积，就必须掌握乘法的定位方法。乘法运算结束后或运算前，在算盘上寻找乘积个位的方法叫做乘积的定位方法。

(1) 数的位数。珠算乘除定位方法始于南宋杨辉《算法通变本末》一书，方法繁杂，后人不断改进又创新了多种方法。乘法定位是根据被乘数与乘数的位数来决定的，因为乘积的位数是由被乘数的位数和乘数的位数来决定的。学习定位方法，必须先了解数的位数，而数的位数可归纳为下列三种情况：

① 正位数。凡是整数和带小数的数，看它有几位整数就是正几位，用符号“+”表示。如：197.35 是 +3 位；4 673 是 +4 位。

② 零位数。凡是纯小数，小数点后第一个数字不是“0”的数（即小数点右边接着就是有效数字的），就是零位数，用“0”表示。如：0.67 是 0 位；0.3145

是0位。

③ 负位数。凡是纯小数，小数点右边带“0”的，即小数点右边到最高位有效数字中间带有“0”的，有几个“0”就是负几位，用符号“-”表示。如：0.00819是-2位；0.0145是-1位。

列表举例（见表3-6）：

表3-6

位数	+3	+2	+1	0	-1	-2	-3
数	500	50	5	0.5	0.05	0.005	0.0005
	238	23.8	2.38	0.238	0.0238	0.00238	0.000238
	653.2	65.32	6.532	0.6532	0.06532	0.006532	0.000653

(2) 积的公式定位法。设被乘数的位数为 m，乘数的位数为 n，积数的位数为 s，则积的定位公式有：

$$s = m + n \tag{3.1}$$

$$s = m + n - 1 \tag{3.2}$$

如何运用公式进行定位呢？采用积首落档法比较简单。即在乘法运算完毕后，看积的首位数落在哪一档来确定积的位数。

为了便于定位，要求在两因素的首位数相乘时，将积数的十位数拨在算盘左边第一档上，如果两因素首位数不满10（不进位时），第一档应为空档，运算完毕后，看第一档有无积数来选择定位公式。如果第一档有积数，就用公式（3.1）进行定位，如果第一档没有积数，就用公式（3.2）进行定位。

这种方法是运算完毕后进行定位的，不是运算之前进行定位。这种方法概括为一句话：“位数相加，前空减一。”“位数相加”，代表公式（3.1），即积数的位数等于被乘数的位数加上乘数的位数；“前空减一”，代表公式（3.2），即积数的位数等于被乘数的位数加上乘数的位数，还要减1位。在什么情况下减1呢？空档的时候减1，也就是说，每道乘法算题运算完毕后，先将被乘数的位数与乘数的位数相加，然后看一下算盘左边第一档是否空档，如果是空档，则再减1位。

[例20] 47.96×0.0007=0.033572

运算完毕，积的头位数字在左边第一档，积的位数（+2）+（-3）=-1位，应是0.033572（见图3-63）。

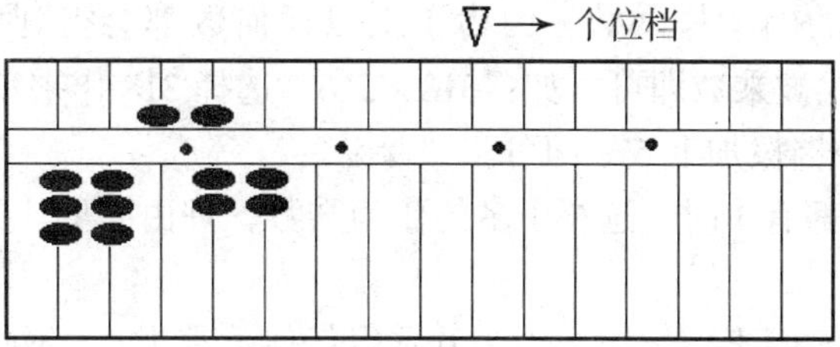

图 3－63　积的位数（+2）+（－3）=－1 位

［例 21］305×68=20 740

运算完毕，积的头位数字在左边第一档，积的位数（+3）+（+2）=+5 位，应是 20 740（见图 3－64）。

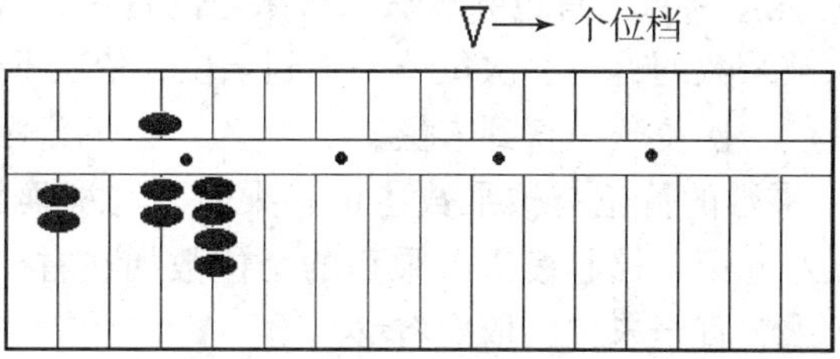

图 3－64　积的位数（+3）+（+2）=+5 位

（二）空盘前乘法

空盘前乘法是 20 世纪 50 年代初，浙江省绍兴县施剑扬、上海市翁长金和山东省临沂地区赖步海等人介绍推行的一种新算法。在乘法运算时，被乘数与乘数均不拨在算盘上，使各档空置为零，即在空盘的条件下，两因数相乘时，均从被乘数、乘数的首位乘起，有前乘法的特点，故称为空盘前乘法。

由于空盘前乘法不需要将被乘数、乘数拨入算盘，而是直接将乘积拨入算盘，这样，拨珠次数减少，便于提高运算速度，因此，它是目前广泛应用的一种方法。

1. 运算方法

（1）乘数的选择：乘法可以采用乘法交换律，乘积不变。对于同一道算题，乘数的选择关系到运算速度的快慢。因此，选择一个合适的乘数是非常重要的。

① 算题中两因素有效数字有多有少时，选择有效数字少的作乘数，可以减少左右移动次数。如：3 178×41，要选择 41 作乘数。

② 选择有1的因素作乘数，因为1乘以任何数都会得到原数，不必相乘，后退一档拨加一次被乘数即可。如：318×576，选择318作乘数，当第二位乘以576时，往后退一档拨加上576即可。

③ 两因素中都有1时，选择1多的作为乘数，理由同上。如：3 118×7 514，选择3 118作乘数。

④ 选择有0的因素作乘数，因为0乘以任何数都为0，不必实乘，可跳过这一位。如：749×506，应选择506作乘数。

⑤ 两因素中都有0时，选择0多的作为被乘数，理由同上。如：3 009×4 087,应选择3 009作乘数。

(2) 运算步骤

① 乘数有几个数字，就看做几道一位乘法。

② 运算顺序：先用乘数的首位数依次乘被乘数的首位、次位……直到末位，再以乘数的次位乘被乘数的首位、次位……直到末位，依次下去，最后以乘数的末位乘被乘数的首位、次位……直到末位。

③ 加积档位：乘数的首位与被乘数各位相乘时，与被乘数首位相乘，乘积的十位数就从算盘左起第一档起拨入，乘积的个位数加在右一档上，即第二档。与被乘数第二位相乘，直至末位，依次右移。

乘数的第二位与被乘数相乘时，与被乘数首位相乘，乘积的十位数就从算盘左边第二档起加上，乘积的个位数加在右一档上，即第三档。与被乘数第二位相乘，直至末位，依次右移。

乘数第三位……直至末位，依次与被乘数相乘，将每次乘积递位迭加。

④ 定位：运算完毕后，看一下"起拨档"有没有珠数。有珠数时，采用公式（3.1）进行定位；没有珠数时，则采用公式（3.2）进行定位。

2. 一位数乘法

[例22] 16.28×4＝65.12

① 将4乘以被乘数首位1，得04，从算盘左端第一档开始拨入（见图3－65）。

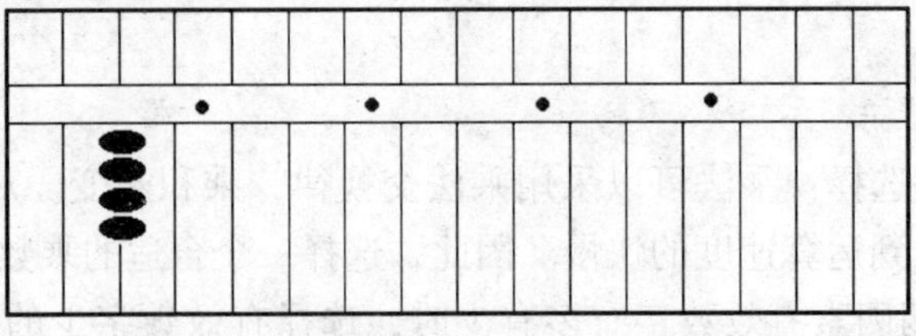

图3－65 从算盘左起第一档开始拨入04

② 将 4×6，得 24，从算盘左起第二档开始拨入（见图 3－66）。

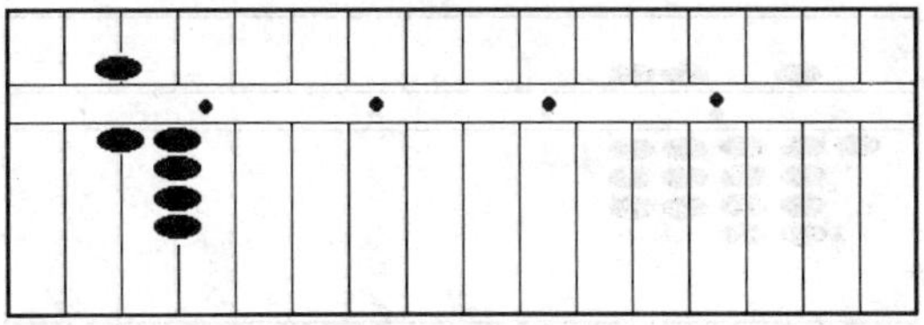

图 3－66　从算盘左起第二档开始拨入 24

③ 将 4×2，得 08，从算盘左起第三档开始拨入（见图 3－67）。

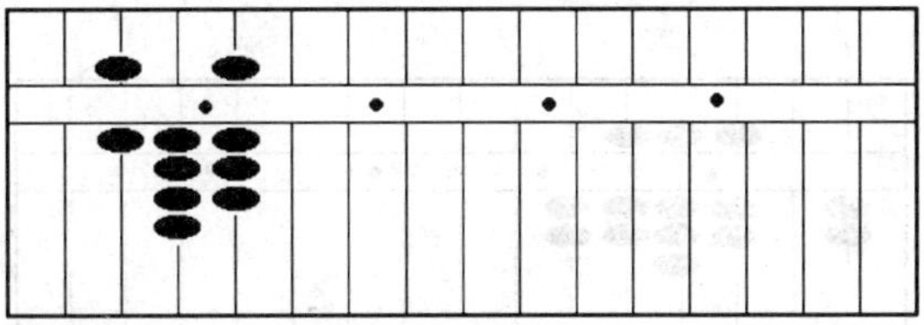

图 3－67　从算盘左起第三档开始拨入 08

④ 将 4×8，得 32，从算盘左起第四档开始拨入（见图 3－68）。

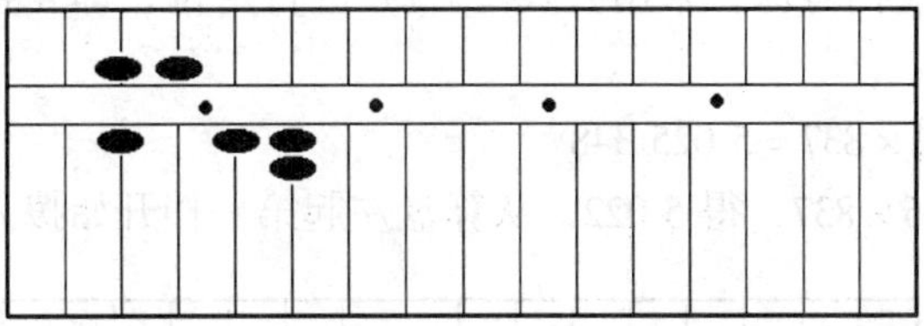

图 3－68　从算盘左起第四档开始拨入 32

⑤ 定位：起拨档有珠，采用公式 $s = m + n - 1$ 进行定位，即 $2 + 1 - 1 = +2$ 位，得数为 65.12。

3. 多位数乘法

［例 23］ 3 248×64＝207 872

① 乘数首位 6×3 248，得 19 488，从算盘左起第一档开始拨入（见图

3－69)。

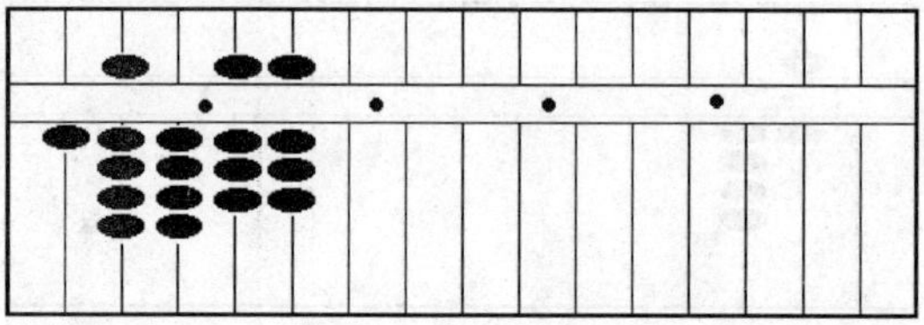

图 3－69　从算盘左起第一档开始拨入 19 488

② 乘数第二位 4×3 248，得 12 992，从算盘左起第二档开始拨入（见图 3－70)。

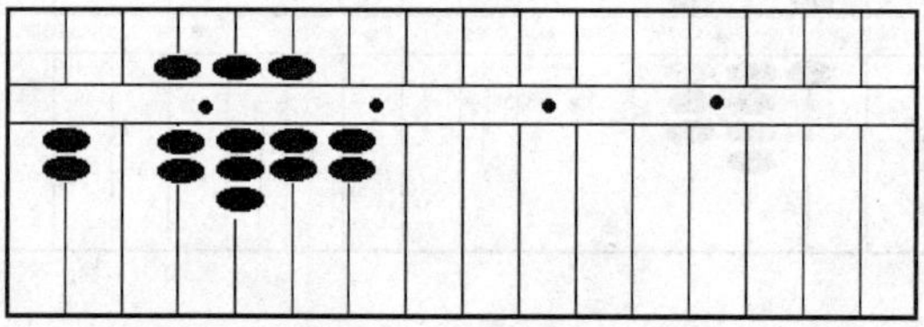

图 3－70　从算盘左起第二档开始拨入 12 992

③ 定位：起拨档有珠，采用公式（3.1）进行定位，即 4＋2＝＋6 位，得数为 207 872。

［例 24］6 004×837＝5 025 348

① 乘数首位 6×837，得 5 022，从算盘左起第一档开始拨入（见图 3－71)。

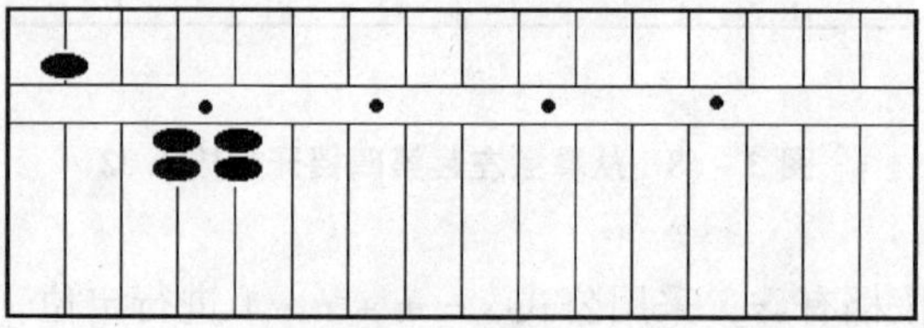

图 3－71　从算盘左起第一档开始拨入 5 022

② 乘数第四位 4×837，得 3 348，从算盘左起第四档开始拨入（见图

3－72）。

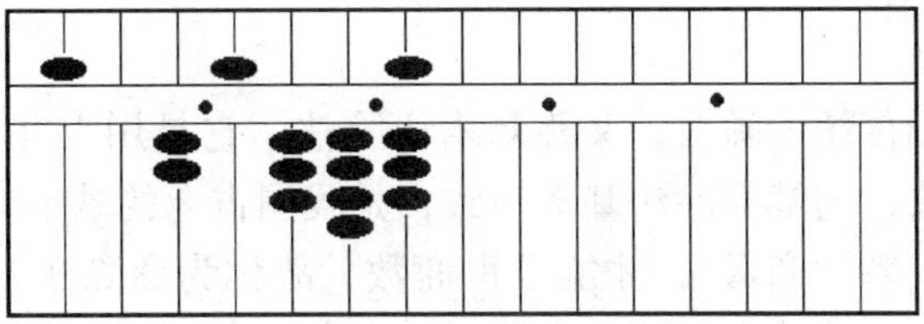

图 3－72　从算盘左起第四档开始拨入 3 348

③ 定位：起拨档有珠，采用公式（3.1）进行定位，即 4＋3＝＋7 位，得数为 5 025 348。

三、珠算除法

（一）除法定位

除法也就是同数连减的一种简便算法。算式是：被除数÷除数＝商数。在珠算术语上，被除数称为“实数”，简称“实”；把除数称为“法数”，简称“法”。除法和乘法互为逆运算。

珠算除法计算结果，如不进行定位是无法确定商的数值的。乘除定位始于南宋杨辉的《算法变通本末》，方法较杂。元明以后人们不断借鉴创新形成今天的一些定位方法。除法定位方法很多，在本书中只介绍最简单实用的固定个位档定位法。

固定个位档定位法是一种算前定位法，又叫“固定点定位法”。此法最早见于南宋数学家杨辉《乘除通变算宝》中。具体方法如下：

1. 选算盘上适当的档位作固定档位，这一档既是计算结束以后商数的个位，也是拨入被除数时被除数的个位档。一般来说，把算盘右边第 7 档当做个位档比较合适，右边第 6、7 档之间的计位点作为被除数拨入时的小数点，这一点一经确定，一般不作变更。

2. 重新确定被除数位数，改变被除数的落盘位数。设被除数的位数为 m，除数的位数为 n，重新确定的被除数位数＝$m-n-1$，即被除数位数减去除数位数，再减 1。如：74 235÷73，重新确定的被除数位数＝$m-n-1=5-2-1=+2$ 位，此种方法适用于隔位商除法。或重新确定的被除数位数＝$m-n$，即被除数位数减去除数位数。如：74 235÷73，重新确定的被除数位数＝$m-n=5-2=+3$位，此种方法适用于不隔位商除法。

3. 计算完毕，算盘上的定位点，就是商数的小数点，其固定个位即为商的个位。

(二) 商除法

商除法是我国传统的除法，又称算术商除法，它是用大九九口诀进行求商，计算的原理和方法，与笔算除法基本一致，是我国古老的基本除法之一。古人运算，总是要经过一番“商量”，才能求得商数，故称为商除法。由于置商的位置不同，又分为隔位商除法和不隔位商除法。本书只介绍隔位商除法。

1. 运算方法

(1) 算前定位：首先确定被除数的个位档，然后用公式“$m-n-1$”确定被除数置入档。

(2) 置数（布数）：按档位将被除数拨入算盘，默记除数。

(3) 运算顺序：从被除数的首位起，从左到右，依次到末位，用除数逐位除被除数。

(4) 置商：也叫“立商”，将试商拨在某一档上。

置商原则是：“够除隔位商，不够除挨位商。”即被除数与除数进行等档对比，进行估商。如果被除数大于或等于除数的等档数，就隔位立商。如果被除数小于除数的等档数，就挨位立商。隔位商就是在被除数首位或余数的左边隔一档置商。挨位商就是在被除数首位或余数的左边前一当置商。

“够除”包括以下三种类型：

① 被除数的首位数字大于除数的首位数字。如：55 133.8314 ÷ 217.5。

② 被除数和除数的头几位数字相同，但后面的数字，仍是被除数大于除数。如：2 167 357.2 ÷ 216 379。

③ 被除数和除数头各位完全相同。如：374 ÷ 374。

“不够除”包括以下两种类型：

① 被除数的首位数字小于除数的首位数字。如：39 825.8496 ÷ 637.4。

② 被除数和除数的头几位数字相同，但后面的数字，被除数小于除数。如：13 955 610.5 ÷ 1.9825。

(5) 减积：即从被除数中或余数中减去试商与除数的乘积。乘积的十位数从商的右一档减去，乘积的个位数从商的右二档减去。每置一次商，即从被除数中或余数中递位迭减一次试商与除数的乘积，直至求出商数。

(6) 商数或余数：减积后，被除数被减完，便是除尽了，所试之商就是商数。如果还有余数，按照以上程序进行估商、置商、减积，进行第 2 次除、第 3 次除……有几次余数，就要做几次除，直到除尽或计算到所要求的位数为止。

(7) 运算终止，盘面数即为商数。

2. 一位数除法。除数只有一个非0数字的除法叫一位数除法。一位数除法的运算步骤如下：

[例25] 1 476 ÷ 6 = 246

① 置数（布数）：4 - 1 - 1 = +2 位，将被除数 1 476 从小数点左边第二档起拨入，要求默记除数（见图 3 - 73）。

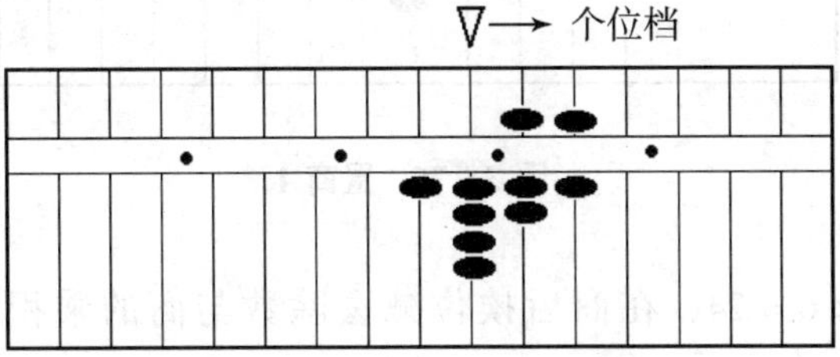

图 3 - 73　置数 1 476

② 置商：因为 1 < 6，不够除，估商为 2，挨位拨入商数 2（见图 3 - 74）。

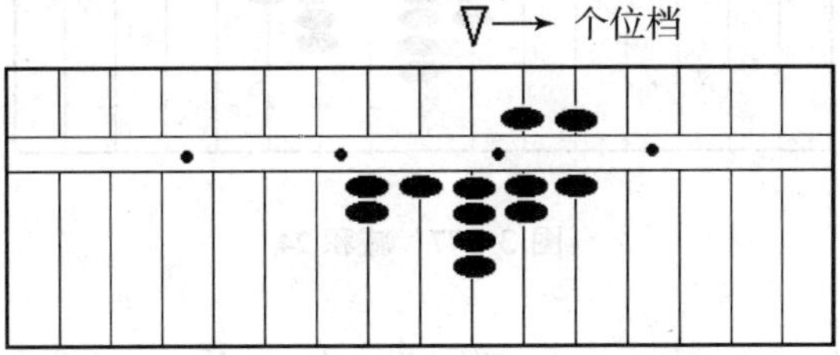

图 3 - 74　置商 2

③ 减积：2 × 6 = 12，在商后挨位减去除数与商的乘积 12，余数为 276（见图 3 - 75）。

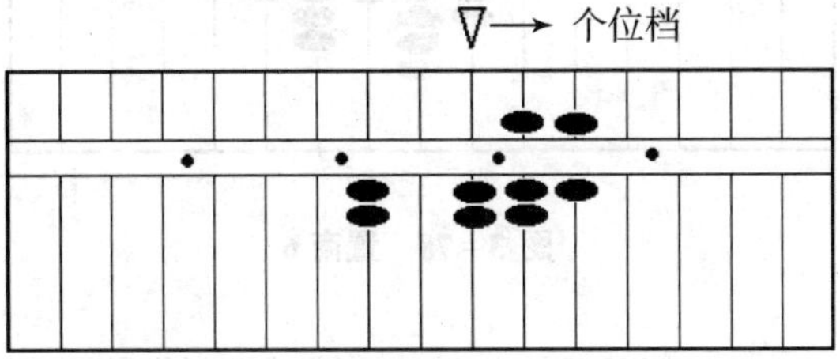

图 3 - 75　减积 12

④ 置商：余数首位数 2 < 6，不够除，估商为 4，挨位拨入商数 4（见图 3－76）。

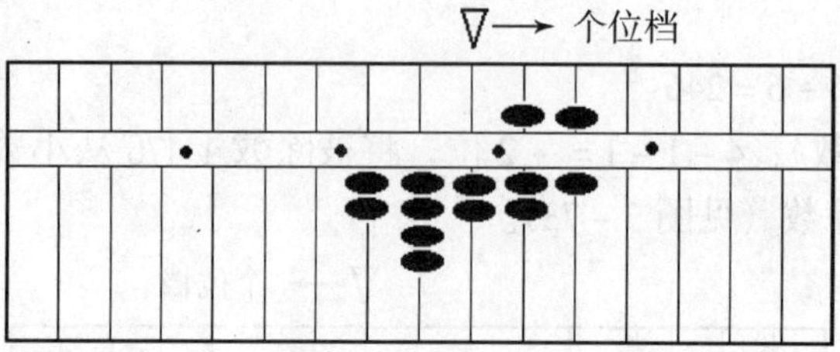

图 3－76 置商 4

⑤ 减积：4 × 6 = 24，在商后挨位减去除数与商的乘积 24，余 36（见图 3－77）。

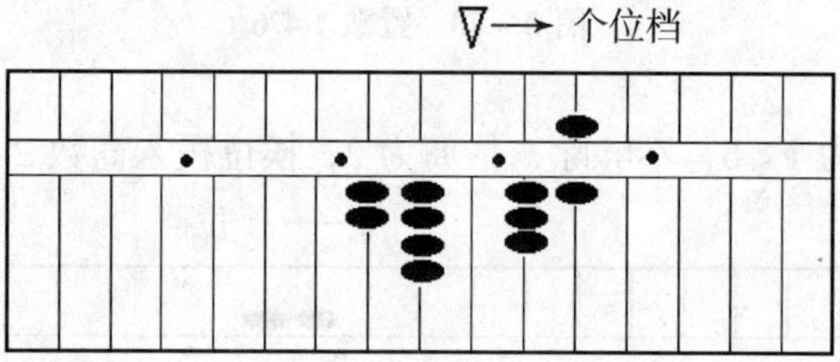

图 3－77 减积 24

⑥ 置商：余数首位数 3 < 6，不够除，估商为 6，挨位拨入商数 6（见图 3－78）。

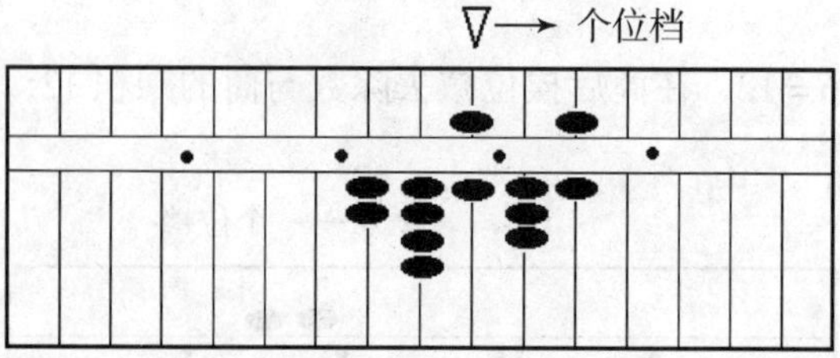

图 3－78 置商 6

⑦ 减积：6 × 6 = 36，在商后挨位减去除数与商的乘积 36，余数为 0（见图 3－79）。

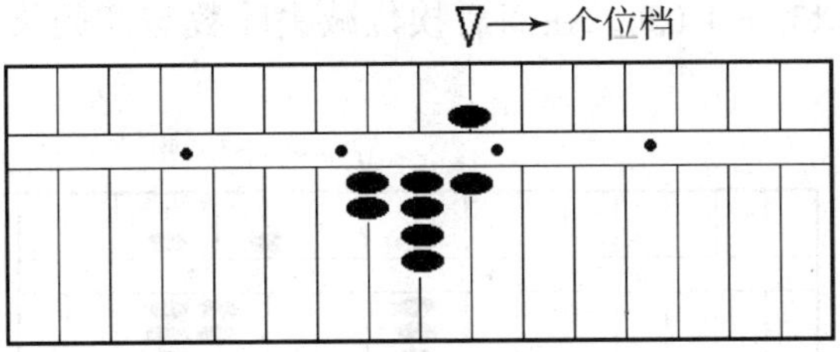

图 3－79　减积 36

⑧ 除尽，商为 246。

3. 多位数除法。除数是两位或两位以上的除法称多位数除法。多位数除法的运算步骤如下：

［例 26］ 11 088 ÷ 132 = 84

① 置数（布数）：5 − 3 − 1 = ＋1 位，将被除数 11 088 从小数点左边第 1 档起拨入，要求默记除数（见图 3－80）。

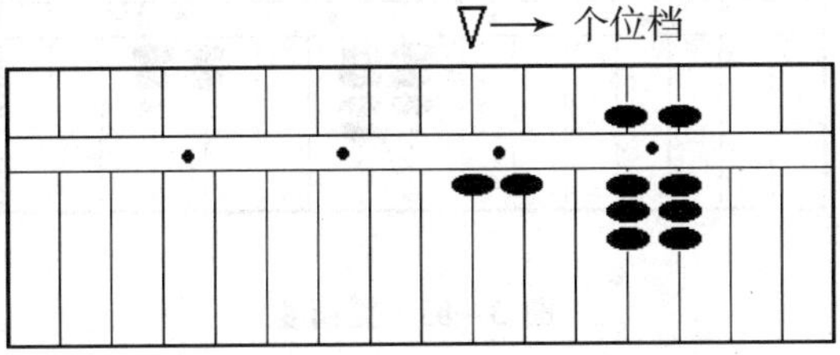

图 3－80　置数 11 088

② 置商：首位相同，比较第 2 位，1 < 3，不够除，估商为 8，挨位拨入商数 8（见图 3－81）。

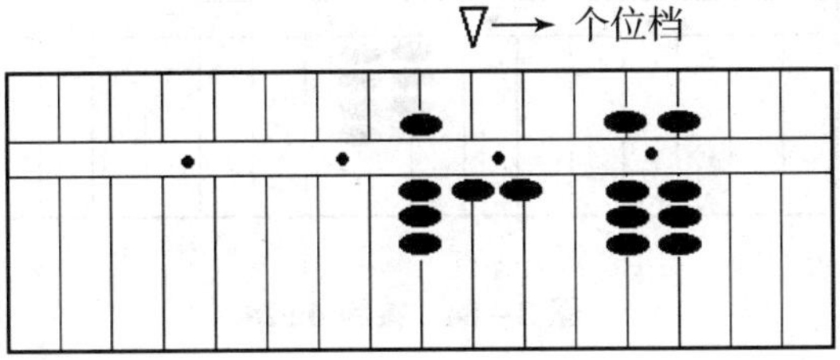

图 3－81　置商 8

③ 减积：8×132 = 1 056，在商后挨位减去除数与商的乘积 1 056，余数为 528（见图 3 - 82)。

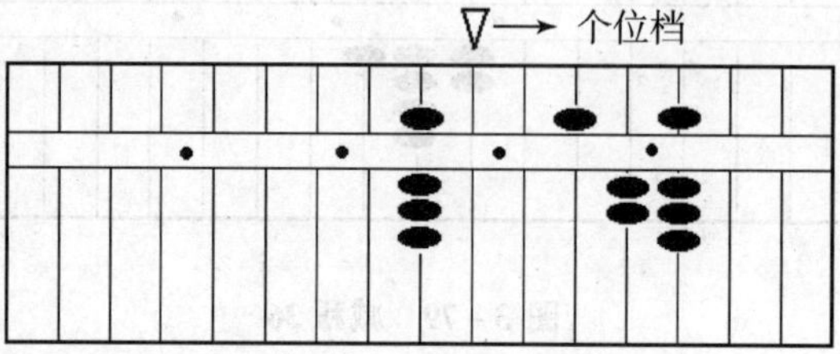

图 3 - 82 减积 1 056

④ 置商：余数首位数 5 > 1，够除，估商为 4，隔位拨入商数 4（见图 3 - 83)。

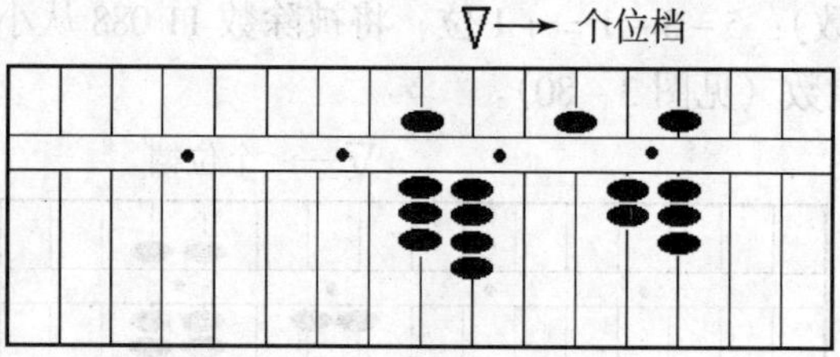

图 3 - 83 置商 4

⑤ 减积：4×132 = 0 528，在商后挨位减去除数与商的乘积 0 528，余数为 0（见图 3 - 84)。

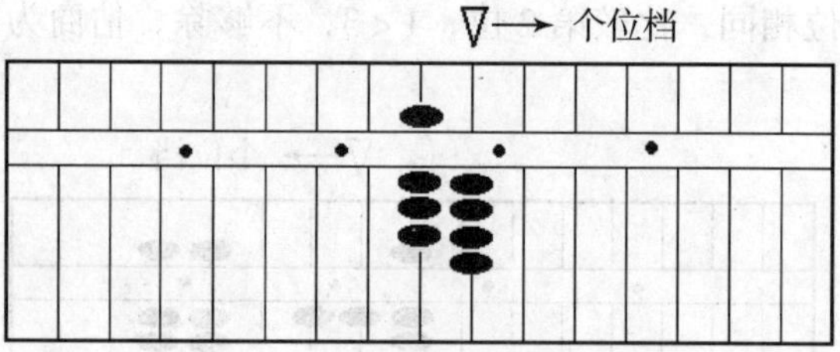

图 3 - 84 减积 0 528

⑥ 除尽，商为 84。

［例 27］ 89.4967 ÷ 0.93 = 96.23（小数保留二位）

① 置数（布数）：2－0－1＝＋1位，将被除数89.4967从小数点左边第1档起拨入，要求默记除数（见图3－85）。

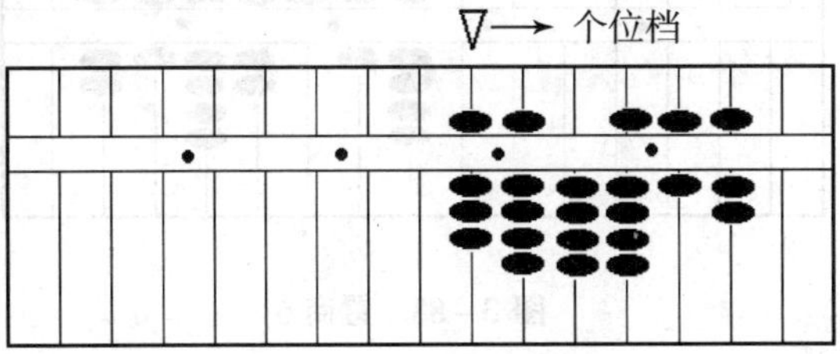

图3－85　置数89.4967

② 置商：首位数8＜9，不够除，估商为9，挨位拨入商数9（见图3－86）。

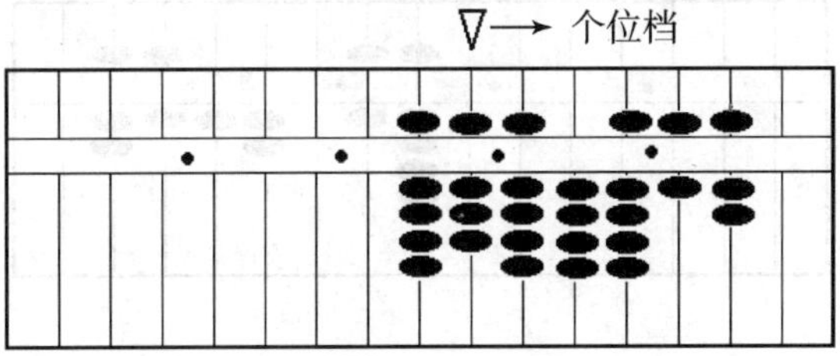

图3－86　置商9

③ 减积：9×93＝837，在商后挨位减去除数与商的乘积837，余数为57 967（见图3－87）。

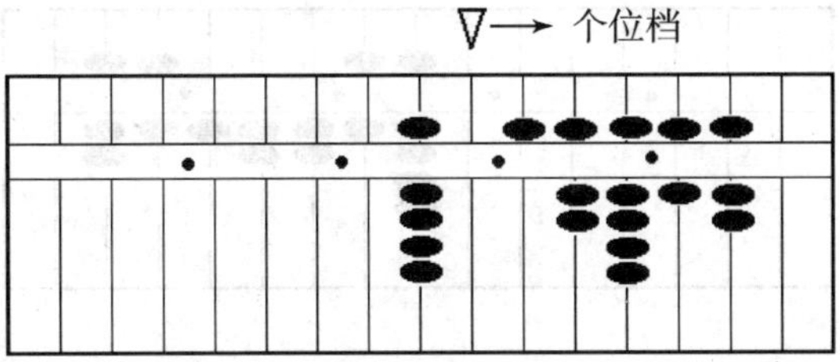

图3－87　减积837

④ 置商：余数首位数5＜9，不够除，估商为6，挨位拨入商数6（见图3－88）。

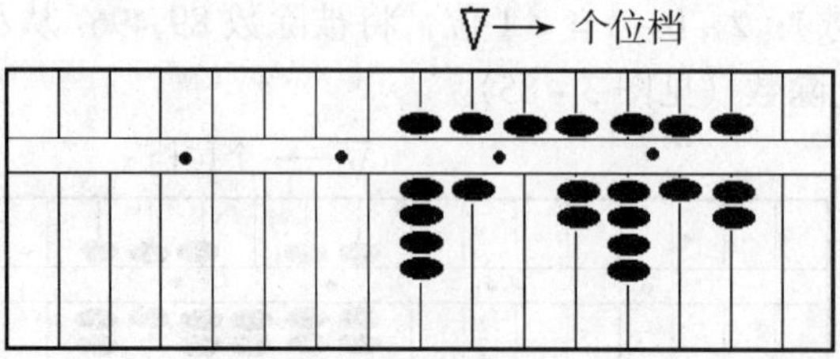

图 3－88　置商 6

⑤ 减积：6 × 93 = 558，在商后挨位减去除数与商的乘积 558，余数为 2 167（见图 3－89）。

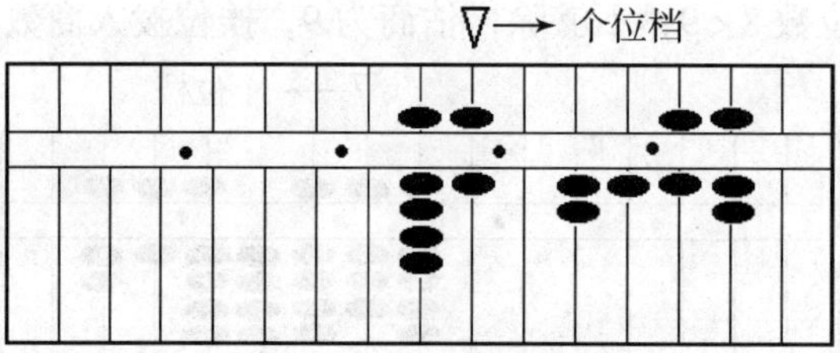

图 3－89　减积 558

⑥ 置商：余数首位数 2 < 9，不够除，估商为 2，挨位拨入商数 2（见图 3－90）。

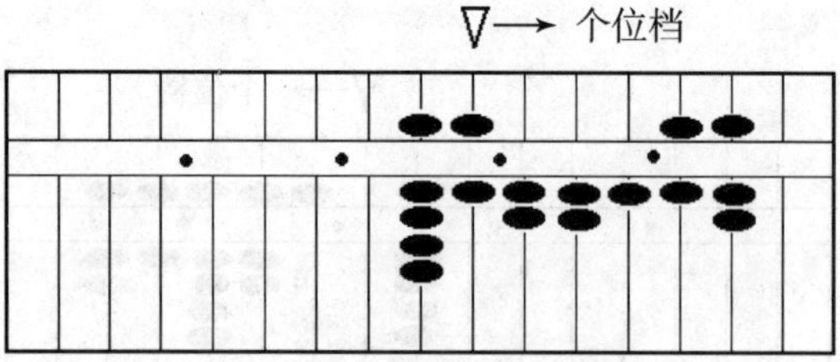

图 3－90　置商 2

⑦ 减积：2 × 93 = 186，在商后挨位减去除数与商的乘积 186，余数为 307（见图 3－91）。

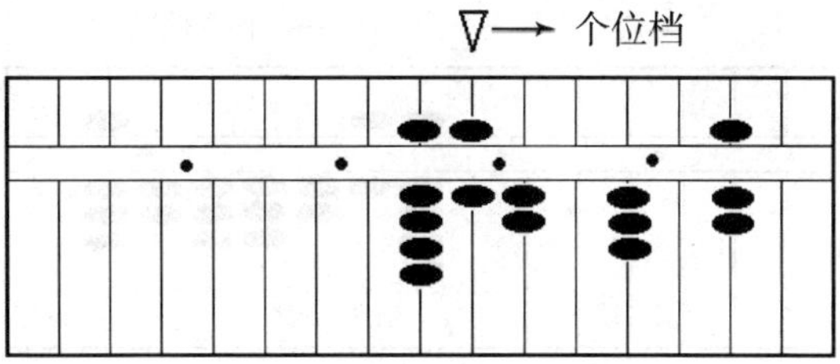

图 3-91　减积 186

⑧ 置商：余数首位数 3 < 9，不够除，估商为 3，挨位拨入商数 3（见图 3-92）。

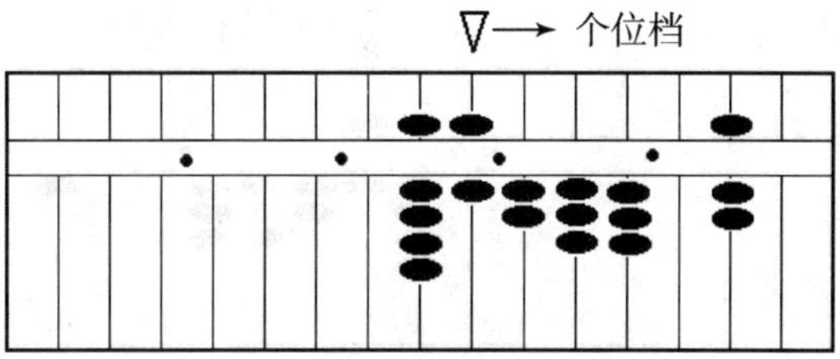

图 3-92　置商 3

⑨ 减积：3 × 93 = 279，在商后挨位减去除数与商的乘积 279，余数为 28（见图 3-93）。

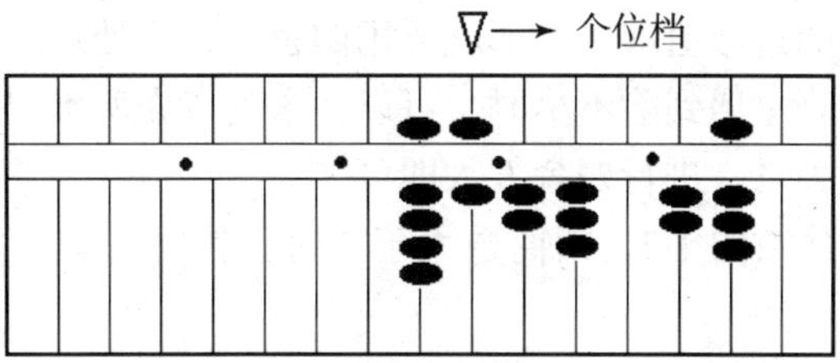

图 3-93　减积 279

⑩ 置商：因要求保留 2 位小数，故必须除到第三位小数，方可决定四舍五入。继续估商，余数首位数 2 < 9，不够除，估商为 3，挨位拨入商数 3（见图 3-94）。

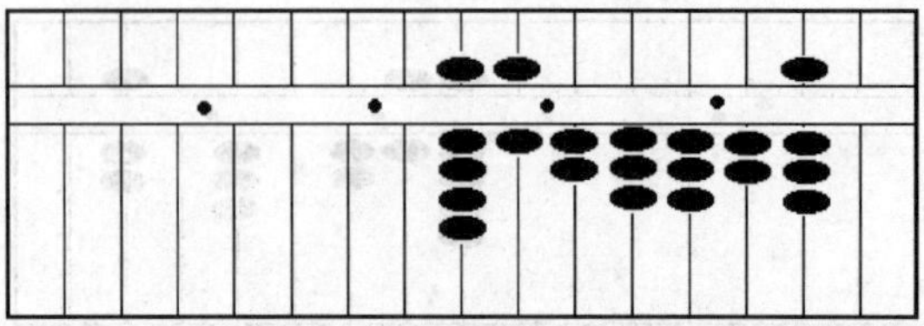

图 3-94 置商 3

⑪减积：3×93=279，在商后挨位减去除数与商的乘积 279，余数为 1（见图 3-95）。

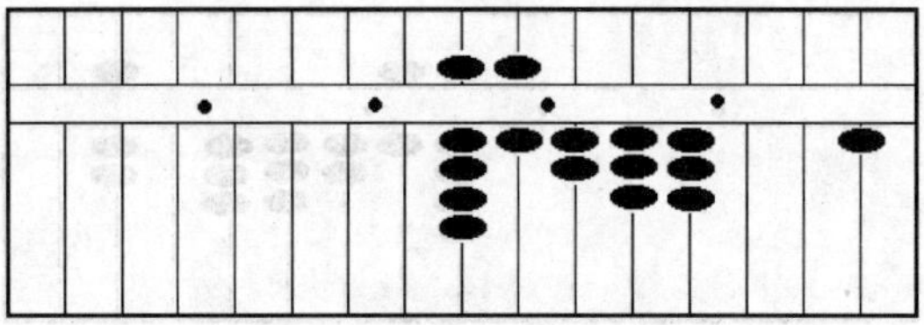

图 3-95 减积 279

⑫小数点后第三位商为 3，3<5，直接舍去，商为 96.23。

4. 商的近似运算。在除法计算中，往往有除不尽的数，不必继续运算，只要求一个比较准确的近似值即可，那就要用四舍五入法处理。为了节省时间，提高效率，一般在计算中遇到除不尽时，可以在求到事先所确定的位数为止，再看余数与除数的大小关系，进行四舍五入即可。

（1）当余数≥除数的 1/2，即商数大于 5 时，就要在所在的精确商的末位加 1，进行“五入”。

[例 28] 270.54÷8.04=？（要求精确到 0.01）

270.54÷8.04=33.64 余 744，因余数 744 大于 804 的一半，就可把商数末位加 1，进行“五入”，确定商数为 33.65。

[例 29] 285.16÷398=？（要求精确到 0.01）

285.16÷398=0.71 余 258，因余数 258 大于 398 的一半，就可把商数末位加 1，进行“五入”，确定商数为 0.72。

（2）当余数<除数的 1/2，即商小于 5，就要把余数拨去，进行“四舍”。

［例 30］6.0854 ÷ 3.87 = ?（要求精确到 0.01）

6.0854 ÷ 3.87 = 1.57 余 95，因余数 95 小于除数 387 的一半，就可把商数的小数第三位进行“四舍”，商数为 1.57。

［例 31］970.42 ÷ 6 283 = ?（要求精确到 0.01）

970.42 ÷ 6 283 = 0.15 余 2 797，因余数 2 797 小于除数 6 283 的一半，就可把商数的小数第三位进行“四舍”，商数为 0.15。

5. 补商。在进行多位数除法时，当商与除数的各位乘减后，商数的右边一档起就有余数，或商数的右边隔一档起的余数首位数大于除数的首位数（也包括余数的前几位与除数各位都相等）时，说明所求的商数小了，这时就需要进行补商。

补商的要领是：商数加 1，商后隔位减除数 1 次。

［例 32］3 230 ÷ 34 = 95

① 置数（布数）：4 - 2 - 1 = +1 位，将被除数 3 230 从小数点左边第 1 档起拨入，要求默记除数。

② 被除数首位数 3 = 3，第二位 2 < 4，不够除，估商为 8，挨位上商数 8，在商后挨位减去除数与商的乘积 272，余数为 510。

③ 51 > 34，说明初商 8 偏小，应补商，余数首位数前隔位补商 1，商后隔位减除数 1 次，余数为 170。

④ 继续置商，余数首位数 1 < 3，估商为 5，在商后挨位减去除数与商的乘积 170。

⑤ 除尽，商为 95。

由于补商步骤与商除法够除时的立商、减积完全一致，故初学者一学就会，且不易出错。

6. 退商。退商与补商情形正好相反。当心算估商得到的初商偏大时，在商与除数乘减的过程中，就会出现不够减的现象。此时，就得按照一定的方法进行退商。

退商的要领：退商 1（即在初商中减去 1），商后隔位还，即加上除过数（除数中已与商数乘减的数），再用退商后新的商，同除数中没有乘减过的数继续乘减。

［例 33］26 488 ÷ 473 = 56

① 置数（布数）：5 - 3 - 1 = +1 位，将被除数 26 488 从小数点左边第 1 档起拨入，要求默记除数。

② 被除数首位数 2 < 4，不够除，估商为 6，挨位上商数 6，在商后挨位减去除数与商的乘积 2 838，不够减，说明商太大，需要退商。退商 1，商后隔位还

(即加上）除过数 24。

③ 把新商 5 同除数相乘继续乘减，在商后挨位减去除数 473 与商 5 的乘积 2 365,余 2 838。

④ 余数首位数 2 < 4，不够除，估商为 6，挨位上商数 6，在商后挨位减去除数与商的乘积 2 838。

⑤ 除尽，商为 56。

7. 注意。

① 试商宁小勿大。

② 为使在边乘边减时不错档，在拨珠的过程中，尽量做到指不离档。记住这一档的个位减积档，便是下一次的十位减积档。每乘减一次，往下顺点，除数中间遇 0，手指多点一档。严格区分商数和余数，不能混淆。

第三节　珠算差错检查法

一、验算的一般方法

在珠算加减乘除四则运算中，为防止出错，在每个算题计算完毕后，应加以验算。验算的方法一般有以下三种：重新计算、对换位置验算和还原验算。

（一）重新计算

重新计算即按原题和原来的计算方法再次运算一遍。一般来说，两次运算，结果相同，可以认为运算没有错误，得数是正确的。

（二）对换位置验算

1. 加法——根据加法性质，改变加数的顺序，其和不变。因此，多个加数相加，验算时，可以逆顺序复算一次，即反原来的顺序再加一次。如果两次相加的和相同，说明运算没有错误，得数正确。

2. 减法——根据减法性质，被减数和减数不能互换位置。因此，减法对换位置的验算，其含义是：第一次运算得两数之差后，验算时，将差与减数互换位置，即被减数减差，应等于减数。如果是多个数相减，除第一个被减数固定不变外，其他的减数可以任意改变顺序。因此验算时，可以将其他多个减数逆顺序减一次，如果最后得出的差与第一次运算的结果相同，应认为运算没有错误。

3. 乘法——两数相乘，互换位置，其积不变。这是乘法交换律的含义。因此验算时，可将原乘数作为被乘数，将原被乘数作为乘数，再运算一次，如果两次的积相同，说明得数是正确的。

4. 除法——由于被除数与除数不能交换位置，因此，除法对换位置的验算，其含义是：第一次运算得出商后，验算时，将商与除数的位置对换，即用被除数除以商，如果运算没有差错，验算结果应等于除数。

（三）还原验算

1. 加减还原验算——根据数学原理，加减互为逆运算。因此，加法运算完毕，可以其和作为被减数，以任一加数或多个加数作为减数，相减一遍，如果最后的差等于剩下的一个加数，就说明运算是正确的。同样，减法运算完毕，可以其差同减数相加一遍，如果最后的和等于被减数，就说明运算是正确的。

2. 乘除还原验算——根据数学原理，乘除互为逆运算。因此，乘法运算完毕，可以其积作为被除数，以任一因数作为除数，其商应等于另一因数。同样，除法运算完毕，可以其商和除数作为乘法的两个因数相乘，其积等于被除数。

二、查错技术与技巧

在实际工作中，所出现的错误，往往带有一定的规律性。现将经常容易出错的几种情况及检查纠正的方法介绍如下：

（一）尾差

在加减运算的复核中，发现尾数有差错，在重新复核时，用打尾数的办法来找错。如果差数是最末位数字，就把最末位数字重新计算；如果差数是最末的第二、第三位数字，就从最末的第二、第三位数字起，连同最末位数字重新计算。

（二）重算、漏算

在许多数字进行加减算时，复核验算发现有差数，就可将这个差数在加减算的数字中去找，如发现有相同的数字时，很可能就是重算、漏算了这一笔，可以在重新复核时加以注意。

（三）加减的差错

在加减混合运算中，看错了数字的正负号，把加看成减，或把减看成加，也是常有的。这样的差错，其两数的差必然能被 2 除尽。在计算的数据中找到这个差数折半的数，看找到的这个数，是加数还是减数，是加数，大的答案正确；是减数，小的答案正确。

（四）错位

在珠算相加减时，往往容易把相邻的位数看错。这样的差错，正确答案与错误答案的差数能被 9 除尽，且这个被 9 除尽的数，在原来计算的数据中能够找到，或与原来数据中的某一数的部分数字相同。纠正时看这个被 9 除尽的数是加数还是减数。是加数，大的答案正确；是减数，小的答案正确。

（五）带珠和漏记算珠

在运算拨珠时，往往会发生带珠现象。其特点是两遍记数差距不大，下珠一般只差1或2，上珠带珠就差5，且差错的位数不定。另外有时漏了上珠，把6打成1。检查方法是“头错复头，尾错复尾”，错到哪位，就复到哪位。

本章小结

本章讲述了珠算基础知识，加减乘除四则运算的基本方法，其他加减法、传票算与账表算，珠算差错检查法。本课程通过教师的讲授和指导，学生通过不断练习，力求学会正确使用算盘，掌握珠算各项运算方法和技巧，使学生具备职业岗位所必需的基本技能，为提高学生的动手操作能力，适应职业岗位需要打下坚实的基础。章节后附有习题，学生应利用课余时间勤加练习，提高自己的珠算水平。

复习思考题

1. 不进位加法：

（1）162.32 + 621.57 =　　（2）253.16 + 126.33 =
（3）122.57 + 216.42 =　　（4）812.37 + 176.52 =
（5）273.61 + 725.38 =　　（6）342.43 + 343.24 =
（7）124.34 + 433.32 =　　（8）344.32 + 434.33 =
（9）273.84 + 324.14 =　　（10）634.23 + 314.46 =

2. 进位加法：

（1）756.47 + 359.74 =　　（2）648.57 + 467.58 =
（3）895.79 + 475.86 =　　（4）762.94 + 398.94 =
（5）676.58 + 768.94 =　　（6）547.06 + 658.97 =
（7）943.76 + 566.27 =　　（8）675.48 + 829.56 =
（9）312.85 + 837.69 =　　（10）719.56 + 781.45 =

3. 不退位减法：

（1）948.67 - 723.15 =　　（2）893.47 - 672.35 =
（3）874.93 - 653.41 =　　（4）937.84 - 726.31 =
（5）848.79 - 736.58 =　　（6）756.58 - 324.14 =
（7）685.78 - 243.44 =　　（8）895.67 - 473.23 =
（9）786.59 - 463.16 =　　（10）978.56 - 746.12 =

4. 退位减法：

(1) 810.34 − 478.95 =　　(2) 768.12 − 389.45 =

(3) 572.41 − 298.57 =　　(4) 642.37 − 154.98 =

(5) 877.54 − 389.65 =　　(6) 943.52 − 468.76 =

(7) 843.23 − 376.98 =　　(8) 734.53 − 297.58 =

(9) 632.54 − 182.75 =　　(10) 692.47 − 197.49 =

5. 用穿梭法计算下列各题：

(一)	(二)	(三)	(四)
5 362 108	2 649 580	93.85	85 672 019
8 439	1 639	804 175.63	1 742
57 249 081	46 875	75 296.08	27 185
715 923	807 496	− 9 817.43	− 598 264
94 857	26 051 934	649.57	8 436 901
39 701 462	6 107	− 4 078.29	− 105 723

6. 用一目三行加减法计算下列各题：

(一)	(二)	(三)	(四)
35 709 164	8 325 604	160 485.29	34 862.09
25 807	− 1 734 065	549 230.189	− 3 214.57
− 4 167 098	978 213	− 139.85	620 941.75
2 658 907	82 504	78 361.04	− 15 490.62
46 530 289	− 851 379	− 7 568.92	6 957.38
− 284 613	54 063 197	59 840.16	− 685.41

7. 用一目三行连加弃九法计算下列各题：

(一)	(二)	(三)	(四)
8 061 539	13 507 842	57 042.19	40.82
4 718	6 075	68.97	8 279.51
93 605	962 481	840 263.79	372 910.86
3 285 076	758 193	305.48	514.02
24 310 967	65 074 218	5 436.86	37 620.84
9 436 705	20 967	56 148.02	361 905.48

8. 用借减法计算下列各题：

（1）491 324 - 506 178 + 734 652 - 812 345 + 376 984 =

（2）576 329 - 680 493 + 413 671 - 348 206 + 514 392 =

（3）107 523 - 843 679 + 914 082 - 487 126 + 275 689 - 839 154 + 704 216 + 19 452 =

（4）67 463.84 - 78.84 - 87 428.35 - 64 728.53 + 715 289.336 - 27 346.52 - 6 273.89 - 75.94 =

（5）根据下列账页，结合倒减法，求出各天结存金额：

年		凭证		摘要	借方金额	贷方金额	借或贷	结余金额
月	日	名称	号　数					
			上期结转				借	8 673.54
5	1				375.45	7 364.31		
						4 325.66		
						5 729.68		
					5 137.00			
					6 300.59			
5	3					2 574.00		
						4 321.00		
					7 354.65			
					3 765.42			
						8 243.19		
						3 976.44		
					2 354.00			
					18 972.42			
5	6				2 151.98	4 365.72		

9. 传票练习习题：

传票算试卷

序号	行数	起止页数	答数	序号	行数	起止页数	答数
一	（二）	17 ~ 36		二十一	（四）	69 ~ 88	
二	（四）	50 ~ 69		二十二	（二）	22 ~ 41	
三	（一）	3 ~ 22		二十三	（三）	62 ~ 81	

续表

序号	行数	起止页数	答数	序号	行数	起止页数	答数
四	(三)	43 ~ 62		二十四	(一)	41 ~ 60	
五	(五)	81 ~ 100		二十五	(五)	71 ~ 90	
六	(一)	22 ~ 41		二十六	(三)	20 ~ 39	
七	(三)	79 ~ 98		二十七	(一)	47 ~ 66	
八	(四)	52 ~ 71		二十八	(四)	55 ~ 74	
九	(二)	1 ~ 20		二十九	(五)	32 ~ 51	
十	(五)	28 ~ 47		三十	(二)	49 ~ 68	
十一	(二)	36 ~ 55		三十一	(三)	38 ~ 57	
十二	(三)	65 ~ 84		三十二	(二)	63 ~ 82	
十三	(一)	13 ~ 32		三十三	(四)	48 ~ 67	
十四	(四)	30 ~ 49		三十四	(一)	28 ~ 47	
十五	(五)	19 ~ 38		三十五	(五)	24 ~ 43	
十六	(三)	44 ~ 63		三十六	(四)	53 ~ 72	
十七	(二)	29 ~ 48		三十七	(五)	10 ~ 29	
十八	(一)	80 ~ 99		三十八	(三)	71 ~ 90	
十九	(四)	9 ~ 28		三十九	(二)	46 ~ 65	
二十	(五)	63 ~ 82		四十	(一)	33 ~ 52	

10. 账表练习习题:

	(一)	(二)	(三)	(四)	(五)	合计
一	73 981 598	6 746	96 074	952 638	8 130 975	
二	6 320 631	65 780 341	5 602	24 741	953 804	
三	798 074	8 032 195	83 106 527	3 613	62 034	
四	14 862	804 769	4 329 184	79 064 357	7 295	
五	5 261	89 173	930 258	7 241 981	81 084 610	
六	81 049 706	7 540	83 492	- 846 605	7 938 976	
七	9 504 852	39 160 872	1 785	50 319	- 501 432	
八	859 450	6 809 251	76 819 527	9 426	71 625	

续表

	（一）	（二）	（三）	（四）	（五）	合计
九	80 325	837 405	6 031 791	58 102 094	7 292	
十	6 814	19 254	769 014	9 085 172	92 713 168	
十一	95 415 267	3 175	41 306	-297 840	9 046 853	
十二	3 509 341	84 296 762	5 183	71 502	537 618	
十三	196 024	7 309 218	92 384 726	8 973	81 964	
十四	82 537	945 390	9 503 412	85 306 729	8 542	
十五	8 946	36 082	659 810	6 859 432	85 130 129	
十六	53 071 234	1 571	90 483	760 731	4 508 764	
十七	7 942 356	98 065 432	8 736	52 043	937 026	
十八	617 208	5 230 816	70 146 517	6 175	-46 584	
十九	24 093	794 486	4 362 517	91 824 637	7 306	
二十	5 718	17 625	358 402	8 231 054	70 192 453	
合计						

11. 在数字后面，写出下列各数的位数：

986		4 200		0.03072	
0.047		879.6		1 203.02	
0.0784		72.08		0.087	
536.02		0.00054		1 000	
208 956		1.09		0.01	

12. 给下列各题的乘积定位：

（1）$1\,927 \times 400 = 7\,708$　　（2）$529 \times 0.17 = 8\,993$

（3）$64.25 \times 800 = 514$　　（4）$292 \times 0.035 = 1\,022$

（5）$38.05 \times 2.38 = 90\,559$　　（6）$8\,824 \times 0.035 = 30\,884$

（7）$63.24 \times 1.09 = 689\,316$　　（8）$824.5 \times 0.86 = 70\,907$

（9）$1\,215 \times 6\,000 = 729$　　（10）$12 \times 1\,500 = 18$

13. 传统乘算趣练习：

（1）一条龙：123 456 789 作被乘数，分别用 18、27、36、45、54、63、72、

81 去乘，乘得结果依次是 2 222 222 202 到 9 999 999 909。

（2）万众一心：$781\ 250 \times 128 = 100\ 000\ 000$

（3）凤凰展翅：$16\ 225\ 679 \times 35 = 567\ 898\ 765$

（4）金香炉：$957 \times 555\ 555 = 531\ 666\ 135$

（5）双蝴蝶：$102\ 568\ 102\ 568 \times 125 = 12\ 821\ 012\ 821\ 000$

（6）楚霸王一条鞭：$694\ 444\ 444\ 375 \times 16 = 11\ 111\ 111\ 110\ 000$

（7）大拱桥：$617\ 291\ 743\ 125 \times 16 = 9\ 876\ 667\ 890\ 000$

（8）一枝梅花：$106\ 875 \times 160 = 17\ 100\ 000$

（9）八仙醉酒：$11\ 883\ 541\ 295\ 306 \times 765 = 9\ 090\ 909\ 090\ 909\ 090$

（10）二郎担山：$444\ 494\ 448\ 125 \times 16 = 7\ 111\ 911\ 170\ 000$

14. 用空盘前乘法计算下列各题（遇小数保留两位）：

（1）$0.05 \times 4\ 728 =$　　（2）$300 \times 258 =$

（3）$0.6 \times 3\ 590 =$　　（4）$48.36 \times 700 =$

（5）$13\ 827 \times 0.2 =$　　（6）$1\ 068 \times 4 =$

（7）$75\ 063 \times 0.05 =$　　（8）$21\ 068 \times 3 =$

（9）$0.3926 \times 9\ 000 =$　　（10）$1\ 468 \times 80 =$

15. 用空盘前乘法计算下列各题（遇小数保留两位）：

（1）$134 \times 257 =$　　（2）$500.8 \times 3.94 =$

（3）$10.3 \times 24.7 =$　　（4）$3\ 602 \times 35.8 =$

（5）$728.25 \times 1.4 =$　　（6）$1\ 463 \times 8\ 879 =$

（7）$639 \times 47 =$　　（8）$24.7 \times 0.0156 =$

（9）$38.4 \times 600.2 =$　　（10）$40.38 \times 27.06 =$

16. 除算趣味题练习：

（1）用 123 456 789，先乘 9 的倍数（如 18、27、36、45、54、63、72、81 等）后，再除原乘数（9 的倍数），或用 13、456、789 先乘任意两位数（如 19、28、37、46、64、73、82、91 等）后，再除以原乘数。也可以反着算，即先乘后除，反复计算，这样对熟练除法运算极有帮助。

（2）狮子滚绣球：即 $1\ 953\ 125 \times 512$ 及其倍数 1 024、1 536、2 048、2 560、3 072、3 584、4 096、4 608 的乘积，用除法还原验算，即乘完后再除。

（3）孤雁出群：$99\ 980\ 001 \div 9\ 999 = 9\ 999$

（4）山上五只虎，地下九三七五：$520\ 828\ 125 \div 9\ 375 = 55\ 555$

（5）七郎八虎闯幽州：$767\ 288\ 888\ 888 \div 8 = 95\ 911\ 111\ 111$

17. 用商除法计算下列一位数除法：

(1) 415 ÷ 5 = (2) 9 940 ÷ 7 =

(3) 1 008 ÷ 2 = (4) 1 036 ÷ 4 =

(5) 482 832 ÷ 8 = (6) 896 ÷ 7 =

(7) 3 140 ÷ 5 = (8) 2 556 ÷ 6 =

(9) 3 024 ÷ 8 = (10) 315 ÷ 3 =

18. 用商除法计算下列多位数除法（遇小数保留两位）：

(1) 11 220 ÷ 68 = (2) 33 970 ÷ 790 =

(3) 15 190 ÷ 490 = (4) 848 ÷ 16 =

(5) 36.55 ÷ 85 = (6) 408.29 ÷ 93.7 =

(7) 456 093 ÷ 561 = (8) 36 000 ÷ 75 =

(9) 95.43 ÷ 26.18 = (10) 209 066 ÷ 286 =

参考文献

[1] 方秀丽：《商业银行柜面操作技能》，杭州，浙江大学出版社，2004。

[2] 曹慧：《珠算与点钞》，北京，中国社会科学出版社，2004。

第四章

中文输入——五笔字型输入法

本章提示：目前，已经通过验证的汉字输入法达100多种。其中，五笔字型输入法是使用最广泛的方法之一。五笔字型输入法除“王码五笔”外，还有“智能五笔”、“万能五笔”等，在五笔字型98版软件中同时提供了86版软件，为照顾更多的用户，本章以86版为标准编写，这对于初学者来说并不矛盾，因为其他的五笔字型输入法都是在86版输入法的基础上完成的。

第一节 认识五笔字型

一、五笔字型输入法的特点

在专业录入人员中，特别是一些窗口行业的工作人员，例如银行、邮电等部门的营业员中，绝大多数人都使用五笔字型这一汉字输入方法，五笔字型输入法之所以能受到社会上广大用户的青睐，是由于它具有如下的特点：

1. 不受读音限制。五笔字型输入法是根据字形结构而设计的，既不受不认识字的困扰，也不受读音不标准的限制。

2. 字码简单。不论一个字多么复杂，不论一个字由多少字根组成，最多用四个键码输入。

3. 重码率低。基本上是一码一字，特别适合于盲打。

4. 可以输入词组。该输入法配有大量的常用词组，也是只用四个键码输入，因而极大地提高了输入速度。

二、五笔字型输入法的五种笔画

在五笔字型方法中，把汉字笔画的点、横、竖、撇、捺、挑（提）、钩（左右）、折等八种，归结为横、竖、撇、捺、折五种。把“点”归结为“捺”类，把“挑（提）”归结于“横”类，除竖能代替左钩以外，其他带转折的笔画都归结为“折”类。

三、五笔字型的基本字根及分布原则

汉字是由比汉字更小的“字根”构成，如：

弓长—张；木几—机；立早—章；木木—林等。

可见，一个汉字是由较小的“方块”拼合而成的。这些“小方块”就是构成汉字的最基本的单位，这些“小方块”称做“字根”。

五笔字型确定的字根有125种，字根又是由笔画构成的。即：

基本笔画（5种）⟶字根（125种）⟶汉字（成千上万种）。

可见，汉字、字根、笔画是汉字结构的3个层次。一个完整的汉字，既不是一系列不同笔画的线性排列，也不是一组各种笔画的任意堆积，而是由若干笔画复合连接交叉所形成的相对不变的结构，即字根来构成的。

一般说来，字根是有形有意的，是构成汉字的基本单位。这些基本单位，经过拼形组合，就产生了为数众多的汉字。因此，字根是构成汉字最重要和最基本的单位，是汉字的灵魂。

汉字的拼形编码既不考虑读音，也不把汉字全部肢解为单一笔画，它遵从人们的习惯书写顺序，以字根为基本单位来组字和编码，并输入汉字，这是五笔字型的基本出发点之一。

（一）基本字根

如上所述，字根是由若干笔画交叉连接而形成的相对不变的结构。但是字根不像汉字那样，有公认的标准和一定的数量。哪些结构算字根，哪些结构不算字根，历来没有严格的界限。不同的研究者，不同的应用目的，其筛选的标准和选定的数量差异很大。

在五笔字型中，字根的选取标准主要基于以下两点：

首先，选择那些组字能力强、使用频率高的偏旁部首（注：某些偏旁部首本身即是一个汉字），如：王、土、大、木、工、目、日、口、田、山、亻、讠、禾等。

其次，组字能力不强，但组成的字在日常汉语文字中出现次数很多的字，如："白"组成的"的"字可以说是全部汉字中使用频率最高的。

实际上，五笔字型输入就是把汉字分解的过程。在五笔字型中，选取了组字能力强、出现次数多的125种左右的部件作为汉字的基本字根，由它们组合成众多的汉字。因此，基本字根是构成汉字的基本单元，几个基本字根拼形结合，就组成了更多的汉字，如基本字根：日、月、金、木、水、火、土、口等，可组成：明、鑫、林、森、吕、晶、吐等汉字。五笔字型输入法就是基于这一点而设计的。五笔字型的字根总表在计算机键盘上的分布如图4-1所示。

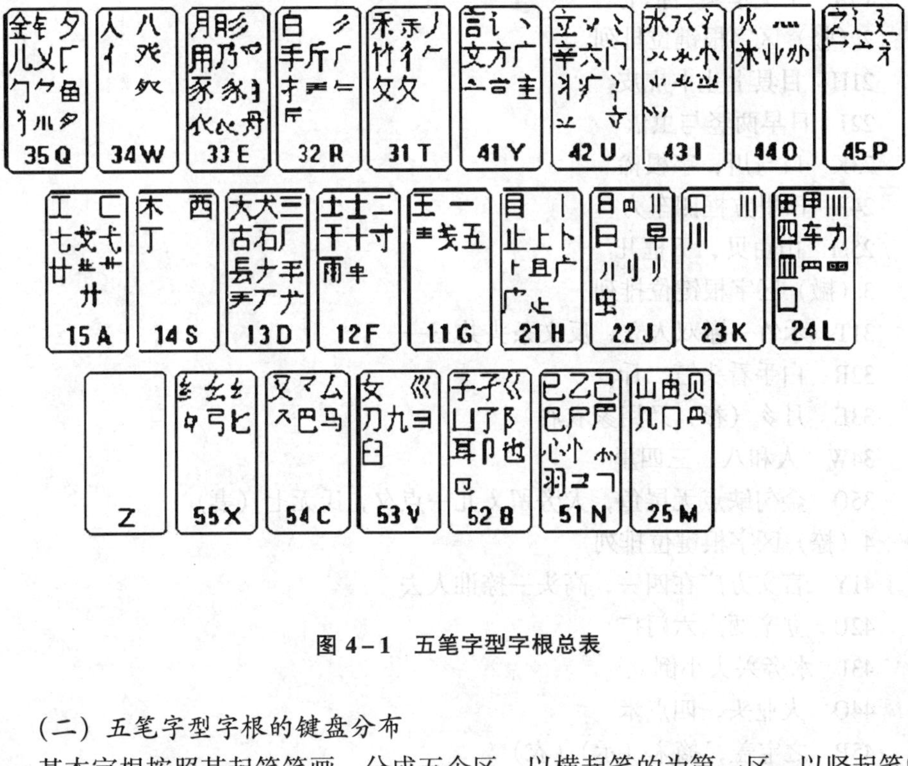

图4-1　五笔字型字根总表

(二) 五笔字型字根的键盘分布

基本字根按照其起笔笔画，分成五个区，以横起笔的为第一区，以竖起笔的为第二区，以撇起笔的为第三区，以捺（点）起笔的为第四区，以折起笔的为第五区。每一区内的基本字根又分成五个位置，以1、2、3、4、5表示，这样基本字根就被分成了25类，每类平均5~6个基本字根，这25类基本字根安排在除Z键以外的A~Y的25个英文字母键上。

在同一个键位上的几个基本字根中，选择一个具有代表性的字根，称为键名。图4-1中键位左上角的字根就是键名。

(三) 快速记忆五笔字型字根

为了便于记忆基本字根在键盘上的位置，设计者编写了字根助记忆词。

1（横）区字根键位排列

11G　王旁青头戋（兼）五一

12F　土士二干十寸雨

13D　大犬三羊古石厂

14S　木丁西

15A　工戈草头右框七

2（竖）区字根键位排列

21H　目具上止卜虎皮

22J　日早两竖与虫依

23K　口与川，字根稀

24L　田甲方框四车力

25M　山由贝，下框几

3（撇）区字根键位排列

31T　禾竹一撇双人立，反文条头共三一

32R　白手看头三二斤

33E　月彡（衫）乃用家衣底

34W　人和八，三四里

35Q　金勺缺点无尾鱼，犬旁留乂儿一点夕，氏无七（妻）

4（捺）区字根键位排列

41Y　言文方广在四一，高头一捺谁人去

42U　立辛两点六门疒

43I　水旁兴头小倒立

44O　火业头，四点米

45P　之宝盖，摘礻（示）（衣）

5（折）区字根键位排列

51N　已半巳满不出己，左框折尸心和羽

52B　子耳了也框向上

53V　女刀九臼山朝西

54C　又巴马，丢矢矣

55X　慈母无心弓和匕，幼无力

（四）Z键的用法

从五笔字型的字根键位图可见，26个英文字母键只用了A～Y共25个键，Z键用于辅助学习。当对汉字的拆分一时难以确定用哪一个字根时，不管它是第几个字根都可以用Z键来代替。借助于软件，把符合条件的汉字都显示在提示行中，再键入相应的数字，则可把相应的汉字选择到当前光标位置处。

四、字根的四种连接方式

一切汉字都是由基本字根组成的，或者说是拼合而成的。基本字根在组成汉字时，按照它们之间的位置关系也可以分为四种类型。

（一）单

单是指基本字根本身就单独成为一个汉字，不与其他的字根发生联系。如“口、木、山、田、马、寸”等。

（二）散

散是一个汉字由多个字根组成。各个字根之间不相连也不相交，保持一定的距离。如：吕、足、困、识、汉、照等。

（三）连

“连”的情况有两种：

1. 一个基本字根连着一个单笔画。如：自、尺、产、千、不、下、且、入，“丿”和“目”相连构成“自”，“丿”下连“十”成为“千”，“月”下连“一”成为“且”等。

2. 连的另一种情况是所谓“带点结构”，即一个基本字根之前或之后带一个孤立的点。例如：勺、术、太、主、义、斗、头、主等字中的点。

（四）交

交是指多个基本字根相互交叉连接而成的汉字，字根之间有重叠的部分。如：“必”是由“心丿”，“申”是由“日丨”，“里”是由“日土”，“夷”是由“一弓人”交叉构成的。

五、汉字的部位结构

基本字根按一定的方式组成汉字，在组字时这些字根之间的位置关系就是汉字的部位结构。

1. 单体结构：由基本字根独立组成的汉字。如：目、日、口、田、山等。

2. 左右结构：由左右两部分或左中右三部分构成。如：朋、引、彻、喉等。

3. 上下结构：由上下两部分或自上往下几部分构成。如：吕、旦、党、意等。

4. 内外结构：汉字由内外部分构成。如：国、向、句、匠、达、库、厕、问等。

六、汉字的字型信息

根据构成汉字的各字根之间的相对位置关系，可以把成千上万的方块汉字分为3种类型：左右型、上下型和杂合型。分别用代号1、2、3表示，如表4－1所示。

表4－1 汉字的3种字型

字型代号	字型	图示	字例
1	左右型	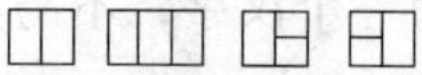	桂 鸿 结 到
2	上下型	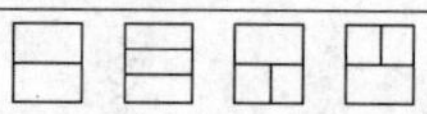	字 室 花 整
3	杂合型	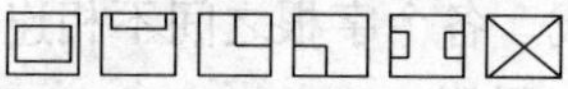	因 凶 术 太 幽 果

汉字的字型信息在后面所要讲的末笔交叉识别码中非常重要，所以必须掌握汉字字型的区分。左右型和上下型较为简单，可按一般的汉语规则进行区分，但杂合型汉字种类多，不易掌握。所以，在五笔中对杂合型汉字有以下规定：

1. 由字根和单笔笔画组成的汉字；

2. 一个字根与另一个或几个字根构成半包围或全包围结构的字；

3. 由两个或几个字根相互穿插、重叠，不能明显区分层次的字。

在五笔字型输入法中，汉字是一种平面图形文字。同样几个字根，摆放位置不同，就可能成为不同的字。如：叭一只，吧一邑。汉字的图形特征，可以作为识别汉字的一个重要依据。因此，还可以把汉字的3种字型叫做字根的3种排列方式，字根的位置关系，也是汉字的一种重要特征信息。

第二节 五笔字型的输入规则

一张“字根总表”，把全部汉字划分成了两大部分。总表里的字，是专门用来组成总表以外汉字用的，称为“键面字”。总表里边没有的汉字，全部是由字根组合而成的，称为“键外字”或“复合字”。五笔字型汉字输入主要包括基本字根表中的键面字输入、复合字输入和词组输入。五笔字型编码输入法的取码规则可用一首口诀来概括，内容是：

五笔字型均直观，依照笔顺把码编；
键名汉字打四下，基本字根请照搬；
一二三末取四码，顺序拆分大优先；
不足四码要注意，交叉识别补后边。

规则的具体含义为：

1. 对于键名字，可接连按 4 次该键输入。

2. 对于成字字根，可按笔画输入。

3. 对于大量的键外字应依据以下原则：

(1) 按书写顺序取码；

(2) 以基本字根为单位取码；

(3) 按一二三末字根，最多只取四码；

(4) 单体结构，取大优先；字型末笔取识别码。

下面，我们分具体情况对汉字的输入进行详细的说明：

一、键面字的输入

(一) 键名汉字输入

键名汉字即五笔字型字根总表中每个键左上角的字根，也是“字根助记词”中打头的字根。键名汉字输入的输入方法为：所在的键连续敲四次。

例如：王（GGGG）、目（HHHH）、禾（TTTT）、已（NNNN）等。

即把每一个键都连打四下，就可输入 25 个作为“键名”的汉字。

为便于记忆，设计者编写了一首“键名谱”：

1.（横）区：王、土、大、木、工

2.（竖）区：目、日、口、田、山

3.（撇）区：禾、白、月、人、金

4.（捺）区：言、立、水、火、之

5.（折）区：已、子、女、又、纟

(二) 成字字根输入

成字字根是指在字根总表之中，除键名汉字以外自身也是汉字的字根。成字字根一共有 97 个（其中包括相当于汉字的“氵、亻、勹、刂”等）。成字字根的输入方法是：

先击字根所在的键位一次（称为报户口），然后再击该字根的第一、第二以及最末一个单笔按键。即打键名字根后，再打 3 个单笔画。如果该字根只有两个笔画，则以空格键结束。

例如："西"第一键为"西"字根所在的字母键 S，第二键为首笔"一"所在的 G 键，第三键为次笔"丨"所在的 H 键，第四键为末笔"一"所在的 G 键，所以"西"的编码是 SGHG。部分成字字根的输入举例如表 4-2 所示。

表 4-2　　成字字根的输入举例

成字根	击键名	第一单笔	第二单笔	最末单笔	所击键位
广	广（Y）	丶（Y）	一（G）	丿（T）	41 41 11 31 Y Y G T
灬	灬（O）	丶（Y）	丶（Y）	丶（Y）	44 41 41 41 O Y Y Y
彳	彳（T）	丿（T）	丿（T）	丨（H）	31 31 31 21 T T T H
川	川（K）	丿（T）	丨（H）	丨（H）	23 31 21 21 K T H H

（三）五种单笔画输入

许多人不太注意，其实五种单笔画"一、丨、丿、丶、乙"，在国家标准中都是作为汉字来对待的。在五笔字型中，照理说它们应当按照成字字根的方法输入，除"一"之外，其他几个都很不常用，按成字字根的打法，它们的编码只有 2 码，这么简短的"码"用于如此不常用的"字"，真是太可惜了！于是，我们将其简短的编码让位给更常用的字，而人为地在其正常码的后边，加两个"L"作为五种单笔画的编码，即：

一（GGLL）　丶（YYLL）　丨（HHLL）　乙（NNLL）　丿（TTLL）

应当说明："一"是一个极为常用的字，每次都打四下速度较慢，别担心，后边会讲到，"一"还有一个"高频字码"，即打一个"G"再打一个空格便可输入。

二、复合字的输入

除键面上有的键面字之外，其余所有的汉字都可通过字根拼合而成，这些字统称为"复合字"或"键外字"。凡是复合字，都必须拆分成基本字根的一维数列，然后再依次键入计算机，拆分要有一定的规则，才能最大限度地保持其唯一性。

（一）复合字拆分的基本规则

1. 书写顺序：按照从左到右 从上到下 从外到内的书写顺序进行取码。

例：“新”只能拆成“立、木、斤”，不能拆成“立、斤、木”；“中”只能拆成“口、丨”，不能拆成“丨、口”；“夷”只能拆成“一、弓、人”，不能拆成“大、弓”。

2. 取大优先：“取大优先”，也叫做“优先取大”，即按书写顺序拆分汉字时，应以“再添一个笔画便不能成其为字根”为限，每次都拆取一个“尽可能大”的、尽可能笔画多的字根。

例：世：第一种拆法：一、凵、乙（误）；第二种拆法：廿、乙（正）

显然，前者是错误的，因为其第二个字根“凵”，完全可以向前“凑”到“一”上，形成一个“更大”的已知字根“廿”。

总之，“取大优先”，俗称“尽量往前凑”，是一个在汉字拆分中最常用到的基本原则，至于什么才算“大”，“大”到什么程度才到“边”，需要熟悉字根总表，才能不出错误。

3. 兼顾直观：在拆分汉字时，为了照顾汉字字根的完整性，有时不得不暂且牺牲一下“书写顺序”和“取大优先”的原则，形成个别例外的情况。

例如：国：按“书写顺序”应拆成：“冂、王、丶、一”，但这样便破坏了汉字构造的直观性，故只好违背“书写顺序”，拆成“囗、王、丶”了。

又如：自：按“取大优先”应拆成：“亻、乙、三”，但这样拆，不仅不直观，而且也有悖于“自”字的字源（这个字的字源是“一个手指指着鼻子”），故只能拆成“丿、目”。

4. 能连不交：请看以下拆分实例：

于：一十（二者是相连的）；二丨（二者是相交的）

丑：乙土（二者是相连的）；刀二（二者是相交的）

当一个字既可拆成相连的几个部分，也可拆成相交的几个部分时，我们认为“相连”的拆法是正确的。因为一般来说，“连”比“交”更为“直观”。

5. 能散不连：如前所述，笔画和字根之间，字根与字根之间的关系，可以分为“散”、“连”和“交”的三种关系。

如：倡，三个字根之间是“散”的关系；

自，首笔“丿”与“目”之间是“连”的关系；

夷，“一”、“弓”与“人”是“交”的关系。

字根之间的关系，决定了汉字的字型（上下、左右、杂合）。值得注意的是，有时候一个汉字被拆成的几个部分都是复笔字根（不是单笔画），它们之间的关系，在“散”和“连”之间模棱两可。

如：占：卜 口 两者按“连”处理，便是杂合型（3 型），两者按“散”处理，便是上下型（2型，正确）；交：六乂两者按“连”处理，便是杂合型（3型），两者按“散”处理，便是上下型（2型，正确）。

当遇到这种既能“散”，又能“连”的情况时，我们规定：只要不是单笔画，一律按“能散不连”判别之。因此，以上两例中的“占”和“交”，都被认为是“上下型”字（2型）。

以上这些规定，是为了保证编码体系的严整性。实际上，用得上后三条规定的字只是极少数。

（二）复合字的输入

1.“多根字”的取码规则。所谓“多根字”，是指按照规定拆分之后，总数多于4个字根的字。这种字，不管拆出了几个字根，我们只按顺序取其第一、二、三及最末一个字根，俗称“一二三末”，共取四个码。

如：戆：立早夂心（UJTN）攀：木 乂 乂 手（SQQR）

2.“四根字”的取码规则。“四根字”是指刚好由4个字根构成的字，其取码方法是依照书写顺序把四个字根取完。

如：照：日 刀 口 灬（JVKO）　教：土 丿 子 攵（FTBT）

3. 不足四根字的取码规则。当一个字拆不够4个字根时，它的输入编码是：先打完字根码，再追加一个“末笔字型识别码”，简称“识别码”。

（1）“末笔字型识别码”的组成：它是由字的末笔笔画和字型信息共同构成的，根据“末笔”代号加“字型”代号而构成的一个附加码。例如：“汀”字拆成“氵、丁”，编码为IS；“沐”字拆成“氵、木”，编码也为IS；“洒”字拆成“氵、西”，编码也为IS，这样输入，计算机无法区分它们。为了进一步区分这些字，五笔字型编码输入法中引入一个末笔字型交叉识别码，凡不足四个字根的，除按书写顺序先打完字根码外，再追加一个“末笔字型识别码”。末笔笔画只有五种，字型信息只有三类，因此末笔字型交叉识别码只有15种。如表4－3所示。

表4－3　末笔字型识别码表

末笔笔画	左右型1	上下型2	杂合型3
横1	11G	12F	13D
竖2	21H	22J	23K
撇3	31T	32R	33E
捺4	41Y	42U	43I
折5	51N	52B	53V

①“1”型（左右型）字：字根打完之后，补打 1 个末笔画即等同于加了“识别码”。

例：沐：氵木丶（“丶”为末笔，补 1 个“丶”）

汀：氵丁丨（“丨”为末笔，补 1 个“丨”）

洒：氵西一（“一”为末笔，补 1 个“一”）

②“2”型（上下型）字：字根打完之后，补打由 2 个末笔画复合构成的“字根”即等同于加了“识别码”。

例：华：亻匕十（末笔为“丨”，补打“刂”作为“识别码”）

字：宀子二（末笔为“一”，补打“二”作为“识别码”）

参：厶大彡（末笔为“丿”，补打“⺈”作为“识别码”）

③“3”型（杂合型）字：字根打完之后，补打由 3 个末笔画复合而成的“字根”即等同于加了“识别码”。

例：同：冂一口三（末笔为“一”，补打“三”作为“识别码”）

串：口口丨（末笔为“丨”，补打“彡”作为“识别码”）

国：囗王丶氵（末笔为“丶”，补打“氵”作为“识别码”）

至于为什么这些“笔画”可以起到“识别码”的作用，你只要仔细研究一下区位号的设计与“识别码”的定义便会恍然大悟。

(2) 关于“末笔”的几项说明：

① 关于“力、刀、九、匕”，鉴于这些字根的笔顺常常因人而异，“五笔字型”中特别规定，当它们参加“识别”时，一律以其“伸”得最长的“折”笔作为末笔。

如：男：田力（末笔为“乙”，2 型，加“巛”作为“识别码”）

花：艹亻匕（末笔为“乙”，2 型，加“巛”作为“识别码”）

② 带框框的“国、团”与带走之的“进、远、延”等包围型或半包围型的字，因为是一个部分被另一个部分包围，我们规定：被包围部分的“末笔”为“末笔”。

如：进：二刂辶（末笔为“丨”，3 型，加“川”作为“识别码”）

远：二儿辶巛（末笔为“乙”，3 型，加“巛”作为“识别码”）

团：囗十丿彡（末笔为“丿”，3 型，加“彡”作为“识别码”）

哉：十戈口三（末笔为“一”，3 型，加“三”作为“识别码”）

③“我”、“戋”、“成”、“戈”等字或以其结尾的字，末笔的笔顺由于因人而异，故遵从“从上到下”的原则，一律规定“丿”为其末笔。

如：我：丿扌乙丿（TRNT，取一二三末，只取四码）

戋：一 一 丿（GGGT，成字字根，先“报户口”，再取一、二、末笔）

成：厂 乙 乙 丿（DNNT，取一二三末，只取四码）

④ 对于“义、太、勺、叉”等字中的“单独点”，离字根的距离很难确定，可远可近，我们干脆认为这种“单独点”与其附近的字根是“相连”的。既然“连”在一起，便属于杂合型（3型）。其中“义”的笔顺，还需按上述“从上到下”的原则，认为是“先点后撇”。

如：义：丶 氵（末笔为“丶”，3型，“氵”即为识别码）

太：大丶氵（末笔为“丶”，3型，“氵”即为识别码）

勺：勹丶氵（末笔为“丶”，3型，“氵”即为识别码）

三、词组的输入

汉字以字作为基本单位，由字组成词。在句子中若把词作为输入的基本单位，则速度更快。五笔字型中的词和字一样，一个词组仍只需四码。词组代码的取码规则如下：

1. 双字词：分别取每个字的前两码组成，共四码。

如：计算：讠、十、竹、目（YFTH）；电话：日、乙、讠、丿（JNYT）

2. 三字词：前二个字各取第一码，最后一个字取前两码，共四码。

如：操作员：扌、亻、口、贝（RWKM）；计算机：讠、竹、木、几（YTSM）

3. 四字词：每字各取第一码，共四码。

如：程序设计：禾、广、讠、讠（TYYY）；萍水相逢：艹、水、木、夂（AIST）

4. 多字词：取一、二、三、末四个字的第一码，共四码。

如：中华人民共和国：口、人、人、囗（KWWL）；电子计算机：日、子、讠、木（JBYS）

四、简码、重码

（一）简码输入

为了减少击键次数，提高输入速度，一些常用的字，除按它的全码可以输入外，多数都还可以只取其前边的一至三个字根，再加空格键输入，形成一、二、三级简码。

1. 一级简码（即高频字码）。高频字，是指敲一键后再敲一空格键即能输入的汉字，共25个，即：我（Q）、以（C）等，见表4-4。

表 4-4　　一级简码表

键名	Q	W	E	R	T	Y	U	I	O	P
简码	我	人	有	的	和	主	产	不	为	这
键名	A	S	D	F	G	H	J	K	L	
简码	工	要	在	地	一	上	是	中	国	
键名		Z	X	C	V	B	N	M		
简码			经	以	发	了	民	同		

2. 二级简码。二级简码由单字全码的前两个字根代码接着一空格键组成，最多能输入 25×25=625 个汉字。如：量、药、城、宽、持、历、义等。

3. 三级简码。三级简码由单字前三个字根接着一个空格键组成。凡前三个字根在编码中是唯一的，都选作三级简码字，一共约 4400 个。虽敲键次数未减少。但省去了最后一码的判别工作，仍有助于提高输入速度。如：丈、揪、谊、拍、甘、倔、嬉等。注意：有时，同一个汉字可有几种简码。如："经"，就同时有一、二、三级简码及全码等四个输入码。经：X，经：XC，经：XCA，经：XCAG。

（二）重码

几个"五笔字型"编码完全相同的字，叫做"重码"。当输入重码字的编码时，几个重码的字，会同时出现在屏幕的"提示行"中，较常用的字排在第一个位置上，并用数字指出重码字的序号。如果你要的就是第一个字，可继续输入下一个字，该字自动跳到当前光标位置，其他重码字要用数字键加以选择。如："嘉"字和"喜"字，都分解为"FKUK"，因"喜"字较常用，它排在第一位，"嘉"字排在第二位，若你需要"嘉"字，则要用数字键 2 来选择。

第三节　指法及操作建议

尽快掌握正确的指法及五笔字型输入法，恰当地划分练习的各个阶段，提出适当的目标，这对于学习、训练的成功是很重要的。

一、指法练习

（一）手指分工

十指分工，包键到指，各守岗位，这对于保证击键的准确和速度的提高至关重要。我们把"A、S、D、F、J、K、L、;"8 个键称为基准键。基准键和空格键是 10 个手指不击键时的停留位置，通常将左手小指、无名指、中指、食指分别置于“A、S、D、F”键上，将右手食指、中指、无名指、小指分别置于“J、K、L、;”键上，左、右手拇指轻置于空格键上。

各手指分工为：

左手：小指击“Q、A、Z”键、无名指击“W、S、X”键、中指击“E、D、C”键、食指击“R、F、V、T、G、B”键；

右手：食指击“Y、H、N、U、J、M”键、中指击“I、K、,”键、无名指击“O、L、。”键、小指击“P、;、/”键。具体手指分工见图 4－2。

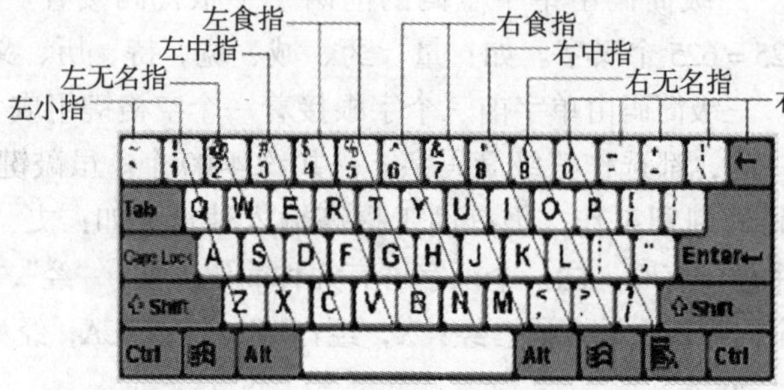

图 4－2　手指分工图

(二) 操作要求

操作者必须始终保持端坐的正确姿势，必须牢记基准键与手指的对应关系，切不可有半点差错。在键盘输入的基础训练中，除基准键的 8 个字键要求在击键后，手指仍放在原字键位上不动外，击其他各字键后，都强调手指必须回归到原基准键位上，这样做的目的是使初学者经过多次击键和回放动作后，能够正确、熟练地掌握基准键位与各手指所管理范围其他各键之间的距离、位置。

二、速度练习

学会输入汉字的方法后，就想使自己输入汉字的速度快起来。然而，要真能做到这一点确实不容易，往往练习了好几个月，输入速度仍不怎么样。要提高输入汉字的速度，就必须做到如下几点：

首先，必须熟记字根表。学会“五笔字型”编码的关键是熟记字根表，而熟记字根表的关键除了背字根助记词外，还需要多做书面的拆分编码练习。在熟记汉字的折分原则的基础上，对于“常见非基本字根”汉字应反复练习，要达到

“见字即分”的境界。如果你做了 500 个常用字的拆分编码（只需 1 天时间）练习，25 个键位的字根表自然就会有很深的印象了，这如同你背 25 个人的名单很吃力，但只要跟 25 个人在一起交谈一个小时，就能把人与名字对起来一样。

其次，记字根的同时要保证指法准确，以便于“盲打”。多练习“盲打”是提高汉字输入速度的有效途径。

再次，练习词组输入法时，应尽量保证输入词组的正确性，并不断熟练词组的编码，尽可能多地使用词组输入是提高汉字输入速度的必要因素。

最后，就是要加强实战练习。在实战练习时，切忌打一句看一句，打一字看一字，一定要等待全篇文章打完或某一段打完后再去校对。

长此以往，养成良好的汉字输入习惯，就能有效地提高输入速度。

第四节 打字软件练习与考核系统介绍

一、全能打字教室练习系统介绍

(一) 字根练习

1. 双击“全能打字教室”图标，见图 4－3。

全能打字教室 .lnK

图 4－3 “全能打字教室”图标

2. 进入登录界面如图 4－4 所示。

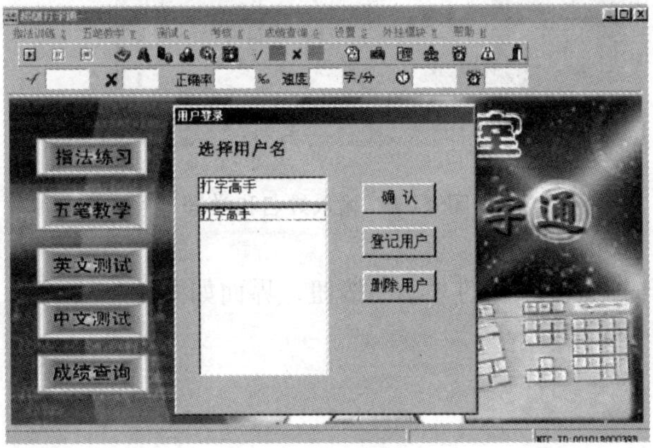

图 4－4 登录界面

3. 点击登记用户按钮，界面如图 4－5 所示。

图 4－5　登记用户

4. 在新用户框内输入姓名及学号，界面如图 4－6 所示。

图 4－6　输入姓名和学号

5. 不设密码，点击绿色的“√”按钮，界面如图 4－7 所示。

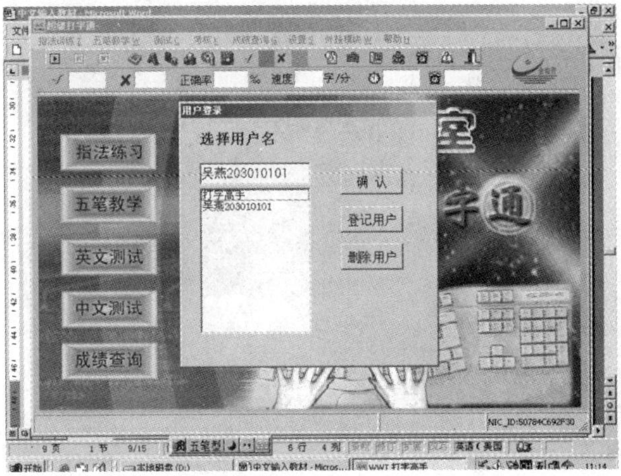

图 4－7　点击“√”按钮

6. 点击确认，界面如图 4－8 所示。

图 4－8　“全能打字教室”界面

7. 选择五笔教学菜单中的字根练习，界面如图 4－9 所示。

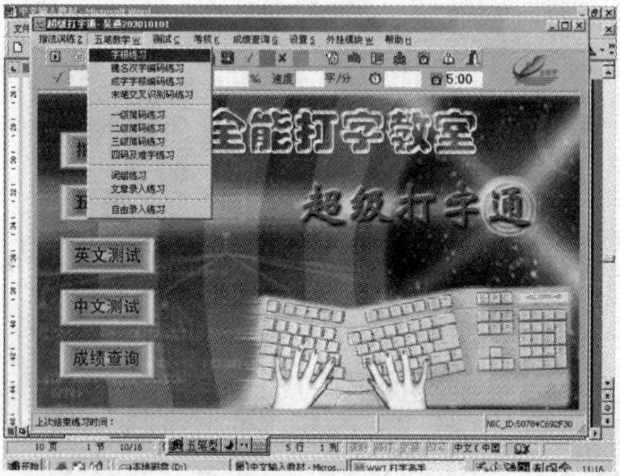

图 4-9 选择字根练习

8. 点击五笔教学菜单中的字根练习，界面如图 4-10 所示。

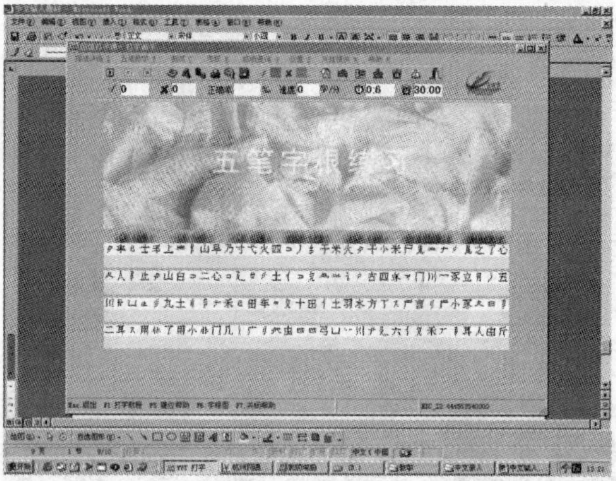

图 4-10 点击字根练习

(二) 键名汉字编码练习

1. 双击全能打字教室图标，界面所示与图 4-3、图 4-4 相同。

2. 点击登记用户按钮，界面所示与图 4-5 相同。

3. 在新用户框内输入姓名及学号，界面所示与图 4-6 相同。

4. 不设密码，点击绿色的“√”按钮，界面所示与图 4-7 相同。

5. 点击确认，界面所示与图 4 – 8 相同。

6. 选择五笔教学菜单中的键名汉字编码练习，界面如图 4 – 11 所示。

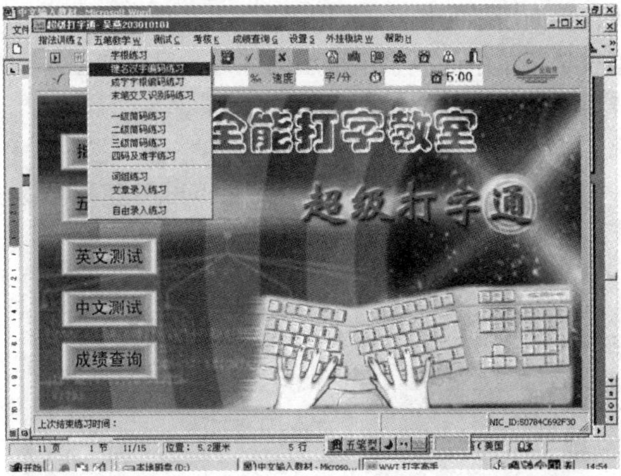

图 4 – 11　选择键名汉字编码练习

7. 点击五笔教学菜单中的键名汉字编码练习，界面如图 4 – 12 所示。

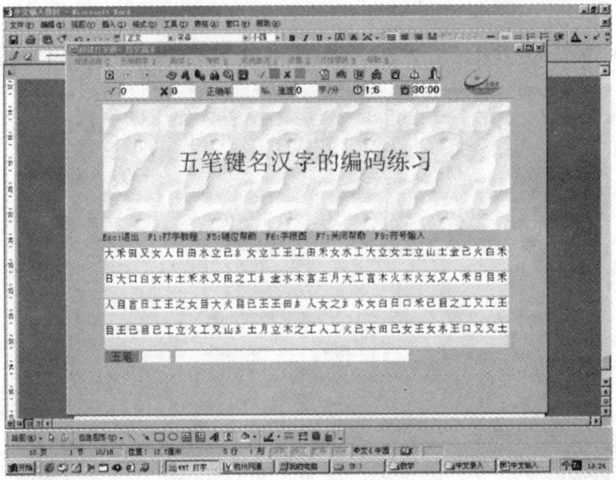

图 4 – 12　点击键名汉字编码练习

（三）成字字根编码练习

1. 双击全能打字教室图标，界面所示与图 4 – 3、图 4 – 4 相同。

2. 点击登记用户按钮，界面所示与图 4 – 5 相同。

3. 在新用户框内输入姓名及学号，界面所示与图 4－6 相同。

4. 不设密码，点击绿色的“√”按钮，界面所示与图 4－7 相同。

5. 点击确认，界面所示与图 4－8 相同。

6. 选择五笔教学菜单中的成字字根编码练习，界面如图 4－13 所示。

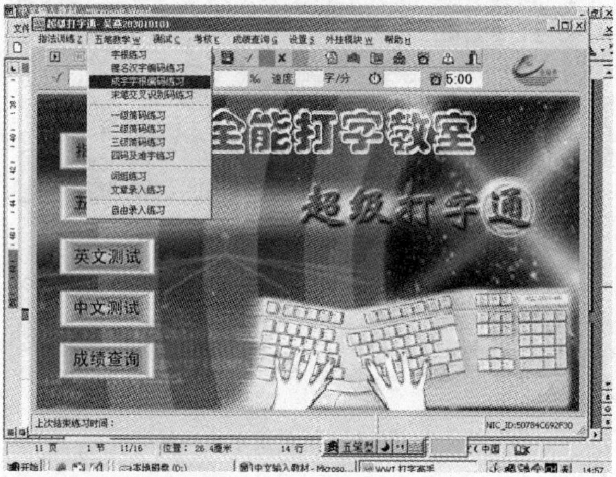

图 4－13　选择成字字根编码练习

7. 点击五笔教学菜单中的成字字根编码练习，界面如图 4－14 所示。

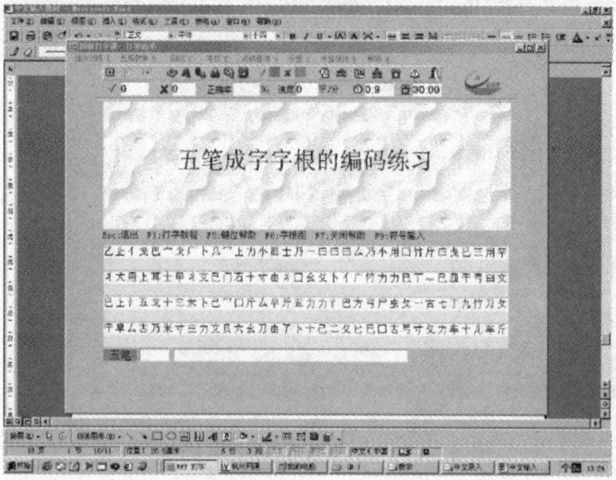

图 4－14　点击成字字根编码练习

（四）末笔交叉识别码练习

1. 双击全能打字教室图标，界面所示与图 4－3、图 4－4 相同。
2. 点击登记用户按钮，界面所示与图 4－5 相同。
3. 在新用户框内输入姓名及学号，界面所示与图 4－6 相同。
4. 不设密码，点击绿色的“√”按钮，界面所示与图 4－7 相同。
5. 点击确认，界面所示与图 4－8 相同。
6. 选择五笔教学菜单中的末笔交叉识别码练习，界面如图 4－15 所示。
7. 点击五笔教学菜单中的末笔交叉识别码练习，界面如图 4－16 所示。

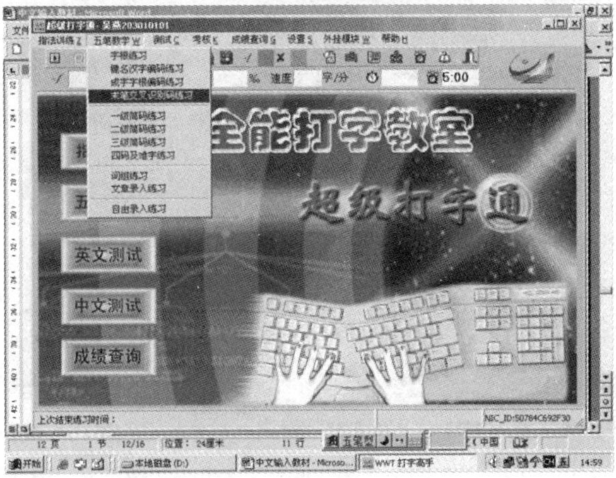

图 4－15　选择末笔交叉识别码练习

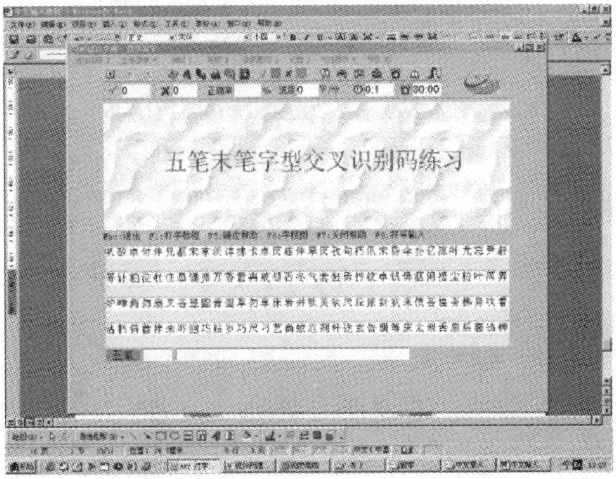

图 4－16　点击末笔交叉识别码练习

(五) 一级简码练习

1. 双击全能打字教室图标，界面所示与图 4-3、图 4-4 相同。

2. 点击登记用户按钮，界面所示与图 4-5 相同。

3. 在新用户框内输入姓名及学号，界面所示与图 4-6 相同。

4. 不设密码，点击绿色的“√”按钮，界面所示与图 4-7 相同。

5. 点击确认，界面所示与图 4-8 相同。

6. 选择五笔教学菜单中的一级简码练习，界面如图 4-17 所示。

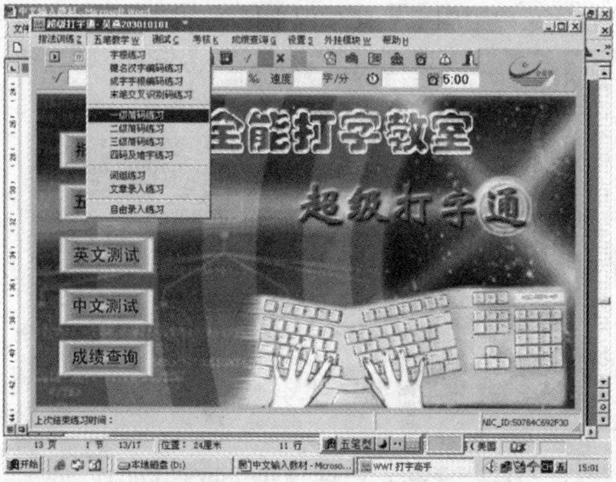

图 4-17 选择一级简码练习

7. 点击五笔教学菜单中的一级简码练习，界面如图 4-18 所示。

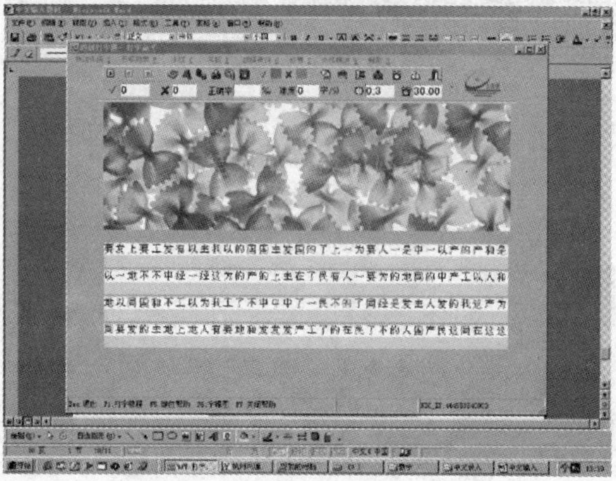

图 4-18 点击一级简码练习

(六) 二级简码练习

1. 双击全能打字教室图标，界面所示与图 4－3、图 4－4 相同。
2. 点击登记用户按钮，界面所示与图 4－5 相同。
3. 在新用户框内输入姓名及学号，界面所示与图 4－6 相同。
4. 不设密码，点击绿色的“√”按钮，界面所示与图 4－7 相同。
5. 点击确认，界面所示与图 4－8 相同。
6. 选择五笔教学菜单中的二级简码练习，界面如图 4－19 所示。

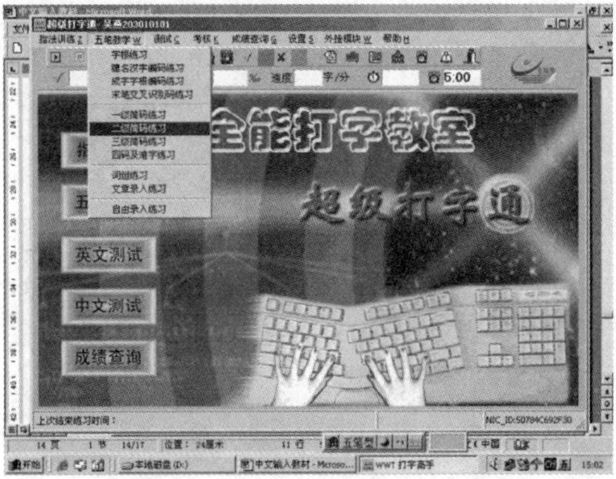

图 4－19 选择二级简码练习

7. 点击五笔教学菜单中的二级简码练习，界面如图 4－20 所示。

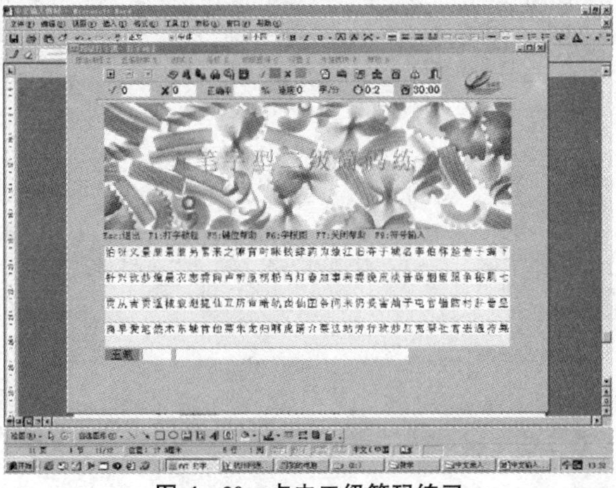

图 4－20 点击二级简码练习

（七）三级简码练习

1. 双击全能打字教室图标，界面所示与图 4－3、图 4－4 相同。
2. 点击登记用户按钮，界面所示与图 4－5 相同。
3. 在新用户框内输入姓名及学号，界面所示与图 4－6 相同。
4. 不设密码，点击绿色的“√”按钮，界面所示与图 4－7 相同。
5. 点击确认，界面所示与图 4－8 相同。
6. 选择五笔教学菜单中的三级简码练习，界面如图 4－21 所示。

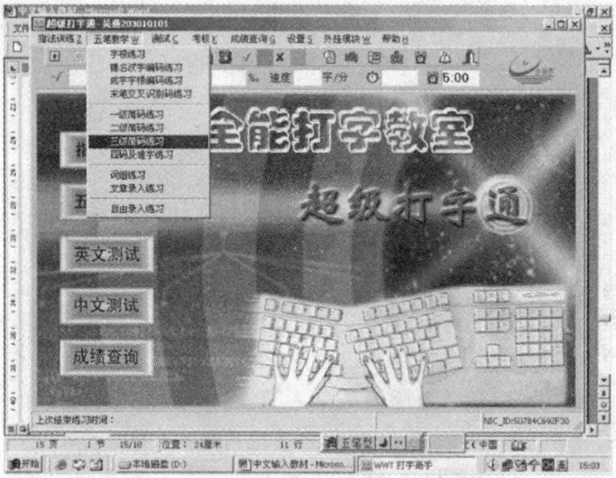

图 4－21 选择三级简码练习

7. 点击五笔教学菜单中的三级简码练习，界面如图 4－22 所示。

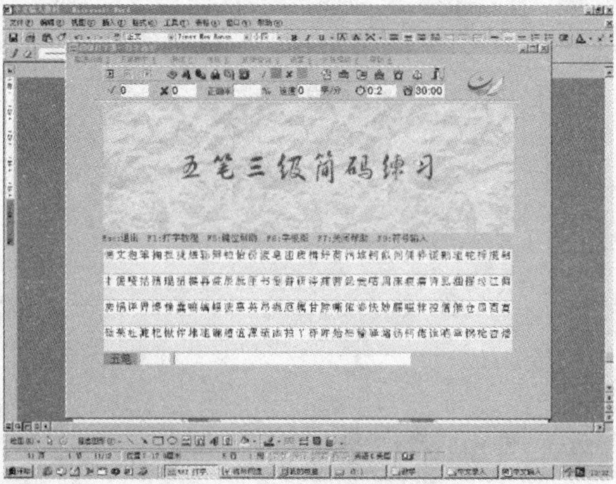

图 4－22 点击三级简码练习

（八）四码及难字练习

1. 双击全能打字教室图标，界面所示与图 4－3、图 4－4 相同。
2. 点击登记用户按钮，界面所示与图 4－5 相同。
3. 在新用户框内输入姓名及学号，界面所示与图 4－6 相同。
4. 不设密码，点击绿色的“√”按钮，界面所示与图 4－7 相同。
5. 点击确认，界面所示与图 4－8 相同。
6. 选择五笔教学菜单中的四码及难字练习，界面如图 4－23 所示。

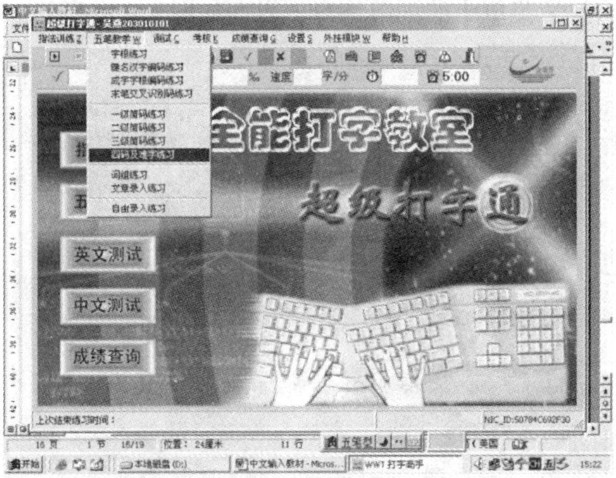

图 4－23 选择四码及难字练习

7. 点击五笔教学菜单中的四码及难字练习，界面如图 4－24 所示。

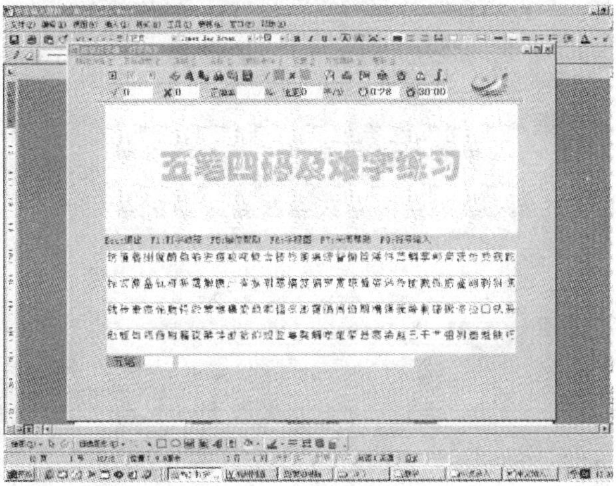

图 4－24 点击四码及难字练习

(九) 词组练习

1. 双击全能打字教室图标，界面所示与图 4－3、图 4－4 相同。
2. 点击登记用户按钮，界面所示与图 4－5 相同。
3. 在新用户框内输入姓名及学号，界面所示与图 4－6 相同。
4. 不设密码，点击绿色的“√”按钮，界面所示与图 4－7 相同。
5. 点击确认，界面所示与图 4－8 相同。
6. 选择五笔教学菜单中的词组练习，界面如图 4－25 所示。
7. 点击五笔教学菜单中的词组练习，界面如图 4－26 所示。

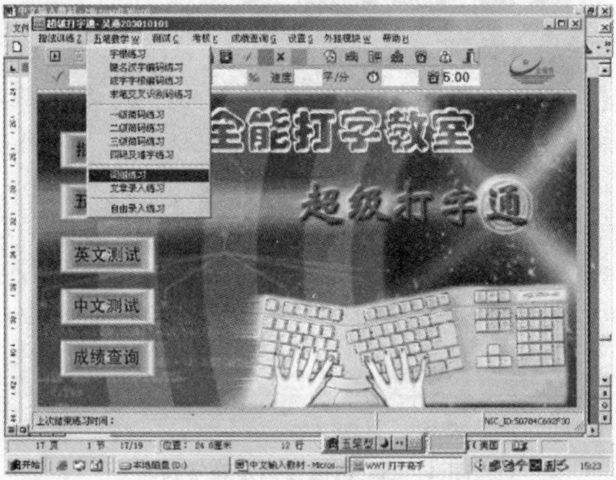

图 4－25　选择词组练习

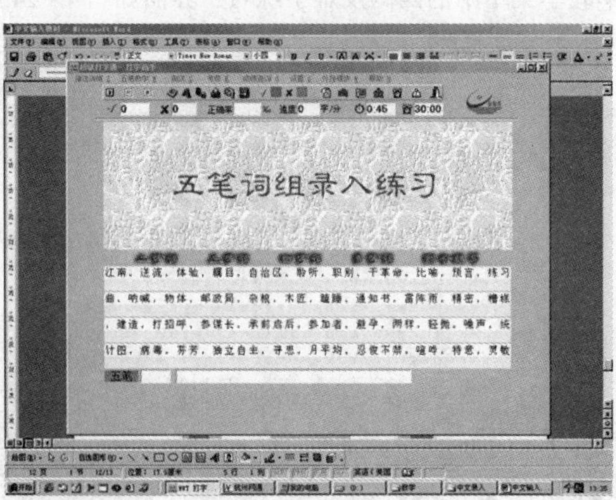

图 4－26　点击词组练习

（十）文章录入练习

1. 五笔教学菜单中的文章录入练习

（1）双击全能打字教室图标，界面所示与图 4－3、图 4－4 相同。

（2）点击登记用户按钮，界面所示与图 4－5 相同。

（3）在新用户框内输入姓名及学号，界面所示与图 4－6 相同。

（4）不设密码，点击绿色的“√”按钮，界面所示与图 4－7 相同。

（5）点击确认，界面所示与图 4－8 相同。

（6）选择五笔教学菜单中的文章录入练习，界面如图 4－27 所示。

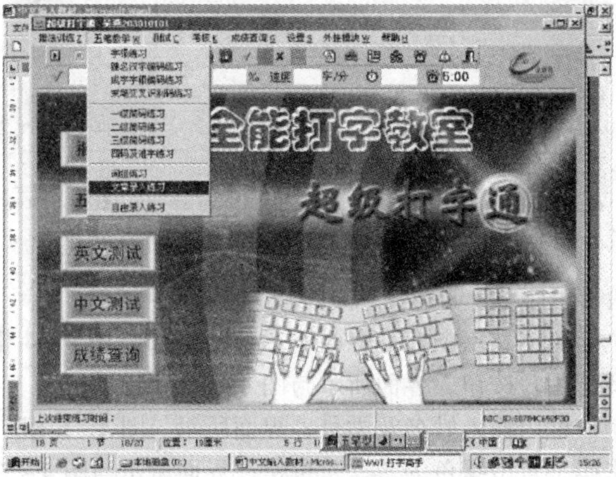

图 4－27　选择文章录入练习

（7）点击五笔教学菜单中的文章录入练习，界面如图 4－28 所示。

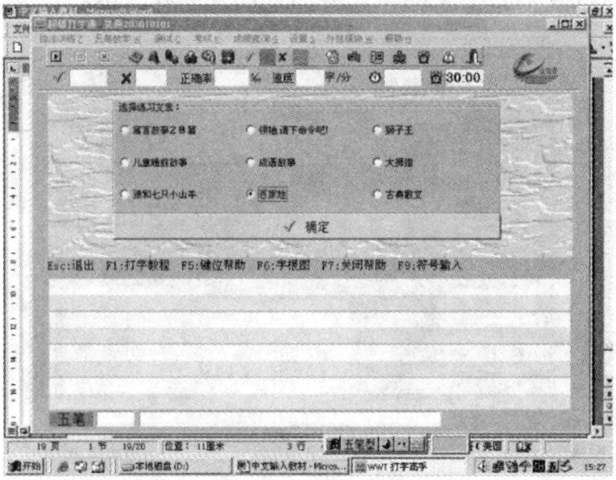

图 4－28　点击文章录入练习

(8) 点击文章前的选择按钮，选择文章，选好后点击确定开始练习，界面如图 4－29 所示。

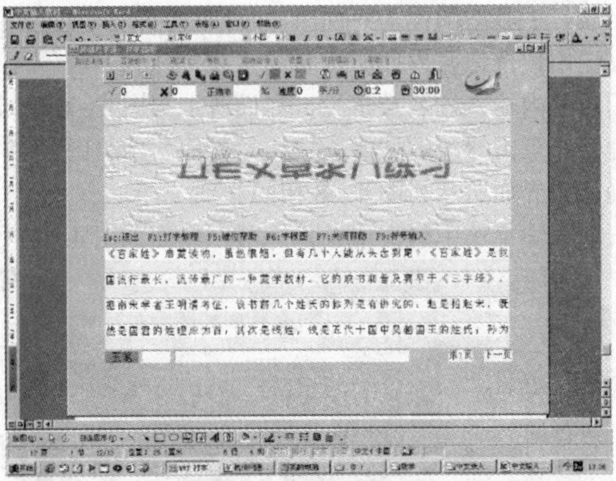

图 4－29　选择文章

2. 测试菜单的中文测试

(1) 双击全能打字教室图标，界面所示与图 4－3、图 4－4 相同。

(2) 点击登记用户按钮，界面所示与图 4－5 相同。

(3) 在新用户框内输入姓名及学号，界面所示与图 4－6 相同。

(4) 不设密码，点击绿色的“√”按钮，界面所示与图 4－7 相同。

(5) 点击确认，界面所示与图 4－8 相同。

(6) 选择测试菜单的中文测试，界面如图 4－30 所示。

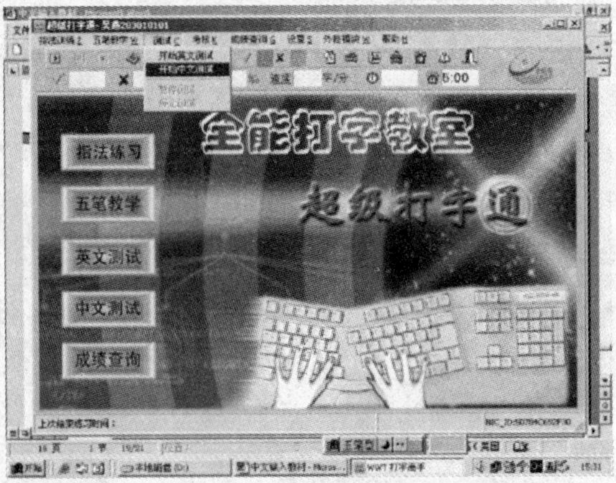

图 4－30　选择中文测试

（7）点击测试菜单的中文测试，界面如图 4－31 所示。

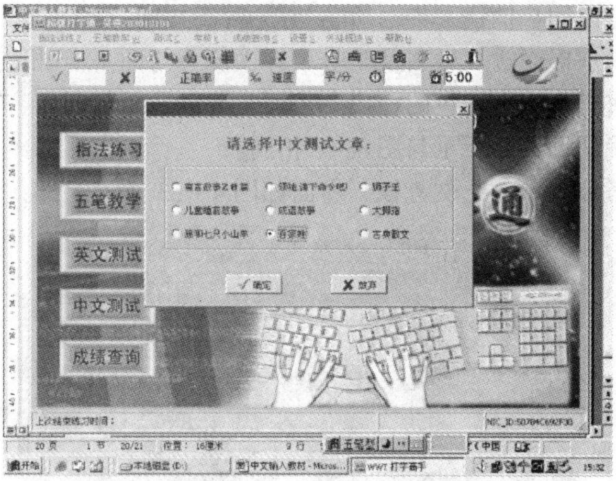

图 4－31　点击中文测试

（8）点击文章前的选择按钮，进行选择文章，选好后点击确定，界面如图 4－32所示。

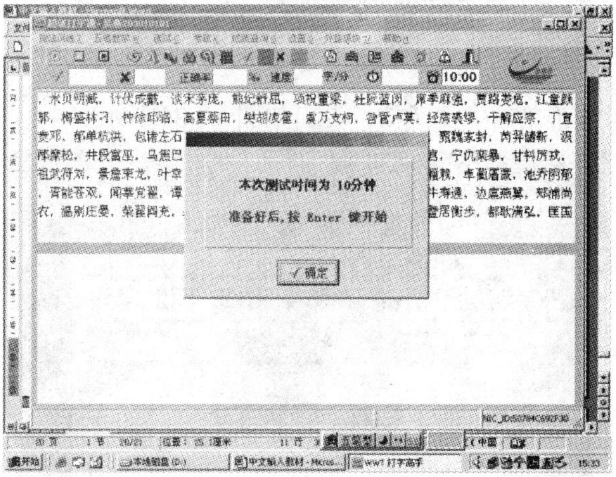

图 4－32　选择文章

（9）点击确定或敲回车键后开始测试。

3. 考核菜单的中文考核

（1）双击全能打字教室图标，界面所示与图 4－3、图 4－4 相同。
（2）点击登记用户按钮，界面所示与图 4－5 相同。
（3）在新用户框内输入姓名及学号，界面所示与图 4－6 相同。
（4）不设密码，点击绿色的“√”按钮，界面所示与图 4－7 相同。
（5）点击确认，界面所示与图 4－8 相同。
（6）选择考核菜单的中文考核，界面如图 4－33 所示。

图 4－33　选择中文考核

（7）点击考核菜单的中文考核，界面如图 4－34 所示。

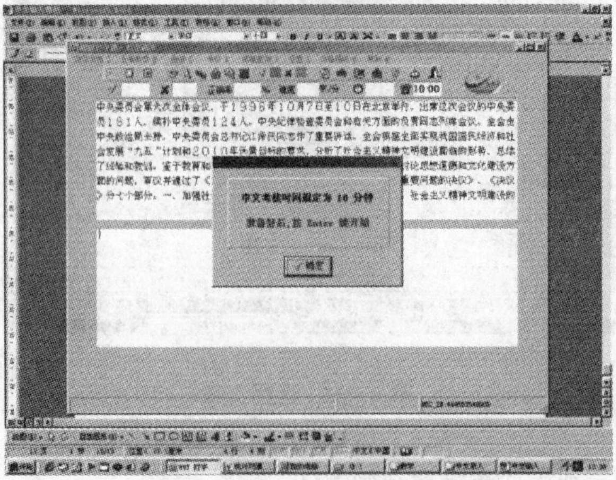

图 4－34　点击中文考核

(8) 点击确定或敲回车键后开始考核。

二、银行职业技能鉴定系统介绍

1. 双击“银行职业技能鉴定系统”图标，见图 4 – 35。

图 4 – 35 “银行职业技能鉴定系统”图标

2. 选择进入考核系统，见图 4 – 36。
3. 进入“用户登录”界面，见图 4 – 37。

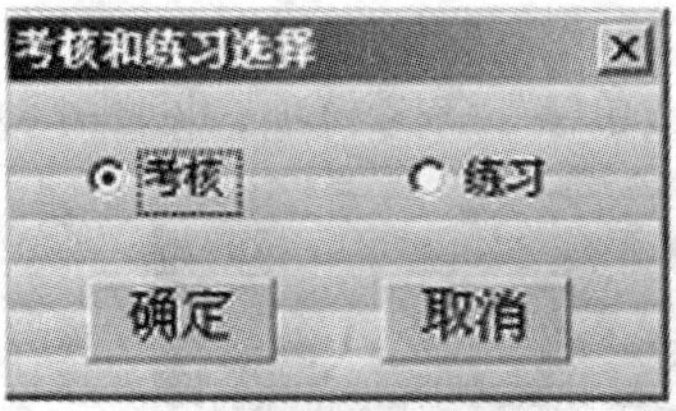

图 4 – 36 选择进入考核系统

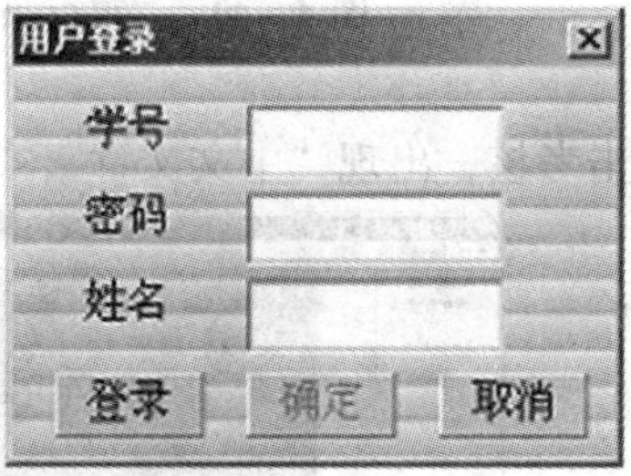

图 4 – 37 “用户登录”界面

4. 输入学号并确认学号后点击登录，见图 4 – 38。
5. 出现姓名后点击确定，见图 4 – 39。

图 4 – 38 输入学号

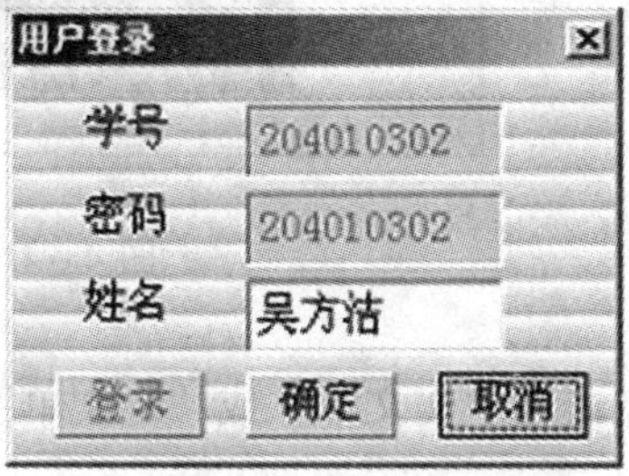

图 4 – 39 出现姓名

6. 进入银行职业技能鉴定考核系统，见图 4－40。

图 4－40 “银行职业技能鉴定系统”界面

7. 点击考核，出现“中文文章”、“中文单字”等考核项，见图 4－41。

图 4－41 选择考核项

8. 点击“中文文章”或“中文单字”后，确认进行考核，见图 4－42。

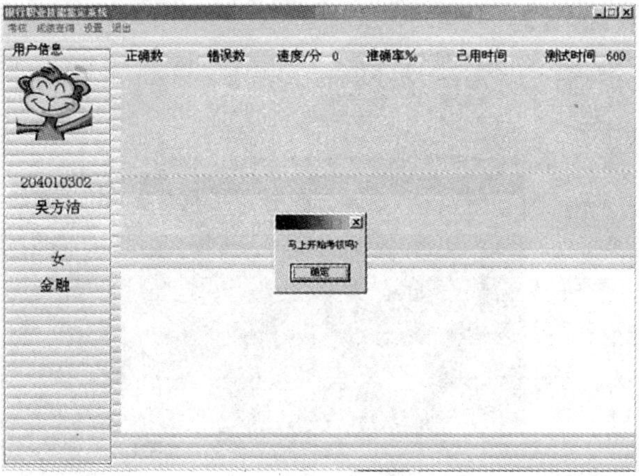

图 4-42 点击考核项

9. 按规定的输入方法进行中文输入考核，见图 4-43。

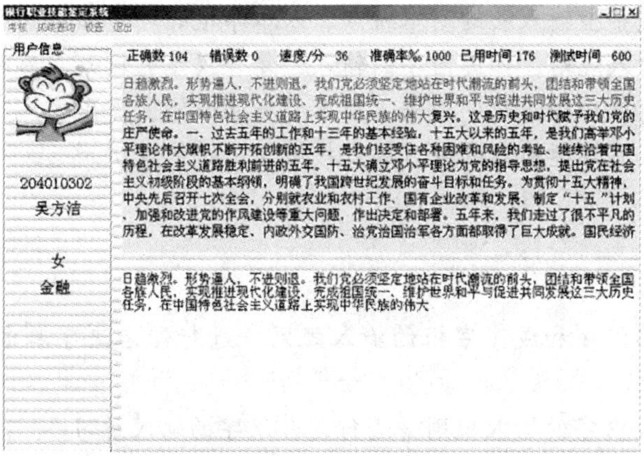

图 4-43 中文输入考核

10. 考核完毕后，可以点击成绩查询栏中的考核成绩查询，对自己的考核成绩进行查询，见图 4-44。

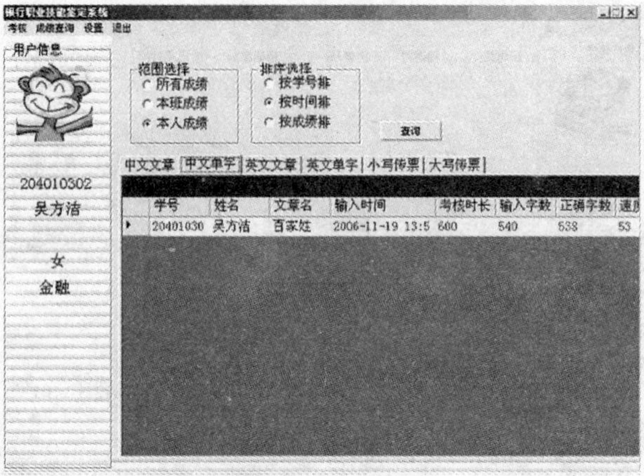

图 4-44 成绩查询

本章小结

通过对五笔字型输入法的基本特点、基本字根等一般知识的了解，着重介绍了五笔字型的输入规则，如键面字的输入、复合汉字的输入、简码及词组的输入等，同时在如何提高输入速度上作了简单的指法介绍，提出了一些操作建议，最后根据软件对五笔字型输入的练习和考核做了简短的说明。

复习思考题

1. 掌握键名汉字和成字字根的输入规则并进行键名汉字和成字字根的输入练习。

2. 掌握复合汉字的输入规则并进行复合汉字的输入练习。

3. 掌握词组的输入规则并进行词组的输入练习。

4. 进行简码输入的练习。

参考文献

[1] 方秀丽:《商业银行柜面操作技能》，杭州，浙江大学出版社，2004。

[2] 五笔教学研究组:《五笔字型与 WORD 排版》，北京，机械工业出版社，2003。

[3] 腾飞工作室:《五笔字型速查辞典》，北京，中国铁道出版社，2002。

第五章

电脑传票输入

本章提示： 电脑传票输入是在保证准确率的前提下，尽可能快地将数据输入计算机系统的一项技能，在银行临柜、商场收银、会计记账等实际工作中具有广泛的用途。要掌握好这一技能，必须按照正确的方法进行训练，才能养成良好的输入习惯，学会正确的输入指法，并掌握一定的输入技巧。

电脑传票输入是指将传票上的账号、金额、代码等各种数据按照计算机处理程序的要求在保证准确率的前提下通过计算机键盘快速输入系统的技术。如同中文输入、英文输入技术是利用计算机键盘将中文、英文输入电脑系统的技能，电脑传票输入是将数据输入电脑系统的技能。在计算机使用已经普及的今天，这一技能被广泛运用到实际工作中，商场收银、会计记账、银行临柜等凡是和数字有关的岗位几乎都会用到这一技能，这些岗位操作人员电脑传票输入的技能水平直接影响着工作的正确性和效率。

衡量电脑传票输入技能水平的指标有两个，一是准确率，二是速度。

在实际的工作中，任何一个数据的错误输入都有可能产生严重的后果。一位操作人员每天录入电脑系统的数据成千上万个，哪怕是99%的准确率，也意味着一天的工作中包含了几十个甚至上百个错误，这是无法容忍的。因此，数据输入的准确性至关重要，准确率是衡量电脑传票输入技术水平的首要指标。平时进行传票输入训练的时候，我们就要把准确率放在首位，严格要求自己必须达到100%的准确率。

提高输入速度是我们学习电脑传票输入技能的主要目的。在保证100%准确的前提下，要通过训练尽可能提高输入速度。

根据以上两项指标，我们以一百张传票为一个单元，每张传票输入一个数据，100个数据的平均长度为7.25个数字（每个数据包含一位小数点），把电脑传票输入技能水平划分十个等级，具体如表5-1所示。

表5-1　电脑传票输入技能水平等级划分

级别	一级	二级	三级	四级	五级
时间	130秒	150秒	170秒	200秒	240秒
级别	六级	七级	八级	九级	十级
时间	300秒	360秒	430秒	510秒	600秒

电脑传票输入技能的一般水平要求小写数据输入达到五级，即4分钟（240秒）内输完100张传票并且全部正确。大写金额的输入一般要求达到七级，即6分钟（360秒）内输完100张传票并且全部正确。

第一节　电脑传票输入基本方法

电脑传票输入基本方法包括输入坐姿、左手翻传票指法、右手键盘输入指法等要领，还强调脑、眼、手的配合与协调。

一、坐姿

电脑传票输入整个过程必须保证坐姿的端正、自然。操作前要选择高度合适的桌子和椅子，特别是键盘的高度以人坐端正后手臂能自然抬起的位置为准。由于在整个传票输入的过程中，视线始终集中在传票的数据上，因此传票应放置在座位正前方桌面上，并且尽量不要放置在键盘上面，避免在进行传票输入的过程中压住其他的按键。人坐端正后右手自然放置的位置就是键盘右半部副键盘数字区的位置。

保持正确的坐姿不仅关系到操作员的工作形象，更重要的是可以使操作员在轻松、自然的状态下工作，防止肌肉因过度紧张而过早地进入疲劳状态，使人既劳累又影响工作效率。

二、左手翻传票指法

电脑传票输入比一般的数字输入难度要高一些，因为它有一个传票翻页的过程，而这个过程对输入的速度和准确率是非常重要的。

(一) 翻传票前的准备

在进行传票输入前，要根据传票本的大小和输入数据的位置，将整刀（本）传票捻成扇形以便于翻页，具体方法为：

1. 根据数据的位置，确定扇形方向。例如输入的数据在传票的右半部分，扇形就要沿右下角展开（见图 5－1）；输入的数据在传票的左下部分或分布在整张传票上，扇形就要按上下方向展开（见图 5－2）。

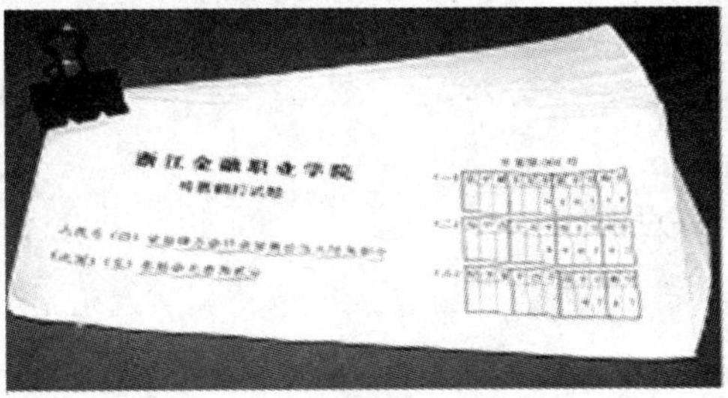

图 5－1　扇形沿右下角展开

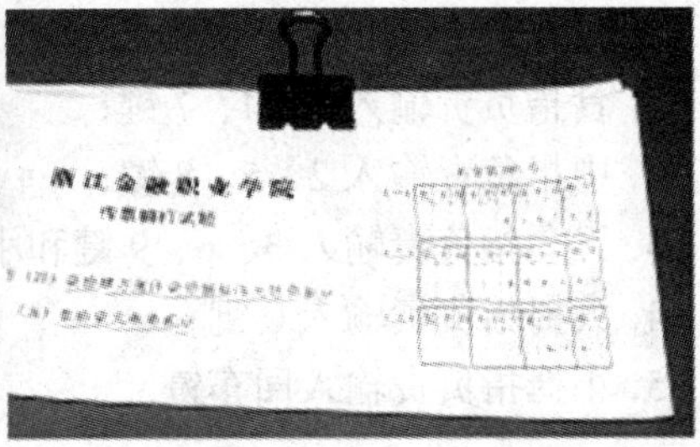

图 5－2　扇形按上下方向展开

2. 扇形展开的方法。现以数据在传票右半部分、扇形沿右下角展开时为例，讲解扇形展开的步骤。

首先，把传票本墩齐，左、右两手先轻轻捏住传票左、右两端（拇指在上，其余四指在下），为捻成扇形做好准备。

然后，用右手捏紧传票，并将传票右上角以右手大拇指为轴向怀内翻卷，翻卷时左手捏紧传票的左上角。重复上述动作，直到把传票捻成幅宽适当、票页均匀的扇形。

最后用夹子夹住传票的左上角，把扇形固定下来。

(二) 传票翻动过程

传票捏成扇形后，左手的小指、无名指和中指自然弯曲压在传票的左端，其余二指自然伸开做好翻页准备。然后，用大拇指和食指进行翻页，当大拇指翻过一页后，食指即放于其下面将传票夹住，同时，大拇指伸向下一页做翻页的准备。

翻页的角度不宜过大，以能看清楚数据便于输入为准，并在看数、默记、输入等动作上能协调一致，以利于提高输入速度。切忌在未看完数字前就急于翻页，又需再次掀动传票，形成忙乱现象。

三、右手键盘输入指法

电脑传票输入使用的是位于键盘右部的副键盘数字区。人在位置上坐端正后，右手自然抬起，两肩放松，手腕不可拱起，也不能搁在键盘或键抽上，手指略弯曲，自然下垂，食指、中指和无名指分别轻放在“4、5、6”三个基准键位上，大拇指略向内弯曲，置于“0”键上方，小拇指在回车键上方，这时中指可以感觉到“5”键位上凸起。

在输入的过程中，五个手指的分工如下：

1. 食指负责输入1、4、7键；
2. 中指负责输入2、5、8键；
3. 无名指负责输入3、6、9键和小数点键；
4. 大拇指负责输入0键；
5. 小拇指负责输入回车键。

四、脑、眼、手的配合

在电脑传票输入的过程中，必须强调脑、眼及左右手的协调配合。输入过程中眼睛只能盯在传票的数据上，除非意识到输入错误需要确认外，否则是不能去看电脑屏幕的，而键盘是绝对不允许看的。在掌握了电脑传票输入技能后，大脑的注意力要集中在传票数据上，保证数据不要看错，并提前记忆数据的内容和进行合理的校对。在输入的过程中，左右手要同时工作，右手的数据输入要掌握节奏，要连贯不能有停顿，在右手输入时大脑就要将正在输入的数据记忆下来并用左手翻到下一张传票，而不能等右手输入完成后才开始翻页。

第二节　电脑传票输入训练方法

电脑传票输入训练可以分为初学、熟练、自动和提升四个阶段，每个阶段的训练方法和训练侧重点都应有所不同，具体叙述如下：

一、初学阶段

一开始学习电脑传票输入，手指一般比较生硬，不管是左手翻传票还是右手的按键都很不习惯，就像初次拿筷子，有劲无处使，每输入一个数字都需要考虑用哪个手指、手怎么动。这时候学习的重点是认真听老师的讲解和模仿老师的示范，掌握正确的指法，培养良好的习惯，不要急于求成。训练的重点是指法的准确性，要在盲打的情况下保证每一个按键的准确无误，以尽快实现从初学阶段向熟练阶段的过渡。

这一阶段容易犯的错误主要有以下几点，必须注意克服。

1. 不按正确的指法进行训练，造成今后错误率居高不下。由于开始不习惯，最常见的错误是有些学生就用中指或食指代替小拇指按回车键，甚至有些学生仅用食指来输入所有的键。这样做暂时可能觉得输入进步比较快，但一旦形成习惯，以后要改正就非常困难。

2. 没有按盲打的要求进行训练。一开始由于对按键的位置不熟悉，一些学生喜欢投机取巧，经常地看一下键盘。于是今后到了自动阶段，这些学生的头也老是转来转去，哪怕那时候他的按键已经完全不需要大脑指挥，但转头的习惯还是改变不了，既影响了输入的速度和准确率，也使人更加容易疲劳。

3. 坐姿不正确。一些学生由于平时习惯，经常把不良的坐姿带入电脑传票输入中来，如入座后喜欢架起二郎腿，或整个身体斜靠在座椅上，等等。

4. 手腕搁在键托上，击键的用力方法不正确。输入过程中右手需要根据需要适当地上下移动，以保证手指击键点的准确并可以借用手臂的力量来减少手指的运动幅度。如果将手腕搁在键托上，势必影响击键的准确性，也使得手臂的力量不能传递到指尖，导致击键的力量全部来自手指从而造成手指的过度劳累。

5. 手指摆放方向偏差。如果手指摆放方向偏差，如图 5 – 3 所示，使得在输入过程中由于右手的上下运动而导致击键点的偏离。形成这一问题的主要原因是输入人员一般喜欢将键盘靠中间摆放导致位置不合理。改正的方法是将键盘放置在身体的右侧，保持手臂、手腕和手指处于放松状态，伸直后能与键盘成 90°（见图 5 – 4）。

二、熟练阶段

经过大约两个星期的训练，电脑传票输入就可以逐步进入熟练阶段。这时手指已不再僵硬，输入数字时也不需要经过太多的思考，输入速度达到每分钟 20 个数据以上。这一阶段的训练重点开始由单纯的右手指法训练转向传票输入训练，强调左手翻传票和右手键盘输入动作的协调，争取左右手的同时进行，而不是右手输入完成后等待左手的传票翻页，并开始培养注意力的重心从控制右手的正确击键转向传票数据的正确读取和记忆。

三、自动阶段

自动阶段的标志是输入时右手已经不需要大脑的控制，只要眼睛看到一个数

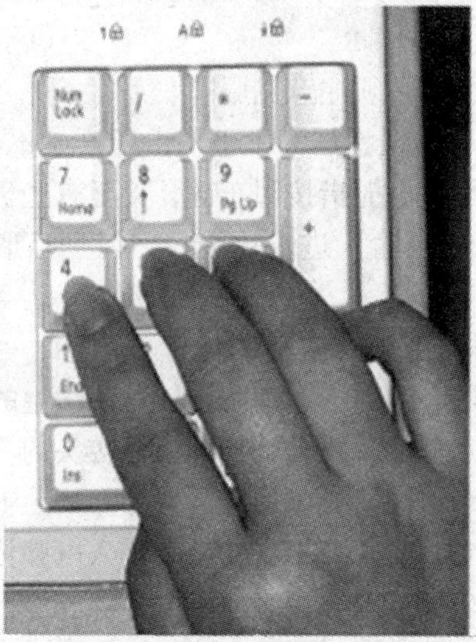

图 5－3　有方向偏差的手指摆放

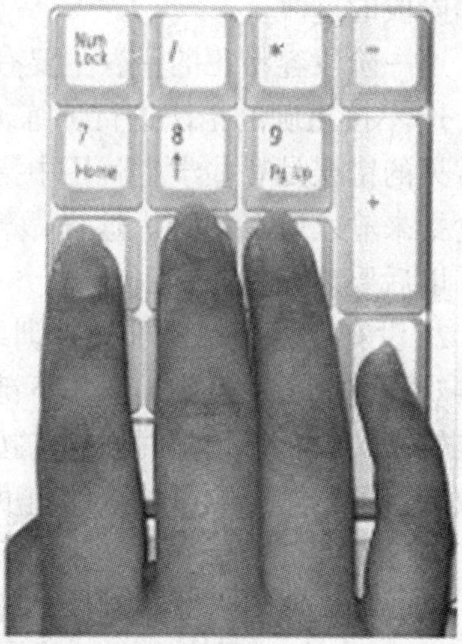

图 5－4　与键盘成 90°的手指摆放

据，右手就自动完成输入，输入人员自己都不知道输入是如何实现的。这一阶段的训练重点是要找出影响自己输入速度的因素并努力克服。

进入自动阶段后，电脑传票输入技能水平明显提高，但在以前训练过程中一些不注意的细节问题也逐渐暴露出来，不克服这些问题，输入水平就很难再上一个台阶。这一阶段需要注意的问题主要有：

1. 右手输入不连贯，传票间存在明显停顿。改正这一习惯的方法是要学会看数据而不是看数字，要在输入上一页传票时就开始准备一眼看完当前传票上的整个数据后记下来，并立即将传票翻到下一页，要有意识地将右手击键动作连贯起来，保持匀速和有节奏。

2. 纠正错误次数过多，造成输入的经常中断。形成这一问题主要是初学时对指法的准确率训练不够重视，直至进入自动阶段后仍经常发生击键错误，从而不断打破输入的连贯性和节奏感，大大降低了输入速度。改正的方法是要重新开展准确率训练，将每百个数据输入的错误纠正次数降到五次以下。

四、提升阶段

当传票输入训练到达自动阶段后，输入水平的进一步提高开始变得困难，在保持原有训练强度的情况下，练习者很难再感觉到自己仍然在进步，这一现象的出现使得大多数练习者开始对传票输入水平的提高失去信心，从而开始逐渐放弃训练。

这时，要想使自己的电脑传票输入水平进一步提高的首要任务是克服心理障碍，树立信心并下定使自己水平进一步提升的决心。其次，要充分认识到输入水平的提升需要一个从量变到质变的过程，并加大训练的强度，进行有意识的集中强化训练并坚持一段时间，不断激发自身潜力，总有一天，你会体会到“众里寻她千百度，蓦然回首那人却在灯火阑珊处”的惊喜。

第三节　传票和电脑传票练习系统介绍

电脑传票输入训练需要通过电脑传票练习系统专用软件及相配套的传票进行，以有针对性地开展准确率、速度、指法等单项练习，提高训练效果。

一、传票

由于各行业的业务不同，因此传票本的设计也会有所不同，但是不管怎样，都不外乎数字或金额的输入。根据这一特点我们设计了适合不同行业特别是银行业使用的电脑传票本用于日常的训练。

电脑传票本采用散页的形式，每本 100 页，每页主要包括小写数字和大写数字两部分，100 页中 0 ~ 9 字码和零 ~ 玖大写数字均衡出现。小写数字中，各行数字从第 1 页至第 100 页共为 625 个数码，其中 4 个数码的为 10 页、5 个数码的为 15 页、6 个数码的为 35 页、7 个数码的为 25 页、8 个数码的为 10 页、9 个数码的为 5 页；大写金额中，百万位的为 5 页、十万位的为 10 页、万位的为 25 页、千位的为 35 页、百位的为 15 页、十位的为 10 页。电脑传票本样张如图 5 - 5 所示。

传票右边三行为小写数字；左下方二行为大写数字；右上角为该张传票的套别和页码。

二、电脑传票输入练习系统软件介绍

电脑传票输入练习系统具有准确率训练、速度训练、指法训练、数据记忆训练及传票输入训练等功能，主要功能简单介绍如下。

（一）登录系统

待电脑传票输入系统在个人计算机上安装成功后，点击计算机中的“开始”→“程序”→“传票输入练习与考核系统”进入传票输入教学系统，显示登录界

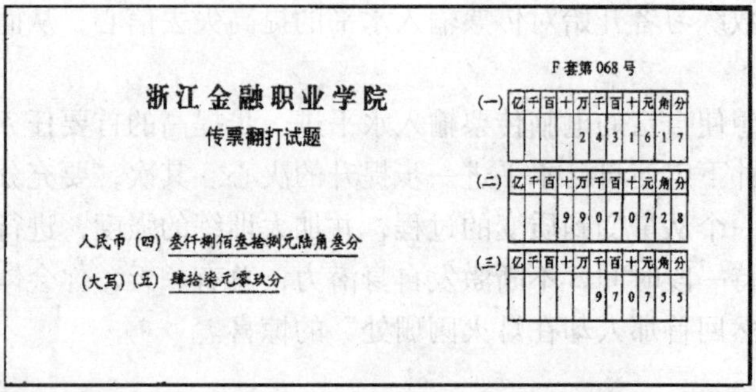

图 5-5 电脑传票本样张

面后按要求输入学号、密码即可进入系统。

（二）准确率训练（见图 5-6）

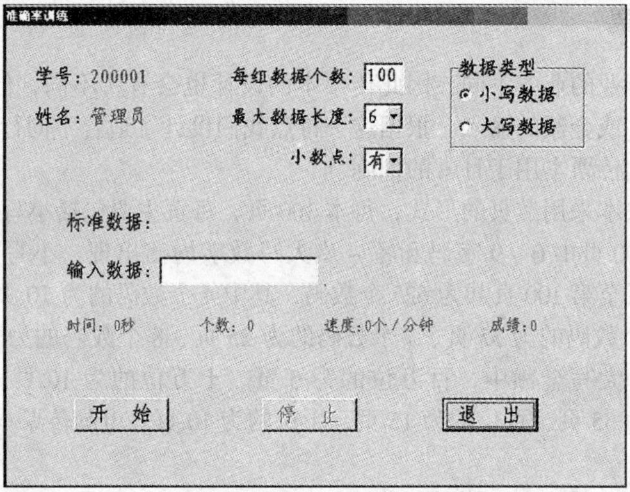

图 5-6 准确率训练窗口界面

在该窗口中可以设置练习的每组数据的个数、练习的数据类型、练习的难度（数据长度）、有无小数点等参数，点击开始按钮后由计算机随机生成标准数据供练习。输入时必须数据正确，否则将跳出错误提示窗口，直到输入正确才能进入下一数据的练习。

（三）速度训练（见图 5-7）

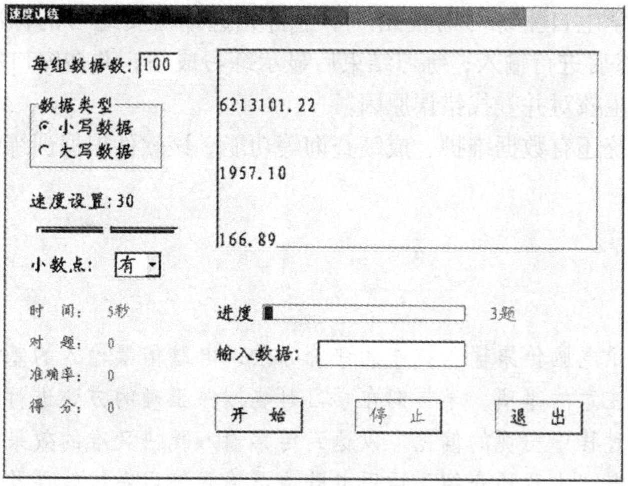

图 5-7　速度训练窗口界面

在该窗口中可以设置练习的每组数据数、练习的数据类型、练习的速度、有无小数点等参数，点击开始按钮后数据将从右边的窗口中自上往下落，要求必须在数据消失前完成输入，否则判错。

（四）传票输入训练（见图 5-8）

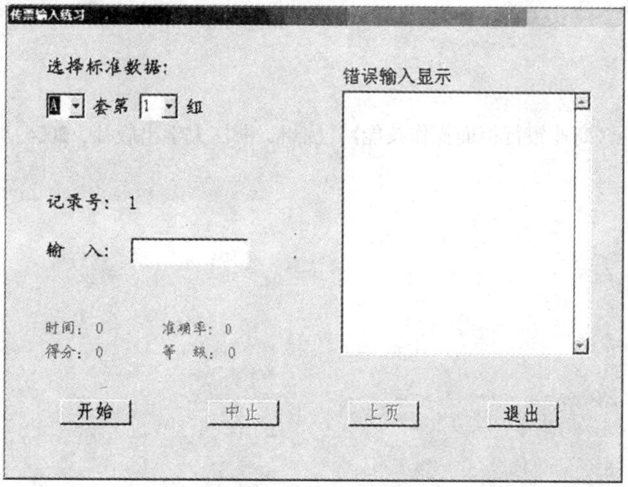

图 5-8　传票输入训练窗口界面

在准确率和速度训练达到一定程度之后，可以进入传票输入菜单进行练习。

本窗口供学生自主练习时使用。学生首先选择需要练习的标准数据（从A套至H套），然后进行输入；练习结束后显示练习成绩，并在窗口右边显示错误的输入，供学生核对并查找错误原因。

此外，系统还有数据维护、成绩查询等功能。该软件根据训练的需要，还在进行不断完善。

本章小结

本章介绍了电脑传票输入技能的评价办法，电脑传票输入的基本方法和各个训练阶段需要注意的事项。学员们在学习时要按照正确的方法进行训练，不断修正自己在练习过程中出现的偏差，以达到传票输入既快又准的效果，并帮助养成正确的输入习惯。本章还介绍了运用电脑传票输入练习系统软件及配套的传票开展传票输入训练的方法，帮助大家有针对性地开展训练，提高训练效率。

复习思考题

1. 电脑传票输入的指法是如何分工的？
2. 在电脑传票输入过程中有哪些注意事项？

参考文献

[1] 方秀丽:《商业银行柜面操作技能》，杭州，浙江大学出版社，2004。

高职 高专

金融类

系列教材

21世纪高职高专金融类系列教材

下　　篇

综合业务技能

第六章

活期/定期储蓄存款开户业务

本章提示： 个人活期储蓄、定期储蓄开户业务是银行临柜业务操作过程中经常遇到的业务内容之一，熟悉该业务的操作规定与操作流程，正确、快速地办理该项业务是银行临柜工作人员必须具备的职业能力之一，本章主要对此项业务的规定做一简要阐述，同时介绍了此项业务的上机强化操作练习系统软件的使用方法。

第一节　业务背景知识与业务凭证介绍

一、业务背景知识

(一) 储蓄业务的概念与基本规定

储蓄是指城乡居民个人将自己节余或待用的货币资金存入储蓄机构，储蓄机构开具存折或者存单作为凭证，个人凭存折或者存单可以支取存款本息的一种信用活动。按现行的《储蓄管理条例》规定，商业银行经办的储蓄存款按期限分为活期储蓄存款、定期储蓄存款、定活两便储蓄存款、通知储蓄存款等。定期储蓄存款又可分为整存整取定期储蓄存款、零存整取定期储蓄存款、存本取息储蓄存款、整存零取储蓄存款。

商业银行办理储蓄业务必须坚持“存款自愿，取款自由，存款有息，为存款人保密”的原则。从2000年4月1日开始，实行个人存款账户实名制。个人存款账户实名制是指要求存款人到金融机构办理各种本外币存款开户时出示个人有效身份证件，使用身份证件上的姓名；金融机构应按规定进行核对，并登记身份证件上的姓名和号码。通存通兑业务必须由存款人自设密码，存款人凭自设密码办理通存通兑业务。无密码的储蓄存款不能办理通存通兑业务。按国家税务总局规定，银行为储蓄存款利息税代扣代缴义务人。银行在计付利息同时，按计付利息总额的5%代扣利息税。教育储蓄存款的利息税按国家税务总局的有关规定办理。外汇结构性存款和人民币理财产品的利息税个人自理。办理储蓄业务若为免填凭条的，打印的凭条必须交存款人签字确认。

1. 活期储蓄存款。活期储蓄存款是指开户时不约定期限，存取金额和次数不受限制，储户可随时存取的一种储蓄形式。现阶段的活期储蓄主要有：活期存折储蓄、活期支票储蓄和储蓄卡等。活期存折储蓄开户时1元起存，多存不限，储蓄机构发给存折，以后可凭存折随时存取。活期储蓄存款按季结息，每季末月20日按结息日挂牌公告的活期储蓄存款利率计算利息和代扣利息所得税，21日将应付利息和利息所得税分别转入账户的贷方和借方，不得提前结息或延期转账。储户支取全部储蓄存款的，按清户日挂牌公告的活期利率计付利息和代扣利息所得税，算至清户前一天止。为安全起见，开户时可以约定凭印鉴支取或凭电脑预留密码支取。

2. 定期储蓄存款。定期储蓄存款是储户在存款时约定存款期限，一次或在存期内分次存入本金，到期整笔或分期平均支取利息和本金的一种储蓄存款。定期储蓄存款按存取的方式不同分为整存整取、零存整取和存本取息等几种形式。

整存整取定期储蓄存款是储户开户时一次性存入本金，约定存期，到期一次支取本息的一种储蓄形式。开户时50元起存，多存不限。存款期限分为3个月、6个月、1年、2年、3年和5年六个档次，存期越长，利率越高。存入时由储蓄机构发给存单，到期储户凭存单一次支取本息。开户时为了安全起见，可预留印鉴或密码，凭印鉴或密码支取。存款未到期，如果储户急需用款，可凭存单和储户身份证件办理提前支取。储户存款时可与储蓄机构约定到期自动转存，一般以1年期为限。

零存整取定期储蓄存款是储户开户时约定存期，在存期内分次存入本金，到期一次支取本息的一种定期储蓄存款。它具有计划性、约束性和积累性等特点。该储蓄存款一般5元起存，多存不限。存入时由储蓄机构发给存折。存期分1年、3年和5年。每月存入一次，中途如有漏存，应在次月补存，未补存者，视同违约，对违约后存入的部分，支取时按活期存款利率计算。零存整取定期储蓄存款可以办理全部提前支取，但不办理部分提前支取。

存本取息定期储蓄存款是指储户一次存入本金，在约定存期内分次支取利息，到期一次性支取本金和最后一次利息的一种定期储蓄存款。一般5 000元起存，多存不限；存期分为1年、3年和5年三个档次。支取利息的时间可以1个月一次，1个季度一次或半年一次，由储户与储蓄机构协商确定。分期支取利息时，必须在约定的取息日支取，不得提前预支利息。如到期未取息，以后可以随时支取，但不计复利。存本取息定期储蓄存款可以全部提前支取，但不办理部分提前支取。提前支取全部本金时，已分期支付给储户的利息应从计算的应付利息中扣回，如应付利息不足，不足部分从本金中扣回。

定活两便储蓄存款是本金一次存入，可以随时支取，并按实际存期相应档次整存整取定期储蓄存款利率打折计算利息的一种储蓄存款形式。定活两便储蓄存款50元起存，多存不限，不约定存期，随时存取。定活两便储蓄存款具有定期和活期储蓄的双重性质。其他种类还包括个人通知存款、教育储蓄存款等。

（二）操作流程

1. 开户。储户申请开户时，应填写“储蓄存款凭条”（见图6－1），连同现金和有效身份证件（代理他人办理开户时，须同时提供代理人和被代理人的有效身份证件，以下同）一并交经办人员。经办人员审查存款凭条的姓名、金额、日期等要素正确并点收现金无误后，根据存款凭条开立账户，进行记账，打印存款凭条和存折，登记“开销户登记簿”。储户要求凭印鉴支取的，应将储户预留印鉴加盖印鉴卡片上，在印鉴卡片上注明存款种类、账号、户名及印鉴启用日期；储户要求凭密码支取的，由储户本人在密码小键盘上输入密码。最后还要在分户账、存折和存款凭条上注明或加盖“凭印鉴支取”或“凭密码支取”的字样或戳记。

储户存入整存整取定期储蓄存款时，应填写整存整取定期储蓄存款凭条，其格式与填写的要求与活期存款基本相同，但还需填写存期，注明××定期储蓄存款（见图6－3）。填写完毕，将存款凭条、身份证和现金一并交送银行。经办人员审查存款凭条和点收现金无误后，登记“开销户登记簿”，编列账号，打印存款凭条和存单。凭密码支取的应预设密码；凭印鉴支取的应预留印鉴，并在存款凭条和存单上加盖“凭密码支取”或“凭印鉴支取”的戳记。整存整取、存本取息、整存零取定期储蓄是将第二联加盖业务公章后作为存单交给储户，作为其到期收取本息的依据；将第一联代替现金收入传票入账，第三联作明细账卡留存。零存整取是将存折加盖公章后交给储户。

2. 支取。储户支取存款时，应填写“储蓄取款凭条”连同存折交经办人员。凭印鉴支取的，应在取款凭条上加盖预留印鉴。定期存款支取时储户应提交定期存单。经办人员审查凭证无误后，定期存款计算相应利息，进行记账后，按取款金额进行配款，交储户。

活期储蓄存款的核算还包括销户、利息计算等。

二、业务凭证介绍

活期/定期储蓄开户业务使用的业务凭证为储蓄存款凭条（见图6-1）。储蓄存款凭条主要内容包括：储种、户名、存期、身份证件名称、号码、地址、联系电话、存入金额等。

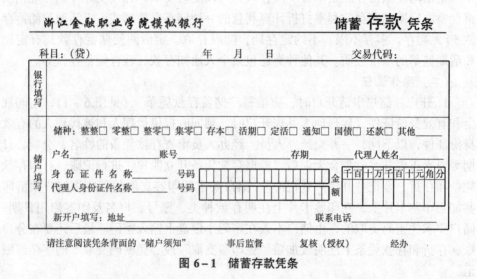

浙江金融职业学院模拟银行　　　　储蓄 存款 凭条

科目：(贷)　　　　年　　月　　日　　　　交易代码：

银行填写

储户填写

储种：整整□ 零整□ 整零□ 集零□ 存本□ 活期□ 定活□ 通知□ 国债□ 还款□ 其他______

户名______ 账号______ 存期______ 代理人姓名______

身份证件名称______ 号码

代理人身份证件名称______ 号码

金额：千 百 十 万 千 百 十 元 角 分

新开户填写：地址______ 联系电话______

请注意阅读凭条背面的“储户须知”　　事后监督　　复核（授权）　　经办

图6-1　储蓄存款凭条

1. 储种：储户根据自身的存款意愿选择储种，具体包括整整、零整、整零、存本、定活、活期、通知等类型。

2. 户名：储户根据身份证件上的姓名填写户名。

3. 存期：储户根据自身的存款意愿选择定期存款的，需要具体选择存期，有3个月、6个月、1年、2年、3年和5年六个档次。

4. 身份证件名称、号码：这由储户根据开户时所带的身份证件上的内容填写。

5. 地址、联系电话：根据储蓄开户的相关规定，储户在开户时按照实际情况预留地址和联系电话。

6. 存入金额：储户填写开户的存入金额。

填写完整的活期储蓄存款凭条见图6-2，填写完整的定期储蓄存款凭条见图6-3。

浙江金融职业学院模拟银行　　　储蓄 **存款** 凭条

科目：（贷）　　　2005 年 6 月 10 日　　　交易代码：

银行填写	
储户填写	储种：整整□ 零整□ 整零□ 集零□ 存本□ 活期☑ 定活□ 通知□ 国债□ 还款□ 其他______ 户名 柳晨今　账号______　存期______　代理人姓名______ 身份证件名称 身份证　号码 330328197504178295 代理人身份证件名称______　号码 金额：千 百 十 万 千 百 十 元 角 分 ／ ¥ 8 0 0 0 0 0 新开户填写：地址 浙江省乐清市柳市镇云河路 89 号　联系电话 55789940

请注意阅读凭条背面的“储户须知”　　事后监督　　复核（授权）　　经办（李若云）

图 6－2　活期储蓄存款凭条

浙江金融职业学院模拟银行　　　储蓄 **存款** 凭条

科目：（贷）　　　2005 年 5 月 10 日　　　交易代码：

银行填写	
储户填写	储种：整整☑ 零整□ 整零□ 集零□ 存本□ 活期□ 定活□ 通知□ 国债□ 还款□ 其他______ 户名 刘德林　账号______　存期 三年　代理人姓名______ 身份证件名称 身份证　号码 330203198501214615 代理人身份证件名称______　号码 金额：千 百 十 万 千 百 十 元 角 分 ／ ¥ 1 0 0 0 0 0 0 0 新开户填写：地址 浙江省宁波市海岩区南门街道　联系电话 0574－87468874

请注意阅读凭条背面的“储户须知”　　事后监督　　复核（授权）　　经办

图 6－3　定期储蓄存款凭条

第二节　活期/定期储蓄存款开户业务练习与考核系统介绍

根据活期/定期储蓄存款开户业务的实际操作情况，我们设计开发了金融综合技能练习与考核系统操作软件，通过该操作软件，可以进行活期/定期储蓄存款开户业务的上机操作练习与考核。操作时选择“金融综合技能练习与考核系统—活期/定期储蓄存款开户”功能模块，练习商业银行柜面活期储蓄、定期储蓄存款凭条内容的计算机录入操作处理。

一、登录系统进入主窗口

网络版用户操作流程：开机，直接双击桌面上 mnyh 的快捷方式；若学生机桌面上无 mnyh 的快捷方式，请访问地址“ftp：//192.168.63.3”→用户名：guest→密码：无，进入相应界面，将 mnyh 的快捷方式拖至桌面，双击 mnyh 的快捷方式，进入“金融综合技能练习与考核系统”，进行相应内容录入。

单机版用户操作流程：直接选择光盘上相应项目点击进入“金融综合技能练习与考核系统—活期/定期储蓄存款开户”功能模块，进行相应内容录入。

具体操作步骤如下：

1. 开机（若学生机桌面上无 mnyh 的快捷方式，请访问地址“ftp：//192.168.63.3”→用户名：guest→密码：无，进入相应界面，将 mnyh 的快捷方式拖至桌面），双击 mnyh 的快捷方式（见图 6－4）。

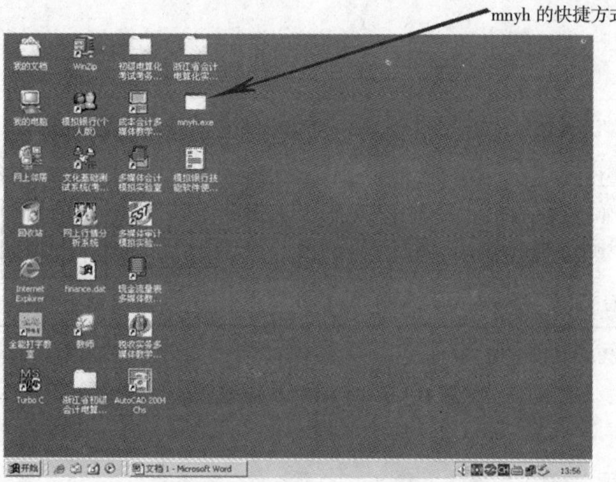

图 6－4　双击 mnyh 的快捷方式

2. 输入学号、密码（与学号相同），选择登录（见图 6－5）。

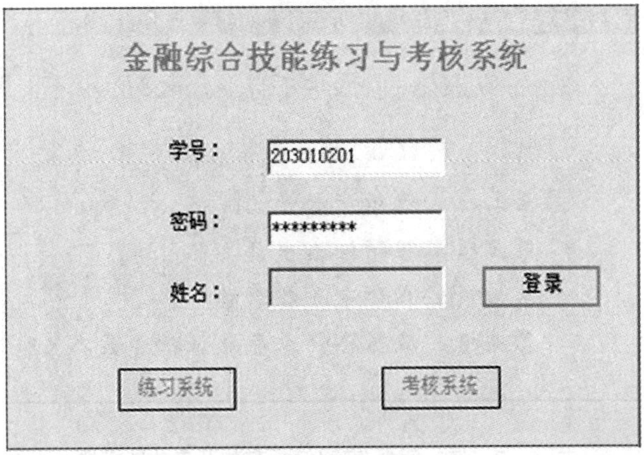

图 6-5 输入学号、密码

二、进入练习/考核系统

1. 选择练习系统（如进行考核，则相应选择考核系统，平时练习时此系统禁止访问）（见图 6-6）。

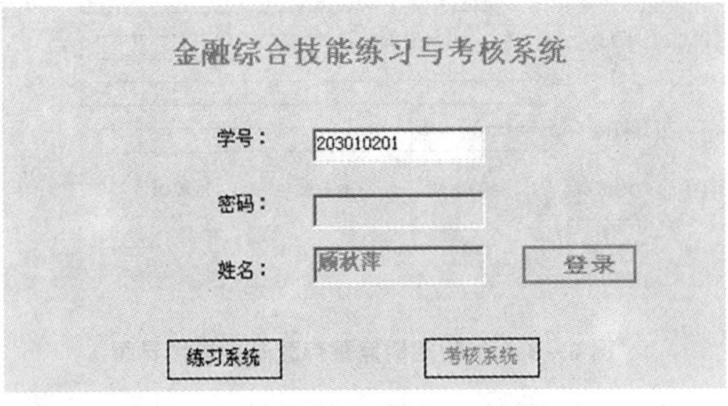

图 6-6 选择练习系统

选择活期/定期储户存款开户功能模块（见图 6-7）。

再单击，系统将自动进入相应的业务内容录入界面（见图 6-8）。

2. 选择套类（A、B、C、D、E……）（见图 6-9）。

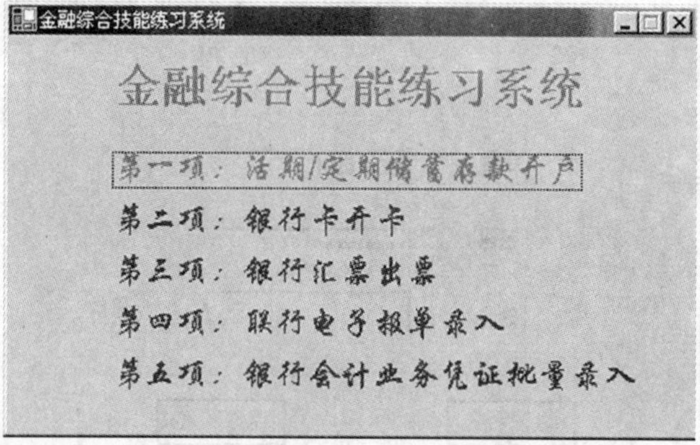

图 6－7　选择活期/定期储蓄存款开户功能模块

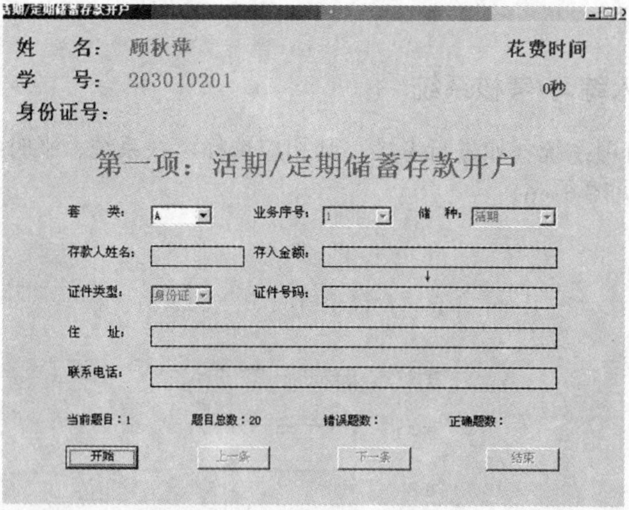

图 6－8　活期/定期储蓄存款开户操作界面

确认答题开始（见图 6－10）。

三、业务凭证内容输入

一套练习题目共计 20 道，相应存款凭条 20 张，每张存款凭条均有套类＋序号的编号，存款凭条活期、定期混合在一起，业务内容录入时注意区分。

1. 根据存款凭条（见图 6－2 和图 6－3），进行相应业务内容输入。

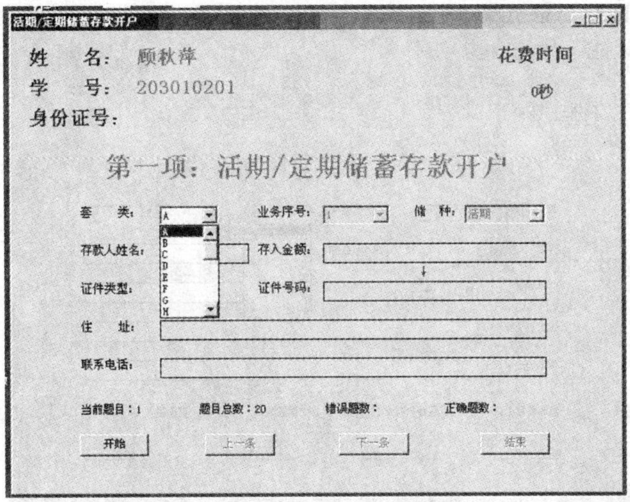

图 6-9　选择套类

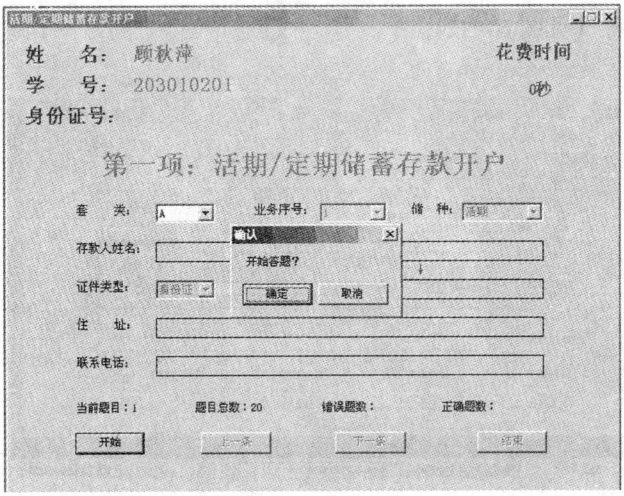

图 6-10　确认答题开始

2. 选择业务序号（须与凭证序号一致）（见图 6-11）。

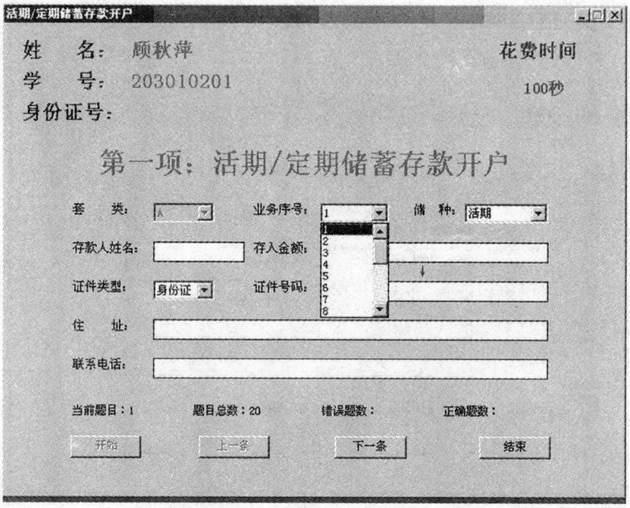

图 6-11　选择业务序号

再选择储种（见图 6-12）。

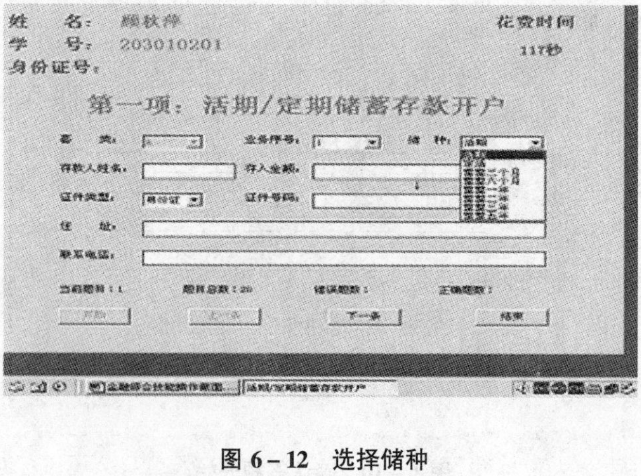

图 6-12　选择储种

3. 输入存款人姓名、存入金额（见图 6-13）。

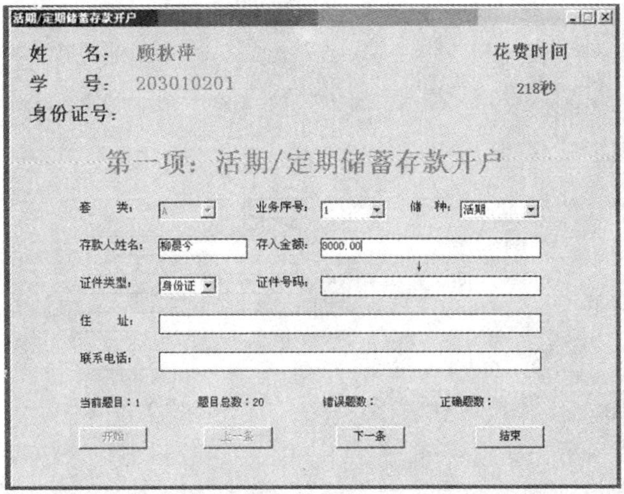

图 6－13　输入存款人姓名、存入金额

4. 选择证件类型（见图 6－14）。

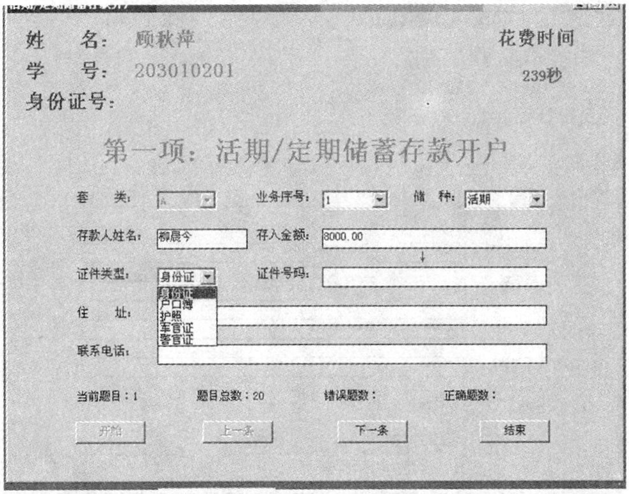

图 6－14　选择证件类型

输入证件号码（见图 6－15）。

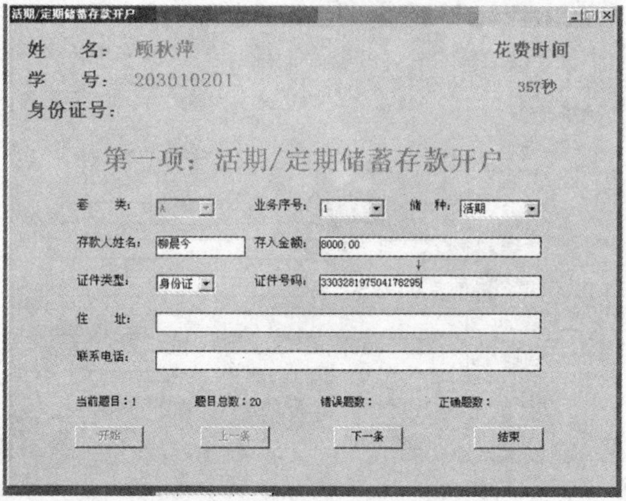

图 6-15　输入证件号码

输入住址和联系电话（见图 6-16）。

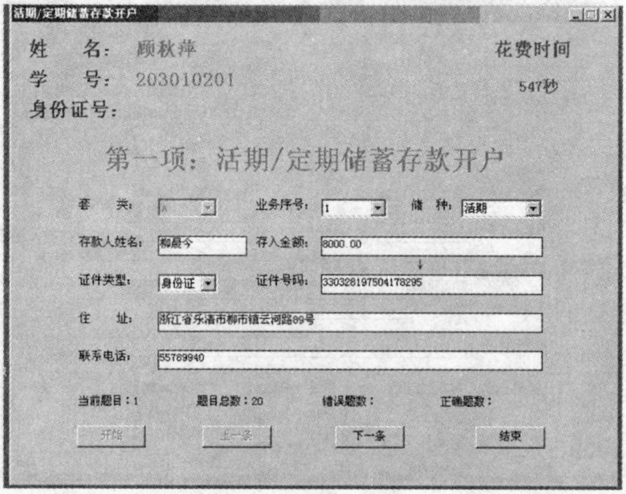

图 6-16　输入住址和联系电话

确认无误后，单击“下一条”按钮或直接敲回车键，屏幕自动进入下一笔业务录入界面（见图 6-17）。继续操作程序同前。

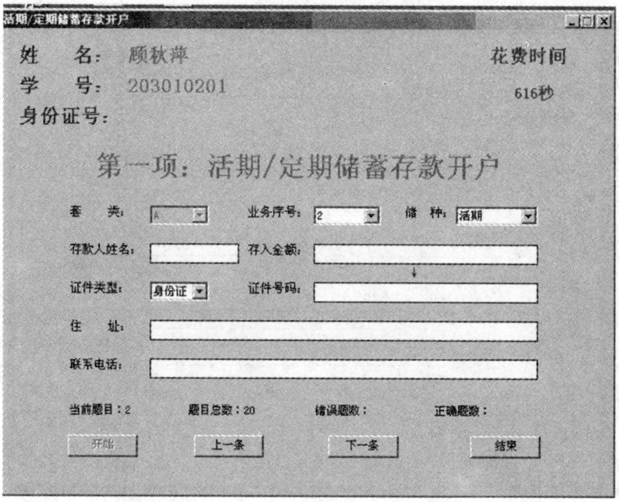

图 6-17 下一笔业务录入界面

四、提交退出处理

1. 业务录入完毕，选择结束（见图 6-18）。

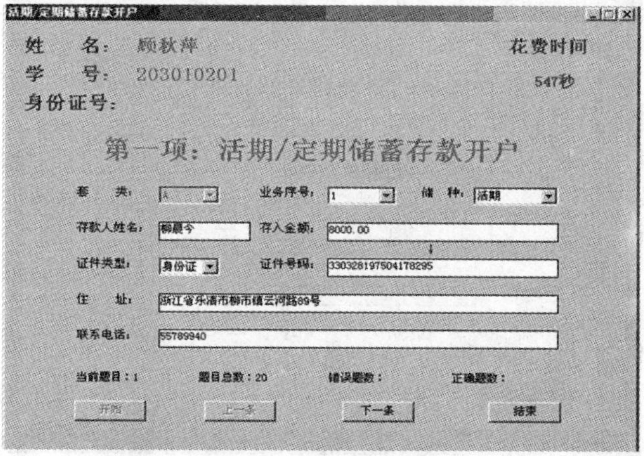

图 6-18 选择结束

系统会显示题目总数、正确题数和错误题数、录入时间、成绩判定等（见图 6-19）。

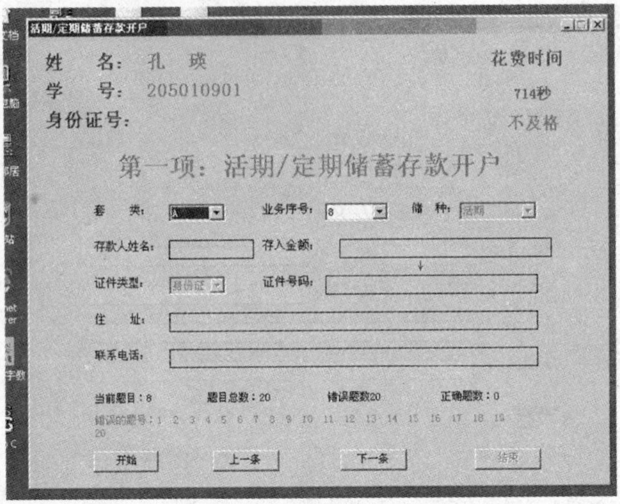

图 6-19 成绩显示界面

2. 选择右上角关闭，确认退出（见图 6-20）。

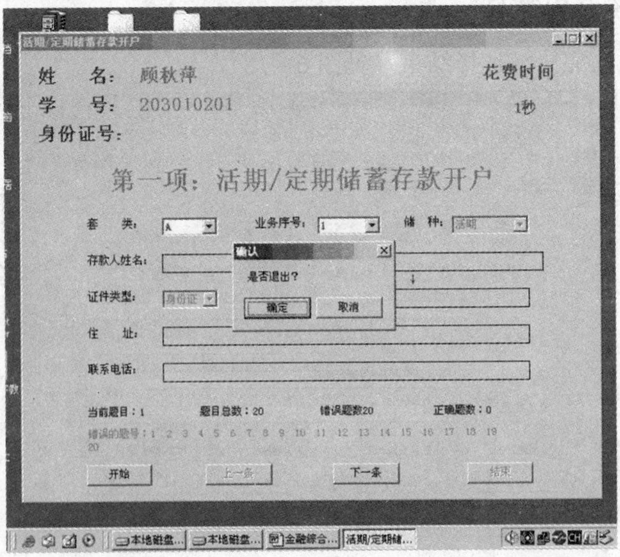

图 6-20 确认退出

系统回到初始进入界面（见图 6-21）。

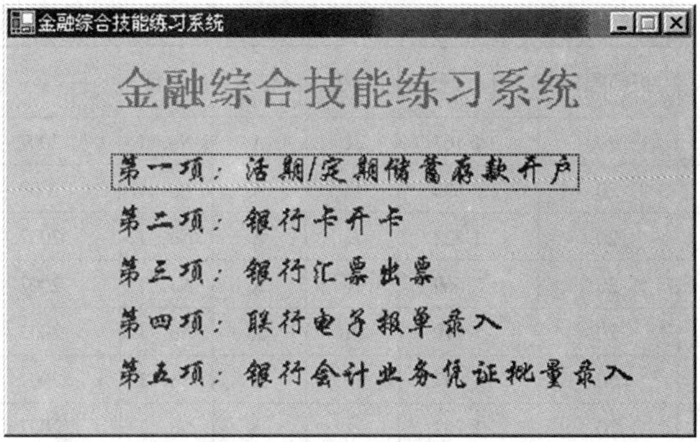

图 6-21　回到初始进入界面

五、注意事项

1. 输入内容必须与存款凭条完全保持一致，小写金额要输入小数点及角分数字。

2. 上下项目之间转换可以用回车键。

3. 下拉菜单项目可以用上下键选择。

4. 第一题存款凭条项目内容全部输入完毕后，按回车键可自动进入第二题，不用再选择题目序号。

5. 练习系统与考核系统内容一致，操作要求一致，网络版情况下考核系统可以根据预先设定的考核标准统计输入者考核成绩。成绩设定参考标准见表 6-1。系统自动统计的成绩见表 6-2。

表 6-1　　　　活期/定期储蓄存款开户考核成绩参考标准

正确题目	优		良		中		及格	
	时间	准确率	时间	准确率	时间	准确率	时间	准确率
20 题	750 秒	100%	900 秒	100%	1 100 秒	100%	1 500 秒	100%

表 6-2　　系统自动统计的成绩（未达到100%准确率的没有成绩）

学号	正确题目	时间（秒）	等级	套类	项目	考核时间
205010301	20	1 167	及	A	No. 1	2007-3-21 10:47
205010302	20	895	良	A	No. 1	2007-3-21 11:00
205010303	20	1 322	及	A	No. 1	2007-3-21 10:43
205010312	20	669	优	A	No. 1	2007-3-21 10:49
205010314	20	1 179	及	A	No. 1	2007-3-21 10:46
205010315	20	982	中	A	No. 1	2007-3-21 10:46
205010317	20	1 232	及	A	No. 1	2007-3-21 10:45
205010319	20	817	良	A	No. 1	2007-3-21 10:38
205010320	20	895	良	A	No. 1	2007-3-21 11:00
205010322	20	1 037	中	A	No. 1	2007-3-21 11:03
205010325	20	660	优	A	No. 1	2007-3-21 10:46
205010329	20	620	优	A	No. 1	2007-3-21 11:02
205010333	20	1 426	及	B	No. 1	2007-3-21 10:53
205010335	20	727	优	A	No. 1	2007-3-21 11:06
205010336	20	847	良	A	No. 1	2007-3-21 11:07
205010337	20	941	中	A	No. 1	2007-3-21 11:12
205010339	20	1 195	及	A	No. 1	2007-3-21 11:09
205010340	20	897	良	A	No. 1	2007-3-21 10:41
205010341	20	712	优	A	No. 1	2007-3-21 10:54
205010343	20	863	良	A	No. 1	2007-3-21 10:59
205010347	20	695	优	A	No. 1	2007-3-21 10:49
205010348	20	803	良	A	No. 1	2007-3-21 10:54
205010349	20	989	中	A	No. 1	2007-3-21 11:03
205010350	20	933	中	A	No. 1	2007-3-21 10:59
205010351	20	1 265	及	A	No. 1	2007-3-21 10:52

本章小结

本章主要讲述了个人活期储蓄、定期储蓄开户的业务操作规定与操作流程以及金融综合技能练习与考核系统的操作要领。活期储蓄、定期储蓄开户业务的上机练习与考核主要用于学生对此项业务的强化练习，以增强学生对银行个人临柜业务处理岗位操作的适应能力。

复习思考题

1. 活期储蓄存款的规定有哪些?
2. 定期储蓄存款的规定有哪些?
3. 活期储蓄存款开户的操作步骤有哪些?
4. 定期储蓄存款开户的操作步骤有哪些?
5. 根据金融综合技能练习与考核系统操作要求，练习活期/定期储蓄存款开户的操作。

参考文献

[1] 吴胜:《银行储蓄与出纳》，北京，高等教育出版社，2002。
[2] 温彬:《个人金融实务》，北京，经济管理出版社，2002。
[3] 黎贤强、叶咸尚:《商业银行综合柜台业务》，杭州，浙江大学出版社，2005。
[4] 张丽娟:《银行会计操作实务》，北京，清华大学出版社，2006。
[5] 唐宴春:《金融企业会计实训与实验》，北京，中国金融出版社，2006。

第七章

银行卡开卡业务

本章提示： 随着银行卡业务功能的不断完善，持卡人数量的突飞猛进，银行卡已经越来越广泛地深入到了我们经济生活的各个领域，银行卡开卡申请是银行卡使用过程中必经的环节之一。本章主要对银行卡业务的有关规定做一简要阐述，同时介绍了此项业务的上机强化操作练习系统软件的使用方法。

第一节　业务背景知识与业务凭证介绍

一、业务背景知识

（一）银行卡的概念与基本规定

银行卡是指由商业银行向社会发行的具有消费信用、转账结算、存取现金等全部或部分功能的信用支付工具。

银行卡的发卡机构必须是经中国人民银行批准的商业银行（包括外资银行、合资银行）和非银行金融机构。非金融机构、境外金融机构的驻华代表机构不得发行银行卡和代理收单结算业务。

1. 银行卡按其是否具有消费信贷（透支）功能分为信用卡和借记卡，按对象不同分为单位卡（商务卡）和个人卡，按信息载体不同分为磁条卡和芯片（IC）卡，按使用范围和结算币种不同分为国际卡和国内卡，按信誉等级不同分为金卡和普通卡。

2. 信用卡按是否向发卡银行交存备用金分为贷记卡和准贷记卡两类。贷记卡是指发卡银行给予持卡人一定信用额度，持卡人可在信用额度内先消费、后还款的银行卡；准贷记卡是指持卡人须先按发卡银行要求交存一定金额的备用金，当备用金账户余额不足支付时，可在发卡银行规定的信用额度内透支的银行卡。

3. 借记卡按功能不同可分为转账卡（含储蓄卡）、专用卡、储值卡。借记卡不具备透支功能。转账卡是实时扣账的借记卡，具有转账结算、存取现金和消费功能；专用卡是指具有专门用途（专门用途是指在百货、餐饮、饭店、娱乐行业以外使用的用途）、在特定区域使用的借记卡，具有转账结算、存取现金功能；储值卡是发卡银行根据持卡人要求将其资金转至卡内储存，交易时直接从卡内扣款的预付钱包式借记卡。凡在中国境内金融机构开立基本存款账户的单位可申请单位卡，其资金一律从基本存款账户转入，不得交存现金，不得将销货收入的款项存入其银行卡账户。单位卡一律不得支取现金，不得用于10万元以上的商品交易、劳务供应款项的结算。

4. 具有完全民事行为能力的公民可申领个人卡，其资金以现金存入或以其工资性款项及属于个人的劳务报酬收入转账存入，严禁将单位的款项存入个人卡账户。

5. 银行卡透支额，金卡最高不得超过1万元，普通卡最高不得超过5 000元。银行卡透支期限最长为60天。持卡人使用银行卡不得发生恶意透支。银行卡丧失，持卡人应立即持本人身份证件或其他有效证明，并按规定提供有关情况，向发卡银行或代办银行申请挂失。发卡银行或代办银行审核后办理挂失手续。

（二）银行卡业务操作流程

1. 申请。单位或个人申请使用银行卡，应按规定向发卡银行填写申请表。发卡银行审查同意后，应及时通知申请人前来办理领卡手续，并按规定向其收取备用金和手续费。转账或收妥现金后发给银行卡。发卡银行在办理银行卡发卡手续时，应登记“银行卡账户开销户登记簿”和发卡清单，并在发卡单上记载领卡人身份证号码，并由领卡人签收。

2. 付款。特约单位办理银行卡进账时，应根据签购单汇总填制汇计单和进账单并提交签购单。特约单位开户行收到特约单位送来的进账单、汇计单及签购单时，应按有关规定认真审查，无误后办理转账。特约单位与持卡人在同一城市不同银行机构开户以及属于异地跨系统银行发行的银行卡的，特约单位开户行应向持卡人开户行或跨系统发卡银行通汇行提出票据交换，待款项收妥后办理转账。特约单位与持卡人不在同一城市的，特约单位开户行应向持卡人开户行办理联行划款手续。

3. 支取现金。参加同城票据交换和联行往来的代理行，对持卡人持银行卡支取现金的，应要求其提交身份证件，并应审查：银行卡的真伪及有效期；持卡人身份证件的照片或卡片上的照片是否与其本人相符；该银行卡是否被列入止付名单等。审查无误后，在取现单上办理压（刷）卡，并在取现单上填写持卡人取现的金额、身份证件号码、代理行名称和代号等内容，交由持卡人签名，然后核对其签名与银行卡的签名是否一致，是否与身份证件的姓名相同。持卡人取现金额超过限额的，应办理索权手续，并将发卡银行所给的授权号填入取现单有关栏目。

在同一城市和对异地跨系统银行发行的银行卡支取现金的，代理行向持卡人开户行或代理行所在地的跨系统发卡银行通汇行提出票据交换。异地支取现金的，比照以上在同一城市支取现金的有关手续处理，另填制一联特种转账贷方凭证作为收取手续费的贷方凭证。代理行应向持卡人开户行办理联行划款手续。

持卡人开户行收到同城交换来的签购单和汇计单或取现单，联行寄来的报单、签购单和汇计单或取现单时，应按规定认真审查，无误后，签购单或取现单作借方凭证，汇计单留存。

4. 销卡。持卡人不需要继续使用银行卡的，应持银行卡主动到发卡银行办理销户。其中，个人卡销户，可以转账结清，也可以提取现金；单位卡销户，银行卡账户余额必须转入其基本存款账户，不得提取现金。发卡银行在确认持卡人具备销户条件后，为持卡人办理销户手续，收回银行卡。

二、业务凭证介绍

银行卡开卡业务使用的业务凭证为银行卡开卡申请表［以浙江金融职业学院模拟银行东方卡（借记卡）开卡申请表为例，下同，见表 7－1］。单位或个人申请使用银行卡，应按规定向发卡银行填写申请表。申请表栏目包括证件名称、证件号码、申请人姓名、出生日期、性别、单位名称、单位电话、住址等。

1. 证件名称、证件号码：申请人根据申请时所带的身份证件上的内容填写。

2. 申请人姓名、拼音、出生日期、性别：申请人根据身份证件上的姓名等信息如实填写。

3. 单位名称、单位电话：申请人根据实际情况如实填写。

4. 住宅地址、住宅电话：申请人根据实际情况如实填写。

其余内容如实填写。填写完整的银行卡开卡申请表如表 7－2 所示。

表 7－1　浙江金融职业学院模拟银行东方卡（借记卡）开卡申请表

申请编号：________

申请人填写							
证件名称		证件号码					
姓　名		拼　音					
出生日期	年　月　日					性别	
单位名称					单位性质		
单位地址		单位电话				邮编	
职　业		职　称			职　务		
学　历		月 收 入					
住宅地址		住宅电话				邮编	
账单寄往	□不寄　□单位　□住宅　□指定地址						
指定地址		邮编		自动转存 整存整取	□不转□三个月□一年		
申请人申明：表内所填内容完全属实，并保证遵守《浙江金融职业学院模拟银行东方卡（借记卡）章程》，履行《领用东方借记卡协议》，因用卡而发生的收付款项，授权银行记入本人账户。 申请人签名：　　年　月　日							
银行填写							
受理编号		项目标志					
卡　号		账　号					
通知发 卡日期		申请资料 上传日期					
复核________　经办________							

表 7-2　　浙江金融职业学院模拟银行东方卡（借记卡）开卡申请表

申请编号：________

<table>
<tr><td colspan="6">申　请　人　填　写</td></tr>
<tr><td>证件名称</td><td>身份证</td><td>证件号码</td><td colspan="3">330681198511330025</td></tr>
<tr><td>姓　　名</td><td>黎　强</td><td>拼　　音</td><td colspan="3">Li Qiang</td></tr>
<tr><td>出生日期</td><td colspan="3">1964 年 12 月 11 日</td><td>性别</td><td>男</td></tr>
<tr><td>单位名称</td><td colspan="3">浙江光华有限公司</td><td>单位性质</td><td>私营</td></tr>
<tr><td>单位地址</td><td>崇明县城桥镇新崇北路</td><td>单位电话</td><td>33068125</td><td>邮编</td><td>3000265</td></tr>
<tr><td>职　　业</td><td>会计</td><td>职　　称</td><td>注册会计师</td><td>职　　务</td><td>主任</td></tr>
<tr><td>学　　历</td><td>本科</td><td>月　收　入</td><td colspan="3">¥50000</td></tr>
<tr><td>住宅地址</td><td>杭州下沙镇 137 号</td><td>住宅电话</td><td>13906859088</td><td>邮编</td><td>311800</td></tr>
<tr><td>账单寄往</td><td colspan="5">☑不寄　□单位　□住宅　□指定地址</td></tr>
<tr><td>指定地址</td><td>杭州下沙</td><td>邮编</td><td>311800</td><td>自动转存
整存整取</td><td>☑不转□三个月□一年</td></tr>
<tr><td colspan="6">申请人申明：表内所填内容完全属实，并保证遵守《浙江金融职业学院模拟银行东方卡（借记卡）章程》，履行《领用东方借记卡协议》，因用卡而发生的收付款项，授权银行记入本人账户。

申请人签名：黎　强　　　　2005 年 6 月 20 日</td></tr>
<tr><td colspan="6">银　行　填　写</td></tr>
<tr><td>受理编号</td><td colspan="2"></td><td>项目标志</td><td colspan="2"></td></tr>
<tr><td>卡　　号</td><td colspan="2"></td><td>账　　号</td><td colspan="2"></td></tr>
<tr><td>通知发
卡日期</td><td colspan="2"></td><td>申请资料
上传日期</td><td colspan="2"></td></tr>
<tr><td colspan="6">复核________　　经办________</td></tr>
</table>

第二节 银行卡开卡业务练习与考核系统介绍

根据银行卡开卡业务的实际操作情况，我们设计开发了金融综合技能练习与考核系统操作软件，通过该操作软件，可以进行银行卡开卡业务的上机操作练习与考核。操作时选择“金融综合技能练习与考核系统——银行卡开卡”功能模块，练习银行卡开卡业务有关银行卡开卡申请表内容的计算机录入操作处理。

一、登录系统进入主窗口

网络版用户操作流程：开机，直接双击桌面上 mnyh 的快捷方式；若学生机桌面上无 mnyh 的快捷方式，请访问地址“ftp：//192.168.63.3”→用户名：guest→密码：无，进入相应界面，将 mnyh 的快捷方式拖至桌面，双击 mnyh 的快捷方式，进入“金融综合技能练习与考核系统——银行卡开卡”，进行相应内容录入。

单机版用户操作流程：直接选择光盘上相应项目，点击进入“金融综合技能练习与考核系统——银行卡开卡”，进行相应内容录入。

具体操作步骤如下：

1. 开机（若学生机桌面上无 mnyh 的快捷方式，请访问地址“ftp：//192.168.63.3”→用户名：guest→密码：无，进入相应界面，将 mnyh 的快捷方式拖至桌面），双击 mnyh 的快捷方式（见图 7-1）。

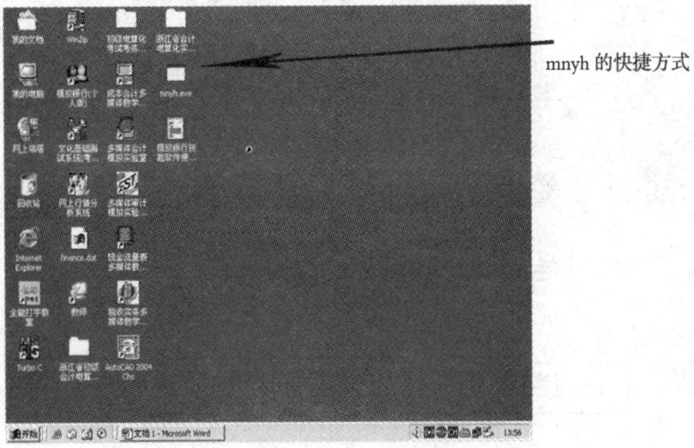

图 7-1 双击 mnyh 的快捷方式

2. 输入学号、密码（与学号相同），选择登录（见图 7-2）。

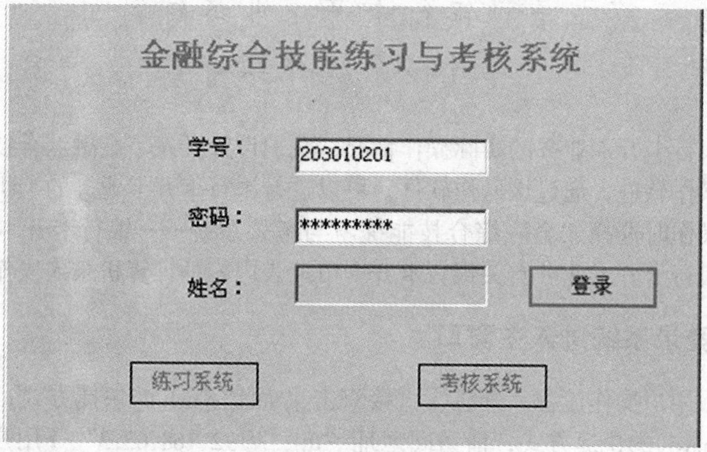

图 7-2　选择登录

二、进入练习/考核系统

1. 选择练习系统（如进行考核，则相应选择考核系统，平时练习时此系统禁止访问）（见图 7-3）。

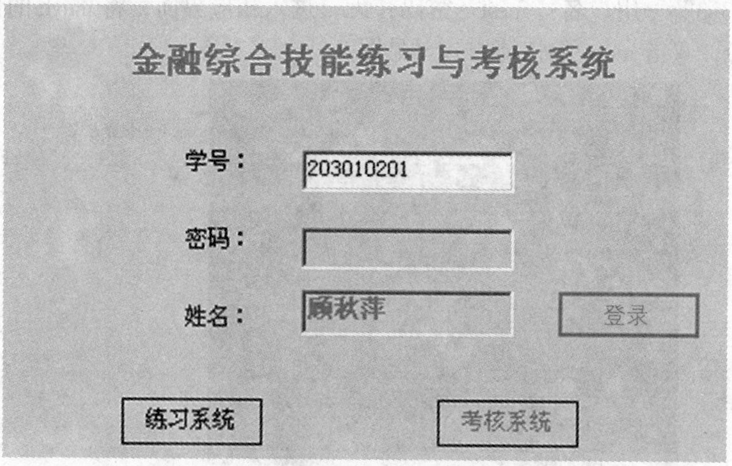

图 7-3　选择练习系统

选择银行卡开卡功能模块（见图 7-4）。

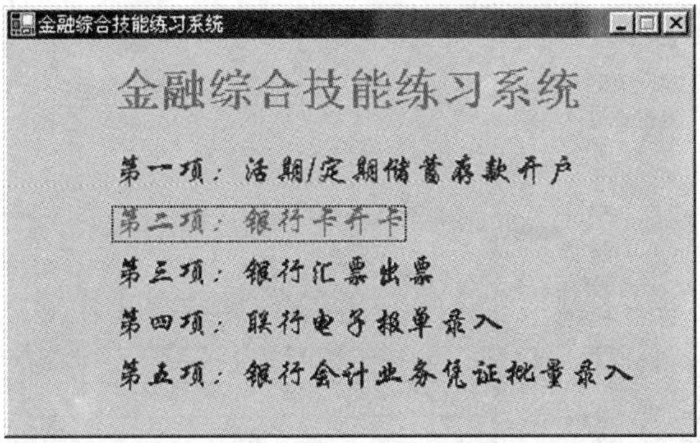

图 7-4　选择银行卡开卡功能模块

再单击，系统将自动进入相应的业务内容录入界面（见图 7-5）。

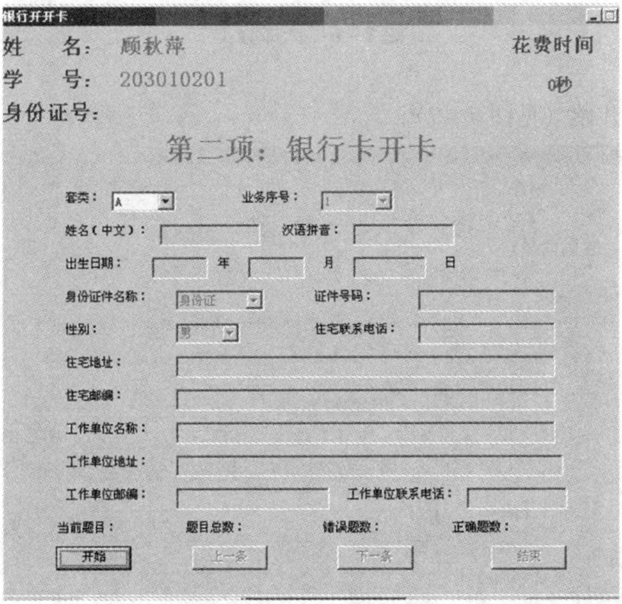

图 7-5　银行卡开卡操作界面

2. 选择套类（A、B、C、D、E……）（见图 7-6）。

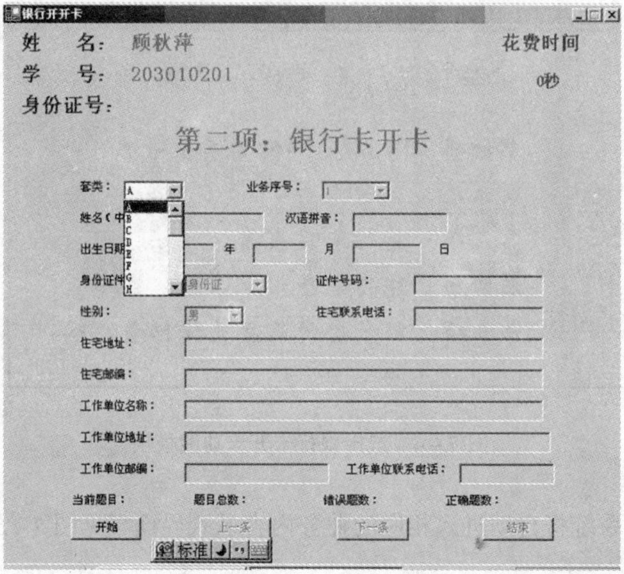

图 7-6 选择套类

确认答题开始（见图 7-7）。

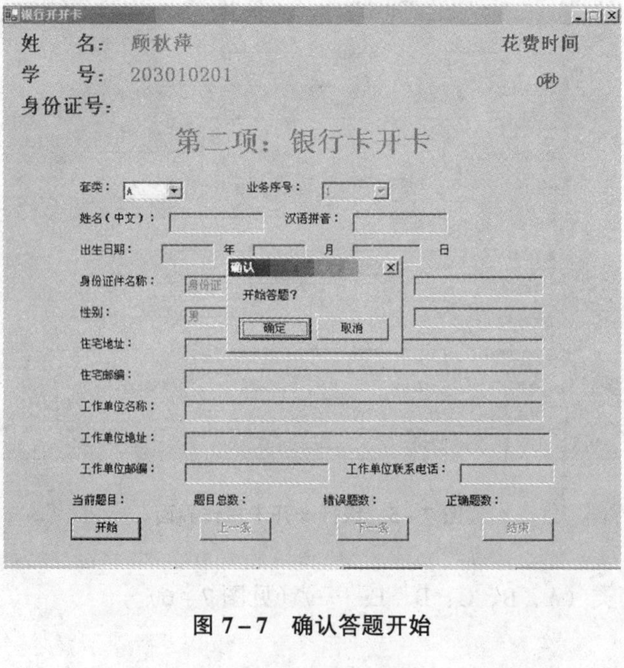

图 7-7 确认答题开始

三、业务凭证内容输入

一套练习题目共计10道，相应开户申请表有10张，每张开户申请表均有套类+序号的编号，业务内容录入时注意与输入界面套类序号对照。

1. 根据银行卡开卡申请表（见表7-2），进行相应业务内容输入。

2. 选择业务序号（须与凭证序号一致）（见图7-8）。

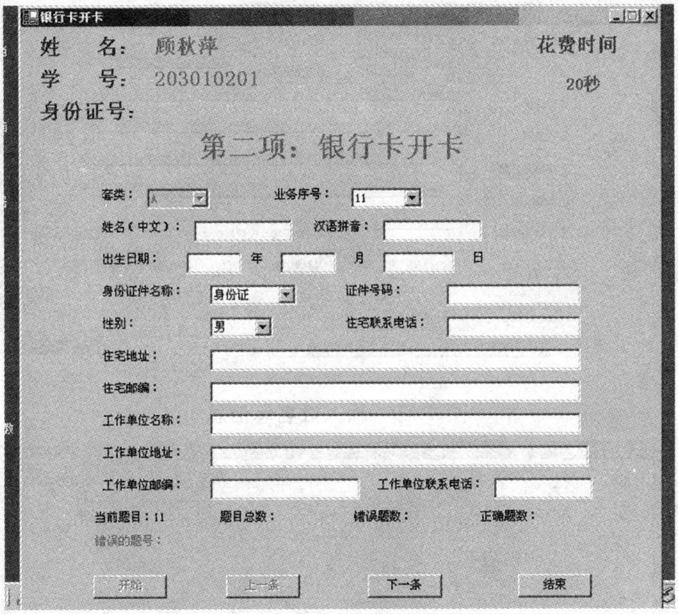

图7-8　选择业务序号

输入申请人姓名、汉语拼音（大写、有空格）、出生日期（见图7-9）。

3. 选择证件类型（见图7-10）。

输入证件号码（见图7-11）。

4. 选择申请人性别（见图7-12），输入住宅联系电话（见图7-13）、住宅地址、住宅邮编和输入工作单位名称、工作单位地址、邮编、联系电话（见图7-14）。

5. 确认无误后，单击“下一条”按钮或直接敲回车键，屏幕自动进入下一笔业务录入界面（见图7-15）。继续操作程序同前。

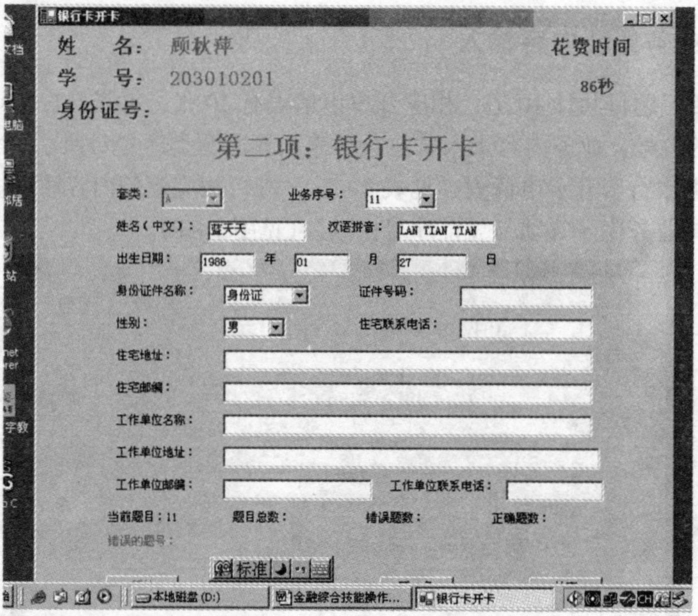

图 7-9　输入姓名等信息

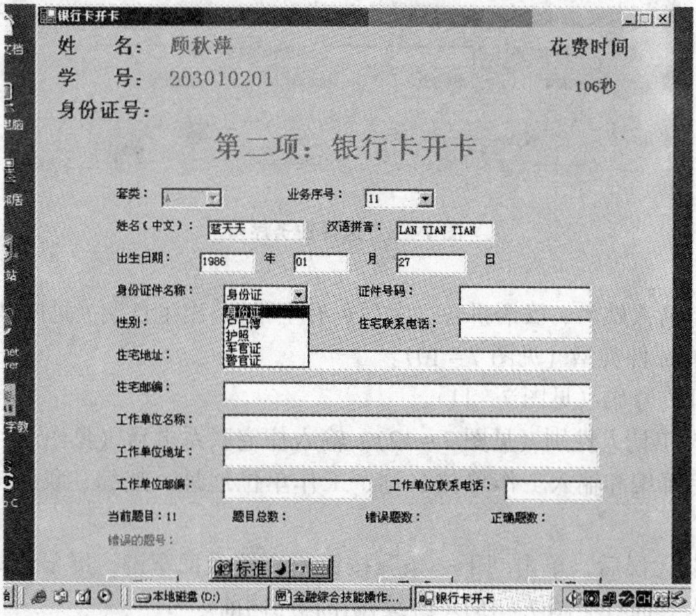

图 7-10　选择证件类型

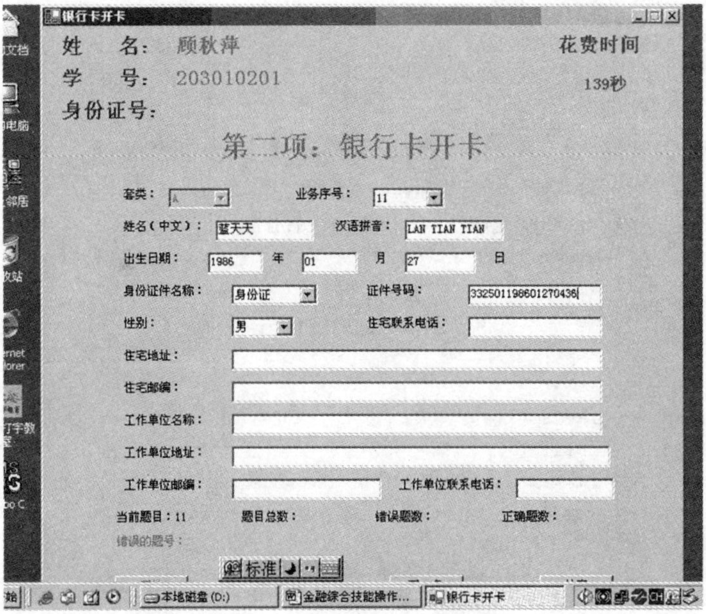

图 7－11　输入证件号码

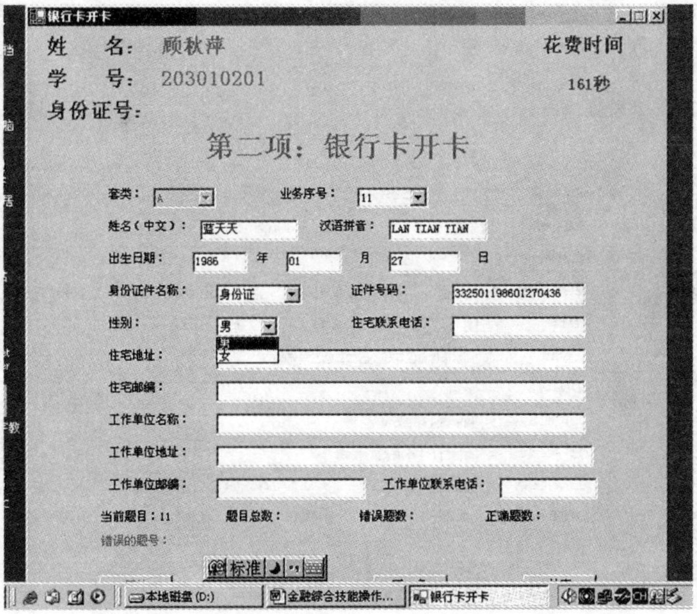

图 7－12　选择申请人性别

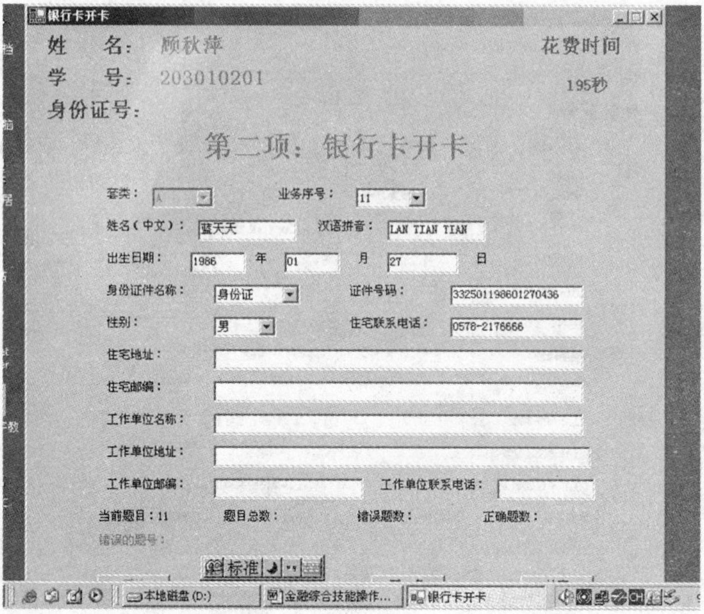

图 7－13 输入住宅联系电话

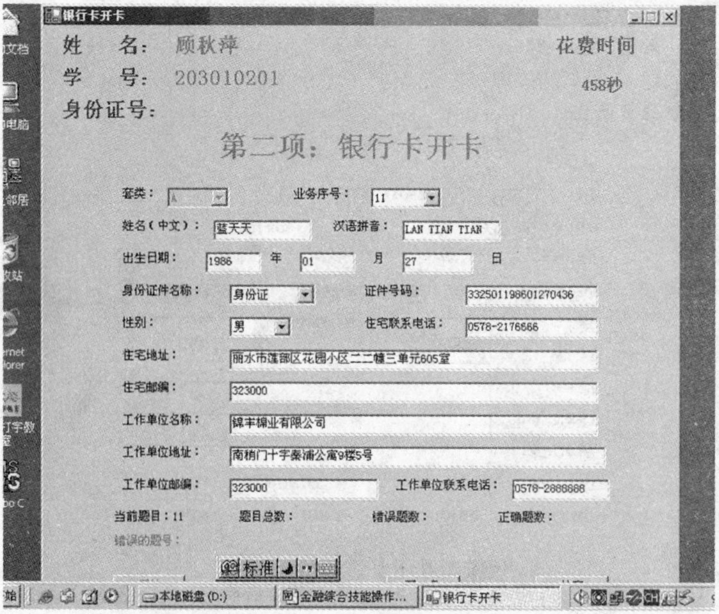

图 7－14 输入工作单位等信息

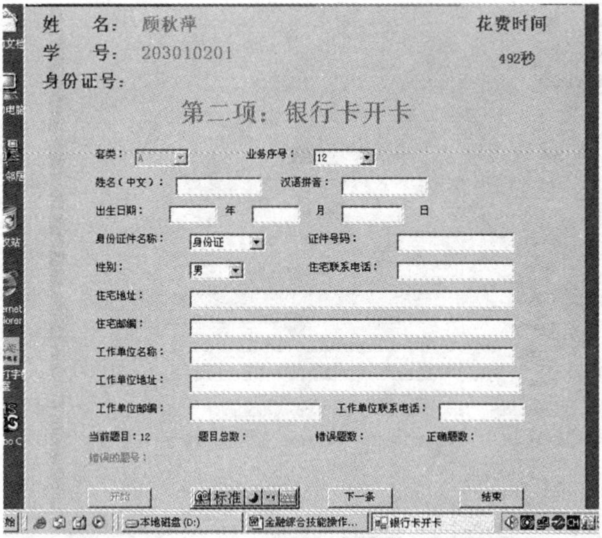

图 7－15　下一笔业务录入界面

四、提交退出处理

1. 业务录入完毕，选择结束（见图 7－16），系统会显示题目总数、正确题数和错误题数、录入时间等（见图 7－17）。

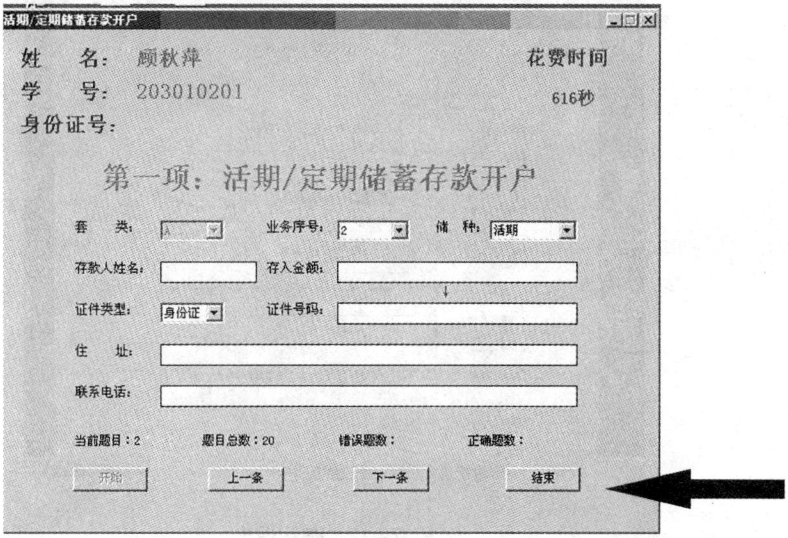

图 7－16　选择结束

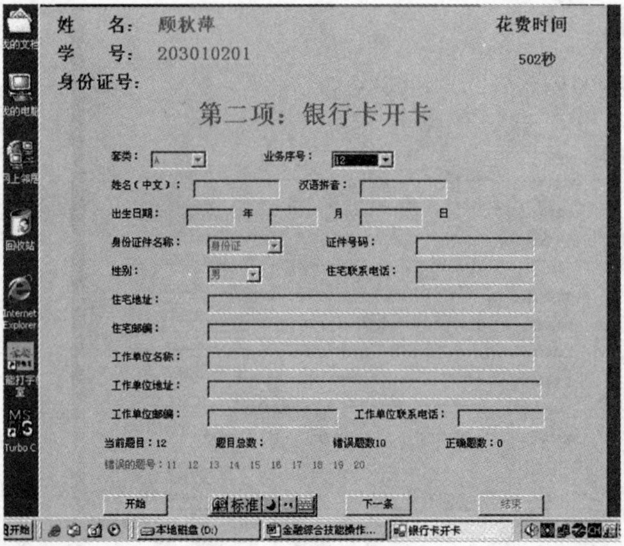

图 7-17 成绩显示界面

2. 选择右上角关闭，确认退出（见图 7-18），系统回到初始进入界面（见图 7-19）。

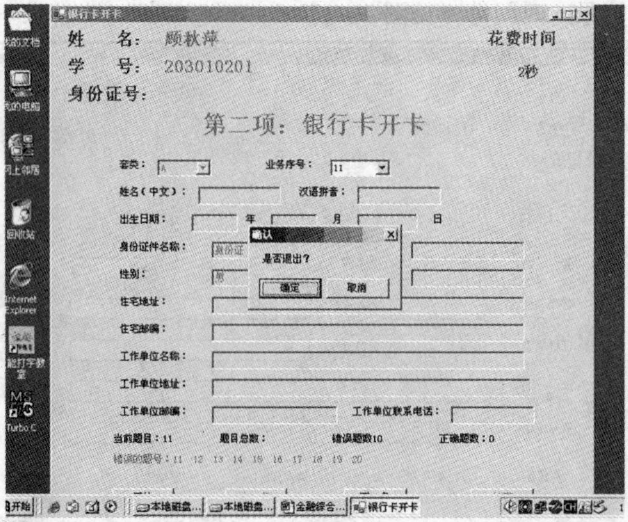

图 7-18 确认退出

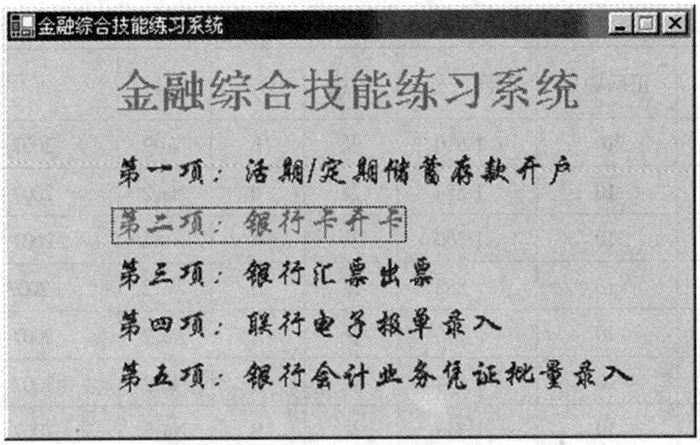

图 7－19　回到初始进入界面

五、注意事项

1. 输入内容必须与银行卡开卡申请表完全保持一致，申请人姓名、汉语拼音要注意大写、有空格，出生日期、电话号码、邮编等要保持一致。

2. 上下项目之间转换可以用回车键。

3. 下拉菜单项目可以用上下键选择。

4. 第一题银行卡开卡申请书项目内容全部输入完毕后，按回车键可自动进入第二题，不用再选择题目序号。

5. 练习系统与考核系统内容一致，操作要求一致，网络版情况下考核系统可以根据预先设定的考核标准统计输入者考核成绩。成绩设定参考标准见表 7－3。系统自动统计的成绩见表 7－4。

表 7－3　　银行卡开卡考核成绩参考标准

正确题目	优		良		中		及格	
	时间	准确率	时间	准确率	时间	准确率	时间	准确率
10 题	800 秒	100%	1 000 秒	100%	1 200 秒	100%	1 600 秒	100%

表 7-4　系统自动统计的成绩（未达到 100%准确率的没有成绩）

学号	正确题目	时间（秒）	等级	套类	项目	考核时间
205010301	10	1 510	及	B	No.2	2007-4-4 10:59
205010302	10	1 584	及	B	No.2	2007-4-4 10:58
205010303	10	1 360	及	A	No.2	2007-4-4 10:05
205010305	10	888	良	A	No.2	2007-4-4 8:44
205010305	10	746	优	A	No.2	2007-4-4 10:22
205010306	10	1 494	及	A	No.2	2007-4-4 10:36
205010308	10	1 343	及	B	No.2	2007-4-4 10:52
205010309	10	1 729	及	B	No.2	2007-4-4 10:43
205010311	10	1 629	及	B	No.2	2007-4-4 10:18
205010312	10	981	良	C	No.2	2007-4-4 9:29
205010313	10	1 474	及	A	No.2	2007-4-4 10:31
205010314	10	1 377	及	B	No.2	2007-4-4 9:26
205010315	10	1 441	及	B	No.2	2007-4-4 9:31
205010316	10	1 410	及	A	No.2	2007-4-4 11:01
205010318	10	1 118	中	A	No.2	2007-4-4 9:03
205010319	10	1 085	中	A	No.2	2007-4-4 8:54
205010320	10	1 171	中	A	No.2	2007-4-4 9:52
205010321	10	1 357	及	C	No.2	2007-4-4 9:48
205010322	10	1 015	中	A	No.2	2007-4-4 10:19
205010324	10	1 697	及	B	No.2	2007-4-4 10:11
205010325	10	890	良	A	No.2	2007-4-4 8:51
205010326	10	1 630	及	A	No.2	2007-4-4 10:57
205010329	10	815	良	A	No.2	2007-4-4 8:50
205010331	10	1 414	及	C	No.2	2007-4-4 10:07
205010332	10	1 465	及	A	No.2	2007-4-4 10:04
205010333	10	1 376	及	A	No.2	2007-4-4 11:03
205010334	10	1 189	中	A	No.2	2007-4-4 10:51
205010335	10	832	良	A	No.2	2007-4-4 9:40
205010336	10	1 102	中	B	No.2	2007-4-4 10:40

续表

学号	正确题目	时间（秒）	等级	套类	项目	考核时间
205010337	10	1 286	及	B	No.2	2007-4-4 9:23
205010339	10	1 402	及	C	No.2	2007-4-4 11:02
205010340	10	932	良	A	No.2	2007-4-4 9:44
205010341	10	785	优	A	No.2	2007-4-4 9:50
205010342	10	1 134	中	B	No.2	2007-4-4 10:24
205010343	10	1 011	中	A	No.2	2007-4-4 8:50
205010345	10	1 604	及	B	No.2	2007-4-4 10:01
205010346	10	1 190	中	A	No.2	2007-4-4 10:56
205010347	10	938	良	C	No.2	2007-4-4 9:24
205010348	10	1 216	及	B	No.2	2007-4-4 10:31
205010349	10	1 213	及	A	No.2	2007-4-4 8:56
205010351	10	1 291	及	A	No.2	2007-4-4 10:26

本章小结

本章主要讲述了银行卡业务的基本规定、银行卡开卡业务的操作规定与操作流程以及金融综合技能练习与考核系统的操作要领。银行卡开卡业务的上机练习与考核主要用于学生对此项业务的强化练习，以增强学生对银行卡业务岗位操作的适应能力。

复习思考题

1. 银行卡的种类有哪些？
2. 银行卡业务的基本规定包括哪些？
3. 银行卡开卡申请表的内容包括哪些？
4. 银行卡开卡的操作步骤有哪些？
5. 根据金融综合技能练习与考核系统操作要求，练习银行卡开卡业务的操作。

参考文献

[1] 吴胜：《银行会计实务》，杭州，浙江大学出版社，2004。
[2] 史万均：《银行基础业务》，北京，中国金融出版社，2004。
[3] 黎贤强、叶咸尚：《商业银行综合柜台业务》，杭州，浙江大学出版社，2005。
[4] 邵兴忠、金广荣：《商业银行中间业务》，杭州，浙江大学出版社，2005。
[5] 叶伟春：《金卡工程》，上海，上海译文出版社，2003。

第八章

银行汇票出票业务

本章提示：银行汇票是单位和个人在办理支付结算过程中常用的一种结算工具，使用方便、灵活。银行汇票的核算分为出票、兑付、结清三个环节。本章在阐述银行汇票业务规定、核算流程的基础上，利用专项练习操作软件，对银行汇票出票环节上机强化操作练习的使用方法做了具体介绍。

第一节　业务背景知识与业务凭证介绍

一、业务背景知识

（一）银行汇票的概念与基本规定

银行汇票是出票银行签发的，由其在见票时按照实际结算金额无条件支付给收款人或持票人的票据。银行汇票的出票银行为银行汇票的付款人。

单位和个人的各种款项结算，均可以使用银行汇票。银行汇票的出票和付款，全国范围内仅限于在中国人民银行和各商业银行等已参加"全国联行往来"的机构办理。签发银行汇票必须记载下列事项：表明"银行汇票"的字样；无条件支付的承诺；出票金额；付款人名称；收款人名称；出票日期；出票人签章。

银行汇票的提示付款期限自出票日起1个月。逾期代理付款行不予受理。银行汇票可以转账也可以支取现金。转账汇票允许背书转让，转让时以实际结算金额为准。银行汇票的实际结算金额不得更改，更改则汇票无效。银行汇票的实际结算金额低于出票金额的，其多余金额由出票银行退交申请人。如果申请人和收款人均为个人，并交存现金的，可以申请签发现金银行汇票。

(二) 银行汇票的核算流程

银行汇票的核算过程包括出票、付款和结清三个阶段。

申请人需要使用银行汇票，应向银行填写“银行汇票申请书”。申请书一式三联，第一联为存根，第二联为借方凭证，第三联为贷方凭证。交现金办理的，第二联要注销。

出票行收妥现金或转账后，签发银行汇票。银行汇票一式四联，第一联为卡片，第二联为汇票，第三联为解讫通知，第四联为多余款收账通知。签发转账银行汇票的，代理付款行行名、行号均不得填写，签发现金银行汇票的，代理付款行行名、行号必须填写，同时在出票金额大写之前先填写“现金”字样，再填写大写金额。

代理付款行接到持票人提交的银行汇票、解讫通知和两联进账单时，经审查无误后，把第二联进账单作贷方凭证，汇票第二联作借方凭证附件办理转账。进账单第一联加盖转讫章作收账通知交持票人，第三联汇票解讫通知加盖转讫章，随联行借方报单划转出票行。

出票行接到代理付款行划来的第三联汇票解讫通知和联行借方报单时，抽出专夹保管的汇票卡片根，经核对确属本行签发、报单金额与实际结算金额相符、多余金额结计正确无误后，若汇票全额付款，出票行应在汇票卡片的实际结算金额栏填入全部金额，在多余款收账通知的多余金额栏填写“— 0 —”，汇票卡片作借方凭证，解讫通知和多余款收账通知作借方凭证附件，办理转账；若汇票部分付款，出票行应在汇票卡片的实际结算金额栏填写实际结算金额，将多余金额填写在多余款收账通知的多余金额栏内，汇票卡片作借方凭证，解讫通知作多余款转账贷方凭证办理转账。

二、业务凭证介绍

(一) 汇票申请书

银行汇票出票业务使用的业务凭证包括汇票申请书和银行汇票。申请书一式三联（见图 8 - 1），由申请人填写，第一联为存根，第二联为借方凭证，第三联为贷方凭证，出票银行转账后凭第三联签发银行汇票。汇票申请书栏目包括申请日期、申请人名称与账号、收款人名称与账号、用途、代理付款行、汇票金额等。

申请人填写汇票申请书时，申请日期小写，申请人名称与账号、收款人名称与账号、用途、汇票金额如实填写，转账银行汇票代理付款行可以不填（见图 8 - 2），现金银行汇票代理付款行应该填写清楚（见图 8 - 3）。

XX银行　汇票　申请书　（贷方凭证）　3

申请日期　　年　　月　　日

申请人		收款人	
账号或住址		账号或住址	
用途		代理付款行	
汇票金额	人民币（大写）	亿 千 百 十 万 千 百 十 元 角 分	
备注：		复核：　记账：	

此联由出票行作贷方凭证

图 8-1　银行汇票申请书

A-1

浙江金融职业学院模拟银行**汇票**申请书（贷方凭证）　3

申请日期　2005　年　6　月　10　日

申请人	天星贸易有限公司	收款人	兴华科技有限公司
账号或住址	207988437793167	账号或住址	179854127907439
用途	货款	代理付款行	
汇票金额	人民币（大写）陆万捌仟玖佰元整	千 百 十 万 千 百 十 元 角 分	¥ 6 8 9 0 0 0 0
备注		科目（贷）…… 对方科目（借）…… 转账日期　年　月　日 复核　记账　出纳	

此联出票行作汇出汇款贷方凭证

图 8-2　转账银行汇票申请书

B-20

浙江金融职业学院模拟银行**汇票**申请书（贷方凭证）　3

申请日期　2005　年　6　月　10　日

申请人	赵小静	收款人	周红
账号或住址		账号或住址	
用途	往来款	代理付款行	江苏南京市工行
汇票金额	人民币（大写）柒万伍仟元整	千 百 十 万 千 百 十 元 角 分	¥ 7 5 0 0 0 0 0
备注		科目（贷）…… 对方科目（借）…… 转账日期　年　月　日 复核　记账　出纳	

此联出票行作汇出汇款贷方凭证

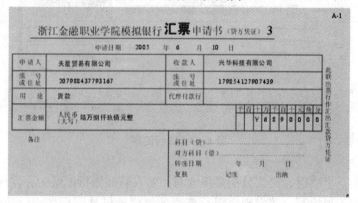

图 8-3　现金银行汇票申请书

(二) 银行汇票

银行汇票一式四联（见图 8－4），第一联为卡片，第二联为汇票，第三联为解讫通知，第四联为多余款收账通知。银行汇票主要栏目包括：出票日期、代理付款行行名与行号、收款人名称与账号、出票金额、实际结算金额、申请人名称与账号、出票行行名与行号、备注栏等，由出票银行收妥款项后按照汇票申请书的内容如实填写。

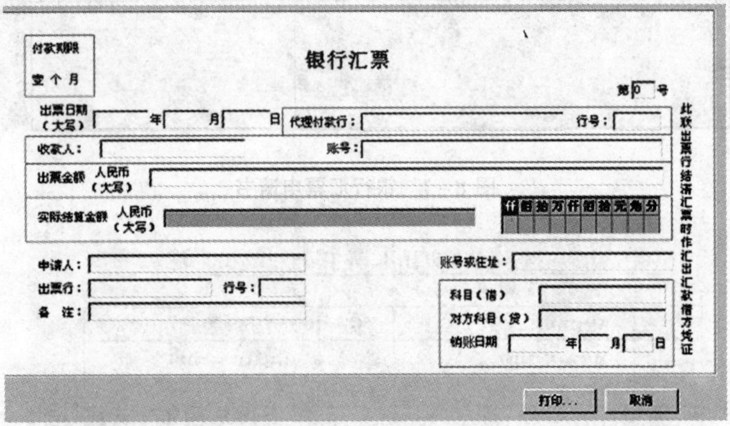

图 8－4　银行汇票

签发银行汇票时，出票日期必须大写；签发转账银行汇票的，代理付款行行名、行号均不得填写，签发现金银行汇票的，代理付款行行名、行号必须填写，同时在出票金额大写之前先填写“现金”字样，再填写大写金额；出票金额小写金额用压数机压印；实际结算金额不得填写；申请人名称与账号和收款人名称与账号按照申请书内容如实填写；出票行行名与行号据实填写；备注栏填写用途。

第二节　银行汇票出票业务练习与考核系统介绍

根据银行汇票出票阶段业务的实际操作要求，我们设计开发了金融综合技能练习与考核系统操作软件，通过该操作软件，可以进行银行汇票出票业务的上机操作练习与考核。操作时选择“金融综合技能练习与考核系统——银行汇票出票”功能模块，练习银行汇票业务中依据银行汇票申请书签发银行汇票业务内容的计算机操作处理。

一、登录系统进入主窗口

网络版用户操作流程：开机，直接双击桌面上 mnyh 的快捷方式；若学生机桌面上无 mnyh 的快捷方式，请访问地址“ftp：//192.168.63.3”→用户名：guest→密码：无，进入相应界面，将 mnyh 的快捷方式拖至桌面，双击 mnyh 的快捷方式，进入“金融综合技能练习与考核系统——银行汇票出票”，进行相应内容录入。

单机版用户操作流程：直接选择光盘上相应项目点击进入“金融综合技能练习与考核系统——银行汇票出票”，进行相应内容录入。

具体操作步骤如下：

1. 开机（若学生机桌面上无 mnyh 的快捷方式，请访问地址“ftp：//192.168.63.3”→用户名：guest→密码：无，进入相应界面，将 mnyh 的快捷方式拖至桌面），双击 mnyh 的快捷方式（见图 8－5）。

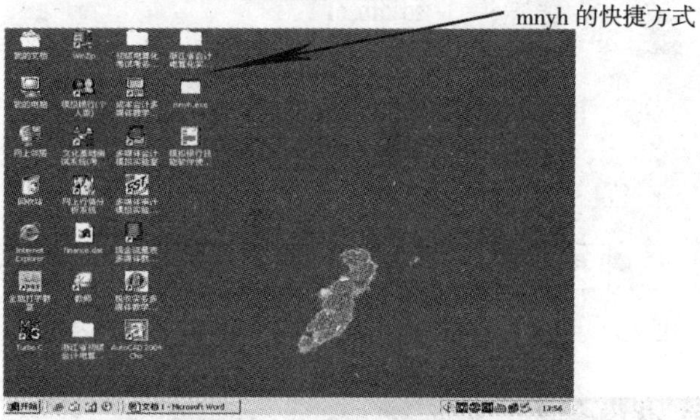

图 8－5　双击 mnyh 的快捷方式

2. 输入学号、密码（与学号相同），选择登录（见图 8－6）。

二、进入练习/考核系统

1. 选择练习系统（如进行考核，则相应选择考核系统，平时练习时此系统禁止访问）（见图 8－7）；选择银行汇票出票功能模块（见图 8－8），再单击，系统将自动进入相应的业务内容录入界面。

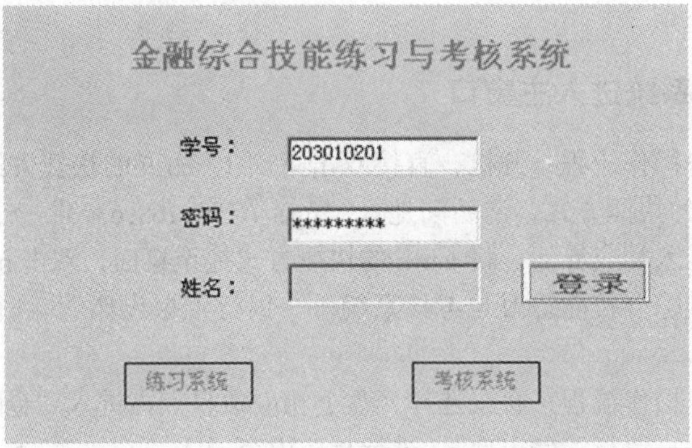

图 8-6　选择登录

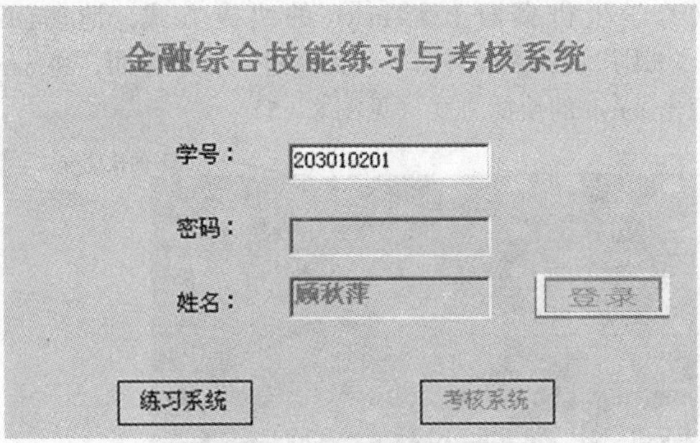

图 8-7　选择练习系统

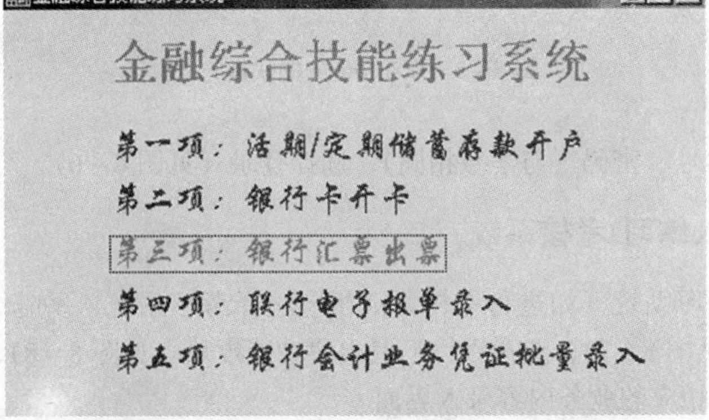

图 8-8　选择银行汇票出票功能模块

2. 选择套类（A、B、C、D、E……）（见图 8-9）；确认答题开始（见图 8-10）。

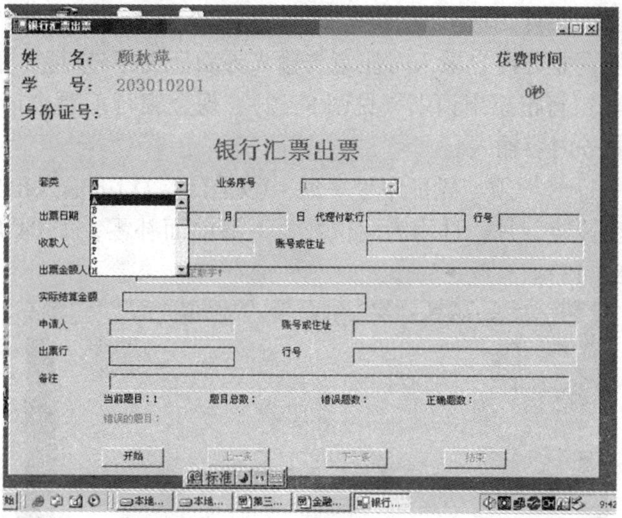

图 8-9　选择套类

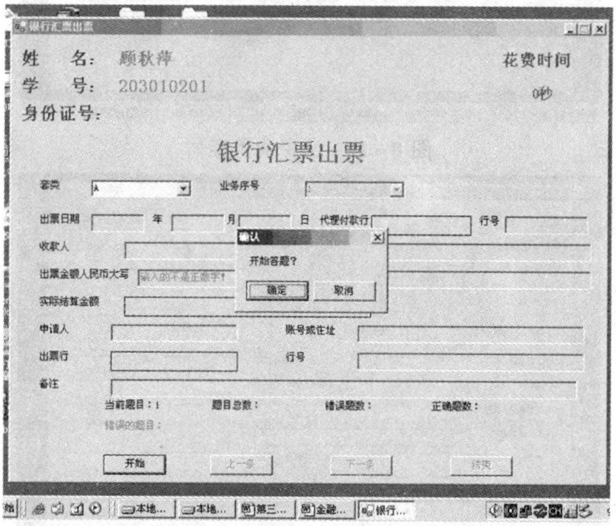

图 8-10　确认答题开始

三、业务凭证内容输入

一套练习题目共计20道，相应汇票申请书20份，每张汇票申请书均有套类+序号的编号，业务内容录入时注意与输入界面套类序号对照。

1. 根据转账银行汇票申请书（见图8-2）、现金银行汇票申请书（见图8-3），进行相应业务内容输入。

2. 选择业务序号（须与凭证序号一致）（见图8-11），输入出票日期（小写输入，系统自动转换，月、日均为两位数，不够前面补零，如04月01日）（见图8-12和图8-13）。

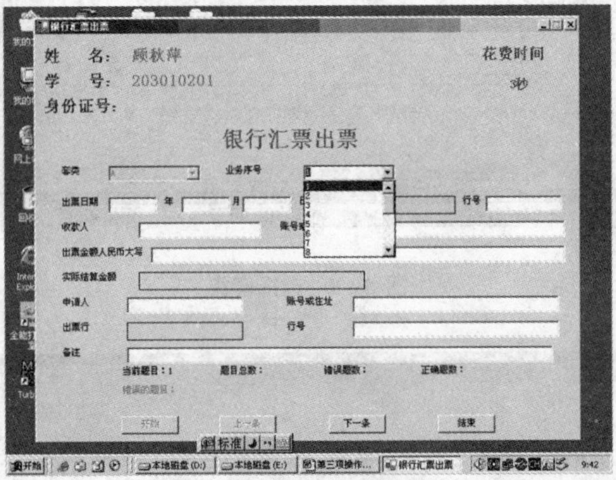

图8-11 选择业务序号

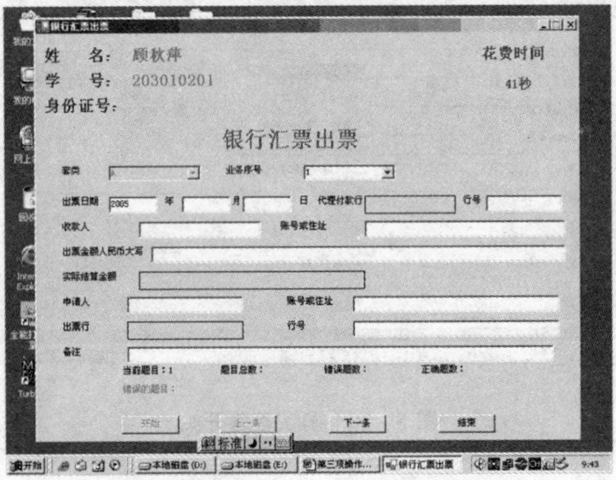

图8-12 输入出票日期（年）

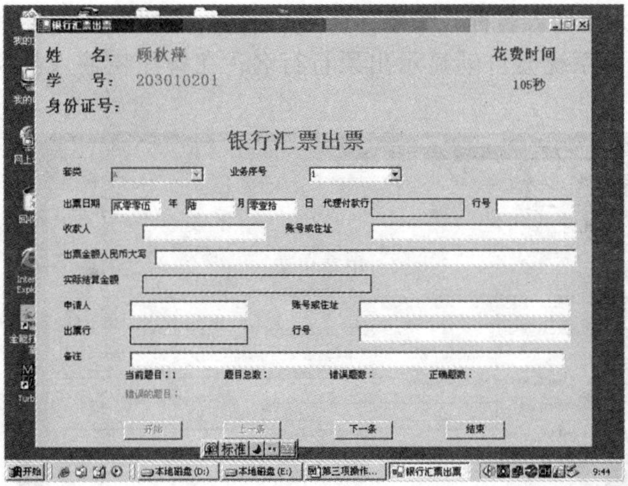

图 8－13　输入出票日期（月日）

3. 代理付款行行名不需输入，转账汇票行号回车跳过，直接输入收款人名称与账号、地址、出票金额（小写输入）（见图 8－14），回车后系统会自动转换为大写金额（见图 8－15）。

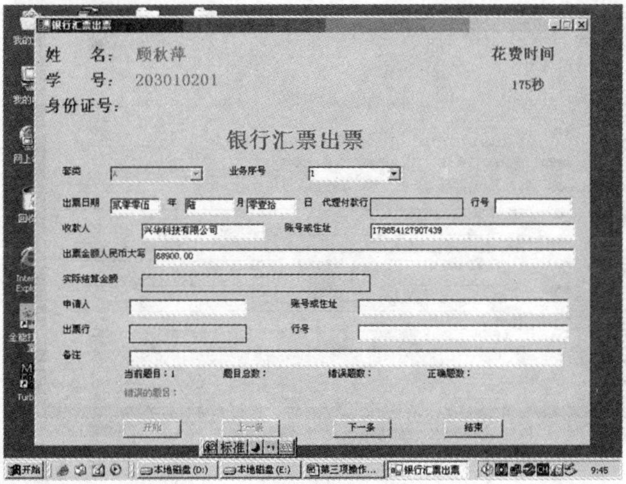

图 8－14　输入收款人名称等信息

4. 继续输入申请人名称、账号（见图 8－16），根据联行行号一览表（见表 8－1)输入行号，系统会自动显示出票行行名，在备注栏输入款项用途（见图 8－17）。

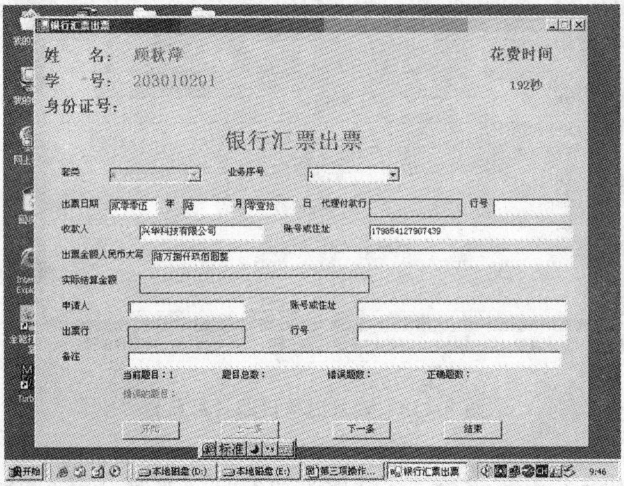

图 8－15　出票金额自动转换为大写

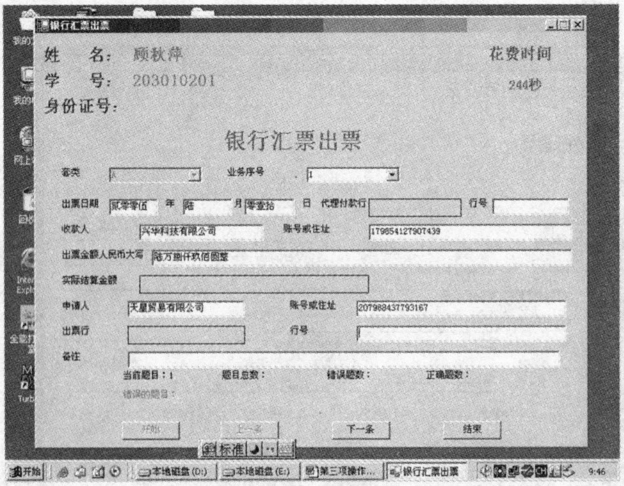

图 8－16　输入申请人名称与账号

表 8－1　　　　联行行号一览表

行名	行号	行名	行号	行名	行号
工行北京市分行	20001	工行合肥市分行	28061	工行宁波市分行	21251
工行北京海淀区支行	20002	工行芜湖市分行	28062	工行温州市分行	21252
工行北京中关村支行	20003	工行济南市分行	23101	工行绍兴市分行	21261
工行上海市分行	21001	工行青岛市分行	23102	工行湖州市分行	21262
工行上海南汇区支行	21002	工行石家庄分行	26540	工行台州市分行	23255
工行天津市分行	23021	工行南昌市分行	27420	工行金华市分行	23256
工行广州市分行	25022	工行九江市分行	27421	工行嘉兴市分行	23257
工行汕头市分行	25023	工行武汉市分行	23680	工行丽水市分行	23258
工行深圳市分行	25024	工行湖北襄樊市分行	23681	工行余姚市分行	23259
工行北海市分行	25025	工行昆明市分行	24691	工行义乌市分行	23260
工行南宁市分行	26030	工行大理市分行	24692		
工行桂林市分行	26031	工行福州市分行	28860		
工行南京市分行	27051	工行厦门市分行	28861		
工行苏州市分行	27052	工行泉州市分行	28862		
工行无锡市分行	27053				
工行南通市分行	27054			模拟银行	00001

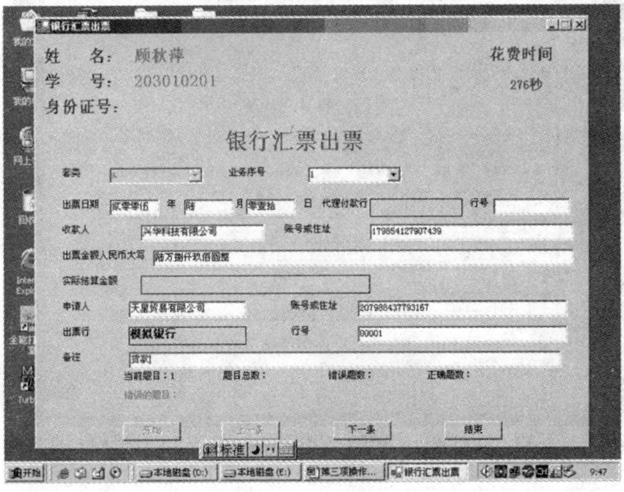

图 8－17　输入款项用途

5. 如为个人申请签发现金银行汇票，需要输入代理付款行行号（见图 8－18），系统会自动显示行名；如收款人以现金方式收取款项时，则收款人账号不需要输入，出票金额栏先输入“现金”，再输入小写金额（见图 8－19），系统自动转换为大写金额（见图 8－20）。其余操作同前。

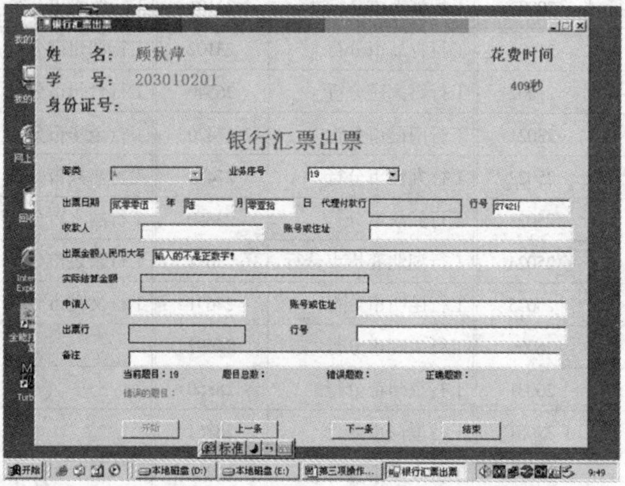

图 8－18 输入代理付款行行号

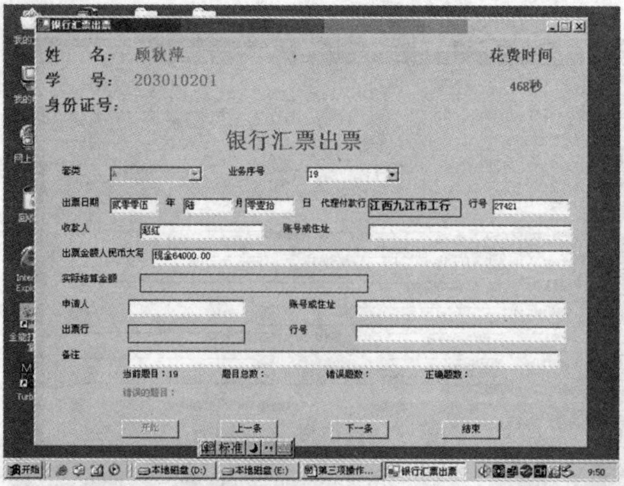

图 8－19 输入出票金额

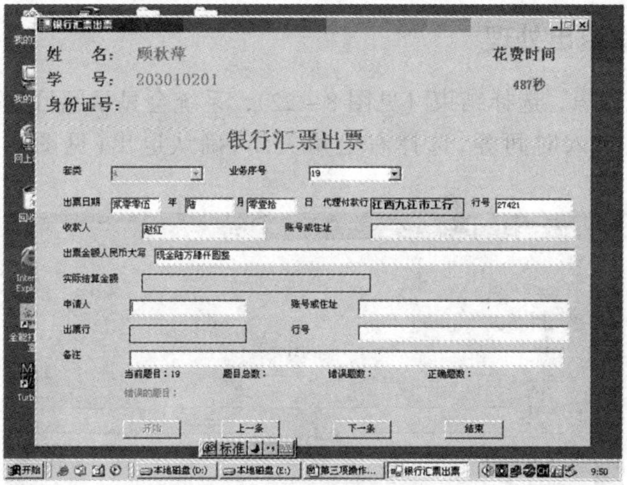

图 8-20 出票金额自动转换为大写

6. 输入确认无误后，单击“下一条”按钮或直接敲回车键，屏幕自动进入下一笔业务录入界面（见图 8-21）。继续操作程序同前。

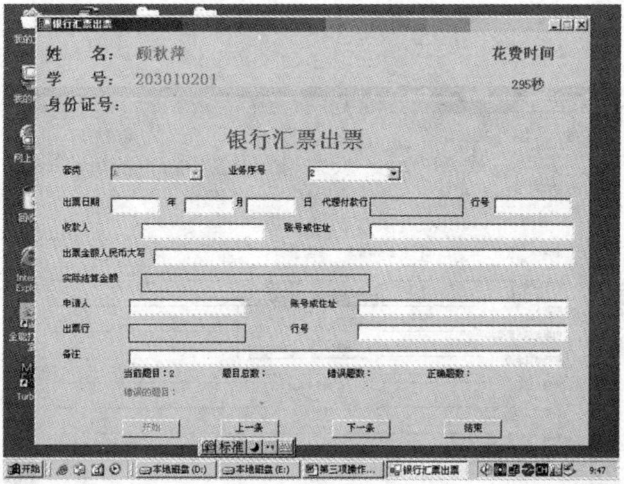

图 8-21 下一笔业务录入界面

四、提交退出处理

业务录入完毕，选择结束（见图 8－22），系统会显示题目总数、正确题数和错误题数、录入时间等，选择右上角关闭，确认退出（见图8－23），系统回

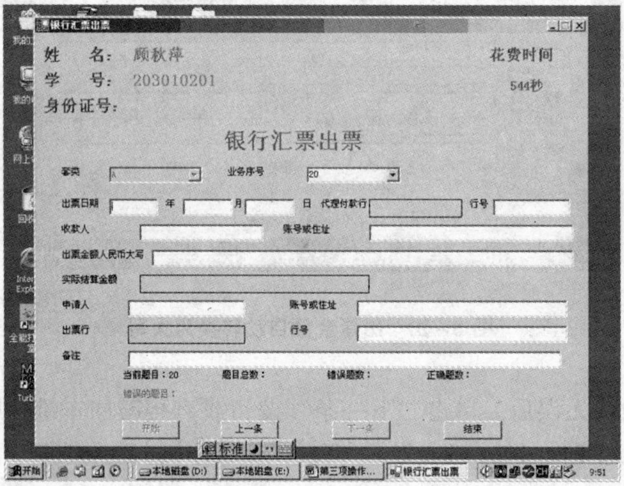

图 8－22 选择结束

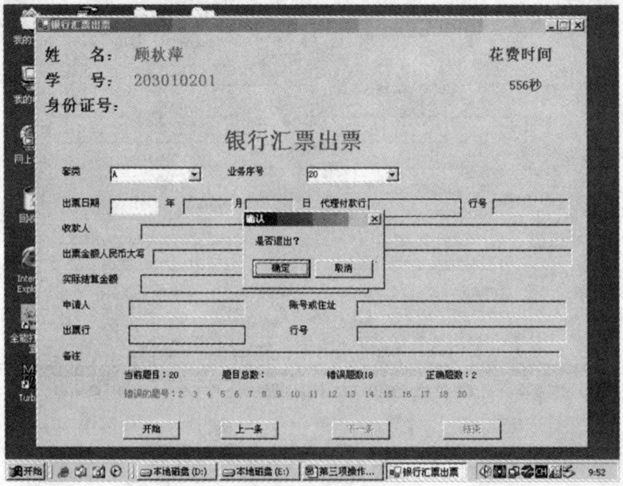

图 8－23 确认退出

到初始进入界面（见图 8－24）。

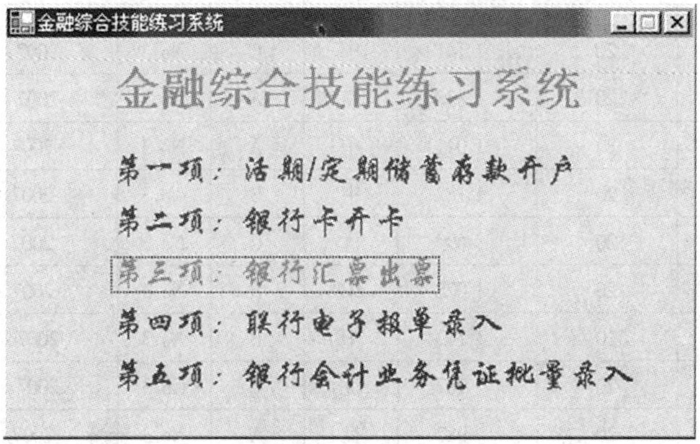

图 8－24　回到初始进入界面

五、注意事项

1. 输入内容必须与银行汇票申请书保持一致，注意转账银行汇票与现金银行汇票的输入区别。

2. 上下项目之间转换可以用回车键。

3. 下拉菜单项目可以用上下键选择。

4. 第一题业务凭证内容全部输入完毕后，按回车键可自动进入第二题，不用再选择题目序号。

5. 练习系统与考核系统内容一致，操作要求一致，网络版情况下考核系统可以根据预先设定的考核标准统计输入者考核成绩。成绩设定参考标准见表 8－2。系统自动统计的成绩见表 8－3。

表 8－2　　银行汇票出票业务考核成绩参考标准

正确题目	优		良		中		及格	
	时间	准确率	时间	准确率	时间	准确率	时间	准确率
20 题	800 秒	100%	1 000 秒	100%	1 300 秒	100%	1 700 秒	100%

表 8-3　　系统自动统计的成绩（未达到100%准确率的没有成绩）

学号	正确题目	时间（秒）	等级	套类	项目	考核时间
205010301	20	1 141	中	C	No.3	2007-4-25 10:27
205010302	20	838	良	A	No.3	2007-4-25 11:00
205010303	20	1 041	中	A	No.3	2007-4-25 9:33
205010304	20	1 182	中	B	No.3	2007-4-25 9:40
205010305	20	699	优	C	No.3	2007-4-25 9:08
205010307	20	1 028	中	B	No.3	2007-4-25 9:39
205010308	20	1 143	中	B	No.3	2007-4-25 10:07
205010309	20	767	优	C	No.3	2007-4-25 11:06
205010310	20	987	良	A	No.3	2007-4-25 9:36
205010311	20	1 292	中	C	No.3	2007-4-25 9:35
205010312	20	626	优	B	No.3	2007-4-25 10:43
205010313	20	1 133	中	A	No.3	2007-4-25 10:01
205010314	20	1 147	中	B	No.3	2007-4-25 9:43
205010315	20	925	良	A	No.3	2007-4-25 9:55
205010317	20	1 102	中	A	No.3	2007-4-25 10:37
205010318	20	764	优	A	No.3	2007-4-25 9:40
205010319	20	733	优	A	No.3	2007-4-25 10:13
205010320	20	953	良	C	No.3	2007-4-25 9:19
205010321	20	785	优	A	No.3	2007-4-25 9:47
205010321	20	931	良	B	No.3	2007-4-25 9:33
205010322	20	852	良	A	No.3	2007-4-25 10:12
205010323	20	1 141	中	A	No.3	2007-4-25 10:36
205010324	20	1 414	及	C	No.3	2007-4-25 9:36
205010325	20	559	优	A	No.3	2007-4-25 10:15
205010326	20	838	良	A	No.3	2007-4-25 9:52
205010327	20	963	良	B	No.3	2007-4-25 10:16
205010328	20	1 093	中	C	No.3	2007-4-25 10:46
205010329	20	751	优	B	No.3	2007-4-25 9:25
205010330	20	848	良	C	No.3	2007-4-25 10:50

续表

学号	正确题目	时间（秒）	等级	套类	项目	考核时间
205010334	20	1 276	中	B	No.3	2007－4－25 9:53
205010335	20	796	优	C	No.3	2007－4－25 9:12
205010336	20	869	良	B	No.3	2007－4－25 10:56
205010337	20	954	良	B	No.3	2007－4－25 9:39
205010338	20	860	良	A	No.3	2007－4－25 10:27
205010339	20	1 082	中	C	No.3	2007－4－25 10:24
205010340	20	745	优	C	No.3	2007－4－25 9:26
205010341	20	714	优	A	No.3	2007－4－25 9:36
205010342	20	867	良	A	No.3	2007－4－25 10:26
205010343	20	814	良	C	No.3	2007－4－25 9:16
205010344	20	1 223	中	C	No.3	2007－4－25 10:02
205010345	20	1 100	中	C	No.3	2007－4－25 10:45
205010346	20	878	良	C	No.3	2007－4－25 10:53
205010347	20	721	优	C	No.3	2007－4－25 10:03
205010348	20	878	良	B	No.3	2007－4－25 10:55
205010349	20	815	良	A	No.3	2007－4－25 9:51
205010350	20	1 152	中	B	No.3	2007－4－25 9:52
205010351	20	1 222	中	B	No.3	2007－4－25 9:44

本章小结

本章主要讲述了银行汇票业务的核算规定与操作流程，以及金融综合技能练习与考核系统中银行汇票出票业务的操作要领。银行汇票出票业务的上机练习与考核主要用于学生对此项业务的强化练习，以增强学生对银行汇票业务核算处理工作岗位操作的适应能力。

复习思考题

1. 银行汇票业务的核算规定有哪些？
2. 转账银行汇票签发时应注意哪些事项？

3. 现金银行汇票签发时应注意哪些事项?

4. 根据金融综合技能练习与考核系统操作要求，练习银行汇票出票业务的上机操作。

参考文献

[1] 吴胜:《银行会计实务》，杭州，浙江大学出版社，2004。

[2] 胡建忠、熊振敏:《商业银行会计》，北京，中国金融出版社，2004。

[3] 王弦洲:《商业银行综合业务实验教程》，北京，中国金融出版社，2006。

[4] 张丽娟:《银行会计操作实务》，北京，清华大学出版社，2006。

[5] 唐宴春:《金融企业会计实训与实验》，北京，中国金融出版社，2006。

第九章

联行电子报单录入业务

本章提示：联行业务是商业银行之间进行资金划转的通道，联行电子报单是联行往来的各家银行凭以办理业务的依据。本章在阐述联行业务往来的有关规定、核算流程的基础上，利用专项练习操作软件，对包括汇兑、银行汇票、托收等业务在内的，联行电子报单业务内容录入的上机强化操作练习使用方法做了具体介绍。

第一节　业务背景知识与业务凭证介绍

一、业务背景知识

联行电子报单是商业银行系统内各个行处之间由于办理结算、款项缴拨、内部资金调拨等异地汇划业务引起资金账务往来使用的一种业务凭证。目前商业银行电子汇划往来业务利用电子计算机网络系统办理结算资金和内部资金的汇划与清算。商业银行电子汇划系统承担汇兑、托收承付、委托收款、商业汇票、银行汇票、信用卡、内部资金划拨及其他经总行批准的汇划业务，同时办理有关的查询、查复。该系统由汇划业务经办行（以下简称经办行）、清算行和总行清算中心通过计算机网络组成。

商业银行资金汇划清算业务采取批量处理与实时处理相结合的方式。系统采取“汇划数据实时发送，各清算行控制进出，总行中心即时处理，汇划资金按时到达”的办法。“汇划数据实时发送”是指发报经办行录入汇划数据后，全部实时发送至发报清算行；“各清算行控制进出”是指清算行辖属所有经办行的资金汇划、查询查复全部通过清算行进出，清算行控制辖属经办行的资金清算；“总行中心即时处理”是指总行清算中心对发报清算行传输来的汇划数据即时传输至收报清算行；实时业务由收报清算行即时传输到收报经办行，批量业务由收报清算行次日传输到收报经办行。总行清算中心当日更新各清算行备付金存款；“汇划资金按时到达”是指汇划资金做到实时业务即时到达经办行，批量业务次日到达经办行。

主要的操作流程包括：

（一）发报经办行的处理

经办人员根据确已记账的汇划凭证，分别以实时、批量的汇划方式，按业务种类输入有关内容，生成电子报单信息，用途栏和客户附言应按客户填写的内容录入，不得省略。复核人员根据原始汇划凭证，进行全面审查、复核。实时业务全部授权；批量业务、大额业务须经各经办行会计主管人员授权。业务数据经过录入、复核、授权无误后，产生有效汇划数据，由系统实时发送至清算行。并进行相应的账务处理。

日终时打印“电子汇兑往账汇总记账凭证”和“系统内上存款项记账凭证”；打印“资金汇划业务清单”，并作为“电子汇兑往账汇总记账凭证”的附件。同时手工核对当天原始汇划凭证的笔数、金额合计与“资金汇划业务清单”发送借贷报笔数、合计数及“电子汇兑往账”发报汇总借贷方凭证笔数及发生额一致。将电汇凭证第三联，信汇凭证第三、第四联，托收承付第四联、银行卡凭证、委托收款凭证第四联，银行汇票第二、第三联，银行承兑汇票第二联等，作“电子汇兑往账”科目凭证的附件。

（二）发报清算行的处理

发报清算行收到发报经办行传输来的汇划业务后，计算机自动记载有关账户。相关信息经过按规定权限授权、编押及账务处理后由计算机自动传输至总行。

（三）总行清算中心的处理

总行清算中心收到各发报清算行汇划款项，由计算机自动登记后，将款项传送至收报清算行。每日营业终了更新各清算行在总行开立的备付金存款账户。

（四）收报清算行的处理

收报清算行收到总行清算中心传来的汇划业务数据，计算机自动检测收报经办行是否为辖属行处，并经系统自动核押无误后，自动进行账务处理。实时业务即时处理并传至收报经办行；批量业务处理后次日传至收报经办行。

（五）收报经办行的处理

收报经办行收到收报清算行传来的批量、实时汇划业务，经检查无误后，打印“资金汇划（借方）补充凭证”或“资金汇划（贷方）补充凭证”一式两份，并自动进行账务处理。

收报经办行日终时同发报经办行的处理相同。每日营业终了，收报经办行应分别借贷报打印“资金汇划业务清单”，与借方或贷方“资金汇划接收处理清单”、“资金汇划借方（贷方）补充凭证”核对相符。每天打印的“资金汇划借方（贷方）补充凭证”要与“空白重要凭证保管使用登记簿”中使用、结存数量、号码核对一致，并进行销号。

二、业务凭证介绍

商业银行电子汇划系统承担汇兑、托收、银行汇票、信用卡、内部资金划拨及其他经总行批准的汇划业务，下面以汇兑、银行汇票、托收业务为主介绍相关凭证。

（一）汇兑业务凭证

汇兑是汇款人委托银行将其款项支付给收款人的结算方式。汇兑适用于单位和个人的各种款项的结算。签发汇兑凭证必须记载下列事项：表明“汇兑”的字样；无条件支付的委托；确定的金额；收款人名称；汇款人名称；汇入地点、汇入行名称；汇出地点、汇出行名称；委托日期；汇款人签章等（见图 9－1）。汇兑凭证上欠缺上列记载事项之一的，银行不予受理。汇兑凭证上记载汇款人名称、收款人名称，其在银行开立存款户而又欠缺记载账号的，银行不予受理。

XX银行 信汇凭证（借方凭证） 2

委托日期 年 月 日

汇款人	全称		收款人	全称	
	账号或地址			账号或地址	
	汇出地点	省 市		汇入地点	省 市
汇出行名称			汇入行名称		
金额	人民币（大写）			亿 千 百 十 万 千 百 十 元 角 分	
此汇款支付给收款人			支付密码		
			附加信息及用途		
		汇款人盖章	复核： 记账：		

此联汇出行作借方凭证

图 9－1 汇兑凭证（信汇凭证）

汇款人委托银行办理汇兑时，应向银行填交汇兑凭证，汇兑业务凭证分为信汇凭证和电汇凭证两种，信汇凭证一式四联：第一联为汇出行给汇款人的回单；第二联由汇出行作支款凭证；第三联由汇入行作收款凭证；第四联由汇入行给收款人作收账通知或作取款凭证。电汇凭证一式三联：第一联为汇出行给汇款人的回单；第二联由汇出行作支款凭证；第三联由汇出行作资金汇划原始凭证。电子汇兑方式下，二者使用趋于一致，信汇第三、四联与电汇第三联均作为资金汇划原始凭证。

汇兑凭证主要栏目包括委托日期、汇款人名称账号、收款人名称账号、汇出地点、汇出行名称、汇入地点、汇入行名称、汇款金额、附加信息及用途等。汇款人填写汇兑凭证时应如实填写相关内容，清楚指明汇入地点、汇入行（见图9－2)。汇兑凭证上记载收款人为个人的，收款人需要到汇入银行领取汇款，汇款人应在汇兑凭证上注明“留行待取”字样；汇兑凭证上记载收款人凭签章支取的，汇出时应在汇兑凭证上预留收款人签章。汇款人确定不得转汇的，应在汇兑凭证备注栏注明“不得转汇”字样。汇款人和收款人均为个人，需要在汇入银行支取现金的，应在汇兑凭证的“汇款金额”大写栏先填写“现金”字样，后填写汇款金额（见图9－3)。

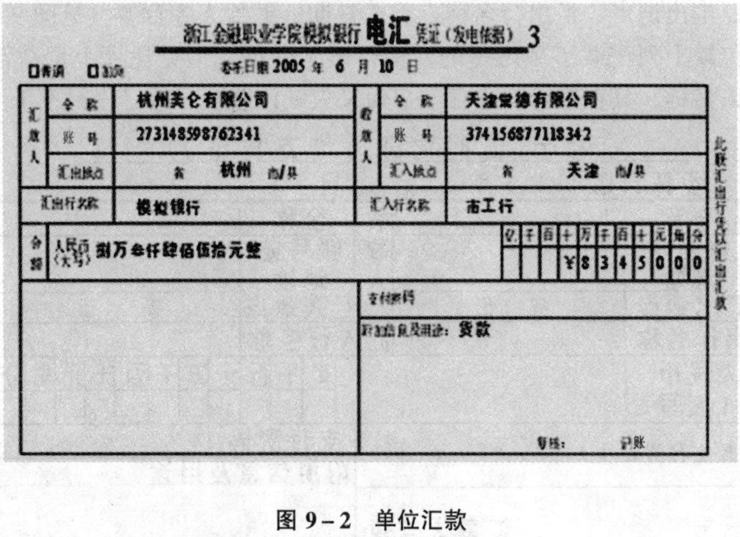
浙江金融职业学院模拟银行 电汇 凭证（发电依据） 3

□普通 □加急 委托日期 2005 年 6 月 10 日

汇款人	全称	杭州美仑有限公司	收款人	全称	天津常德有限公司
	账号	273148598762341		账号	374156877118342
	汇出地点	省 杭州 市/县		汇入地点	省 天津 市/县
汇出行名称		模拟银行	汇入行名称		市工行

金额 人民币（大写） 捌万叁仟肆佰伍拾元整 ¥8345000

支付密码

附加信息及用途：货款

复核： 记账

此联汇出行凭以汇出汇款

图 9－2 单位汇款

(二) 银行汇票业务凭证

银行汇票的核算过程包括出票、付款和结清三个阶段。

申请人使用银行汇票，需要向出票行提出申请，出票行收妥现金或转账后，

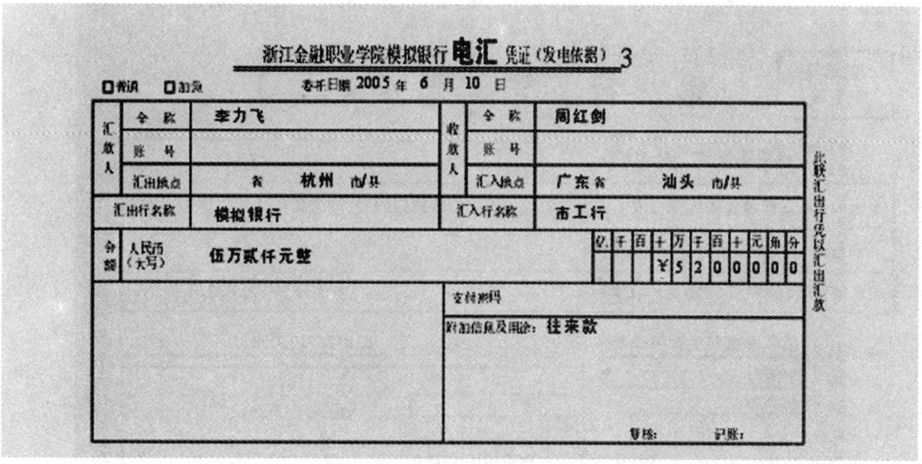

浙江金融职业学院模拟银行**电汇**凭证（发电依据） 3

□普通 □加急　　委托日期 2005 年 6 月 10 日

汇款人	全称	李力飞	收款人	全称	周红剑
	账号			账号	
	汇出地点	省 杭州 市/县		汇入地点	广东省 汕头 市/县
汇出行名称		模拟银行	汇入行名称		市工行
金额	人民币（大写）	伍万贰仟元整		亿千百十万千百十元角分	¥5200000
			支付密码		
			附加信息及用途：往来款		
			复核： 记账：		

此联汇出行凭以汇出汇款

图 9－3　个人汇款

签发银行汇票。

代理付款行接到持票人提交的银行汇票、解讫通知和两联进账单时经审查无误后，以第二联进账单作贷方凭证，汇票第二联作借方凭证附件办理转账。进账单第一联加盖转讫章作收账通知交持票人，第三联汇票解讫通知（见图 9－4）加盖转讫章，随联行借方报单划转出票行。如果有多余金额的，按照实际结算金额编制联行借方报单划转出票行（见图 9－5）。

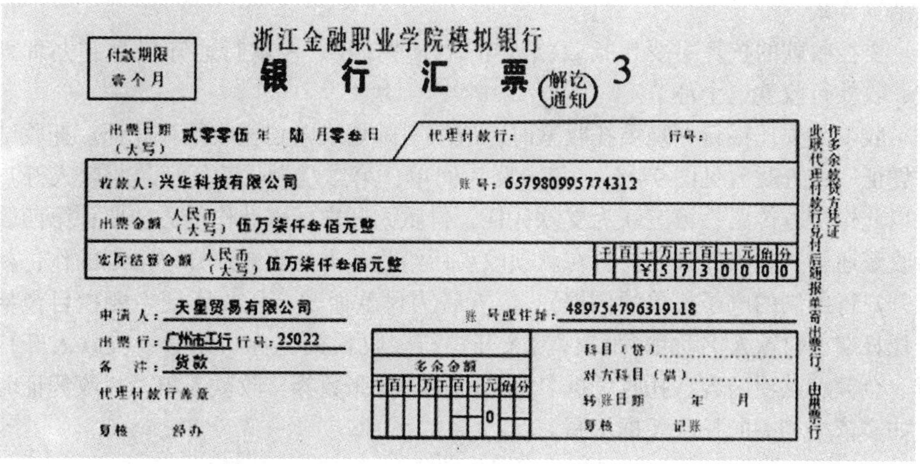

付款期限 壹个月

浙江金融职业学院模拟银行

银　行　汇　票（解讫通知） 3

出票日期（大写）贰零零伍年 陆月零叁日　　代理付款行：　　行号：

收款人：兴华科技有限公司　　账号：657980995774312

出票金额 人民币（大写）伍万柒仟叁佰元整

实际结算金额 人民币（大写）伍万柒仟叁佰元整　　千百十万千百十元角分 ¥5730000

申请人：天星贸易有限公司　　账号或住址：489754796319118

出票行：广州市工行 行号：25022

备　注：货款

代理付款行盖章

复核　经办

多余金额 千百十万千百十元角分 0

科目（借）……

对方科目（贷）……

转账日期　年　月

复核　记账

此联代理付款行兑付后随报单寄出票行，由出票行作多余款贷方凭证

图 9－4　银行汇票解讫通知（无多余金额）

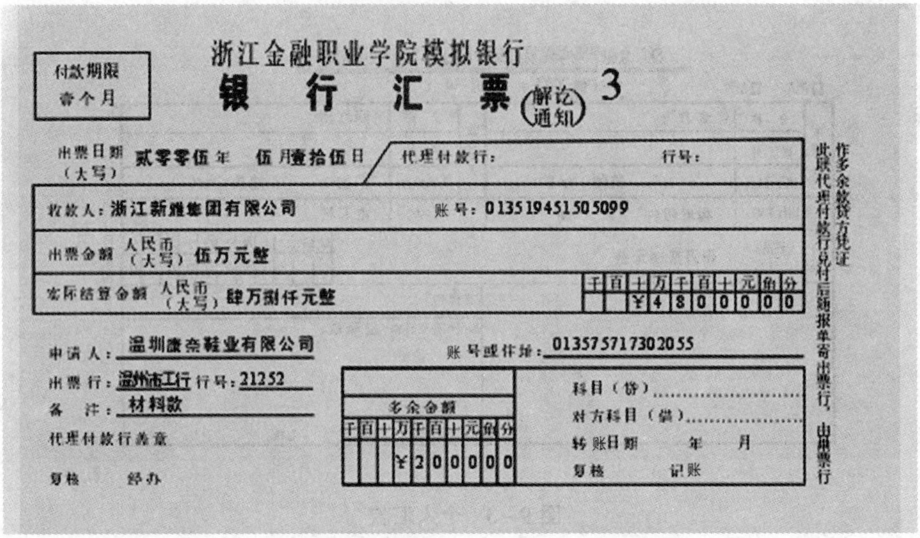

浙江金融职业学院模拟银行

付款期限 壹个月

银 行 汇 票（解讫通知） 3

出票日期（大写） 贰零零伍年 伍月壹拾伍日 代理付款行： 行号：

收款人：浙江新雅集团有限公司 账号：0135194515O5099

出票金额 人民币（大写） 伍万元整

实际结算金额 人民币（大写） 肆万捌仟元整

千	百	十	万	千	百	十	元	角	分
		¥	4	8	0	0	0	0	0

申请人：温圳康奈鞋业有限公司 账号或住址：013575717302055

出票行：温州市工行 行号：21252

备 注：材料款

代理付款行盖章

复核 经办

多余金额

千	百	十	万	千	百	十	元	角	分
			¥	2	0	0	0	0	0

科目（借）……

对方科目（贷）……

转账日期 年 月

复核 记账

此联代理付款行兑付后随报单寄出票行，由出票行作多余款贷方凭证

图 9－5 银行汇票解讫通知（有多余金额）

（三）托收业务凭证

托收业务包括委托收款和托收承付两种类型。目前以委托收款业务为主。委托收款是收款人委托银行向付款人收取款项的结算方式。单位和个人凭债券、存单、已承兑的商业汇票等付款人的债务证明办理款项的结算，均可以使用委托收款结算方式。

委托收款的核算主要包括收款人申请办理托收、付款行通知付款并办理划款、收款行收款三个环节。

收款人委托银行办理委托收款时，应填写邮划或电划托收结算凭证。托收结算凭证一式五联（见图 9－6）：第一联为回单；第二联为收款凭证，收款人开户行以此作贷方传票；第三联为支款凭证，付款人开户行以此作借方传票；第四联为收账通知，是收款人开户行在款项收妥后给收款人的收账通知（电划的作付款人开户行编制的电子报单的依据）；第五联为付款通知。托收凭证主要栏目包括委托日期、付款人名称账号、付款人开户行、收款人名称与账号、收款人开户行、金额、款项内容、托收凭据名称、附寄单证张数等。收款人填写托收凭证时应如实依据相关的托收凭据填写。

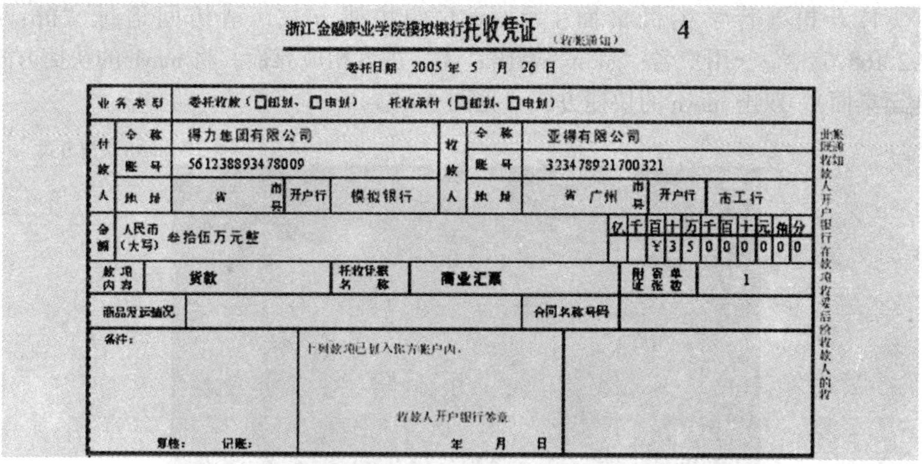

图 9-6　托收凭证

第二节　联行电子报单录入业务练习与考核系统介绍

根据联行电子报单录入业务的实际操作内容与操作要求，我们设计开发了金融综合技能练习与考核系统操作软件，通过该操作软件，可以进行联行电子报单录入业务的上机操作练习与考核。操作时选择“金融综合技能练习与考核系统——联行电子报单录入”功能模块，练习银行资金异地汇划业务中依据汇兑、银行汇票、托收凭证等资金汇划原始凭证进行联行电子报单项目计算机操作处理。

一、登录系统进入主窗口

网络版用户操作流程：开机，直接双击桌面上 mnyh 的快捷方式；若学生机桌面上无 mnyh 的快捷方式，请访问地址“ftp：//192.168.63.3”→用户名：guest→密码：无，进入相应界面，将 mnyh 的快捷方式拖至桌面，双击 mnyh 的快捷方式，进入“金融综合技能练习与考核系统——联行电子报单录入”，进行相应内容录入。

单机版用户操作流程：直接选择光盘上相应项目，点击进入“金融综合技能练习与考核系统——联行电子报单录入”，进行相应内容录入。

具体操作步骤如下：

1. 开机（若学生机桌面上无 mnyh 的快捷方式，请访问地址“ftp: //192.168.63.3”→用户名：guest→密码：无，进入相应界面，将 mnyh 的快捷方式拖至桌面），双击 mnyh 的快捷方式（见图 9－7）。

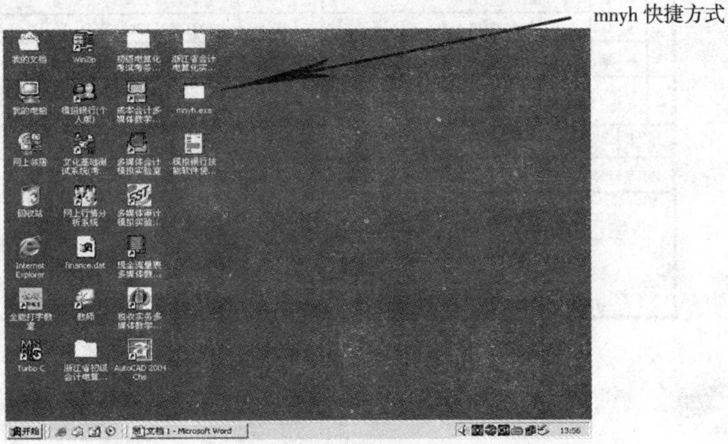

图 9－7　双击 mnyh 的快捷方式

2. 输入学号、密码（与学号相同），选择登录（见图 9－8）。

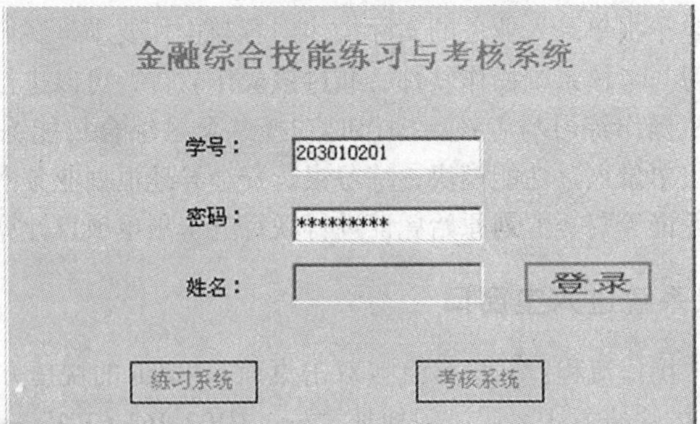

图 9－8　选择登录

二、进入练习/考核系统

1. 选择练习系统（如进行考核，则相应选择考核系统，平时练习时此系统禁止访问）（见图 9－9）；选择联行电子报单录入功能模块（见图9－10)，再单击，系统将自动进入相应的业务内容录入界面。

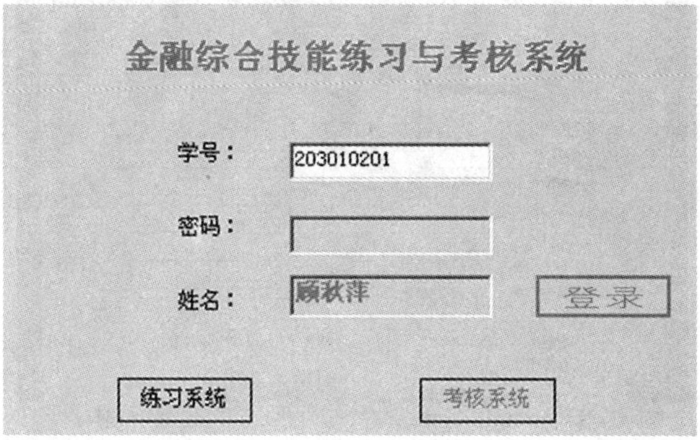

图 9－9　选择练习系统

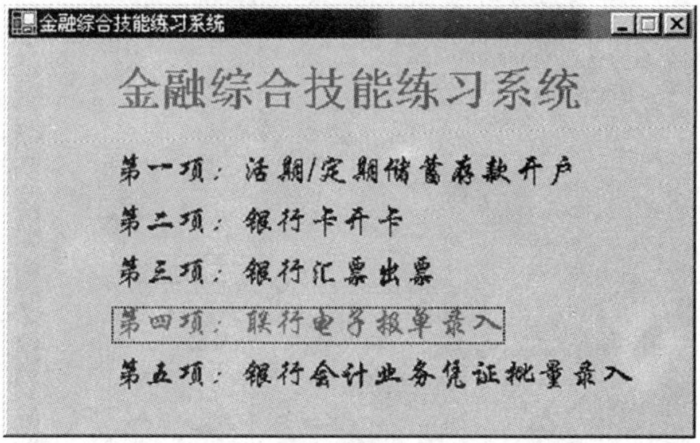

图 9－10　选择联行电子报单录入

2. 选择套类（A、B、C、D、E……）（见图 9－11)；确认答题开始（见图 9－12)。

三、业务凭证内容输入

一套练习题目共计 30 道，相应业务凭证 30 张，每张业务凭证均有套类＋序号的编号，业务内容录入时注意与输入界面套类序号对照。

1. 选择业务序号（须与凭证序号一致)，选择业务类型（汇兑、银行汇票、

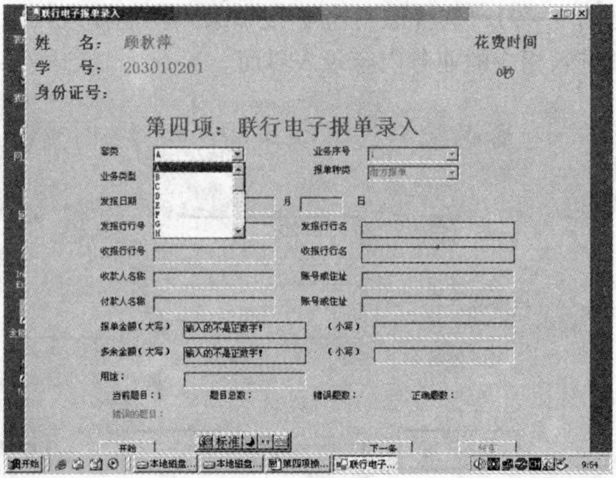

图 9－11 选择套类

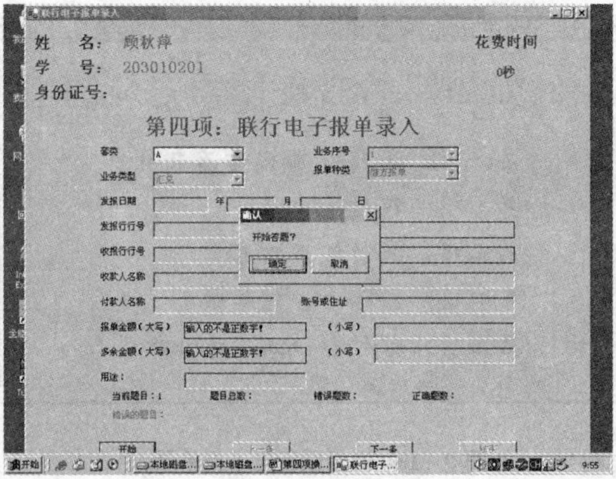

图 9－12 确认答题开始

托收）（见图 9－13），进行相应业务内容输入。

2. 汇兑业务凭证中应区分单位汇款凭证（见图 9－2）与个人汇款凭证（见图 9－3）分别处理；银行汇票业务凭证应区分无多余款项（见图 9－4）与有多余款项（见图 9－5）分别处理；托收业务按照具体业务凭证内容处理（见图 9－6）。

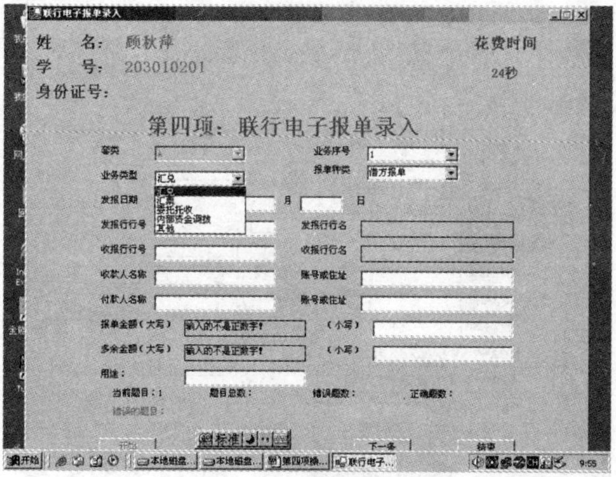

图 9－13　选择业务类型

3. 选择报单种类（银行汇票为借方报单、汇兑与托收为贷方报单）（见图9－14），输入发报日期（小写）（见图9－15）。

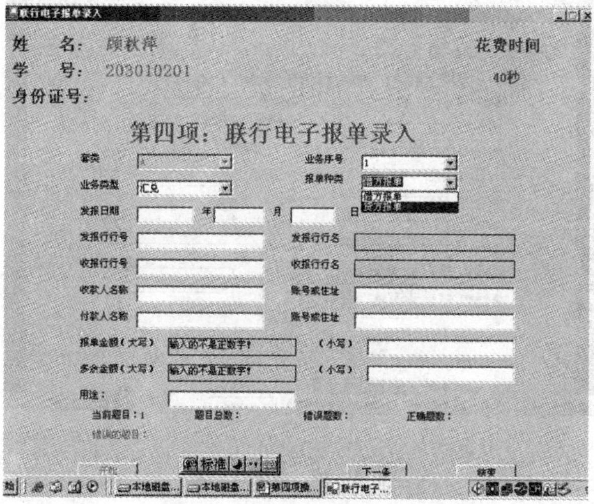

图 9－14　选择报单种类

4. 输入发报行行号、收报行行号（见第八章表 8－1，联行行号一览表），系统自动显示对应的行名（见图 9－16）；输入收款人名称、账号与付款人名称、

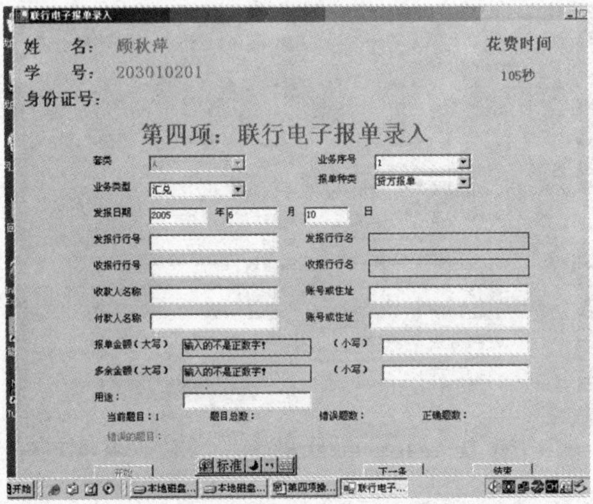

图 9－15　输入发报日期

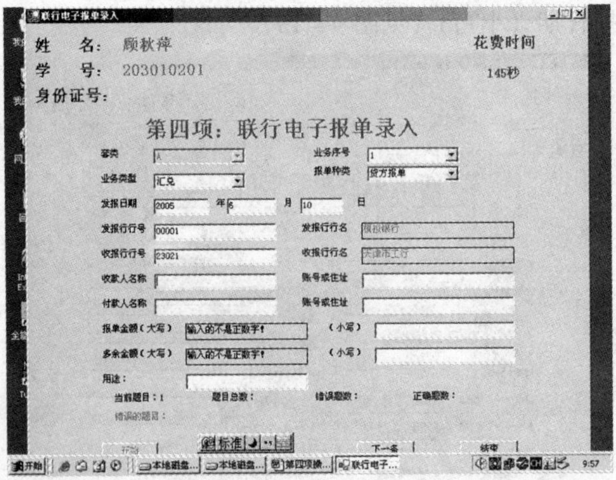

图 9－16　输入行号

账号（见图 9－17），如为个人业务的，账号不需输入（见图 9－18）。

5. 报单金额输入小写，系统会自动显示对应的大写金额，无多余金额的，直接输“0.00”（见图 9－19）。有多余金额的，按实际金额输入，用途栏根据凭证内容输入（见图 9－20），个人汇款的，现金项目在用途栏注明（见图 9－21）。

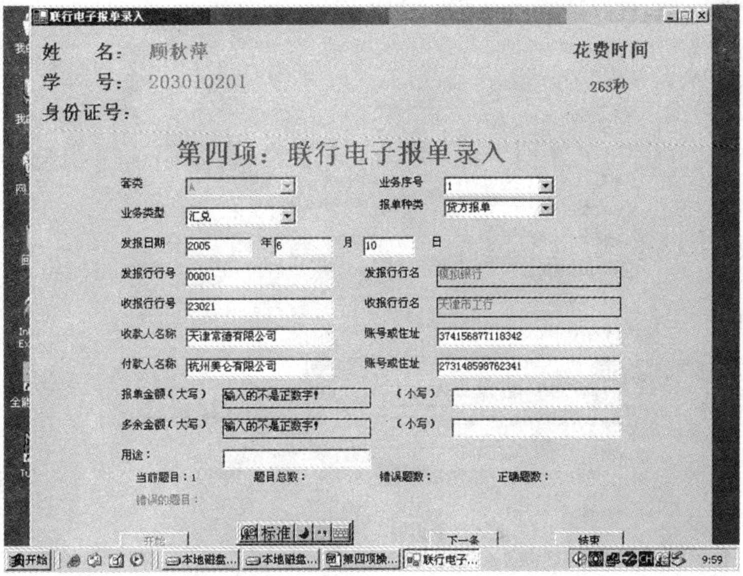

图 9－17　输入收、付款人名称与账号

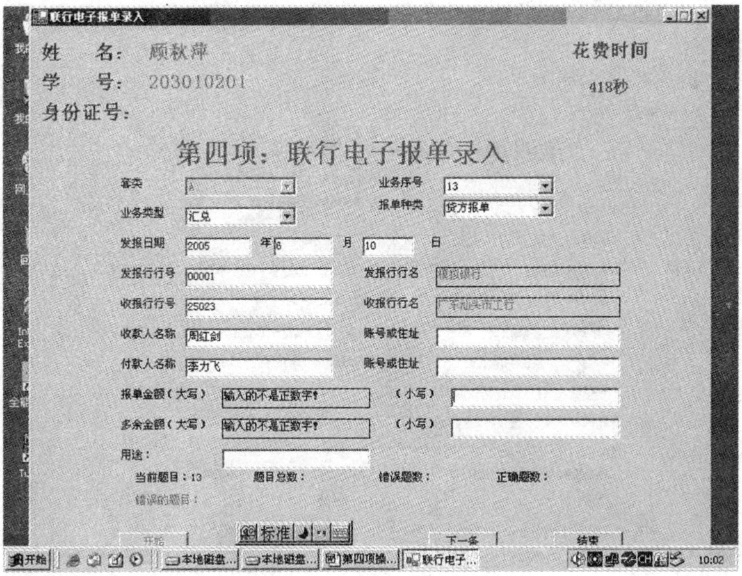

图 9－18　个人业务

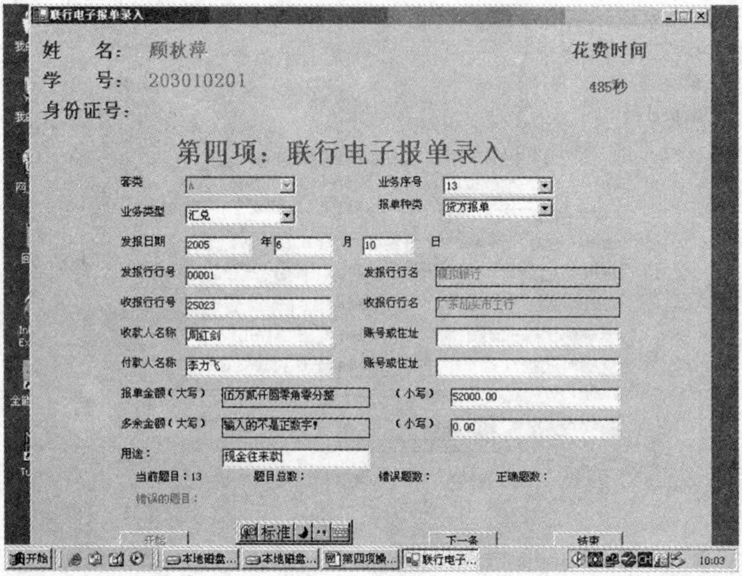

图 9-19 无多余金额

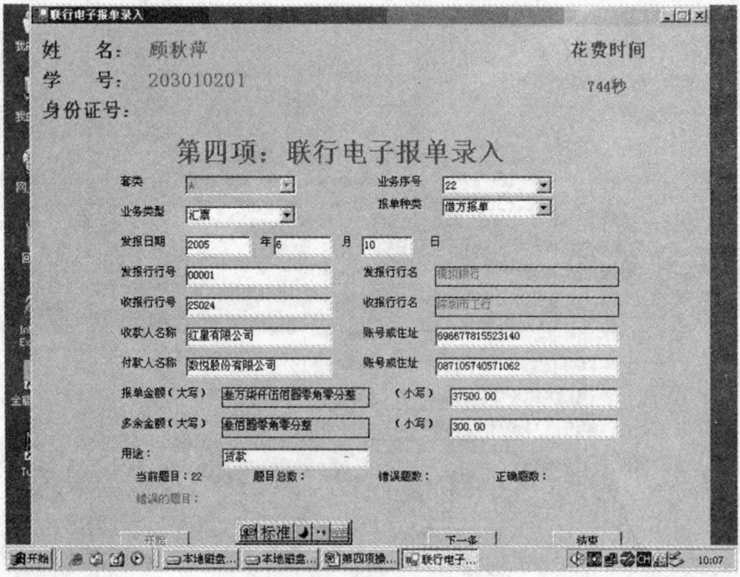

图 9-20 输入用途

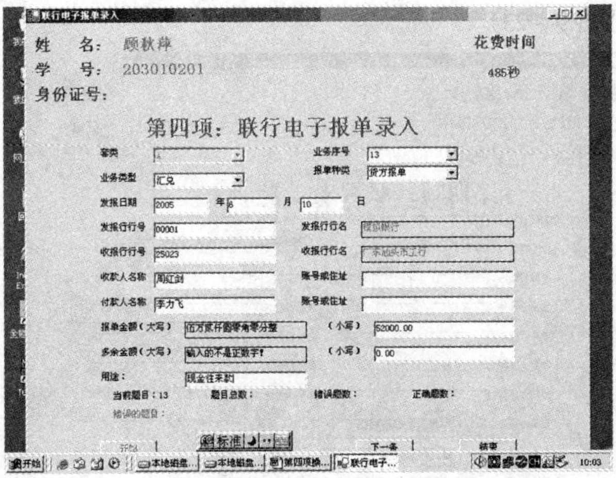

图 9－21　注明现金

6. 确认无误后，单击"下一条"按钮或直接敲回车键，屏幕自动进入下一笔业务录入界面（见图 9－22）。继续操作程序同前。

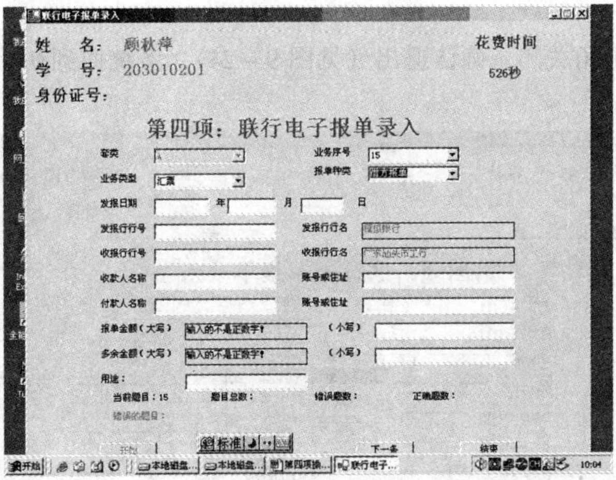

图 9－22　下一笔业务录入界面

四、提交退出处理

1. 业务录入完毕，选择结束，系统会显示题目总数、正确题数和错误题数、录入时间等（见图 9－23）。

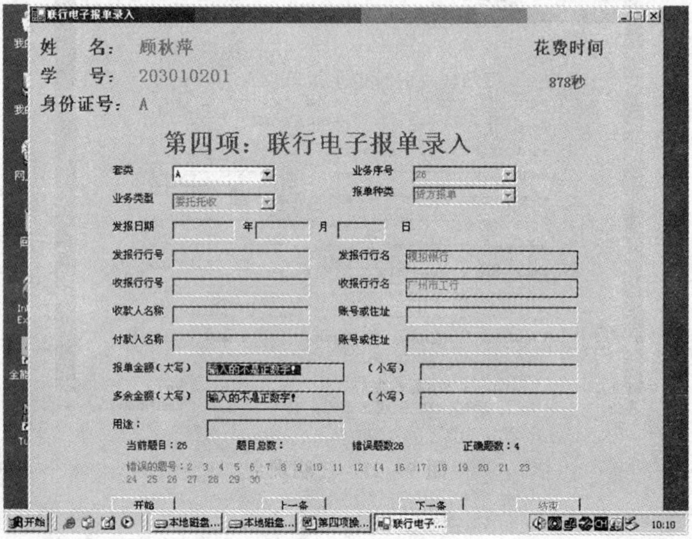

图 9－23　选择结束

2. 选择右上角关闭，确认退出（见图 9－24），系统回到初始进入界面（见图 9－25）。

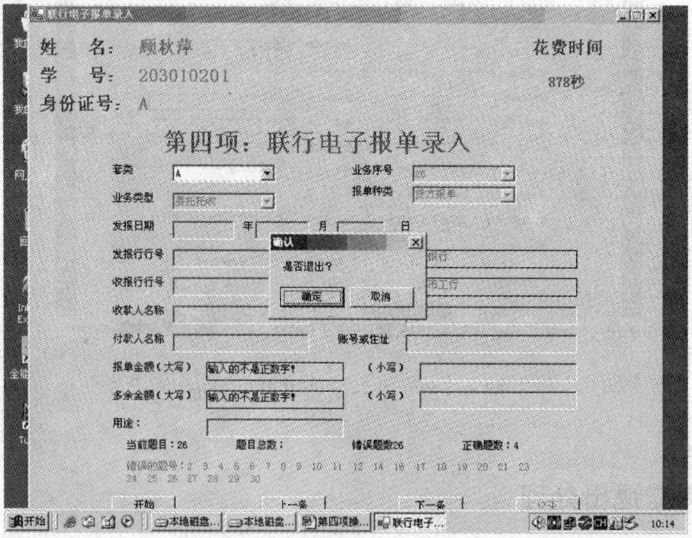

图 9－24　确认退出

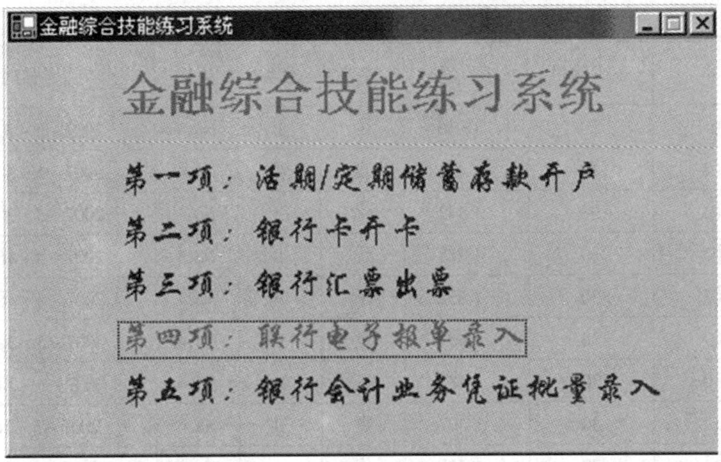

图 9－25　回到初始进入界面

五、注意事项

1. 内容输入时必须依据汇兑、银行汇票、托收等业务凭证，按照联行电子报单填制要求进行，注意借方报单与贷方报单的区别，注意银行汇票有多余金额时的输入要求。

2. 上下项目之间转换可以用回车键。

3. 下拉菜单项目可以用上下键选择。

4. 第一题业务凭证内容全部输入完毕后，按回车键可自动进入第 2 题，不用再选择题目序号。

5. 练习系统与考核系统内容一致，操作要求一致，网络版情况下考核系统可以根据预先设定的考核标准统计输入者考核成绩。成绩设定参考标准见表 9－1。系统自动统计的成绩见表 9－2。

表 9－1　　联行电子报单录入业务考核成绩参考标准

正确题目	优		良		中		及格	
	时间	准确率	时间	准确率	时间	准确率	时间	准确率
30 题	1 400 秒	100%	1 700 秒	100%	2 000 秒	100%	2 500 秒	100%

表 9-2　系统自动统计的成绩（未达到100%准确率的没有成绩）

学　号	正确题目	时间（秒）	等级	套类	项目	考核时间
205010301	30	1 910	中	B	No.4	2007-5-30 10:29
205010302	30	1 496	良	A	No.4	2007-5-30 10:22
205010304	30	1 142	优	A	No.4	2007-5-30 11:14
205010305	30	1 282	优	B	No.4	2007-5-16 10:02
205010307	30	1 852	中	B	No.4	2007-5-16 10:56
205010309	30	1 404	良	B	No.4	2007-5-30 10:26
205010310	30	1 487	良	A	No.4	2007-5-30 10:23
205010312	30	1 407	良	B	No.4	2007-5-16 9:19
205010312	30	1 311	优	B	No.4	2007-5-30 9:18
205010313	30	1 225	优	B	No.4	2007-5-30 9:16
205010314	30	1 742	中	A	No.4	2007-5-16 10:37
205010316	30	1 924	中	B	No.4	2007-5-16 10:54
205010317	30	1 967	中	A	No.4	2007-5-30 11:03
205010321	30	1 339	优	A	No.4	2007-5-30 10:41
205010322	30	1 733	中	A	No.4	2007-5-30 10:09
205010323	30	1 240	优	C	No.4	2007-5-30 10:00
205010324	30	1 483	良	A	No.4	2007-5-30 9:21
205010325	30	1 224	优	A	No.4	2007-5-16 10:22
205010326	30	1 369	优	B	No.4	2007-5-30 10:03
205010327	30	1 117	优	B	No.4	2007-5-30 11:07
205010329	30	1 181	优	B	No.4	2007-5-16 10:37
205010330	30	1 942	中	B	No.4	2007-5-30 10:06
205010334	30	2 317	及	B	No.4	2007-5-30 9:44
205010335	30	1 118	优	A	No.4	2007-5-16 11:15
205010337	30	1 708	中	B	No.4	2007-5-16 9:34
205010338	30	1 273	优	B	No.4	2007-5-30 11:04
205010340	30	1 297	优	A	No.4	2007-5-16 10:13
205010341	30	1 224	优	C	No.4	2007-5-16 9:50
205010343	30	1 287	优	A	No.4	2007-5-16 9:49

续表

学　号	正确题目	时间（秒）	等级	套类	项目	考核时间
205010344	30	2 175	及	B	No.4	2007－5－16 9：38
205010347	30	1 395	优	C	No.4	2007－5－16 9：47
205010348	30	1 373	优	A	No.4	2007－5－16 10：47
205010349	30	1 791	中	B	No.4	2007－5－16 9：23
205010350	30	2 001	及	C	No.4	2007－5－16 10：08
205010351	30	1 853	中	C	No.4	2007－5－30 10：01

本章小结

本章主要讲述了联行电子报单录入业务的核算规定与操作流程以及金融综合技能练习与考核系统中联行电子报单录入业务的操作要领。联行电子报单录入业务的上机练习与考核主要用于学生对此项业务的强化练习，以增强学生对联行电子报单录入业务处理工作岗位操作的适应能力。

复习思考题

1. 联行业务有什么特点？
2. 电子资金汇划业务的操作流程包括哪些？
3. 汇兑业务凭证填写时应注意哪些事项？
4. 委托收款业务的处理包括哪几个环节？
5. 根据金融综合技能练习与考核系统操作要求，练习联行电子报单录入的上机操作。

参考文献

[1] 唐宴春：《金融企业会计》，北京，中国金融出版社，2006。
[2] 吴胜：《银行会计实务》，杭州，浙江大学出版社，2004。
[3] 胡建忠、熊振敏：《商业银行会计》，北京，中国金融出版社，2004。
[4] 张丽娟：《银行会计操作实务》，北京，清华大学出版社，2006。
[5] 唐宴春：《金融企业会计实训与实验》，北京，中国金融出版社，2006。

第十章

银行会计业务凭证批量录入业务

本章提示：银行会计核算业务包含有多项业务内容，在进行会计核算过程中，需要依据各项业务的记账凭证进行账务处理。本章主要阐述了银行会计核算中存现业务、取现业务、支票转账业务、贷款发放与收回业务、汇兑业务、银行汇票业务、托收业务、票据贴现业务的有关规定与核算流程，在此基础上，利用专项练习操作软件，对包括现金支票、现金交款单、转账支票、进账单、汇兑凭证、联行补充报单、银行汇票、托收凭证、贴现凭证等业务在内的银行会计业务凭证批量录入业务上机强化操作练习方法做了具体介绍。

第一节　业务背景知识与业务凭证介绍

一、业务背景知识

银行会计业务凭证批量录入是根据银行电算化业务处理的内容要求，将银行会计核算中存现业务、取现业务、支票转账业务、贷款发放与收回业务、汇兑业务、银行汇票业务、托收业务、票据贴现业务等融为一体，按照业务发生先后顺序进行批量业务的记账处理。

（一）存现业务与取现业务

存现业务与取现业务是银行开户单位日常办理的业务内容之一。银行开户单位通过银行结算账户办理现金交存与现金支取时，需要填制现金缴款单和现金支票到开户行办理相关手续，开户行柜面工作人员审核相关单证后，存现业务收妥现金后凭现金缴款单记载账务，取现业务凭现金支票记账后支付现金。

（二）支票转账业务

支票是出票人签发的，委托办理支票存款业务的银行或者其他金融机构在见票时无条件支付确定的金额给收款人或者持票人的票据。支票分为现金支票、转账支票和普通支票。现金支票只能用于支取现金；转账支票只能用于转账；普通支票可以用于支取现金，也可以用于转账。在普通支票左上角画两条平行线称为划线支票，它只能用于转账，不能支取现金。

单位和个人的各种款项结算，均可以使用支票。支票的出票人为在经中国人民银行当地分支行批准办理支票业务的银行机构开立可以使用支票的存款账户的单位和个人。签发支票必须记载下列事项：表明“支票”的字样；无条件支付的委托；确定的金额；付款人名称；出票日期；出票人签章。支票的金额、收款人名称，可以由出票人授权补记，未补记前不得背书转让和提示付款。签发支票应使用碳素墨水或墨汁填写，支票的金额、日期、收款人不得更改，其他内容更改，须由出票人加盖预留银行印鉴证明。出票人签发支票的金额不得超过付款时在付款人处实有的存款金额，禁止签发空头支票。出票人签发的是空头支票、签章与预留签章不符的支票、支付密码不符的支票，银行应予以退票，并按票面金额处以5%但不低于1 000元的罚款，持票人有权要求出票人赔偿支票金额2%的赔偿金，对屡次签发的，银行应停止其签发支票。

支票业务核算依据具体情况不同分别处理：支票持票人、出票人在同一行处开户的，银行受理支票审核无误后，先记出票人账户，后记持票人账户；支票持票人、出票人不在同一行处开户且出票人开户行先受理支票的，审核无误后，将款项从出票人账户转出后通过同城票据交换或小额支付清算系统将款项划转持票人开户行，转入持票人账户；支票持票人、出票人不在同一行处开户且持票人开户行先受理支票的，审核无误后，通过同城票据交换或小额支付清算系统将支票交换给出票人开户行，待款项收妥后转入持票人账户。

（三）贷款发放与收回业务

贷款是指银行和其他金融机构按照有借有还的原则，按照约定的期限和利率，将货币资金借给借款人的一种信用活动。

借款单位向银行申请贷款，必须填写包含贷款用途、偿还能力、还款方式等主要内容的借款申请书并向银行信贷部门提供有关资料。信贷部门按照审贷分离、分级审批的要求进行贷款的审批。所有贷款应由信贷部门与借款人签订借款合同，借款合同应当约定贷款用途、金额、利率、还款期限、还款方式、违约责任和双方认为需要约定的其他事项。贷款发放时信贷部门与借款人建立借据，按借款合同规定按期发放贷款。银行会计部门依据贷款借据办理贷款发放的账务处理手续。

借款单位向银行归还贷款时，应填制还贷凭证，会计部门依据审核无误的还贷凭证办理贷款收回的账务处理手续。

（四）汇兑业务

汇兑是汇款人委托汇出银行通过电子汇兑方式通知汇入行将款项付给指定收款人的一种汇兑结算，汇兑适用于单位和个人的各种款项的结算。汇兑业务包括信汇与电汇两种。汇兑业务的核算过程分为汇出行汇出款项与汇入行汇入款项两部分，汇款人委托银行办理汇兑业务，应向汇出银行填交汇兑凭证，汇出行审核无误后将款项从汇款人账户划出，通过系统内电子汇划系统划转汇入行，汇入行收到相关信息确认无误将款项转入收款人账户。

（五）托收业务

托收业务包括委托收款与托收承付两种，其中委托收款是收款人委托银行向付款人收取款项的一种结算方式。单位和个人凭债券、存单、已承兑的商业汇票等付款人的债务证明办理款项的结算，均可以使用委托收款结算方式。委托收款在同城、异地均可以使用。委托收款结算款项的划回方式，分邮寄和电报两种，由收款人选用。

收款人委托银行办理委托收款时，应填写托收结算凭证，并提供足以证明委托收款的依据，收款行审核无误后将凭证传递给付款行，付款行审核凭证无误后通知付款人付款，如付款人无异议，付款行即依据托收凭证办理款项划转手续，收款行收到有关划款凭证确认无误后办理款项入账手续。如付款人拒绝付款或账户无款支付，付款行则负责将相关的凭证退回原收款行。

（六）银行汇票业务

相关内容参见第八章。

（七）票据贴现业务

票据贴现是指持票人将未到期的商业汇票向银行融通资金的一种信用行为。即持票人将未到期的商业汇票向银行申请贴现，银行从汇票金额中扣除自贴现日至汇票到期前一日止的利息，将差额支付给持票人。

持票人持未到期的商业承兑汇票或银行承兑汇票向开户银行申请贴现时，应根据承兑汇票填制贴现凭证，贴现银行计算贴现利息后，依据贴现凭证办理贴现利息收入与贴现款发放账务处理手续。

二、业务凭证介绍

（一）现金缴款单

现金缴款单是银行支付结算凭证之一，用于银行开户单位向开户银行缴存现金。现金缴款单（见图 10－1）一式两联，主要栏目包括日期、收款单位名称、开户银行、账号、款项来源、人民币大小写等，由银行开户单位据实填写，第一联缴款单作回单退还给缴款单位，第二联作现金收入传票由银行柜面工作人员凭以贷记收款人账户。

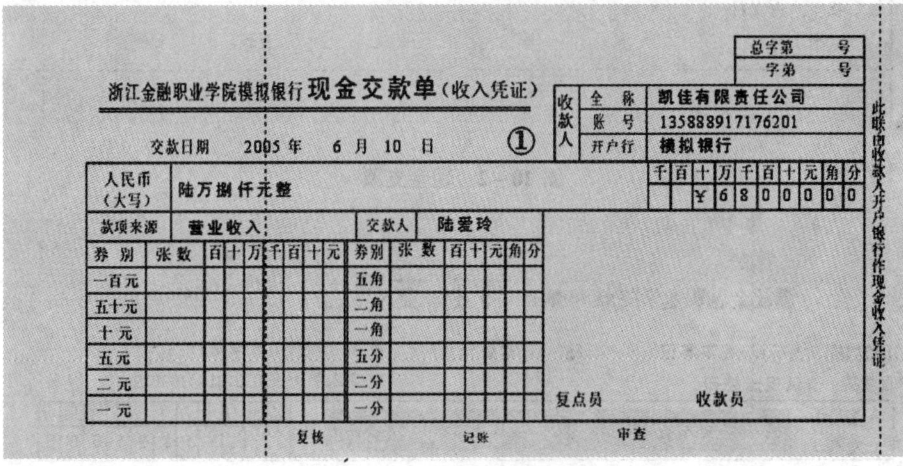

总字第　　号
字弟　　号

浙江金融职业学院模拟银行**现金交款单**（收入凭证）　①

交款日期　2005 年　6 月　10 日

收款人　全称：凯佳有限责任公司　账号：135888917176201　开户行：模拟银行

人民币（大写）：陆万捌仟元整　千百十万千百十元角分：¥68000000

款项来源：营业收入　交款人：陆爱玲

券别	张数	百	十	万	千	百	十	元	券别	张数	百	十	元	角	分
一百元									五角						
五十元									二角						
十元									一角						
五元									五分						
二元									二分						
一元									一分						

复点员　　收款员

复核　　记账　　审查

此联由收款人开户银行作现金收入凭证

图 10－1　现金缴款单

（二）现金支票

现金支票（见图 10－2）是银行支付结算票据之一，用于银行开户单位从其账户中支取现金。现金支票主要栏目包括出票日期、收款人名称、付款银行名称、出票人账号、人民币大小写、款项用途、出票人签章、支付密码等，由银行开户单位据实填写，银行柜面工作人员审核无误后作借方凭证，凭以借记出票人账户。

（三）转账支票

转账支票（见图 10－3）是银行支付结算票据之一，用于银行开户单位同一票据交换范围内的款项结算。转账支票主要栏目包括出票日期、收款人名称、付款银行名称、出票人账号、人民币大小写、款项用途、出票人签章、支付密码等，由银行开户单位据实填写，银行柜面工作人员审核无误后作借方凭证，凭以

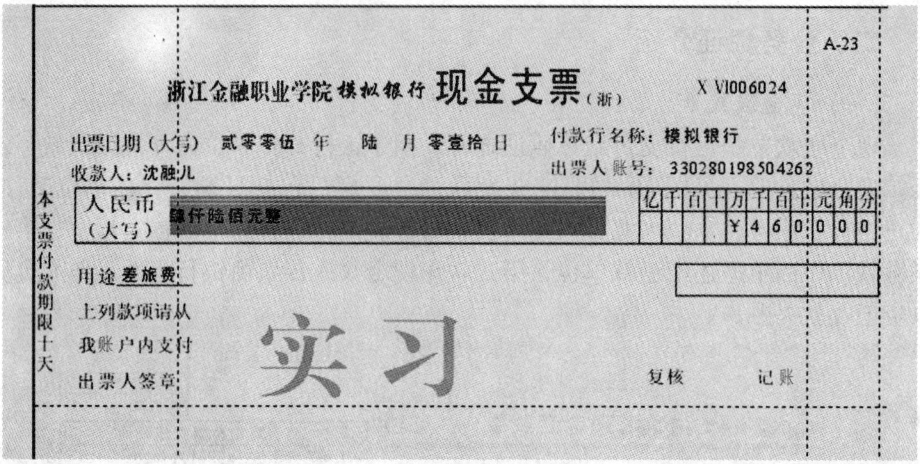

A-23

浙江金融职业学院模拟银行 现金支票（浙） X VI006024

出票日期（大写） 贰零零伍 年 陆 月 零壹拾 日 付款行名称：模拟银行

收款人：沈融儿 出票人账号：330280198504262

本支票付款期限十天

人民币（大写）	肆仟陆佰元整	亿	千	百	十	万	千	百	十	元	角	分
						¥	4	6	0	0	0	0

用途差旅费

上列款项请从

我账户内支付

出票人签章 实习 复核 记账

图 10－2 现金支票

A-1

浙江金融职业学院模拟银行 转账支票（浙） 杭州 123456

出票日期（大写） 贰零零伍 年 陆 月 零壹拾 日 付款行名称：模拟银行

收款人：清风保洁公司 出票人账号：603070105303020

人民币（大写）	伍万捌仟玖佰伍拾元整	亿	千	百	十	万	千	百	十	元	角	分
					¥	5	8	9	5	0	0	0

用途办公用品

上列款项请从

我账户内支付

出票人签章 实习 复核 记账

图 10－3 转账支票

借记出票人账户。

（四）进账单

进账单主要用于支票业务持票人、本票业务持票人、银行汇票业务持票人向开户行送交票据时使用。进账单（见图 10－4）一式三联，第一联进账单作凭证送交银行的回单证明，仅供查询用；第二联进账单作银行转账贷方传票，凭以贷记持票人账户；第三联进账单作收账通知交持票人。进账单主要栏目包括日期、

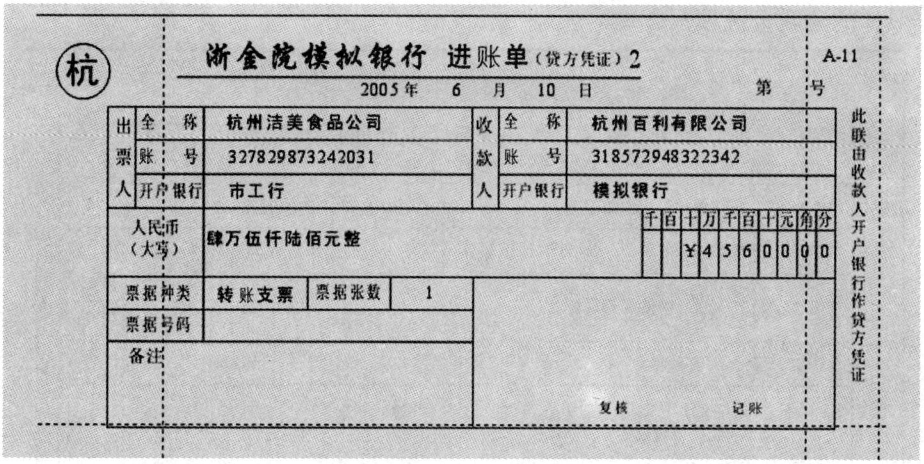

杭　浙金院模拟银行　进账单（贷方凭证）2　A-11

2005 年　6　月　10　日　第　号

出票人	全　称	杭州洁美食品公司	收款人	全　称	杭州百利有限公司
	账　号	327829873242031		账　号	318572948322342
	开户银行	市工行		开户银行	模拟银行
人民币（大写）		肆万伍仟陆佰元整	千百十万千百十元角分		¥4560000
票据种类		转账支票	票据张数		1
票据号码					
备注				复核　记账	

此联由收款人开户银行作贷方凭证

图 10－4　进账单

出票人名称与账号、出票人开户行、收款人名称与账号、收款人开户行、人民币大小写、票据种类、票据张数、票据号码等，由银行开户单位依据相应的票据内容填写。

（五）借款凭证

借款凭证是银行发放贷款时使用的专用凭证，借款凭证一式五联：第一联为备查联，由银行信贷部门留存；第二联为借据正本，作贷款科目借方传票（见图 10－5）；第三联为贷方传票（见图 10－6），作借款企业存款科目转账贷方传票；第四联为到期检查卡，银行用做放款到期检查卡；第五联为回单，是给借款单位的收账通知。借款凭证主要栏目包括日期、借款人名称、贷款户账号、存款户账号、贷款种类、贷款利率、贷款金额大小写、贷款原因或用途、约定的还款日期等，由借款企业申请贷款时依据银行信贷部门审批确定的贷款利率、贷款金额、约定的还款日期等内容填写。

（六）还贷凭证

还贷凭证是借款企业归还银行贷款时使用的专用凭证，还贷凭证一式四联：第一联为备查联，银行信贷部门用做贷款收回台账登记依据；第二联为借方传票（见图 10－7），银行用做借款企业存款账户转账借方传票；第三联为贷方传票（见图 10－8），作贷款科目贷方记账凭证；第四联为回单，是给借款单位的记账通知。还贷凭证主要栏目包括还贷日期、还款人名称与开户行、借款人名称与开户行、贷款户账号、存款户账号、还贷金额大小写等，由还款企业归还贷款时依据具体的还款金额填写。

A-41

浙江金融职业学院模拟银行借款凭证②（借据）

总字第　　号
字第　　号

信银贷字第　　　号　　　　2005 年　6 月　10 日

借款人全称	美丽得化妆品有限公司			贷款户账号	723028910717270
贷款种类	短期贷款	利率	月3.15‰	存款户账号	274590387108345
贷款金额	人民币（大写） 叁拾捌万元整			千百十万千百十元角分	¥ 3 8 0 0 0 0 0 0
借款原因或用途	流动资金			约定还款日期	2005 年 12 月 10 日
根据你行贷款方法，借到上列贷款，特立借据存查。 借款人盖章 （预留银行印鉴）				信贷部门审批意见： 会计分录： （借）＿＿＿＿＿ （贷）＿＿＿＿＿ 会计　复核　记账	

银行作贷款账户转账借方传票

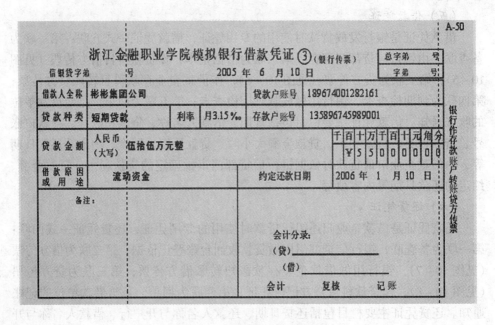

图 10－5　借款凭证借方传票

A-50

浙江金融职业学院模拟银行借款凭证③（银行传票）

总字第　　号
字第　　号

信银贷字第　　　号　　　　2005 年　6 月　10 日

借款人全称	彬彬集团公司			贷款户账号	189674001282161
贷款种类	短期贷款	利率	月3.15‰	存款户账号	135896745989001
贷款金额	人民币（大写） 伍拾伍万元整			千百十万千百十元角分	¥ 5 5 0 0 0 0 0 0
借款原因或用途	流动资金			约定还款日期	2006 年 1 月 10 日
备注：				会计分录： （贷）＿＿＿＿＿ （借）＿＿＿＿＿ 会计　复核　记账	

银行作存款账户转账贷方传票

图 10－6　借款凭证贷方传票

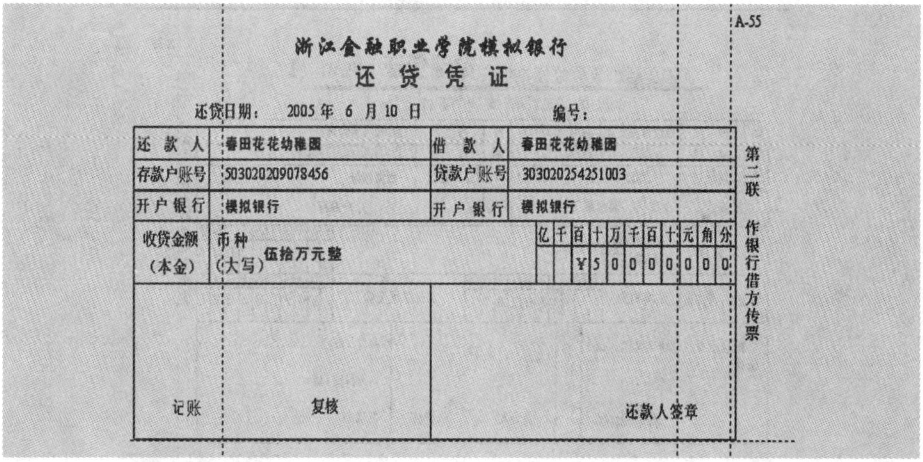

A-55

浙江金融职业学院模拟银行

还贷凭证

还贷日期：　2005 年　6 月 10 日　　　　编号：

还 款 人	春田花花幼稚园	借 款 人	春田花花幼稚园
存款户账号	503020209078456	贷款户账号	303020254251003
开户银行	模拟银行	开户银行	模拟银行
收贷金额（本金）	币种（大写）伍拾万元整	亿千百十万千百十元角分	¥50000000
记账　复核		还款人签章	

第二联　作银行借方传票

图 10－7　还贷凭证借方传票

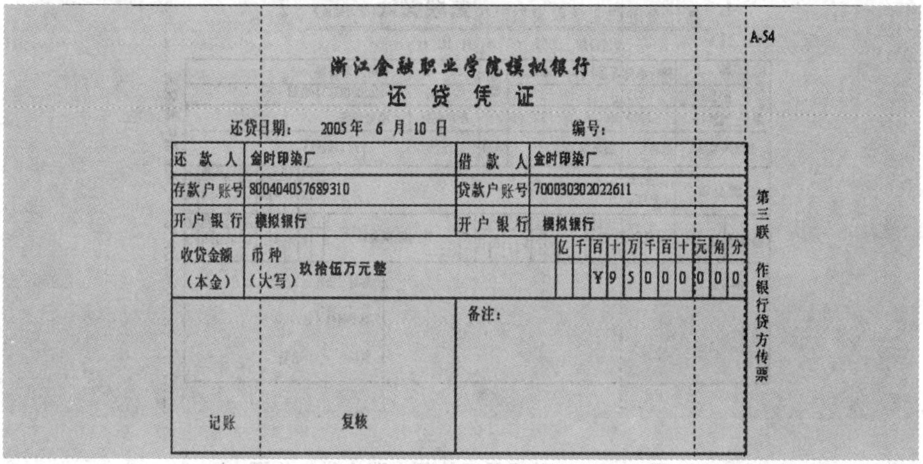

A-54

浙江金融职业学院模拟银行

还贷凭证

还贷日期：　2005 年　6 月 10 日　　　　编号：

还 款 人	金时印染厂	借 款 人	金时印染厂
存款户账号	800404057689310	贷款户账号	700030302022611
开户银行	模拟银行	开户银行	模拟银行
收贷金额（本金）	币种（大写）玖拾伍万元整	亿千百十万千百十元角分	¥95000000
记账　复核		备注：	

第三联　作银行贷方传票

图 10－8　还贷凭证贷方传票

（七）贴现凭证

贴现凭证为商业汇票持票人持未到期的商业汇票向银行申请贴现时使用的专用凭证。贴现凭证一式五联：第一联代申请书，银行作贴现科目借方传票（见图 10－9）；第二联，银行作贴现申请人账户贷方传票（见图 10－10）；第三联，银行作贴现利息贷方传票（见图 10－11）；第四联，银行给贴现申请人作收账通

A-89

浙江金融职业学院模拟银行**贴现凭证**（代申请书） 1

申请日期 2005 年 6 月 10 日

贴现汇票	种类	银行承兑汇票	号码 007728	持票人	名称	长虹汽车公司	
	出票日	2005 年 2 月 27 日			账号	000000000054323	
	到票日	2005 年 8 月 27 日			开户银行	模拟银行	
汇票承兑人	名称	温州市工行	账号		开户银行		
汇票金额	人民币（大写）	伍拾万元整				千百十万千百十元角分	￥50000000
贴现率 3.15‰	贴现利息	千百十万千百十元角分 ￥792000		实付贴现金额		千百十万千百十元角分	￥49208000
附送承兑汇票申请贴现，请审核。 持票人签章	银行审批	负责人 信贷员		科目（借）…… 对方科目（贷）…… 复核 记账			

此联银行作贴现借方传票

图 10－9 贴现凭证借方传票

A-90

浙江金融职业学院模拟银行**贴现凭证**（贷方凭证） 2

申请日期 2005 年 6 月 10 日

贴现汇票	种类	银行承兑汇票	号码 007728	持票人	名称	长虹汽车公司	
	出票日	2005 年 2 月 27 日			账号	000000000054323	
	到票日	2005 年 8 月 27 日			开户银行	模拟银行	
汇票承兑人	名称	温州市工行	账号		开户银行		
汇票金额	人民币（大写）	伍拾万元整				千百十万千百十元角分	￥50000000
贴现率 3.15‰	贴现利息	千百十万千百十元角分 ￥792000		实付贴现金额		千百十万千百十元角分	￥49208000
备注：				科目（借）…… 对方科目（贷）…… 复核 记账			

此联银行作持票人账户贷方传票

图 10－10 贴现凭证持票人账户贷方传票

知；第五联为到期卡，银行会计部门按到期日排列保管，到期日收回贴现款时作贴现贷方传票。贴现凭证的主要栏目包括：申请日期、贴现汇票种类与号码、出票日、到期日、持票人名称与账户、持票人开户行、汇票承兑人名称与账户、汇票承兑人开户行、汇票金额大小写、贴现率、贴现利息、实付贴现金额等，商业汇票持票人向银行申请贴现时依据申请贴现的商业汇票，以及银行确定的贴现率、贴现利息、实付贴现金额等内容填写。

A-91

浙江金融职业学院模拟银行**贴现凭证**(代申请书)　3

申请日期　2005　年　6　月 10　日

贴现汇票 种类	银行承兑汇票　号码 007728	持票人	名称	长虹汽车公司	
出票日	2005 年 2 月 27 日		账号	000000000054323	
到票日	2005 年 8 月 27 日		开户银行	模拟银行	
汇票承兑人	名称 温州市工行	账号		开户银行	
汇票金额	人民币(大写) 伍拾万元整				¥500000000
贴现率 3.15‰	贴现利息	¥792000	实付贴现金额		¥49208000
备注：				科目(借)…… 对方科目(贷)…… 复核　记账	

此联银行作贴现利息贷方传票

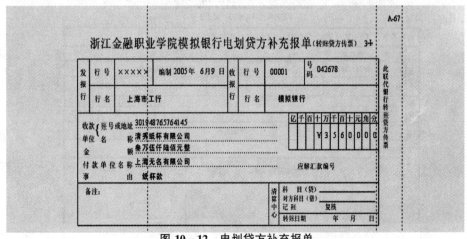

图 10－11　贴现凭证贴现利息贷方传票

(八) 电划贷方补充报单

电划补充报单是银行办理异地资金汇划业务时使用的专用凭证，由收报行根据收到的电子信息打印并凭以记账，电划补充报单根据银行异地资金汇划业务的性质不同分为电划借方补充报单和电划贷方补充报单两种。电划贷方补充报单（见图 10－12）主要栏目包括：发报行行号与行名、收报行行号与行名、收款单位账号与户名、付款单位名称、金额大小写、事由等，除联行对账外，主要有两联，一联银行凭以贷记收款单位账户，另一联作为回单送交收款单位作收款依据。

A-67

浙江金融职业学院模拟银行电划贷方补充报单(转账贷方传票)　3+

发报行 行号	×××××	编制 2005年 6月9 日	收报行 行号	00001	号码 042678
行名	上海市工行		行名	模拟银行	
收款单位 账号或地址	3019487657641 45				
名称	清秀纸杯有限公司				¥3560000
金额	叁万伍仟陆佰元整				
付款单位名称	上海无名有限公司			应解汇款编号	
事由	纸杯款				
备注：			清算中心	科目(贷)　对方科目(借)　记账　复核　转账日期　年　月　日	

此联代银行转账贷方传票

图 10－12　电划贷方补充报单

此外，银行会计批量业务处理还包括汇兑凭证（见图 10－13）、托收凭证贷方凭证（见图 10－14）、托收凭证借方凭证（见图 10－15）、汇票申请书（见图 10－16）等多种业务凭证，相关的知识介绍参见第八章、第九章有关内容。

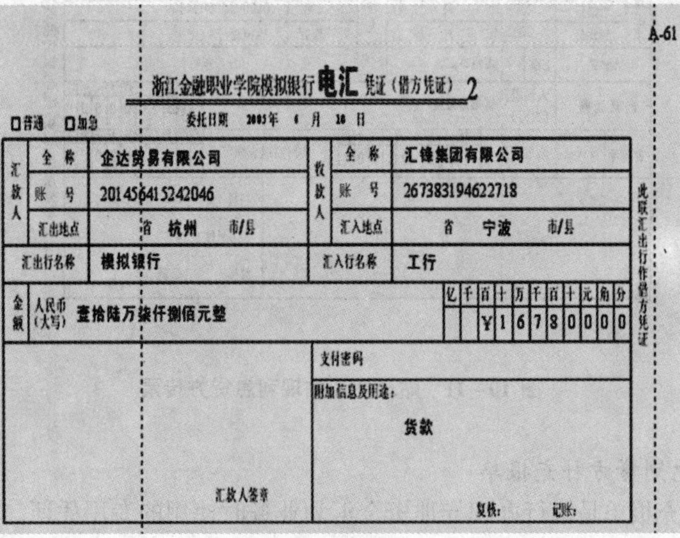

A-61

浙江金融职业学院模拟银行电汇凭证（借方凭证） 2

□普通 □加急 委托日期 2005年 6 月 20 日

汇款人	全称	企达贸易有限公司	收款人	全称	汇锋集团有限公司
	账号	201456415242046		账号	267383194622718
	汇出地点	省 杭州 市/县		汇入地点	省 宁波 市/县
汇出行名称		模拟银行	汇入行名称		工行
金额	人民币（大写）	壹拾陆万柒仟捌佰元整	亿千百十万千百十元角分		￥16780000

支付密码

附加信息及用途：货款

汇款人签章 复核： 记账：

此联汇出行作借方凭证

图 10－13 汇兑凭证

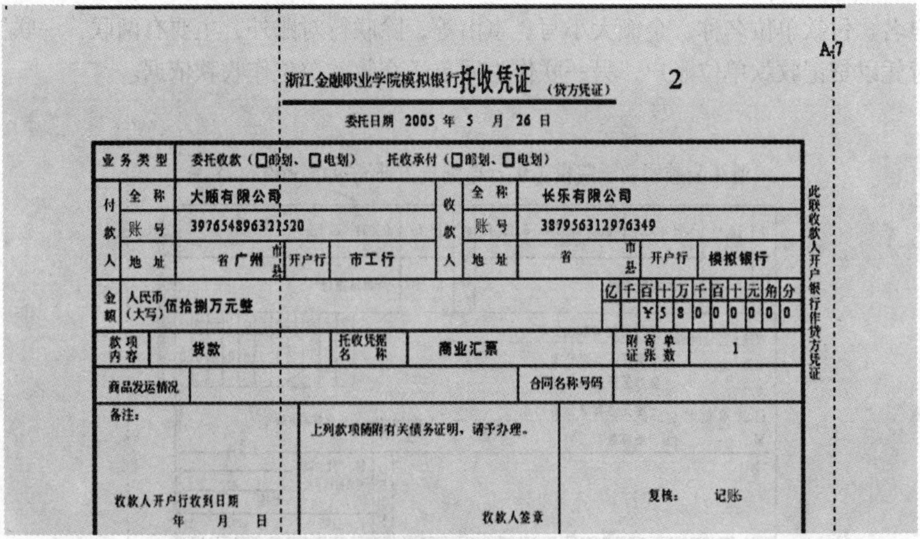

A-7

浙江金融职业学院模拟银行托收凭证（贷方凭证） 2

委托日期 2005 年 5 月 26 日

业务类型	委托收款（□邮划、□电划） 托收承付（□邮划、□电划）						
付款人	全称	大顺有限公司		收款人	全称	长乐有限公司	
	账号	397654896321520			账号	387956312976349	
	地址	省 广州 市/县	开户行 市工行		地址	省 市/县	开户行 模拟银行
金额	人民币（大写）	伍拾捌万元整		亿千百十万千百十元角分		￥58000000	
款项内容	货款	托收凭据名称	商业汇票	附寄单证张数		1	
商品发运情况				合同名称号码			

备注：

收款人开户行收到日期 年 月 日

上列款项随附有关债务证明，请予办理。

收款人签章

复核： 记账：

此联收款人开户银行作贷方凭证

图 10－14 托收凭证贷方凭证

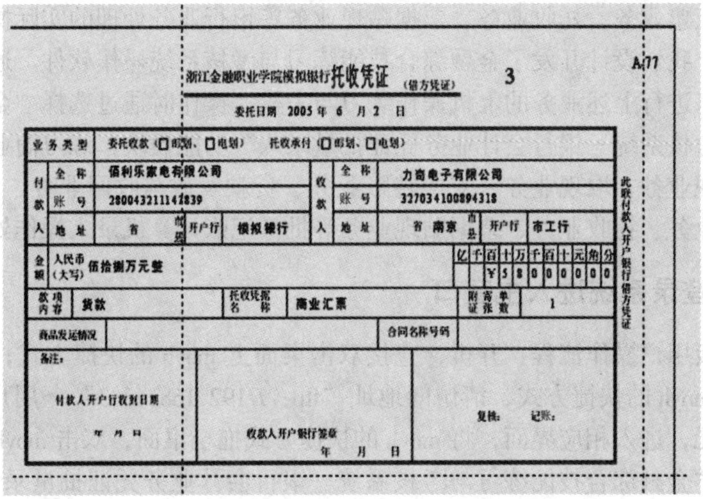

A-77

浙江金融职业学院模拟银行托收凭证（借方凭证） 3

委托日期 2005 年 6 月 2 日

业务类型	委托收款（□邮划、□电划） 托收承付（□邮划、□电划）							
付款人	全称	佰利乐家电有限公司		收款人	全称	力高电子有限公司		
	账号	280043211142839			账号	327034100894318		
	地址	省 市县	开户行 模拟银行		地址	省 南京 市县	开户行 市工行	
金额	人民币（大写）伍拾捌万元整					亿千百十万千百十元角分	¥58000000	
款项内容	货款	托收凭据名称	商业汇票			附寄单证张数	1	
商品发运情况				合同名称号码				
备注：付款人开户行收到日期 年 月 日	收款人开户银行签章 年 月 日			复核： 记账：				

此联付款人开户银行借方凭证

图 10－15 托收凭证借方凭证

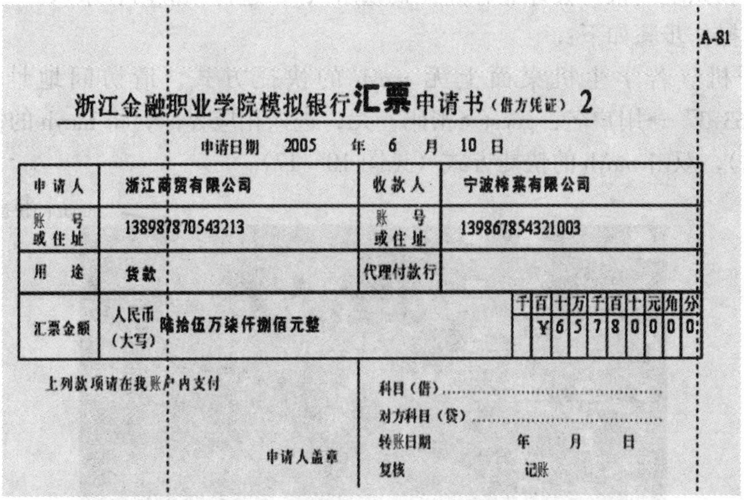

A-81

浙江金融职业学院模拟银行汇票申请书（借方凭证） 2

申请日期 2005 年 6 月 10 日

申请人	浙江商贸有限公司	收款人	宁波棉業有限公司
账号或住址	13898787054321 3	账号或住址	139867854321003
用途	货款	代理付款行	
汇票金额	人民币（大写）陆拾伍万柒仟捌佰元整	千百十万千百十元角分	¥657800000

上列款项请在我账户内支付

申请人盖章

科目（借）……………………

对方科目（贷）……………………

转账日期 年 月 日

复核 记账

图 10－16 汇票申请书

第二节 银行会计业务凭证批量录入业务练习与考核系统介绍

根据存现业务、取现业务、支票转账业务、贷款发放与收回业务、汇兑业务、银行汇票业务、托收业务、票据贴现业务等银行业务处理的实际操作内容与操作要求，我们设计开发了金融综合技能练习与考核系统操作软件。通过该操作软件，可以进行上述业务的上机操作练习与考核。操作时通过选择“金融综合技能练习与考核系统—银行会计业务凭证批量录入”功能模块，练习商业银行会计核算中存现业务、取现业务、支票转账业务、贷款发放与收回业务、汇兑业务、银行汇票业务、托收业务、票据贴现业务等批量记账计算机录入操作处理。

一、登录系统进入主窗口

网络版用户操作流程：开机，直接双击桌面上 mnyh 的快捷方式；若学生机桌面上无 mnyh 的快捷方式，请访问地址“ftp：//192.168.63.3”→用户名：guest→密码：无，进入相应界面，将 mnyh 的快捷方式拖至桌面，双击 mnyh 的快捷方式，进入“金融综合技能练习与考核系统—银行会计业务凭证批量录入”，进行相应内容录入。

单机版用户操作流程：直接选择光盘上相应项目，点击进入“金融综合技能练习与考核系统—银行会计业务凭证批量录入”，进行相应内容录入。

具体操作步骤如下：

1. 开机（若学生机桌面上无 mnyh 的快捷方式，请访问地址“ftp：//192.168.63.3”→用户名：guest→密码：无，进入相应界面，将 mnyh 的快捷方式拖至桌面），双击 mnyh 的快捷方式（见图 10 – 17）。

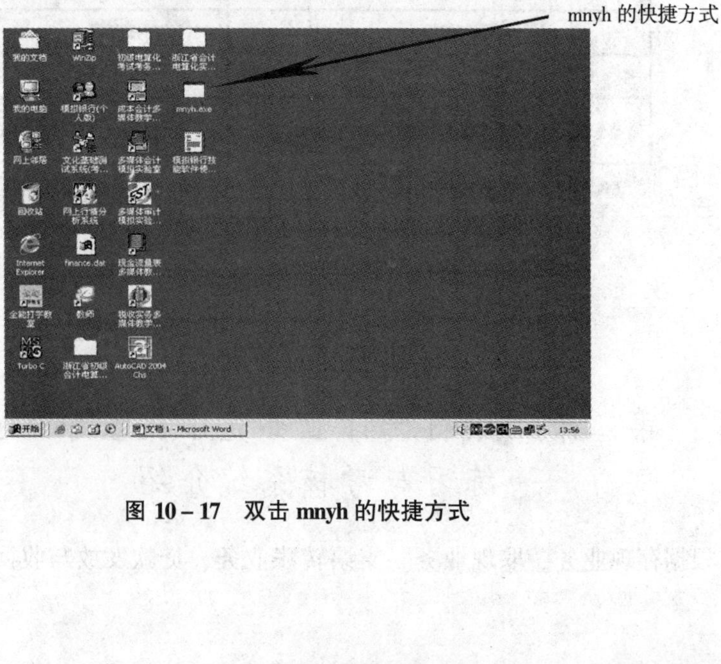

图 10 – 17　双击 mnyh 的快捷方式

2. 输入学号、密码（与学号相同），选择登录（见图 10－18）。

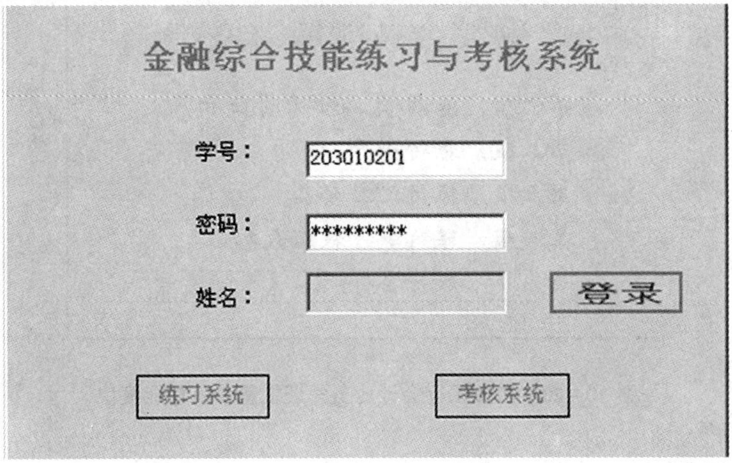

图 10－18　选择登录

二、进入练习/考核系统

1. 选择练习系统（如进行考核，则相应选择考核系统，平时练习时此系统禁止访问）（见图 10－19），选择银行会计业务凭证批量录入功能模块（见图 10－20），再单击，系统将自动进入相应的业务内容录入界面。

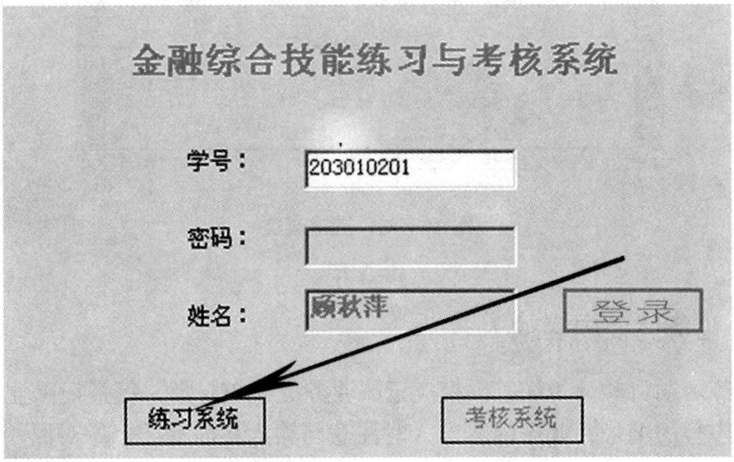

图 10－19　选择练习系统

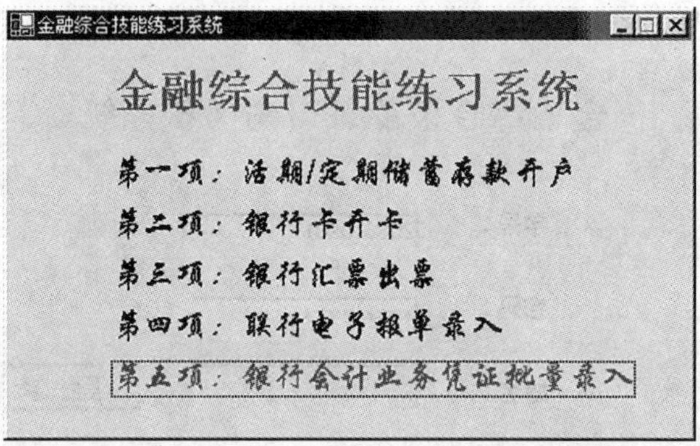

图 10－20　选择银行会计业务凭证批量录入功能模块

2. 选择套类（A、B、C、D、E…）（见图 10－21）；确认答题开始（见图10－22）。

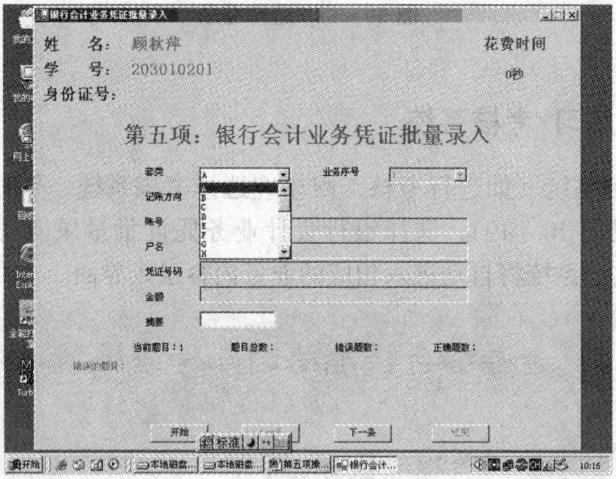

图 10－21　选择套类

三、业务凭证内容输入

一套练习题目共计 100 道，相应记账业务凭证 100 张，每张记账业务凭证均有套类+序号的编号，业务内容录入时注意与输入界面套类序号对照。

1. 选择业务序号（须与凭证序号一致）（见图 10－23），选择记账方向（见图 10－24），进行相应业务内容输入。

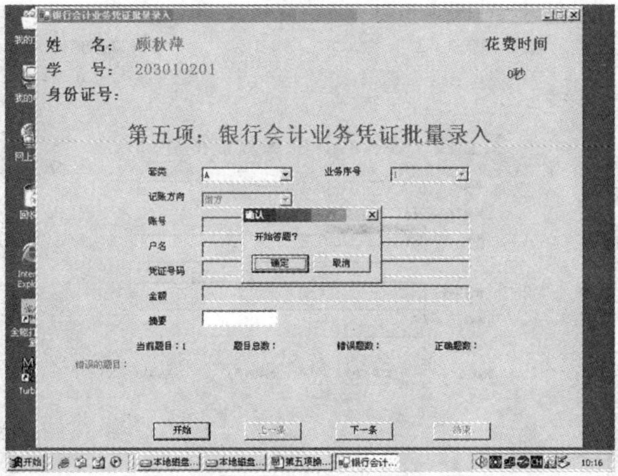

图 10－22　确认答题开始

2. 分别根据相应的业务凭证——转账支票（见图 10－3)、进账单（见图 10－4)、现金支票（见图 10－2)、现金缴款单（见图 10－1)、借款凭证（见图 10－5和图 10－6)、还贷凭证（见图 10－7 和图 10－8)、电划补充报单（见图 10－12)、汇兑凭证（见图 10－13)、托收凭证（见图 10－14 和图 10－15)、汇票申请书（见图 10－16)、贴现凭证（见图 10－9、图 10－10 和图 10－11）进行记账要素录入。

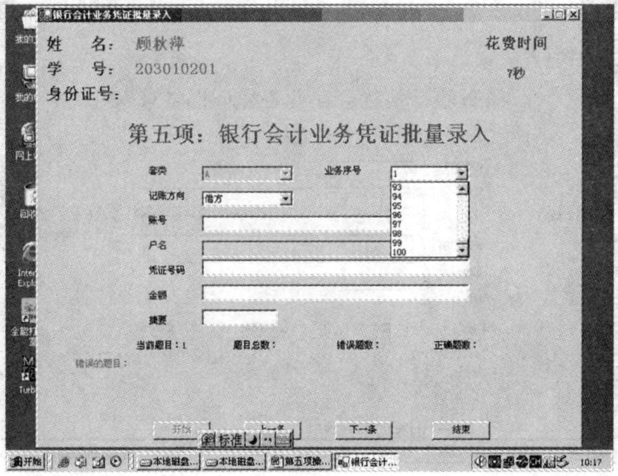

图 10－23　选择业务序号

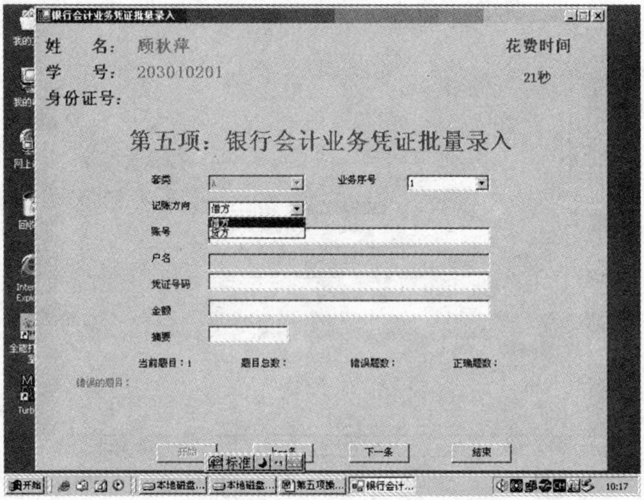

图 10－24　选择记账方向

3. 根据相应的凭证内容输入账号，系统会自动显示对应的户名（见图 10－25，部分公共账号见表 10－1），凭证号码只输入转账支票和现金支票对应的号码（见图 10－26），其余凭证无号码的回车跳过，摘要栏根据代码列表（见表 10－2）输入代码，系统自动显示对应的摘要类型（见图 10－27、图 10－28）。

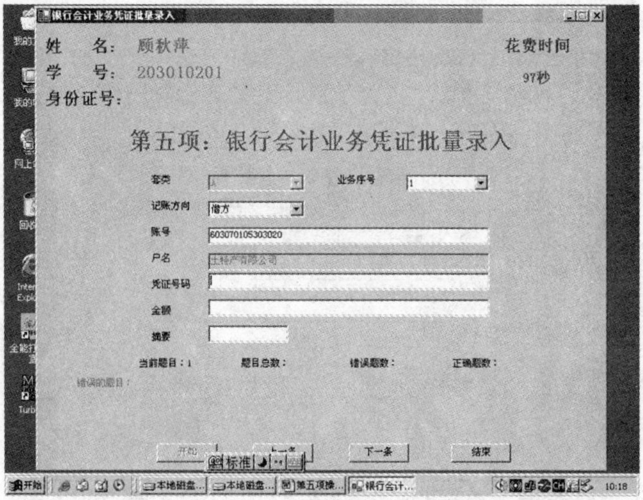

图 10－25　输入账号

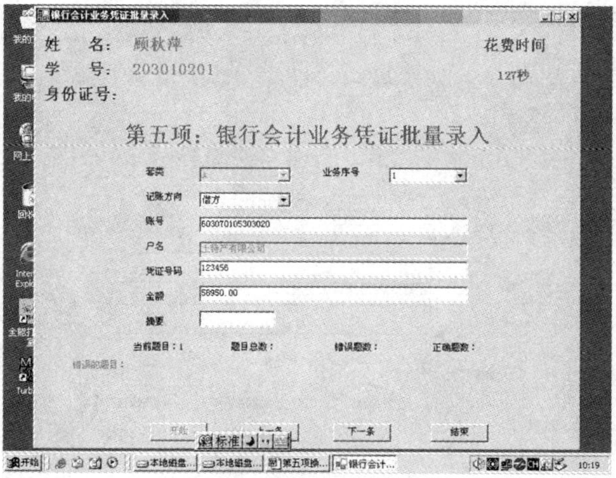

图 10－26　输入凭证号码

表 10－1　　公共账号

贴现账号：161058927634562	户名：贴现
贴现利息收入账号：501030268756841	户名：贴现利息收入

表 10－2　　摘要代码清单

代　　码	摘要内容
1	存现
2	取现
3	转账
4	汇出
5	汇入
6	托收
7	票汇
8	贴现
9	放贷
10	还贷
11	其他

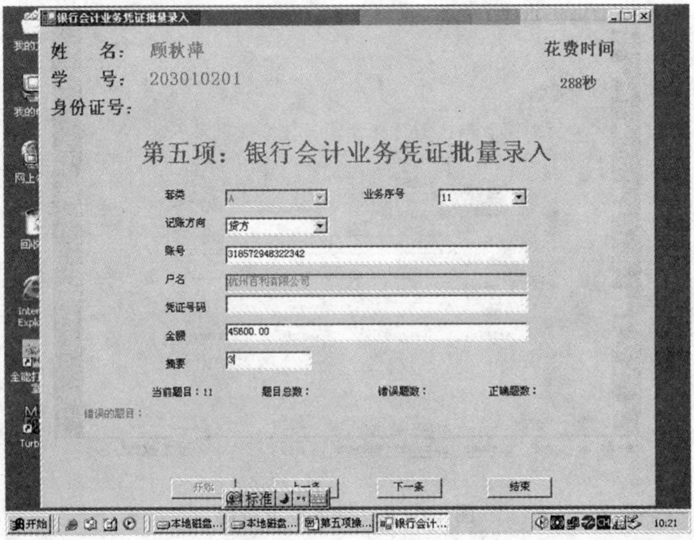

图 10－27　输入代码

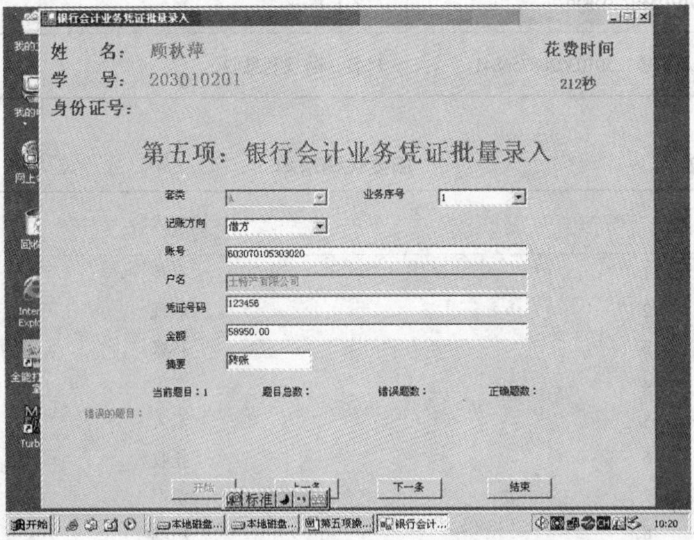

图 10－28　自动显示对应的摘要类型

4. 输入内容确认无误后，单击“下一条”按钮或直接敲回车键，屏幕自动进入下一笔业务录入界面（见图 10－29）。继续操作程序同前。

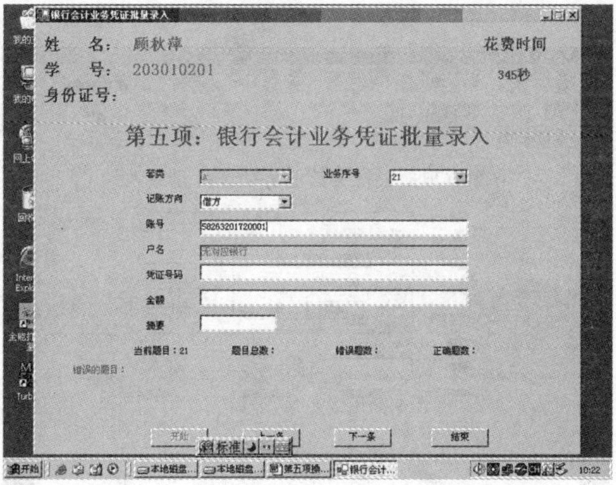

图 10－29 下一笔业务录入界面

四、提交退出处理

1. 业务录入完毕，选择结束，系统会显示题目总数、正确题数和错误题数、录入时间等（见图 10－30）。

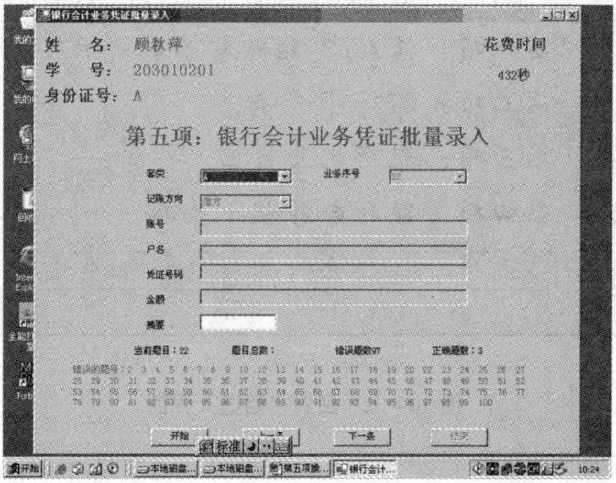

图 10－30 成绩显示

2. 选择右上角关闭，确认退出（见图 10－31），系统回到初始进入界面（见

图 10－32)。

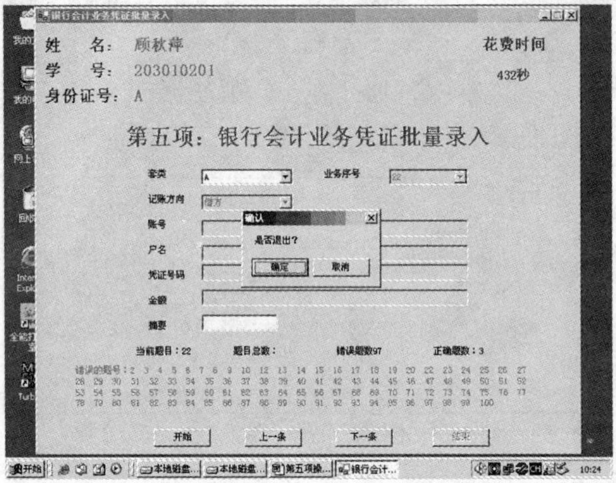

图 10－31　确认退出

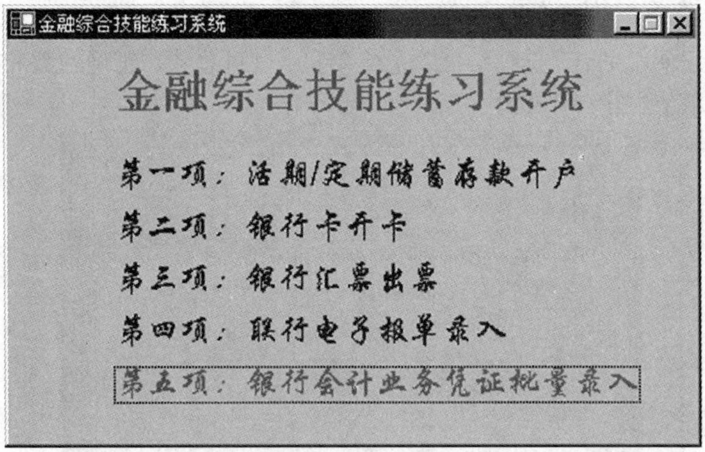

图 10－32　回到初始进入界面

五、注意事项

1．内容输入时必须依据转账支票、进账单、现金支票、现金缴款单、借款凭证、还贷凭证、电划补充报单、汇兑凭证、托收凭证、汇票申请书、贴现凭证等业务凭证内容进行记账要素、录入，注意借方与贷方记账方向的区别，注意重控凭证号码的输入要求以及摘要代码的选择使用。

2. 上下项目之间转换可以用回车键。

3. 下拉菜单项目可以用上下键选择。

4. 第1题业务凭证内容全部输入完毕后，按回车键可自动进入第2题，不用再选择题目序号。

5. 练习系统与考核系统内容一致，操作要求一致，网络版情况下考核系统可以根据预先设定的考核标准统计输入者考核成绩。成绩设定参考标准见表10－3。系统自动统计的成绩见表10－4。

表10－3　　银行会计业务凭证批量录入业务考核成绩参考标准

正确题目	优		良		中		及格	
	时间	准确率	时间	准确率	时间	准确率	时间	准确率
100题	1 500秒	100%	1 800秒	100%	2 400秒	100%	2 800秒	100%

表10－4　　系统自动统计的成绩（未达到100%准确率的没有成绩）

学　号	正确题目	时间（秒）	等级	套类	项目	考核时间
205010301	100	1 737	良	B	No.5	2007－6－13 9:39
205010303	100	1 201	优	C	No.5	2007－6－13 10:38
205010305	100	1 415	优	C	No.5	2007－6－13 9:03
205010307	100	1 914	中	C	No.5	2007－6－13 9:27
205010308	100	1 747	良	C	No.5	2007－6－13 10:03
205010310	100	1 648	良	B	No.5	2007－6－13 9:40
205010311	100	2 089	中	B	No.5	2007－6－13 10:04
205010312	100	1 541	良	C	No.5	2007－6－13 9:05
205010314	100	1 454	优	C	No.5	2007－6－13 10:17
205010315	100	1 743	良	B	No.5	2007－6－13 9:36
205010316	100	2 317	中	A	No.5	2007－6－13 10:24
205010318	100	1 545	良	C	No.5	2007－6－13 9:08
205010319	100	1 456	优	A	No.5	2007－6－13 9:38
205010321	100	1 356	优	A	No.5	2007－6－13 9:33

续表

学　号	正确题目	时间（秒）	等级	套类	项目	考核时间
205010322	100	1 436	优	A	No.5	2007 – 6 – 13 10 :10
205010323	100	1 664	良	A	No.5	2007 – 6 – 13 10 :58
205010324	100	2 353	中	A	No.5	2007 – 6 – 13 9 :57
205010325	100	1 332	优	C	No.5	2007 – 6 – 13 9 :23
205010326	100	1 736	良	A	No.5	2007 – 6 – 13 9 :14
205010328	100	2 191	中	C	No.5	2007 – 6 – 13 10 :26
205010329	100	1 368	优	C	No.5	2007 – 6 – 13 9 :08
205010330	100	1 954	中	C	No.5	2007 – 6 – 13 9 :26
205010331	100	1 165	优	A	No.5	2007 – 6 – 13 11 :12
205010333	100	2 610	及	C	No.5	2007 – 6 – 13 9 :41
205010334	100	2 130	中	B	No.5	2007 – 6 – 13 10 :06
205010335	100	1 356	优	B	No.5	2007 – 6 – 13 9 :53
205010337	100	1 387	优	C	No.5	2007 – 6 – 13 9 :04
205010338	100	1 597	良	A	No.5	2007 – 6 – 13 9 :41
205010339	100	1 699	良	C	No.5	2007 – 6 – 13 9 :08
205010340	100	1 196	优	B	No.5	2007 – 6 – 13 9 :22
205010341	100	1 222	优	C	No.5	2007 – 6 – 13 8 :59
205010343	100	1 376	优	C	No.5	2007 – 6 – 13 9 :54
205010345	100	1 112	优	C	No.5	2007 – 6 – 13 11 :08
205010346	100	1 718	良	C	No.5	2007 – 6 – 13 10 :26
205010347	100	1 104	优	C	No.5	2007 – 6 – 13 10 :03
205010348	100	1 446	优	A	No.5	2007 – 6 – 13 9 :35
205010349	100	1 525	良	B	No.5	2007 – 6 – 13 9 :37
205010350	100	1 459	优	B	No.5	2007 – 6 – 13 9 :57
205010351	100	1 577	良	B	No.5	2007 – 6 – 13 9 :43

本章小结

本章主要讲述了银行会计核算中存现业务、取现业务、支票转账业务、贷款发放与收回业务、汇兑业务、银行汇票业务、托收业务、票据贴现业务的有关规定与核算流程以及金融综合技能练习与考核系统中银行会计业务凭证批量录入业务的操作要领。银行会计业务凭证批量录入业务的上机练习与考核主要用于学生对此项业务的强化练习，以增强学生对银行会计核算岗位业务处理的适应能力。

复习思考题

1. 存现业务、取现业务有什么特点？
2. 支票转账业务的核算规定包括哪些？
3. 贷款发放与收回业务凭证处理应注意哪些事项？
4. 票据贴现业务的凭证应怎样处理？
5. 根据金融综合技能练习与考核系统操作要求，练习银行会计业务凭证批量录入的上机操作。

参考文献

[1] 吴胜：《银行会计实务》，杭州，浙江大学出版社，2004。
[2] 史万均：《银行基础业务》，北京，中国金融出版社，2004。
[3] 黎贤强、叶咸尚：《商业银行综合柜台业务》，杭州，浙江大学出版社，2005。
[4] 唐宴春：《金融企业会计实训与实验》，北京，中国金融出版社，2006。
[5] 王弦洲：《商业银行综合业务实验教程》，北京，中国金融出版社，2006。
[6] 张丽娟：《银行会计操作实务》，北京，清华大学出版社，2006。

附　录

中华人民共和国人民币管理条例

中华人民共和国国务院令

第280号

《中华人民共和国人民币管理条例》已经1999年12月28日国务院第24次常务会议通过，现予发布，自2000年5月1日起施行。

总理　朱镕基

2000年2月3日

中华人民共和国人民币管理条例

第一章　总　　则

第一条　为了加强对人民币的管理，维护人民币的信誉，稳定金融秩序，根据《中华人民共和国中国人民银行法》，制定本条例。

第二条　条例所称人民币，是指中国人民银行依法发行的货币，包括纸币和硬币。

从事人民币的设计、印制、发行、流通和回收等活动，应当遵守本条例。

第三条　中华人民共和国的法定货币是人民币。以人民币支付中华人民共和国境内的一切公共的和私人的债务，任何单位和个人不得拒收。

第四条　人民币的单位为元，人民币辅币单位为角、分。1元等于10角，1角等于10分。

人民币依其面额支付。

第五条　中国人民银行是国家管理人民币的主管机关，负责本条例的组织实施。

第六条　任何单位和个人都应当爱护人民币。禁止损害人民币和妨碍人民币流通。

第二章 设计和印制

第七条 新版人民币由中国人民银行组织设计，报国务院批准。

第八条 人民币由中国人民银行指定的专门企业印制。

第九条 印制人民币的企业应当按照中国人民银行制定的人民币质量标准和印制计划印制人民币。

第十条 印制人民币的企业应当将合格的人民币产品全部解缴中国人民银行人民币发行库，将不合格的人民币产品按照中国人民银行的规定全部销毁。

第十一条 印制人民币的原版、原模使用完毕后，由中国人民银行封存。

第十二条 印制人民币的特殊材料、技术、工艺、专用设备等重要事项属于国家秘密。印制人民币的企业和有关人员应当保守国家秘密；未经中国人民银行批准，任何单位和个人不得对外提供。

第十三条 未经中国人民银行批准，任何单位和个人不得研制、仿制、引进、销售、购买和使用印制人民币所特有的防伪材料、防伪技术、防伪工艺和专用设备。

第十四条 人民币样币是检验人民币印制质量和鉴别人民币真伪的标准样本，由印制人民币的企业按照中国人民银行的规定印制。人民币样币上应当加印“样币”字样。

第三章 发行和回收

第十五条 人民币由中国人民银行统一发行。

第十六条 中国人民银行发行新版人民币，应当报国务院批准。

中国人民银行应当将新版人民币的发行时间、面额、图案、式样、规格、主色调、主要特征等予以公告。

中国人民银行不得在新版人民币发行公告发布前将新版人民币支付给金融机构。

第十七条 因防伪或者其他原因，需要改变人民币的印制材料、技术或者工艺的，由中国人民银行决定。

中国人民银行应当将改版后的人民币的发行时间、面额、主要特征等予以公告。

中国人民银行不得在改版人民币发行公告发布前将改版人民币支付给金融机构。

第十八条 中国人民银行可以根据需要发行纪念币。

纪念币是具有特定主题的限量发行的人民币，包括普通纪念币和贵金属纪念币。

第十九条 纪念币的主题、面额、图案、材质、式样、规格、发行数量、发行时间等由中国人民银行确定；但是，纪念币的主题涉及重大政治、历史题材的，应当报国务院批准。

中国人民银行应当将纪念币的主题、面额、图案、材质、式样、规格、发行数量、发行时间等予以公告。

中国人民银行不得在纪念币发行公告发布前将纪念币支付给金融机构。

第二十条 中国人民银行设立人民币发行库，在其分支机构设立分支库，负责保管人民币发行基金。各级人民币发行库主任由同级中国人民银行行长担任。

人民币发行基金是中国人民银行人民币发行库保存的未进入流通的人民币。

人民币发行基金的调拨，应当按照中国人民银行的规定办理。任何单位和个人不得违反规定动用人民币发行基金，不得干扰、阻碍人民币发行基金的调拨。

第二十一条　特定版别的人民币的停止流通，应当报国务院批准，并由中国人民银行公告。

办理人民币存取款业务的金融机构应当按照中国人民银行的规定，收兑停止流通的人民币，并将其交存当地中国人民银行。

中国人民银行不得将停止流通的人民币支付给金融机构，金融机构不得将停止流通的人民币对外支付。

第二十二条　办理人民币存取款业务的金融机构应当按照中国人民银行的规定，无偿为公众兑换残缺、污损的人民币，挑剔残缺、污损的人民币，并将其交存当地中国人民银行。

中国人民银行不得将残缺、污损的人民币支付给金融机构，金融机构不得将残缺、污损的人民币对外支付。

第二十三条　停止流通的人民币和残缺、污损的人民币，由中国人民银行负责回收、销毁。具体办法由中国人民银行制定。

第四章　流通和保护

第二十四条　办理人民币存取款业务的金融机构应当根据合理需要的原则，办理人民币券别调剂业务。

第二十五条　禁止非法买卖流通人民币。

纪念币的买卖，应当遵守中国人民银行的有关规定。

第二十六条　装帧流通人民币和经营流通人民币，应当经中国人民银行批准。

第二十七条　禁止下列损害人民币的行为：

（一）故意毁损人民币；

（二）制作、仿制、买卖人民币图样；

（三）未经中国人民银行批准，在宣传品、出版物或者其他商品上使用人民币图样；

（四）中国人民银行规定的其他损害人民币的行为。

前款人民币图样包括放大、缩小和同样大小的人民币图样。

第二十八条　人民币样币禁止流通。

人民币样币的管理办法，由中国人民银行制定。

第二十九条　任何单位和个人不得印制、发售代币票券，以代替人民币在市场上流通。

第三十条　中国公民出入境、外国人入出境携带人民币实行限额管理制度，具体限额由中国人民银行规定。

第三十一条　禁止伪造、变造人民币。禁止出售、购买伪造、变造的人民币。禁止走私、运输、持有、使用伪造、变造的人民币。

第三十二条　单位和个人持有伪造、变造的人民币的，应当及时上交中国人民银行、公安机关或者办理人民币存取款业务的金融机构；发现他人持有伪造、变造的人民币的，应当立即向公安机关报告。

第三十三条　中国人民银行、公安机关发现伪造、变造的人民币，应当予以没收，加盖“假币”字样的戳记，并登记造册；持有人对公安机关没收的人民币的真伪有异议的，可以向中国人民银行申请鉴定。

公安机关应当将没收的伪造、变造的人民币解缴当地中国人民银行。

第三十四条　办理人民币存取款业务的金融机构发现伪造、变造的人民币，数量较多、有新版的伪造人民币或者有其他制造贩卖伪造、变造人民币线索的，应当立即报告公安机关；数量较少的，由该金融机构两名以上工作人员当面予以收缴，加盖“假币”字样的戳记，登记造册，向持有人出具中国人民银行统一印制的收缴凭证，并告知持有人可以向中国人民银行或者向中国人民银行授权的国有独资商业银行的业务机构申请鉴定。对伪造、变造的人民币收缴及鉴定的具体办法，由中国人民银行制定。

办理人民币存取款业务的金融机构应当将收缴的伪造、变造的人民币解缴当地中国人民银行。

第三十五条　中国人民银行和中国人民银行授权的国有独资商业银行的业务机构应当无偿提供鉴定人民币真伪的服务。

对盖有“假币”字样戳记的人民币，经鉴定为真币的，由中国人民银行或者中国人民银行授权的国有独资商业银行的业务机构按照面额予以兑换；经鉴定为假币的，由中国人民银行或者中国人民银行授权的国有独资商业银行的业务机构予以没收。

中国人民银行授权的国有独资商业银行的业务机构应当将没收的伪造、变造的人民币解缴当地中国人民银行。

第三十六条　办理人民币存取款业务的金融机构应当采取有效措施，防止以伪造、变造的人民币对外支付。

办理人民币存取款业务的金融机构应当在营业场所无偿提供鉴别人民币真伪的服务。

第三十七条　伪造、变造的人民币由中国人民银行统一销毁。

第三十八条　人民币反假鉴别仪应当按照国家规定标准生产。

人民币反假鉴别仪国家标准，由中国人民银行会同有关部门制定，并协助组织实施。

第三十九条　人民币有下列情形之一的，不得流通：

（一）不能兑换的残缺、污损的人民币；

（二）停止流通的人民币。

第五章　罚　　则

第四十条　印制人民币的企业和有关人员有下列情形之一的，由中国人民银行给予警告，没收违法所得，并处违法所得1倍以上3倍以下的罚款，没有违法所得的，处1万元以上10万元以下的罚款；对直接负责的主管人员和其他直接责任人员，依法给予纪律处分：

（一）未按照中国人民银行制定的人民币质量标准和印制计划印制人民币的；

（二）未将合格的人民币产品全部解缴中国人民银行人民币发行库的；

（三）未按照中国人民银行的规定将不合格的人民币产品全部销毁的；

（四）未经中国人民银行批准，擅自对外提供印制人民币的特殊材料、技术、工艺或者专用设备等国家秘密的。

第四十一条　违反本条例第十三条规定的，由工商行政管理机关和其他有关行政执法机关给予警告，没收违法所得和非法财物，并处违法所得1倍以上3倍以下的罚款；没有违法所得的，处2万元以上20万元以下的罚款。

第四十二条　办理人民币存取款业务的金融机构违反本条例第二十一条第二款、第三款和第二十二条规定的，由中国人民银行给予警告，并处1 000元以上5 000元以下的罚款；对直接负责的主管人员和其他直接责任人员，依法给予纪律处分。

第四十三条　故意毁损人民币的，由公安机关给予警告，并处1万元以下的罚款。

第四十四条　违反本条例第二十五条、第二十六条、第二十七条第一款第二项和第四项规定的，由工商行政管理机关和其他有关行政执法机关给予警告，没收违法所得和非法财物，并处违法所得1倍以上3倍以下的罚款；没有违法所得的，处1 000元以上5万元以下的罚款。

工商行政管理机关和其他有关行政执法机关应当销毁非法使用的人民币图样。

第四十五条　办理人民币存取款业务的金融机构、中国人民银行授权的国有独资商业银行的业务机构违反本条例第三十四条、第三十五条和第三十六条规定的，由中国人民银行给予警告，并处1 000元以上5万元以下的罚款；对直接负责的主管人员和其他直接责任人员，依法给予纪律处分。

第四十六条　中国人民银行、公安机关、工商行政管理机关及其工作人员违反本条例有关规定的，对直接负责的主管人员和其他直接责任人员，依法给予行政处分。

第四十七条　违反本条例第二十条第三款、第二十七条第一款第三项、第二十九条和第三十一条规定的，依照《中华人民共和国中国人民银行法》的有关规定予以处罚；其中，违反本条例第三十一条规定，构成犯罪的，依法追究刑事责任。

第六章　附　　则

第四十八条　本条例自2000年5月1日起施行。

中国人民银行假币收缴、鉴定管理办法

中国人民银行令

2003 年 4 月 9 日 〔2003〕第 4 号

根据《全国人民代表大会常务委员会关于惩治破坏金融秩序犯罪的决定》和《中华人民共和国人民币管理条例》等法律法规的规定，中国人民银行制定了《中国人民银行假币收缴、鉴定管理办法》，经 2002 年 12 月 3 日第 43 次行长办公会议通过，现予公布，自 2003 年 7 月 1 日起施行。

行长 周小川

二〇〇三年四月九日

中国人民银行假币收缴、鉴定管理办法

第一章 总 则

第一条 为规范对假币的收缴、鉴定行为，保护货币持有人的合法权益，根据《全国人民代表大会常务委员会关于惩治破坏金融秩序犯罪的决定》和《中华人民共和国人民币管理条例》制定本办法。

第二条 办理货币存取款和外币兑换业务的金融机构收缴假币、中国人民银行及其授权的鉴定机构鉴定货币真伪适用本办法。

第三条 本办法所称货币是指人民币和外币。人民币是指中国人民银行依法发行的货币，包括纸币和硬币；外币是指在我国境内（香港特别行政区、澳门特别行政区及台湾地区除外）可收兑的其他国家或地区的法定货币。

本办法所称假币是指伪造、变造的货币。

伪造的货币是指仿照真币的图案、形状、色彩等，采用各种手段制作的假币。

变造的货币是指在真币的基础上，利用挖补、揭层、涂改、拼凑、移位、重印等多种方法制作，改变真币原形态的假币。

本办法所称办理货币存取款和外币兑换业务的金融机构（以下简称“金融机构”）是指商业银行、城乡信用社、邮政储蓄的业务机构。

本办法所称中国人民银行授权的鉴定机构，是指具有货币真伪鉴定技术与条件，并经中国人民银行授权的商业银行业务机构。

第四条 金融机构收缴的假币，每季末解缴中国人民银行当地分支行，由中国人民银行统一销毁，任何部门不得自行处理。

第五条　中国人民银行及其分支机构依照本办法对假币收缴、鉴定实施监督管理。

第二章　假币的收缴

第六条　金融机构在办理业务时发现假币，由该金融机构两名以上业务人员当面予以收缴。对假人民币纸币，应当面加盖“假币”字样的戳记；对假外币纸币及各种假硬币，应当面以统一格式的专用袋加封，封口处加盖“假币”字样戳记，并在专用袋上标明币种、券别、面额、张（枚）数、冠字号码、收缴人、复核人名章等细项。收缴假币的金融机构（以下简称“收缴单位”）向持有人出具中国人民银行统一印制的《假币收缴凭证》，并告知持有人如对被收缴的货币真伪有异议，可向中国人民银行当地分支机构或中国人民银行授权的当地鉴定机构申请鉴定。收缴的假币，不得再交予持有人。

第七条　金融机构在收缴假币过程中有下列情形之一的，应当立即报告当地公安机关，提供有关线索：

（一）一次性发现假人民币 20 张（枚）（含 20 张、枚）以上、假外币 10 张（含 10 张、枚）以上的；

（二）属于利用新的造假手段制造假币的；

（三）有制造贩卖假币线索的；

（四）持有人不配合金融机构收缴行为的。

第八条　办理假币收缴业务的人员，应当取得《反假货币上岗资格证书》。《反假货币上岗资格证书》由中国人民银行印制。中国人民银行各分行、营业管理部、省会（首府）城市中心支行负责对所在省（自治区、直辖市）金融机构有关业务人员进行培训、考试和颁发《反假货币上岗资格证书》。

第九条　金融机构对收缴的假币实物进行单独管理，并建立假币收缴代保管登记簿。

第三章　假币的鉴定

第十条　持有人对被收缴货币的真伪有异议，可以自收缴之日起 3 个工作日内，持《假币收缴凭证》直接或通过收缴单位向中国人民银行当地分支机构或中国人民银行授权的当地鉴定机构提出书面鉴定申请。

中国人民银行分支机构和中国人民银行授权的鉴定机构应当无偿提供鉴定货币真伪的服务，鉴定后应出具中国人民银行统一印制的《货币真伪鉴定书》，并加盖货币鉴定专用章和鉴定人名章。

中国人民银行授权的鉴定机构，应当在营业场所公示授权证书。

第十一条　中国人民银行分支机构和中国人民银行授权的鉴定机构应当自收到鉴定申请之日起 2 个工作日内，通知收缴单位报送需要鉴定的货币。

收缴单位应当自收到鉴定单位通知之日起 2 个工作日内，将需要鉴定的货币送达鉴定单位。

第十二条　中国人民银行分支机构和中国人民银行授权的鉴定机构应当自受理鉴定之日起 15 个工作日内，出具《货币真伪鉴定书》。因情况复杂不能在规定期限内完成的，可延长至 30 个工作日，但必须以书面形式向申请人或申请单位说明原因。

第十三条　对盖有“假币”字样戳记的人民币纸币，经鉴定为真币的，由鉴定单位交收缴单位按照面额兑换完整券退还持有人，收回持有人的《假币收缴凭证》，盖有“假币”戳记的人民币按损伤人民币处理；经鉴定为假币的，由鉴定单位予以没收，并向收缴单位和持有人开具《货币真伪鉴定书》和《假币没收收据》。

对收缴的外币纸币和各种硬币，经鉴定为真币的，由鉴定单位交收缴单位退还持有人，并收回《假币收缴凭证》；经鉴定为假币的，由鉴定单位将假币退回收缴单位依法收缴，并向收缴单位和持有人出具《货币真伪鉴定书》。

第十四条　中国人民银行分支机构和中国人民银行授权的鉴定机构鉴定货币真伪时，应当至少有两名鉴定人员同时参与，并做出鉴定结论。

第十五条　中国人民银行各分支机构在复点清分金融机构解缴的回笼款时发现假人民币，应经鉴定后予以没收，向解缴单位开具《假币没收收据》，并要求其补足等额人民币回笼款。

第十六条　持有人对金融机构作出的有关收缴或鉴定假币的具体行政行为有异议，可在收到《假币收缴凭证》或《货币真伪鉴定书》之日起60个工作日内向直接监管该金融机构的中国人民银行分支机构申请行政复议，或依法提起行政诉讼。

持有人对中国人民银行分支机构作出的有关鉴定假币的具体行政行为有异议，可在收到《货币真伪鉴定书》之日起60个工作日内向其上一级机构申请行政复议，或依法提起行政诉讼。

第四章　罚　　则

第十七条　金融机构有下列行为之一，但尚未构成犯罪的，由中国人民银行给予警告、罚款，同时，责成金融机构对相关主管人员和其他直接责任人给予相应纪律处分：

（一）发现假币而不收缴的；

（二）未按照本办法规定程序收缴假币的；

（三）应向人民银行和公安机关报告而不报告的；

（四）截留或私自处理收缴的假币，或使已收缴的假币重新流入市场的。

上述行为涉及假人民币的，对金融机构处以1 000元以上5万元以下罚款；涉及假外币的，对金融机构处以1 000元以下的罚款。

第十八条　中国人民银行授权的鉴定机构有下列行为之一，但尚未构成犯罪的，由中国人民银行给予警告、罚款，同时责成金融机构对相关主管人员和其他直接责任人给予相应纪律处分：

（一）拒绝受理持有人、金融机构提出的货币真伪鉴定申请的；

（二）未按照本办法规定程序鉴定假币的；

（三）截留或私自处理鉴定、收缴的假币，或使已收缴、没收的假币重新流入市场的。

上述行为涉及假人民币的，对授权的鉴定机构处以1 000元以上5万元以下罚款；涉及假外币的，对授权的鉴定机构处以1 000元以下的罚款。

第十九条　中国人民银行工作人员有下列行为之一，但尚未构成犯罪的，对直接负责的主管人员和其他直接责任人员，依法给予行政处分：

（一）未按照本办法规定程序鉴定假币的；

（二）拒绝受理持有人、金融机构、授权的鉴定机构提出的货币真伪鉴定或再鉴定申请的；

（三）截留或私自处理鉴定、收缴、没收的假币，或使已收缴、没收的假币重新流入市场的。

第五章　附　　则

第二十条　本办法自2003年7月1日起施行。

第二十一条　本办法由中国人民银行负责解释。

中国人民银行残缺污损人民币兑换办法

中国人民银行令

2003年12月24日　〔2003〕第7号

根据《中华人民共和国中国人民银行法》和《中华人民共和国人民币管理条例》，中国人民银行制定了《中国人民银行残缺污损人民币兑换办法》，经2003年12月15日第20次行长办公会议通过，现予公布，自2004年2月1日起施行。

行长　周小川

二〇〇三年十二月二十四日

中国人民银行残缺污损人民币兑换办法

第一条　为维护人民币信誉，保护国家财产安全和人民币持有人的合法权益，确保人民币正常流通，根据《中华人民共和国中国人民银行法》和《中华人民共和国人民币管理条例》，制定本办法。

第二条　本办法所称残缺、污损人民币是指票面撕裂、损缺，或因自然磨损、侵蚀，外观、质地受损，颜色变化，图案不清晰，防伪特征受损，不宜再继续流通使用的人民币。

第三条　凡办理人民币存取款业务的金融机构（以下简称金融机构）应无偿为公众兑换残缺、污损人民币，不得拒绝兑换。

第四条　残缺、污损人民币兑换分“全额”、“半额”两种情况。

（一）能辨别面额，票面剩余四分之三（含四分之三）以上，其图案、文字能按原样连接的残缺、污损人民币，金融机构应向持有人按原面额全额兑换。

（二）能辨别面额，票面剩余二分之一（含二分之一）至四分之三以下，其图案、文字能按原样连接的残缺、污损人民币，金融机构应向持有人按原面额的一半兑换。

纸币呈正十字形缺少四分之一的，按原面额的一半兑换。

第五条　兑付额不足一分的，不予兑换；五分按半额兑换的，兑付二分。

第六条　金融机构在办理残缺、污损人民币兑换业务时，应向残缺、污损人民币持有人说明认定的兑换结果。不予兑换的残缺、污损人民币，应退回原持有人。

第七条　残缺、污损人民币持有人同意金融机构认定结果的，对兑换的残缺、污损人民币纸币，金融机构应当面将带有本行行名的“全额”或“半额”戳记加盖在票面上；对兑换的残缺、污损人民币硬币，金融机构应当面使用专用袋密封保管，并在袋外封签上加盖“兑换”戳记。

第八条　残缺、污损人民币持有人对金融机构认定的兑换结果有异议的，经持有人要求，金融机构应出具认定证明并退回该残缺、污损人民币。

持有人可凭认定证明到中国人民银行分支机构申请鉴定，中国人民银行应自申请日起5个工作日内做出鉴定并出具鉴定书。持有人可持中国人民银行的鉴定书及可兑换的残缺、污损人民币到金融机构进行兑换。

第九条　金融机构应按照中国人民银行的有关规定，将兑换的残缺、污损人民币交存当地中国人民银行分支机构。

第十条　中国人民银行依照本办法对残缺、污损人民币的兑换工作实施监督管理。

第十一条　违反本办法第三条规定的金融机构，由中国人民银行根据《中华人民共和国人民币管理条例》第四十二条规定，依法进行处罚。

第十二条　本办法自2004年2月1日起施行。1955年5月8日中国人民银行发布的《残缺人民币兑换办法》同时废止。

珠算等级考核试卷样卷

珠算技术等级考核统一试卷样题（普通级 6 ~ 4 级）

一	二	三	四	五	六	七	八	九	十
2 549	801 652	6 913	2 673	47 072	582	1 695	729	850 613	7 053
914	4 318	391 085	−268	9 301	561 920	−168	408 237	420	792
129 048	275	518	725 039	935	−187	390 156	504	−1 907	712 049
2 607	49 063	3 764	8 302	170 894	7 053	3 048	8 721	439	3 186
765	601	18 296	913	563	−90 345	794	294	−7 148	365
21 783	2 937	604	−59 041	7 146	261	−15 028	61 842	826	56 982
846	396	1 486	615	3 728	8 436	805	467	179 352	427
6 017	8 502	538	−1 059	684	6 019	−4 183	6 093	5 920	5 619
685	28 451	9 302	473	26 109	−894	742	615	−398	538
390	2 067	947	216 807	952	649	7 309	50 637	−15 680	9 103
380 652	975	652 704	−468	1 509	−143 726	273 584	8 716	246	842
3 714	549	825	2 684	7 084	9 037	−609	5 092	−1 584	831 604
586	483 781	4 072	5 097	632	−743	2 547	438	637	746
50 417	367	709	754	413 285	8 510	126	1 395	49 276	4 709
8 923	4 901	25 731	−43 198	856	27 852	−29 637	130 589	3 705	21 058

1. 83 × 4 057 =
2. 2 617 × 86 =
3. 724 × 9 021 =
4. 3.17 × 0.427 =
5. 59 × 1 308 =
6. 1 408 × 58 =
7. 39 × 4 729 =
8. 9 230 × 651 =
9. 6.508 × 3.6 =
10. 4 065 × 439 =

1. 26 790 ÷ 7 050 =
2. 42 761 ÷ 61 =
3. 72 731 ÷ 283 =
4. 37 882 ÷ 470 =
5. 13 344 ÷ 139 =
6. 1.96462 ÷ 0.564 =
7. 56 110 ÷ 9.05 =
8. 129 779 ÷ 871 =
9. 183.584 ÷ 32 =
10. 39 831 ÷ 426 =

珠算技术等级考核统一试卷样题（普通级 3～1 级）

一	二	三	四	五	六	七	八	九	十
52 635	1 686 618	68. 04	47 624	426 206. 09	3 948. 04	43 034 350	683 894. 58	998 665	4 152. 06
794 358	3 598	35 786. 25	9 082	629. 14	324. 48	6 705 682	11. 61	16 475	194. 78
17 780 902	34 829 755	165 138. 43	100 454	-58 313. 45	501 190. 79	13 709 183	-8 310. 75	8 974	275 713. 43
93 035	159 432	-3 724. 01	33 932 199	75. 14	49. 85	4 127	240. 19	45 900 135	206 862. 55
1 214	35 174	309 156. 02	2 503 806	-4 911. 73	150 706. 24	3 098	-75 792. 03	2 052	-7 349. 38
675 178	28 141 962	107. 76	72 703 183	546. 43	5 336. 45	24 294	156 529. 46	304 123	-60. 71
9 409 006	3 708	-3 573. 09	6 375	202 884. 75	71 365. 68	165 003	35. 84	6 922	465. 28
2 148	104 069	22. 94	8 170 814	-79 106. 85	227. 78	29 019	6 783. 12	7 488 886	68 996. 04
126 880	29 301	-28 109. 75	135 218	20. 06	31. 56	2 438 391	34 804. 27	30 173	-7 138. 47
5 887 204	9 792 426	216. 89	74 689 577	-2 797. 38	982. 94	726 568	1 789. 19	11 390 137	14. 64
46 234 345	20 445 270	-24. 86	79 656	658. 25	70. 73	1 218	-374. 32	6 437 375	-58 719. 09
4 938	469 702	-48 143. 98	2 958	599 337. 08	4 609. 38	15 485	429 298. 07	508 805	304 589. 15
6 656 217	85 358	576. 08	507 424	30 379. 21	51 386. 12	75 689 409	76. 09	68 492 212	109. 23
13 974	8 740 307	259 197. 79	1 668 901	1 180. 48	229 126. 75	674 762	-506. 23	70 967	28. 69
25 703 619	6 701	4 653. 06	35 462	-69. 76	41 009. 68	7 587 693	-60 506. 45	5 216 494	-73 005. 32

1. 3 205 × 5 128 =
2. 91. 36 × 13. 64 =
3. 16 089 × 6 081 =
4. 404. 7 × 90. 24 =
5. 8 125 × 4 427 =
6. 349. 7 × 513. 93 =
7. 67 050 × 2 376 =
8. 87. 39 × 7. 5458 =
9. 581. 73 × 370. 9 =
10. 2 426 × 8 069 =

1. 906 014 ÷ 613 =
2. 62 273 640 ÷ 2 090 =
3. 8 049 255 ÷ 8 797 =
4. 8. 4965048 ÷ 0. 423 =
5. 2 659 426. 8 ÷ 3 951. 6 =
6. 69 743. 119 ÷ 7 967 =
7. 37 594 640 ÷ 8 230 =
8. 4 988. 4789 ÷ 48. 6 =
9. 3 374. 28 ÷ 108. 15 =
10. 21 990. 204 ÷ 4 052 =

珠算技术等级考核统一试卷样题（能手级）

（一）	（二）	（三）	（四）	（五）	（六）	（七）	（八）	（九）	（十）
31 072 869	307 856	4 860 251	380 629	1 520 379	610 479	81 905 723	714 862	684 051. 27	81 710 468. 26
510 694	29 850 371	49 306	73 806 254	-497 503	57 942	-63 257	84 021 759	30 642. 79	-47 037. 15
8 102 954	81 437	91 305 647	-17 624	6 439	58 739 104	7 382 901	583 922	28 179 407. 25	5 950 186. 43
3 628	4 093 182	26 937	5 319 482	76 128 613	7 261	-931 450	60 854	26 534. 39	-418 792. 08
72 068 197	291 760	5 251 079	4 931	31 829	1 530 729	6 984	29 357 810	2 360 973. 86	1 839. 50
93 625	63 958 142	6 894	-49 360 825	-4 508 692	26 093	-20 754 618	4 369	9 610. 75	54 638 016. 59
7 860 254	20 164	20 196 445	19 763	5 046	41 803 765	6 237	3 406 925	19 804 358. 41	5 379. 35
7 439	9 870 124	720 638	-9 106 457	-35 048 271	742 850	4 021 659	10 374	97 715. 24	-1 216 965. 87
106 725	625 031	2 079 416	931 870	57 480	4 983	-795 041	7 521 683	4 125 038. 93	-462 750. 69
21 069 358	6 517	158 235	-3 659	2 680 149	4 965 128	30 912	7 469	371 803. 64	-59 375. 04
3 574	37 540 129	1 794	18 542 096	-187 753	258 649	-7 638	46 853 791	5 980. 16	9 258 103. 26
9 381 642	7 365	83 430 129	8 450	256 137	14 936	69 805 342	31 467	7 024 156. 58	7 382. 91
29 065	6 371 849	814 357	-4 719 025	-5 286	92 351 064	-92 174	9 420 816	9 980. 65	46 709 348. 42
483 106	950 458	81 073	-74 356	47 930 158	6 918	3 651 478	708 152	26 714 605. 27	230 426. 27
18 547	4 862	5 897	3 450 897	-23 941	8 254 360	-827 391	9 730	293 184. 38	18 043. 72
59 031 878	90 427	17 026 854	821 370	-6 689	7 680 158	8 456	54 185 092		
4 735	73 028 654	7 685	-4 827	7 910 826	2 736	8 540 279	50 361		
8 720 146	9 368	618 032	85 109 372	549 360	37 354 810	72 840	380 617		
32 459	2 504 891	30 429	51 760	74 029	32 790	90 154 836	2 498		
409 371	59 673	8 532 976	628 216	73 420 185	157 208	630 165	5 209 376		

（十一）	（十二）	（十三）	（十四）	（十五）	（十六）	（十七）	（十八）	（十九）	（二十）
402 581. 87	7 269. 58	9 208 145. 36	3 095 724. 16	623 809. 38	23 970. 51	53 094 714. 59	4 106 865. 73	910 563. 25	507 018. 69
71 823. 05	38 604 716. 29	80 713. 28	−946 802. 47	9 512. 48	19 078 316. 45	86 401. 27	−593 134. 57	−8 203. 47	42 763 801. 58
5 439. 61	149 170. 35	35 690 851. 62	5 160. 94	13 927 034. 86	960 651. 82	6 217 085. 31	38 029. 75	79 025 834. 71	7 669. 01
60 497 017. 45	9 241 836. 43	6 170. 29	−8 370 152. 75	−129 410. 73	7 521 049. 34	72 520. 69	−8 740 617. 24	6 418. 02	4 059 718. 57
68 470. 39	72 689. 71	4 973 039. 41	837 351. 57	−7 192 758. 45	19 860. 25	82 618 059. 43	8 325. 60	−7 801 592. 47	38 680. 31
3 581 205. 47	54 083 290. 16	38 476. 64	59 713. 28	20 873. 50	63 265 482. 70	59 864. 36	13 728 043. 72	16 285. 36	79 507 835. 23
236 093. 29	16 083. 25	20 518 094. 45	12 406 397. 35	29 326 710. 53	8 756. 34	2 693 730. 24	−5 369. 80	26 794 052. 83	3 668. 94
916 325. 30	6 360 215. 59	493 129. 26	7 908. 26	7 628. 45	5 437 173. 48	860 017. 49	−9 176 902. 46	7 831. 44	2 960 517. 42
81 064 508. 17	682 504. 07	8 621 790. 35	−9 362 710. 53	4 049 823. 16	370 694. 51	7 394. 68	4 598. 23	−5 219 605. 91	425 194. 15
9 246. 75	4 160. 95	7 127. 49	28 713 506. 29	−405 346. 59	5 401. 89	7 291 068. 35	52 310 746. 58	−672 190. 47	2 846. 73
7 385 784. 10	7 835 023. 47	310 754. 38	40 182. 94	−71 650. 76	2 920 169. 36	3 690. 54	−609 274. 86	−836 307. 19	20 932. 59
6 249 025. 36	6 285. 74	85 287 425. 07	−804 025. 68	−8 618 290. 75	7 698. 24	30 473 179. 28	270 915. 41	85 960. 28	21 692 043. 84
8 537. 29	17 149 328. 59	9 566. 48	56 480 149. 84	9 804. 17	82 910 437. 59	210 785. 15	51 683. 29	17 850 469. 53	74 170. 45
47 918 219. 68	870 249. 93	208 631. 57	−6 913. 48	64 903 815. 46	584 702. 73	8 419. 36	91 294 016. 83	42 395. 61	8 125 328. 16
61 923. 46	47 153. 08	19 573. 60	37 169. 26	15 297. 63	16 830. 28	852 541. 27	49 810. 57	3 409 748. 36	903 739. 64

1. 6 381 × 7 024 =
2. 9 276 × 803 946 =
3. 31.087 × 0.7403 =
4. 810 654 × 27 349 =
5. 9 562 × 0.7236 =
6. 42 079 × 81 425 =
7. 6 804.3 × 0.205916 =
8. 54.37 × 1.8092 =
9. 405 816 × 5 179 =
10. 3.6074 × 18.05 =

11. 91 238 × 480 139 =
12. 49 020 × 3 158 =
13. 1 852 × 3 206 =
14. 52.97 × 2.94053 =
15. 0.3706 × 951.72 =
16. 718 309 × 18 346 =
17. 3 781 × 64 287 =
18. 4.0852 × 7.156 =
19. 269 549 × 6 375 =
20. 56 917 × 95 864 =

1. 1 163.1659 ÷ 6.437 =
2. 695 952 ÷ 170 900 =
3. 2 070 015.819 ÷ 706.249 =
4. 17 767.5727 ÷ 826.1 =
5. 26 827 647 ÷ 37 065 =
6. 21 613.99472 ÷ 41 709.6 =
7. 4 844 236 ÷ 530 900 =
8. 2 947 932 637 ÷ 61 073 =
9. 2 120 859 ÷ 34 180 =
10. 4 655.5254 ÷ 8 159 =

11. 17 775.5844 ÷ 0.3108 =
12. 132 465 684 ÷ 18 694 =
13. 28 583 576 ÷ 6 328 =
14. 20 338 802 ÷ 52 084 =
15. 2 846 862 291 ÷ 802 159 =
16. 14 0718246 ÷ 41.287 =
17. 30 059 919 ÷ 624 900 =
18. 4 488 075 ÷ 27 450 =
19. 5 121 177 537 ÷ 59 253 =
20. 3 491 664 ÷ 753 200 =

二级简码速查表

二级简码表键位	11	12	13	14	15	21	22	23	24	25	31	32	33	34	35	41	42	43	44	45	51	52	53	54	55
	G	F	D	S	A	H	J	K	L	M	T	R	E	W	Q	Y	U	I	O	P	N	B	V	C	X
11G	五	于	天	末	开	下	理	事	画	现	玫	珠	表	珍	列	玉	平	不	来		与	屯	妻	到	互
12F	二	寺	城	霜	载	直	进	吉	协	南	才	垢	圾	夫	无	坟	增	示	赤	过	志	地	雪	支	
13D	三	夺	大	厅	左	丰	百	右	历	面	帮	原	胡	春	克	太	磁	砂	灰	达	成	顾	肆	友	龙
14S	本	村	枯	林	械	相	查	可	楞	机	格	析	极	检	构	术	样	档	杰	棕	杨	李	要	权	楷
15A	七	革	基	苛	式	牙	划	或	功	贡	攻	匠	菜	共	区	芳	燕	东		芝	世	节	切	芭	药
21H	睛	睦		盯	虎	止	旧	占	卤	贞	睡		肯	具	餐	眩	瞳	步	眯	瞎	卢		眼	皮	此
22J	量	时	晨	果	虹	早	昌	蝇	曙	遇	昨	蝗	明	蛤	晚	景	暗	晃	显	晕	电	最	归	紧	昆
23K	呈	叶	顺	呆	呀	中	虽	吕	另	员	呼	听	吸	只	史	嘛	啼	吵		喧	叫	啊	哪	吧	哟
24L	车	轩	因	困	轼	四	辊	加	男	轴	力	斩	胃	办	罗	罚	较		辚	边	思	团	轨	轻	累
25M	同	财	央	朵	曲	由	则		崭	册	几	贩	骨	内	风	凡	赠	峭		迪	岂	邮		凤	嶷
31T	生	行	知	条	长	处	得	各	务	向	笔	物	秀	答	称	入	科	秒	秋	管	秘	季	委	么	第
32R	后	持	拓	打	找	年	提	扣	押	抽	手	折	扔	失	换	扩	拉	朱	搂	近	所	报	扫	反	批
33E	且	肝		采	肛	胩	胆	肿	肋	肌	用	遥	朋	脸	胸	及	胶	膛		爱	甩	服	妥	肥	脂
34W	全	会	估	休	代	个	介	保	佃	仙	作	伯	仍	从	你	信	们	偿	伙		亿	他	分	公	化
35Q	钱	针	然	钉	氏	外	旬	名	甸	负	儿	铁	角	欠	多	久	匀	乐	炙	锭	包	凶	争	色	
41Y	主	计	庆	订	度	让	刘	训	为	高	放	诉	衣	认	义	方	说	就	变	这	记	离	良	充	率
42U	闰	半	关	亲	并	站	间	部	曾	商	产	瓣	前	闪	交	六	立	冰	普	帝	决	闻	妆	冯	北
43I	汪	法	尖	洒	江	小	浊	澡	渐	没	少	泊	肖	兴	光	注	洋	水	淡	学	沁	池	当	汉	涨
44O	业	灶	类	灯	煤	粘	烛	炽	烟	灿	烽	煌	粗	粉	炮	米	料	炒	炎	迷	断	籽	娄	烃	糨
45P	定	守	害	宁	宽	寂	审	宫	军	宙	客	宾	家	空	宛	社	实	宵	灾	之	官	字	安		它
51N	怀	导	居		民	收	慢	避	惭	届	必	怕		愉	懈	心	习	悄	屡	忱	忆	敢	恨	怪	尼
52B	卫	际	承	阿	陈	耻	阳	职	阵	出	降	孤	阴	队	隐	防	联	孙	耿	辽	也	子	限	取	陛
53V	姨	寻	姑	杂	毁	叟	旭	如	舅	妯	九		奶		婚	妨	嫌	录	灵	巡	刀	好	妇	妈	姆
54C	骊	对	参	骠	戏		骒	台	劝	观	矣	牟	能	难	允	驻	骈			驼	马	邓	艰	双	
55X	线	结	顼		红	引	旨	强	细	纲	张	绵	级	给	约	纺	弱	纱	继	综	纪	弛	绿	经	比

百家姓正文五笔字型编码速查表

赵	钱	孙	李	周	吴	郑	王	冯	陈	诸	卫
FHQ	QG	BI	SB	MFK	KGD	UDB	GGG	UC	BA	YFT	BG
蒋	沈	韩	杨	朱	秦	尤	许	何	吕	施	张
AUQ	IPQ	FJFH	SN	RI	DWT	DNV	YTF	WSK	KK	YTB	XT
孔	曹	严	华	金	魏	陶	姜	戚	谢	邹	喻
BNN	GMA	GOD	WXF	QQQQ	TVR	BQR	UGV	DHI	YTM	QVB	KWGJ
柏	水	窦	章	云	苏	潘	葛	奚	范	彭	郎
SRG	II	PWFD	UJJ	FCU	ALW	ITOL	AJQ	EXD	AIB	FKUE	YVCB
鲁	韦	昌	马	苗	凤	花	方	俞	任	袁	柳
QGJ	FNH	JJ	CN	ALF	MC	AWX	YY	WGEJ	WTF	FKE	SQT
酆	鲍	史	唐	费	廉	岑	薛	雷	贺	倪	汤
DHDB	QGQ	KQ	YVH	XJM	YUVO	MWYN	AWNU	FLF	LKM	WVQ	INR
滕	殷	罗	毕	郝	邬	安	常	乐	于	时	傅
EUDI	RVN	LQ	XXF	FOB	QNGB	PV	IPKH	QI	GF	JF	WGE
皮	卡	齐	康	伍	余	元	卜	顾	孟	平	黄
HC	HHU	YJJ	YVI	WGG	WTU	FQB	HHY	DB	BLF	GU	AMW
和	穆	萧	尹	姚	邵	堪	汪	祁	毛	禹	狄
T	TRI	AVI	VTE	VIQ	VKB	FAD	IG	PYB	TFN	TKM	QTOY
米	贝	明	臧	计	伏	成	戴	谈	宋	茅	庞
OY	MHNY	JE	DND	YF	WDY	DN	FALW	YOO	PSU	ACBT	YDX
熊	纪	舒	屈	项	祝	董	梁	杜	阮	蓝	闵
CEXO	XN	WFKB	NBM	ADM	PYK	ATG	IVW	SFG	BFQ	AJT	UYI
席	季	麻	强	贾	路	娄	危	江	童	颜	郭
YAM	TB	YSS	XK	SMU	KHT	OV	QDB	IA	UJFF	UTEM	YBB
梅	盛	林	刁	钟	徐	邱	骆	高	夏	蔡	田
STX	DNNL	SS	NGD	QKHH	TWT	RGB	CTK	YM	DHT	AWF	LLL
樊	胡	凌	霍	虞	万	支	柯	昝	管	卢	莫
SQQD	DE	UFW	FWYF	HAK	DNV	FC	SSK	THK	TP	HN	AJD
经	房	裘	缪	干	解	应	宗	丁	宣	贲	邓
X	YNY	FIYE	XNW	FGGH	QEV	YID	PFI	SGH	PGJ	FAM	CB
郁	单	杭	洪	包	诸	左	石	崔	吉	钮	龚
DEB	UJFJ	SYM	IAW	QN	YFT	DA	DGTG	MWY	FK	QNF	DXA
程	嵇	邢	滑	裴	陆	荣	翁	荀	羊	於	惠
TKGG	TDNM	GAB	IME	DJDE	BFM	APS	WCN	AQJ	UDJ	YWU	GJH
甄	魏	家	封	芮	羿	储	靳	汲	邴	糜	松
SFGN	TVR	PE	FFFY	AMWU	NAJ	WYF	AFR	IEY	GMWB	YSSO	SWC
井	段	富	巫	乌	焦	巴	弓	牧	隗	山	谷
FJK	WDM	PGK	AWW	QNG	WYO	CNH	XNG	TRT	BRQ	MMM	WWK
车	侯	宓	蓬	全	郗	班	仰	秋	仲	伊	宫
LG	WNT	PNTR	ATDP	WG	QDMB	GYT	WQBH	TO	WKHH	WVT	PK

宁	仇	栾	暴	甘	钭	厉	戎	祖	武	符	刘
PS	WVN	YOS	JAW	AFD	QUF	DDN	ADE	PYE	GAH	TWF	YJ
景	詹	束	龙	叶	幸	司	韶	郜	黎	蓟	薄
JY	QDW	GKI	DX	KF	FUF	NGK	UJV	TFKB	TQT	AQGJ	AIG
印	宿	白	怀	蒲	台	从	鄂	索	咸	籍	赖
QGB	PWDJ	RRR	NG	AIGY	CK	WW	KKFB	FPX	DGK	TDIJ	GKIM
卓	蔺	屠	蒙	池	乔	阴	郁	胥	能	苍	双
HJJ	AUW	NFT	APG	IB	TDJ	BE	DEB	NHE	CE	AWB	CC
闻	莘	党	翟	谭	贡	劳	逄	姬	申	扶	堵
UB	AUJ	IPK	NWYF	YSJ	AM	APL	TAH	VAH	JHK	RFW	FFT
冉	宰	郦	雍	郤	璩	桑	桂	濮	牛	寿	通
MFD	PUJ	GMYB	YXT		GHAE	CCCS	SFF	IWO	RHK	DTF	CEP
边	扈	燕	冀	郏	浦	尚	农	温	别	庄	晏
LP	YNKC	AU	UXL	GUWB	IGEY	IMKF	PEI	IJL	KLJ	YFD	JPV
柴	翟	阎	充	慕	连	茹	习	宦	艾	鱼	容
HXS	NWYF	UQVD	YC	AJDN	LPK	AVK	NU	PAH	AQU	QGF	PWW
向	古	易	慎	戈	廖	庾	终	暨	居	衡	步
TM	DGH	JQR	NFH	AGNT	YNW	YVW	XTU	VCAG	ND	TQDH	HI
都	耿	满	弘	匡	国	文	寇	广	禄	阙	东
FTJB	BO	IAGW	XCY	AGD	L	YYGY	PFQC	YYGT	PYV	UUB	AI
殴	殳	沃	利	蔚	越	夔	隆	师	巩	厍	聂
AQM	MCU	ITDY	TJH	ANF	FHA	UHT	BTG	JGM	AMY	DLK	BCC
晁	勾	敖	融	冷	訾	辛	阚	那	简	饶	空
JIQB	QCI	GQTY	GKM	UWYC	HXY	UYGH	UNB	VFB	TUJ	QNA	PW
曾	毋	沙	乜	养	鞠	须	丰	巢	关	蒯	相
UL	XDE	IIT	NNV	UDYJ	AFQ	ED	DH	VJS	UD	AEEJ	SH
查	后	荆	红	游	竺	权	逯	盖	後	桓	公
SJ	RG	AGA	XA	IYTB	TFF	SC	VIPI	UGL	TXT	SGJG	WC
万	俟	司	马	上	官	欧	阳	夏	侯	诸	葛
DNV	WCT	NGK	CN	H	PN	AQQ	BJ	DHT	WNT	YFT	AJQ
闻	人	东	方	赫	连	皇	甫	尉	迟	公	羊
UB	W	AI	YY	FOF	LPK	RGF	GEH	NFIF	NYP	WC	UDJ
澹	台	公	冶	宗	政	濮	阳	淳	于	单	于
IQDY	CK	WC	UCK	PFI	GHT	IWO	BJ	IYB	GF	UJFJ	GF
太	叔	申	屠	公	孙	仲	孙	轩	辕	令	狐
DY	HIC	JHK	NFT	WC	BI	WKHH	BI	LF	LFK	WYC	QTR
钟	离	宇	文	长	孙	慕	容	鲜	于	闾	丘
QKHH	YB	PGF	YYGY	TA	BI	AJDN	PWW	QGU	GF	UKKD	RGD
司	徒	司	空	亓	官	司	寇	仉	督	子	车
NGK	TFHY	NGK	PW	FJJ	PN	NGK	PFQC	WMN	HICH	BB	LG
颛	孙	端	木	巫	马	公	西	漆	雕	乐	正
MDMM	BI	UMD	SSSS	AWW	CN	WC	SGHG	ISW	MFKY	QI	GHD

壤	驷	公	良	拓	拔	夹	谷	宰	父	谷	粱
FYK	CLG	WC	YV	RD	RDC	GUW	WWK	PUJ	WQU	WWK	IVWO
晋	楚	闫	法	汝	鄢	涂	钦	段	干	百	里
GOGJ	SSN	UDD	IF	IVG	GHGB	IWT	QQW	WDM	FGGH	DJ	JFD
东	郭	南	门	呼	延	归	海	羊	舌	微	生
AI	YBB	FM	UYH	KT	THP	JV	ITX	UDJ	TDD	TMG	TG
岳	帅	缑	亢	况	后	有	琴	梁	丘	左	丘
RGM	JMH	XWN	YMB	UKQ	RG	E	GGW	IVW	RGD	DA	RGD
东	门	西	门	商	牟	佘	佴	伯	赏	南	宫
AI	UYH	SGHG	UYH	UM	CR	WFIU	WBG	WR	IPKM	FM	PK
墨	哈	谯	笪	年	爱	阳	佟	第	五	言	福
LFOF	KWG	YWYO	TJGF	RH	EP	BJ	WTUY	TX	GG	YYY	PYG
百	家	姓	终								
DJ	PE	VTG	XTU								

21世纪高职高专金融类系列教材

一、金融专业基础课子系列

货币金融学概论	周建松	主编	25.00元	2006.12出版
货币金融学概论习题与案例集	周建松　郭福春等	编著	25.00元	2008.05出版
国际金融概论	方　洁　刘　燕	主编	21.50元	2006.08出版
（普通高等教育"十一五"国家级规划教材）				
商业银行业务与经营	王红梅　吴军梅	主编	34.00元	2007.05出版
保险学基础	何惠珍	主编	23.00元	2006.12出版
金融市场实务				
证券投资概论	王　静	主编	22.00元	2006.10出版
（普通高等教育"十一五"国家级规划教材/国家精品课程教材·2007）				
证券投资实训与实验				
（普通高等教育"十一五"国家级规划教材辅助教材）				
金融法概论	朱　明	主编	22.00元	2006.08出版
（普通高等教育"十一五"国家级规划教材）				
金融企业会计	唐宴春	主编	25.50元	2006.08出版
（普通高等教育"十一五"国家级规划教材）				
金融企业会计实训与实验	唐宴春	主编	24.00元	2006.08出版
（普通高等教育"十一五"国家级规划教材辅助教材）				
合作金融概论	曾赛红　郭福春	主编	24.00元	2007.05出版
网络金融	杨国明　蔡　军	主编	26.00元	2006.08出版
（普通高等教育"十一五"国家级规划教材）				

二、商业银行子系列

商业银行客户经理	刘旭东	主编	21.50元	2006.08出版
商业银行综合柜台业务	董瑞丽	主编	34.50元	2008.09出版
（国家精品课程教材·2006）				
商业银行综合业务技能	董瑞丽	主编	30.50元	2008.01出版
商业银行中间业务	张传良　倪信琦	主编	22.00元	2006.08出版
银行信贷业务				
商业银行审计	刘　琳　张金城	主编	31.50元	2007.03出版
商业银行会计实务				

三、国际金融子系列

外汇交易实务	郭也群	主编	25.00 元	2008.07 出版
外汇交易实训与实验				
国际结算	靳　生	主编	31.00 元	2007.09 出版
国际结算实验教程	靳　生	主编	23.50 元	2007.09 出版
国际结算（第二版）	贺　瑛　漆腊应	主编	19.00 元	2006.01 出版
国际结算（第三版）	苏宗祥　徐　捷	编著	23.00 元	2010.01 出版
国际融资实务	崔　荫	主编	28.00 元	2006.08 出版
国际贸易与金融函电	张海燕	主编	20.00 元	2008.11 出版

四、保险子系列

保险经营管理				
人身保险	池小萍　郑祎华	主编	31.50 元	2006.12 出版
财产保险	曹晓兰	主编	33.50 元	2007.03 出版
（普通高等教育“十一五”国家级规划教材）				
责任保险				
海上保险				
医疗保险				
再保险				
保险法				
保险营销	章金萍	主编	25.50 元	2006.12 出版
风险管理				
保险中介				
精算基础				
社会保险				

五、投资理财子系列

投资学				
理财学	边智群　朱澍清	主编	32.00 元	2006.08 出版
（普通高等教育“十一五”国家级规划教材）				
证券投资分析				
投资银行概论				
投资基金管理				
期货与期权				
理财设计与规划				
项目投资与评估				
房地产金融与投资				

金融信托与租赁	蔡鸣龙	主编	30.50元	2006.08出版

六、金融素质教育子系列

金融实用英语				
金融应用文写作	李先智　贾晋文	主编	32.00元	2007.02出版
金融职业道德概论	王　琦	主编	25.00元	2008.09出版
金融职业礼仪	王　华	主编	21.50元	2006.12出版
财经职业技能				
计算机文化基础				